裁 判 规 则
与
法 律 适 用
丛 书

劳动争议案件

裁判规则与法律适用

吴在存 主编

法律出版社
LAW PRESS·CHINA

图书在版编目(CIP)数据

劳动争议案件裁判规则与法律适用 / 吴在存主编
. -- 北京 : 法律出版社, 2020
ISBN 978 - 7 - 5197 - 4318 - 5

Ⅰ. ①劳… Ⅱ. ①吴… Ⅲ. ①劳动争议 - 民事诉讼 - 审判 - 案例 - 中国②劳动争议 - 民事诉讼 - 审判 - 法律适用 - 中国 Ⅳ. ①D925.118.25

中国版本图书馆 CIP 数据核字(2020)第 045707 号

劳动争议案件裁判规则与法律适用
LAODONG ZHENGYI ANJIAN CAIPAN GUIZE YU FALÜ SHIYONG

吴在存 主编

策划编辑 朱海波
责任编辑 朱海波
装帧设计 李 瞻

出版 法律出版社
总发行 中国法律图书有限公司
经销 新华书店
印刷 三河市龙大印装有限公司
责任校对 马 丽
责任印制 吕亚莉

编辑统筹 法律应用出版分社
开本 710 毫米 × 1000 毫米 1/16
印张 24.25
字数 420 千
版本 2020 年 6 月第 1 版
印次 2020 年 6 月第 1 次印刷

法律出版社/北京市丰台区莲花池西里 7 号(100073)
网址/www.lawpress.com.cn
投稿邮箱/info@lawpress.com.cn
举报维权邮箱/jbwq@lawpress.com.cn
销售热线/400 - 660 - 8393
咨询电话/010 - 63939796

中国法律图书有限公司/北京市丰台区莲花池西里 7 号(100073)
全国各地中法图分、子公司销售电话:
统一销售客服/400 - 660 - 8393/6393
第一法律书店/010 - 83938432/8433 西安分公司/029 - 85330678 重庆分公司/023 - 67453036
上海分公司/021 - 62071639/1636 深圳分公司/0755 - 83072995

书号:ISBN 978 - 7 - 5197 - 4318 - 5 **定价**:86.00 元
(如有缺页或倒装,中国法律图书有限公司负责退换)

编辑委员会

序

党的十九大报告指出，就业是最大的民生。劳动关系是现代社会最重要、最常见的社会关系之一，妥善公正处理劳动争议，切实维护劳资双方的合法权益，促进全社会用工的合法化、规范化，是构建新时代社会主义和谐社会的重要组成部分。近年来，社会公众维权意识不断增强，劳动争议案件数量也日渐增加。随着经济发展和社会进步，传统的标准劳动关系模式已经不能满足用工需求，新型、复杂的劳动用工模式层出不穷。而劳动法的规定过于原则，部门规章和地方性法规则立法层次低、主体多元、体系不完整，导致当前劳动争议审判中法律适用面临挑战。在此背景下，通过将审判实践中的典型案例总结梳理、汇编成册后出版发布，对于解决审判疑难问题、推进裁判尺度统一、建立公正规范的用工秩序有着重大意义。

2015 年以来，北京市第一中级人民法院共审结劳动争议案件上万件，如何在筛选出最具典型意义的案例同时，又能兼顾劳动争议纠纷的各种类型，是本书编写过程中的首要问题。为此，我们充分考虑劳动争议案件中的典型多发问题，结合劳动合同法的章节分布，确定按照劳动合同的订立、履行、解除这一主线作为编写顺序，同时将劳务派遣、社会保险及裁审衔接等特殊类型的案例单列出来，在每种类型下挑选若干最典型的案件，以期突出主题、强化重点。同时，在编写过程中，我们还充分利用历年来多篇深度解析某类劳动争议案件的调研成果，将服务于《劳动合同解除疑难问题研究》《关于工伤保险赔偿案件的调研报告》《关于完善劳动人事争议仲裁与诉讼衔接的调查研究》等重点课题调研的典型案例，根据法律法规、司法解释的最新规定，重新进行修改完善，一并展示给读者，力争形成一本体系完整、类型多样、重点突出、兼具学术与实践价值的劳动争议案例书籍。

本书主要包含近五年来审理的典型、疑难劳动争议案例，也收集了部分国内其他法院有代表性的劳动争议案例。在编写过程中，为加强本书的可读性和实用性，我们一方面坚持高度凝练，案情介绍中剔除无用信息，仅保留与争议焦点相关的必要信息，另一方面，注重理论升华，对案件中涉及的问题除了从实践角度提出解决方案外，还从法理的角度进行深入评析，提升案例价值。此外，对于一些审判实践中存在分歧的案件，我们还罗列了持不同观点的关联案例，力求为读者带来更好的阅读体验，实现典型案例的普法价值。

北京市第一中级人民法院一直以来注重法律适用和司法实务研究工作。近年来，北京市第一中级人民法院坚持以习近平新时代中国特色社会主义思想为指导，深入学习贯彻习近平总书记关于调查研究的重要论述，进一步健全完善以重点课题为龙头、以案例研究为基础、以学术研讨为重点、以司法建议为延伸、以调研人才培养为保障的“五位一体”调研工作格局，将审判研究作为一项根本性、基础性、系统性工作统筹推进，坚持首善意识、首善标准，突出问题导向、需求导向，着力破解审判实践中的重难点问题和制约法院长远发展的瓶颈性问题，全力打造有力度、有厚度、有深度的首都法院审判研究高地，整体法律适用和司法实务研究工作取得了新进展、实现了新突破。

当然，案例分析的撰写过程是法律适用方法不断深化完善的过程，案例中涉及相关法律问题的评析，是执笔人对具体法律问题的理解与阐释，囿于能力水平，难免有所疏漏，因此本书可能会存在一些不足，欢迎读者批评指正，我们会不断改进。我们也期待更多的法律人关注劳动争议案例研究，共同探求法律适用的真谛。希望本书能为学习、研究劳动争议案件的读者提供帮助，为国家法治建设贡献力量。

是为序。

法律法规及司法解释简称

法律法规全称	缩略语
《中华人民共和国劳动法》	《劳动法》
《中华人民共和国劳动合同法》	《劳动合同法》
《中华人民共和国社会保险法》	《社会保险法》
《最高人民法院关于审理劳动争议案件适用法律若干问题的解释(一)》	《劳动争议司法解释(一)》
《最高人民法院关于审理劳动争议案件适用法律若干问题的解释(二)》	《劳动争议司法解释(二)》
《最高人民法院关于审理劳动争议案件适用法律若干问题的解释(三)》	《劳动争议司法解释(三)》
《最高人民法院关于审理劳动争议案件适用法律若干问题的解释(四)》	《劳动争议司法解释(四)》
《中华人民共和国民法通则》	《民法通则》
《中华人民共和国合同法》	《合同法》
《中华人民共和国民法总则》	《民法总则》
《最高人民法院关于适用〈中华人民共和国民事诉讼法〉的解释》	《民事诉讼法司法解释》
《最高人民法院关于贯彻执行〈中华人民共和国民法通则〉若干问题的意见》	《民通意见》
《中华人民共和国侵权责任法》	《侵权责任法》
《中华人民共和国劳动合同法实施条例》	《劳动合同法实施条例》

续表

法律法规全称	缩略语
《中华人民共和国民事诉讼法》	《民事诉讼法》
《中华人民共和国劳动争议调解仲裁法》	《劳动争议调解仲裁法》
《中华人民共和国公司法》	《公司法》
《最高人民法院关于民事诉讼证据的若干规定》	《关于民事诉讼证据的若干规定》
《中华人民共和国行政诉讼法》	《行政诉讼法》

目录

第一章 劳动合同的订立

第二章 劳动合同的履行和变更

第三章 劳动合同的解除和终止

第四章　特别规定

第五章　社会保险

第六章 裁诉程序

1
CHAPTER

第一章

劳动合同的订立

01

超市经营中承包关系与劳动关系的甄别

——吴某诉北京某食品有限责任公司劳动争议案

裁判规则

劳动关系的认定,应当考虑双方之间是否具有人身隶属关系以及建立劳动关系的合意。形成劳动关系的主体之间具有较为紧密关联性,这也是劳动关系与承包关系之间的区分点。

案情[1]

2013 年 1 月 22 日,吴某与北京某食品有限责任公司(以下简称某公司)签署了《超市柜台承包合同(一)》,合同期限为 2013 年 1 月 22 日至 2018 年 1 月 21 日,双方在签署《超市柜台承包合同(一)》的同时还签署了《承包人员管理制度》。《超市柜台承包合同(一)》基本内容如下:

1. 乙方(吴某,下同)承包甲方(某公司,下同)物美超市昌平东关店内的某熟食专柜,经营某熟食产品的销售;

2. 乙方根据市场需求,在甲方要求的最高售价限额内自由加价。加价部分为甲方向乙方支付的承包费。除此费用外,甲方不再向乙方支付报酬。

3. 乙方及乙方所聘用的促销员与甲方不存在劳动关系。甲方不负担乙方及乙方所聘用促销员的工资及社会保险等任何手续费用。如乙方需要以甲方名义为乙方及乙方所聘用的促销员办理社会保险手续,需由乙方及乙方所聘用促销员向甲方提出书面申请,甲方书面同意后可代为办理。办理费用,包括个人缴纳

---

[1] (2017)京01民终9551号。

部分及单位缴纳部分,均由乙方在承包费中支付。

4. 甲方权利义务为"1. 甲方有权以抽查、突击检查等方式对乙方承包店内库存真实性和实际销售价格进行检查和监督。对乙方弄虚作假、虚报库存真实性、违反甲方最高售价限额等行为,有权根据检查结果处以100～5000元的罚款。2. 甲方有权根据乙方违反承包点内规章制度、违反本承包合同约定的实际情况给以警告、建议限时纠正等处理。乙方拒绝接收甲方的警告及限时纠正建议三次以上,甲方可解除本承包合同。3. 甲方有义务按照乙方要求的时间、地点、质量、数量和双方确认的最低价格向乙方提供产品"。

5. 乙方的权利义务为"1. 乙方有权拒收变质及不符合乙方订单要求的商品。2. 乙方有义务维护甲方的信誉和商誉,执行甲方的有关市场政策。3. 乙方须严格遵守承包店内的规章制度。4. 乙方有义务向甲方及时反馈市场和商品的有关信息,每月反馈消息不少于两次"。合同第14条特别约定"1. 甲乙双方系承包关系,甲方与乙方及乙方所聘用的促销员之间不存在劳动关系……3. 执行商场的上下班时间和休息时间。4. 执行国家规定法定节假日休息。5. 严禁承包人员从其他公司进货、冒充本公司产品、违者罚没所有销售所得金额和产品,并解除承包合同,公司不支付任何费用"。

根据吴某的银行卡流水显示,在2013年3月20日至2014年11月6日,某公司向吴某支付其所称的"承包费",交易流水中摘要为"工资",绝大多数月份为每月发放一次,且绝大多数月发放金额为3000元左右。自2014年12月19日开始,吴某接收"承包费"的开户行由中国邮政储蓄银行变更为华夏银行,交易流水摘要部分显示为"柜台其他代发",部分显示为"柜台代发工资",且自2015年3月16日开始,之后发放的工资数额相比之前有了提高,均在4000元以上。庭审中,某公司主张上述所发款项为承包费,其与吴某结算承包费的方式为物美超市把营业收入返给某公司后,某公司扣除相应的货款,剩余利润作为承包费以打卡形式返还给吴某。

吴某与某公司因为某公司要撤店,撤店之后将吴某调离至其他店面的问题而产生纠纷。

北京市昌平区人民法院认为:首先,吴某负责其承包柜台熟食产品的销售工作,吴某作为承包人仅有极少的经营自主权,在进货、定价、管理制度等方面均受到某公司的严格限制。其次,吴某作为承包人无须向发包人某公司支付承包费,而是由某公司按月给付承包人所谓的承包费,法院某公司称支付的价款为承包费的陈述不予认可。最后,在2013年和2014年的银行流水中,支付款项的摘要为工资。从吴某的银行流水可以看出,某公司按月向吴某支付钱款,并且支付金额在一定周期内具有稳定性,更符合工资的发放形式。综上,吴某接受某公司的管理,遵守某公司制定的规章制度,从事的熟食销售工作是某公司业务的组成部分,某公司按月向吴某支付报酬,支付的金额在一定周期内具有稳定性,符合构成劳动关系的要件。

北京市昌平区人民法院对于吴某要求确认其与某公司在2013年1月22日至2016年12月31日存在劳动关系的请求予以支持;某公司应当支付吴某休息日加班费为29,280元,法定节假日加班费为1944.83元,未休年休假工资为3852.11元(4189.17÷21.75×10×200%),解除劳动关系经济补偿金16,756.68元(4189.17×4)。

北京市昌平区人民法院判决:(1)吴某与某公司在2013年1月22日至2016年12月31日存在劳动关系。(2)某公司于判决生效后10日内支付吴某休息日加班费29,280元。(3)某公司于判决生效后10日内支付吴某2014年12月22日至2016年12月31日未休年休假工资为3852.11元。(4)某公司于判决生效后10日内支付吴某法定节假日加班费1944.83元。(5)某公司于判决生效后10日内支付吴某解除劳动关系经济补偿金16,756.68元。(6)驳回吴某的其他诉讼请求。

某公司不服提起上诉,请求撤销一审判决,驳回吴某的诉讼请求;上诉理由是双方之间是承包关系而非劳动关系。

【裁判结论】

北京市第一中级人民法院判决:(1)撤销北京市昌平区人民法院(2017)京0114民初11323号民事判决;(2)驳回吴某的全部诉讼请求。

【裁判观点】

北京市第一中级人民法院认为:根据《超市柜台承包合同(一)》的约定,吴某在销售熟食产品的过程中可以根据市场需求在某公司要求的最高售价限额内自由加价,可以根据业务需要自行决定是否聘用促销员,有权拒收某公司发出的变质及不符合其订单要求的商品。上述约定均体现出吴某在经营过程中具有绝对的自主权利，其经营效果与其本人收入直接相关，对于熟食产品的销售无须服从某公司的支配，其销售时间以及销售品种、数量等均由其自行决定，因此，吴某与某公司之间的人身隶属性及财产隶属性明显较弱。此外，现吴某并未提交劳动合同等书面文字证据，证明双方之间就建立劳动关系存在明示合意，也没有其他证据来推定双方当事人之间存在默示合意；而相反，某公司提交的《超市柜台承包合同(一)》中明确载明双方当事人之间不存在劳动关系。在考虑上述两方面内容之后，本院认为不能认定双方之间存在劳动关系。

法官评析

该案例涉及超市柜台促销员的劳动关系认定问题。《劳动和社会保障部关于确立劳动关系有关事项的通知》规定："用人单位招用劳动者未订立书面劳动合同，但同时具备下列情形的，劳动关系成立：1. 用人单位和劳动者符合法律、法规规定的主体资格；2. 用人单位依法制定的各项劳动规章制度适用于劳动者，劳动者受用人单位的劳动管理，从事用人单位安排的有报酬的劳动；3. 劳动者提供的劳动是用人单位业务的组成部分。"尽管原劳动部早在2005年就发布了这个通知，但多年的司法实践中如何在不同的用工形式中清楚明确的区分劳动关系与其他民事关系，如承包关系、劳务关系，仍然是个案审判中的疑难问题。

本案中，吴某在物美超市的某食品柜台销售某熟食，但是这种用工环境和工作内容并不是本案认定劳动关系的关键因素，吴某每月获得的收入方式和经营模式则成为本案甄别劳动关系的关键因素。该案例从劳动关系的法律特征出发，就本案中双方当事人之间的相关权利义务进行分析，从而对劳动关系的法律抽象性概念具象为本案的定性结论，希望对该类案件的处理指出统一的裁判思路。

一、关于确认劳动关系的法理依据

按照劳动法理论通说认为劳动关系是劳动者与用人单位之间为实现劳动过程而发生的劳动力与生产资料相结合的社会关系，兼有平等性与隶属性、人身性与财产性的特征。其中隶属性包括人身从属性和财产从属性，是劳动关系的本质属性，也是劳动关系客观外在的表征。

此外，继受罗马法中"合意"的概念，劳动关系也是双方当事人就劳动与报酬的交换合意，是劳动用工领域中自治原则的体现。合意在劳动法中虽然无法如其在民法中一般贯彻各方，但是合意在劳动关系的建立、变更、消灭过程中依然发挥重要作用，是劳动关系主观内在的精髓。因此，下文就从"隶属性"与"合意"两方面展开，分析论证本案双方当事人之间是否形成劳动关系。

二、关于吴某与某公司之间是否存在隶属性的甄别

关于隶属性的甄别应当考察劳动者是否被纳入用人单位的生产组织体系内，在用人单位的指挥命令下提供劳动，用人单位拥有广泛的指挥控制权，可单方确定工作时间、地点、内容及奖惩事项等；劳动者并非为自己的经营而劳动，是为用人单位的经营目的而劳动。

本案中吴某的工作地点为物美超市内的熟食销售柜台，工作内容为销售某熟食产品。而双方签订的《超市柜台承包合同（一）》，根据超市购物的一般社会生活经验判断，更加符合市场一般交易逻辑和流程，是食品生产厂家与销售人员之间控制成本、增加激励的运营模式。在这样一种运营模式中，吴某在销售熟食产品的过程中可以根据市场需求在某公司要求的最高售价限额内自由加价，可以根据业务需要自行决定是否聘用促销员，有权拒收某公司发出的变质及不符合其订单要求的商品。可见，吴某在经营过程中具有绝对的自主权利，其经营效果与其本人收入直接相关，对于熟食产品的销售无须服从某公司的支配，其销售时间以及销售品种、数量等均由其自行决定，因此吴某与某公司之间的人身隶属性及财产隶属性明显较弱。

三、关于吴某与某公司之间是否存在建立劳动关系合意的甄别

关于建立劳动关系合意的甄别应当考察双方当事人是否以明示或者默示的方式作出一致的建立劳动关系的意思表示。双方签订的《超市柜台承包合同（一）》中明确载明双方当事人之间不存在劳动关系。而吴某提交的工作牌、银行账户交易明细以及出库单，虽然是劳动关系中通常会留存的证据材料，但是并未证明双方当事人就建立劳动关系形成了合意。因为工作牌、定期银行打款记录以及货物交接记录等证据材料是成立劳动关系的必要条件，但并非是充分条件。与劳动关系较易混淆的劳务、外包、挂靠、承揽、承包等关系都可能会留存上述证据材料。据此，吴某提交的证据明显不

能证明双方当事人之间存在建立劳动关系的合意。

综上，在本案中吴某与某公司之间并无直接的指挥管理关系，吴某在工作过程中具有自主经营决定权，其工作时间、销售内容、销售价格等决定其自身收入高低的关键因素，均在其自主决定的范围内，无法满足劳动关系中要求存在的人身隶属性；此外，双方当事人已经签订的承包合同排除了建立劳动关系合意的可能性。因此本案中不能认定双方之间存在劳动关系。

【裁判依据】

1.《劳动合同法》第2条

2.《劳动和社会保障部关于确立劳动关系有关事项的通知》

（撰稿人　朱　华）

02

个人挂靠经营，与其聘用人员之间系雇佣关系

——胡某诉北京某汽车修理公司劳动争议案

裁判规则

个人购买的车辆挂靠其他单位且以被挂靠单位的名义对外经营的,其聘用的司机与被挂靠单位之间不是劳动关系或雇佣关系。其聘用的司机因工伤亡的,被挂靠单位仅承担工伤保险责任。

案　情[1]

上诉人胡某于2018年4月7日受高某雇用,驾驶×××号重型自卸货车。2018年4月9日,胡某在开车过程中发生单方交通事故受伤。车辆权属登记显示,×××号重型自卸货车车辆登记所有人为被上诉人北京某汽车修理公司。

胡某于2018年11月1日向北京市昌平区劳动人事争议仲裁委员会(以下简称昌平仲裁委)申请仲裁,请求确认胡某与北京某汽车修理公司在2018年4月7日至2018年12月6日存在劳动关系。昌平仲裁委于2018年12月11日裁决:胡某与北京某汽车修理公司于2018年4月7日至2018年12月6日存在劳动关系。北京某汽车修理公司不服裁决,提起本案诉讼。

北京某汽车修理公司起诉,请求确认北京某汽车修理公司与胡某于2018年4月7日至2018年12月6日不存在劳动关系。一审法院依照《劳动合同法》第

[1] (2019)一中民终字第5727号。

2条规定，判决：北京某汽车修理公司与胡某自2018年4月7日至2018年12月6日不存在劳动关系。宣判后，胡某向北京市第一中级人民法院提起了上诉。

胡某上诉请求：撤销一审判决，改判胡某与北京某汽车修理公司于2018年4月7日至2018年12月6日存在劳动关系。事实和理由：从事实角度看，胡某在事故发生时所驾驶车辆挂靠在北京某汽车修理公司名下，应认为胡某与北京某汽车修理公司存在劳动关系。从法律角度看，根据《最高人民法院关于〈挂靠车辆中司机工作中伤亡能否认定为工伤问题的答复〉》，个人购买的车辆挂靠其他单位且以挂靠单位的名义对外经营的，其聘用的司机与挂靠单位之间形成了事实劳动关系，在车辆运营中伤亡的，应当适用《劳动合同法》和《工伤保险条例》的有关规定认定是否构成工伤。高某购买的车辆挂靠在北京某汽车修理公司名下以其公司名义对外经营，胡某作为高某聘用的司机与北京某汽车修理公司之间形成事实劳动关系。

北京某汽车修理公司辩称：同意一审判决。

【裁判结论】

北京市第一中级人民法院依据《民事诉讼法》第170条第1款第1项之规定，判决：驳回上诉，维持原判。

【裁判观点】

一审法院认为，当事人对自己提出的诉讼请求所依据的事实或者反驳对方所依据的事实有责任提供证据加以证明。没有证据或者证据不足以证明当事人的事实主张的，由负有举证责任的当事人承担不利后果。北京某汽车修理公司要求确认双方不存在劳动关系，胡某庭审中陈述系受高某雇用，故法院认为胡某与北京某汽车修理公司不存在事实劳动关系。北京某汽车修理公司的诉讼请求，合法有据，法院予以支持。但高某不具备用工主体资格，北京某汽车修理公司作为被挂靠单位，应承担工伤保险责任。

二审法院认为，胡某请求确认与北京某汽车修理公司之间存在劳动关系，但胡某陈述其系受高某雇用，高某把车辆挂靠在北京某汽车修理公司名下经营。故一审法院认定胡某与北京某汽车修理公司不存在劳动关系并无不当。由于高某不具备用工主体资格，北京某汽车修理公司作为被挂靠单位，应承担工伤保险责任。

法官评析

在运输行业中,“挂靠经营”一般指个人或者合伙人共同出资购买机动车,经具有经营资质的运输公司同意,将车辆登记在该公司名下,以该公司的名义向管理机构申请办理《道路运营经营许可证》和《车辆运营证》,并以该公司的名义承担道路运输业务,这种“挂靠经营”往往运输公司只收取管理费用,并不实际参与管理和经营,这种经营方式是违法的。根据相关法律法规的规定,公民、法人从事运输经营必须依照法定条件和程序向有关行政机关申请取得运输经营许可。在实际运营中,受政策的限制和市场需求的影响,挂靠经营成为一种普遍现象。

在司法实践中,就车辆所挂靠其他单位进行经营,车辆实际所有人聘用的司机与被挂靠单位之间劳动关系的确认是否适用《最高人民法院行政审判庭关于车辆挂靠其他单位经营车辆实际所有人聘用的司机工作中伤亡能否认定为工伤问题的答复》(最高人民法院〔2006〕行他字第 17 号)存在争议。根据当前法律法规及审判实践,隶属性是劳动关系的本质特点,是判断构成劳动关系的根本标准。隶属性包括人格上、经济上和组织上的隶属性。劳动关系建立后,劳动者是用人单位的职工,处于提供劳动力的地位;用人单位成为劳动力使用者,处于管理者地位,两者形成领导与被领导的关系。从这个方面看,被挂靠单位与驾驶员之间不存在实质上的隶属关系,不能认定双方建立了劳动关系。《劳动合同法》颁布实施后,在司法中应该更加严格地要求从书面上确认劳动关系的存在;对于没有书面劳动合同的能否认定劳动关系,需要严加限制,一定要符合劳动关系的基本特征,不能随意扩大劳动关系的认定,否则后续问题更多。《劳动争议司法解释(一)》第 1 条第 2 项规定,劳动争议案件的范围包括“劳动者与用人单位之间没有订立书面劳动合同,但已形成事实劳动关系的后发生的纠纷”,可见其对事实劳动关系的认定本质上在于劳动者和用人单位形成人身、经济上的隶属性,劳动者为用人单位付出了一定劳动并已经获得或应当获得劳动报酬和有关福利待遇。如果参照最高人民法院〔2006〕行他字第 17 号答复认定车辆实际所有人聘用的司机与被挂靠单位形成了事实劳动关系,必将过度加重被挂靠单位责任,并且造成对整个劳动社会保障制度的冲击。

《北京市高级人民法院关于劳动争议案件法律适用问题研讨会会议纪要(三)》第1条规定,《最高人民法院关于审理工伤保险行政案件若干问题的规定》(法释〔2014〕9号)第3条第1款第4项中"用工单位""不具备用工主体资格的组织或者自然人",第5项中"被挂靠单位"、"个人"与"因工伤亡职工(人员)"之间产生争议,"用工单位""被挂靠单位""因工伤亡职工(人员)"之间不是劳动关系或雇佣关系。"用工单位""被挂靠单位"仅是承担工伤保险责任的单位。"不具备用工主体资格的组织或者自然人"、"个人"与"因工伤亡职工(人员)"之间不是劳动关系,而是雇佣关系。

【裁判依据】

1.《劳动合同法》第10条

2.《最高人民法院关于审理工伤保险行政案件若干问题的规定》第3条

(撰稿人　赵振波)

03

被派至境外的劳动者劳动关系认定问题

——中国某公司诉董某劳动争议案

裁判规则

1. 中国企业承包境外建设工程项目应当与其招用的外派人员签订劳动合同,按照合同约定向外派人员提供工作条件和支付报酬,履行用人单位义务。

2. 中国企业的境外子公司不得在中国境内招收劳务人员赴国外工作,所以中国企业不能以境外子公司与外派人员签订了劳动合同为由转嫁用人单位的义务。

案 情〔1〕

董某主张,2013 年 1 月,其通过孟某介绍,于 2013 年 4 月 18 日入职中国某公司。其于 2013 年 4 月 17 日从北京出境,于 4 月 18 日到巴布亚新几内亚。其在门迪至坎德普公路工程项目工作,担任工程技术人员。其直接领导是刘某,其工资标准为每月 1650 美元,工资是由中国某公司巴新公司(中国某公司的全资子公司)直接汇入其在中国银行的账户,工资支付至2014 年5 月31 日。2014 年5 月 17 日,其在工作中被打伤。另外,中国某公司巴新公司未给其缴纳社会保险。

董某为证明其主张,提供团体意外险保险单。该保险单显示中国某公司给董某投保了2013 年8 月10 日至2015 年8 月3 日的团体意外险。中国某公司认可该证据的真实性,但表示费用是由中国某公司巴新公司负担的。董某提供其

〔1〕 (2018)京 01 民终 2264 号。

与王某(中国某公司办公室人员)、刘某(中国某公司门迪至坎德普公路工程项目部项目经理)、吴某(中国某公司副总经理)等人的谈话。该谈话显示双方在协商工伤的处理事宜。中国某公司认可该证据的真实性,但表示王某是中国某公司巴新公司在国内办事处的人员,刘某是中国某公司巴新公司的项目经理,吴某时任中国某公司巴新公司的负责人,后于2015年5月28日任其公司主要负责人。

中国某公司主张,门迪至坎德普公路工程项目是其公司承包的工程。因其公司将部分工程分包给了中国某公司巴新公司,董某是中国某公司巴新公司的员工,与其公司没有劳动关系。其公司将部分员工派往中国某公司巴新公司工作,故其公司为这部分员工缴纳社会保险。董某的工资由中国某公司巴新公司支付。

中国某公司为证明其主张,提供董某的劳动合同。该劳动合同显示甲方为"中国某公司巴新公司",合同期限自2013年4月18日至2016年4月,共36个月。同时,该合同甲方处加盖有"中国某公司巴新公司"字样的公章。董某认可其签名的真实性,但对于合同内容的真实性、合法性均不认可。中国某公司提供收款凭证及委托收款明细、住房公积金汇缴表、社会保险费用明细。上述证据显示中国某公司给包括刘某、吴某在内的员工缴纳社会保险及住房公积金,中国某公司巴新公司向中国某公司支付了款项。同时,上述证据中备注刘某、吴某为"巴新公司"。董某不认可上述证据的真实性。中国某公司提供董某的劳工许可证。该许可证显示董某是中国某公司巴新公司雇用的中国公民。董某认可该证据的真实性。

董某以要求确认其与中国某公司存在劳动关系为由向北京市海淀区劳动人事争议仲裁委员会(以下简称海淀仲裁委)提出申请,海淀仲裁委裁决:驳回董某的仲裁请求。董某不服上述裁决,在法定期限内向法院提起了诉讼。

北京市海淀区人民法院判决:确认董某与中国某公司自2013年4月18日起存在劳动关系。

中国某公司不服提起上诉,请求撤销一审判决,改判驳回董某的诉讼请求;上诉理由:(1)中国某公司与中国某公司巴新公司是两个独立的公司,中国某公司巴新公司是中国某公司的子公司,其独立法人资格不能否定。(2)董某与中国某公司巴新公司签订了劳动合同,该公司在中国有办事机构,其也愿意处理董

一、外派人员由谁招用

(一)境外企业不合法招工方式

中国企业在境外注册设立的子公司,在法律上属于境外企业。根据《对外劳务合作管理条例》第 2 条第 2 款的规定,国外的企业、机构或者个人不得在中国境内招收劳务人员赴国外工作。为了规避境外企业直接在境内招工,实践中,中国企业的境外子公司往往通过以下两种方式从境内招工:一是以境内母公司的名义招工,但要求劳动者与境外子公司签订劳动合同并将其派往境外工作;二是境外子公司在国内设立代表处,通过代表处从国内招工并派往境外工作。针对上述两种方式,首先,境外企业若想在我国境内招用人员,必须通过具备对外劳务合作经营资格的境内企业进行,不能直接以境内母公司名义招工同时自行签订劳动合同。其次,根据《关于管理外国企业常驻代表机构的暂行规定》的规定,外国企业的常驻代表机构是不能与中国公民直接签订劳动协议的,需通过外服公司签订劳务派遣合同。因此,上述两种招工方式均为不合法的招工方式,外派劳动者不能通过上述方式直接与境外企业建立劳动关系。

(二)应认定由中国企业招工

既然劳动者不能由境外企业直接招用至境外工作,也不能由其国内的代表机构进行招用,而招工主体又是确定劳动关系的重要因素,因此如何认定显得至关重要。此时应当考察招工信息的发布主体,海外工程承包主体,以及公司之间的关联关系等因素,不能简单凭借劳动合同的签订主体来认定。通常招工主体认定为境外企业的境内母公司即中国企业,因为招工信息通常由其发布,海外工程也由其承包,中国企业既是实际的招工主体也是实际的用工主体。本案中劳动者即由中国某公司招用,并与中国某公司的境外子公司中国某公司巴新公司签订了劳动合同,本案中就不能简单地通过劳动合同签订主体来认定招工主体。

二、外派人员的工作项目由谁承包

对外承包工程,是指中国的企业或者其他单位承包境外建设工程项目的活动。承包的工程也是外派人员的工作内容,判断是否存在劳动关系的一项重要因素即劳动者所从事的劳动是否是用人单位的业务组成部分。因此确定对外承包工程的承包主体对于明确用人单位至关重要。

对外承包工程的企业应当具备国家规定的相应资质，作为对外承包工程的企业同时应当承担其相应的义务。根据《对外承包工程管理条例》第12条的相关规定，对外承包工程的单位应当依法与其招用的外派人员订立劳动合同，按照合同约定向外派人员提供工作条件和支付报酬，履行用人单位义务。实践中确定工程承包主体并不难，但可能会出现工程分包的情况，对此也有相关规定即对外承包工程的企业不得将工程项目分包给不具备国家规定的相应资质的单位，同时若承包主体主张将工程分包给其他公司亦应举证证明。本案中，中国某公司认可在巴布亚新几内亚的门迪至坎德普公路工程由其承包，虽然中国某公司主张将工程分包给了中国某公司巴新公司，但对分包情况其未能举证说明而且陈述前后不一。不过无论是否分包给中国某公司巴新公司，中国某公司都应当承担对外承包工程企业的义务，即应与其招用的外派人员订立劳动合同，而不是将该义务转嫁给境外子公司。

三、已签订的劳动合同能否对抗法律规定

通过上述分析基本可以明确招工主体与承包主体均为境外企业的境内母公司即中国企业。根据《对外承包工程管理条例》第12条的规定，中国企业应当与外派人员订立劳动合同，如果双方未订立，则应当认定双方存在劳动关系。但如果外派人员已经与境外企业签订了劳动合同，那么此劳动合同是否有效，是否可以阻却外派人员与中国企业之间建立劳动关系。

首先，劳动合同与劳动关系尽管有牵连，但二者也是可以割裂的，有劳动合同，并不一定存在劳动关系。外国企业不具备直接从我国招用员工的资格，也不能直接与我国公民建立劳动关系，故中国某公司巴新公司与董某之间的劳动关系应认定无效。因此，无论中国某公司巴新公司是否与董某签订劳动合同，其与董某之间都不存在劳动关系。其次，外派人员与承包主体之间的用工关系已为行政法规所确定按照劳动关系调整，且该条规定属于规定主体应当或必须作出一定积极行为的义务性规则，所以不受已经签订的劳动合同影响。本案中，中国某公司作为中国企业，承包境外建设工程项目，应当按照上述规定执行，与其外派人员签订劳动合同，履行用人单位的义务，且其不能通过协议的方式转嫁其用人单位的义务。因此，虽然董某与中国某公司巴新公司签订了劳动合同，但双方之间并不存在劳动关系，董某与中国某公司存在劳动关系，中国某公司依然应当承担用人单位的主体责任。

【裁判依据】

1.《劳动合同法》第 2 条

2.《对外承包工程管理条例》第 12 条、第 14 条

3.《对外劳务合作管理条例》第 2 条第 2 款

（撰稿人　范楷强）

04

代驾司机与代驾公司之间是否属于劳动关系的认定

——庄某诉某技术服务公司劳动争议案

裁判规则

代驾司机与代驾公司之间是否属于劳动关系不能一概而论。代驾公司依法制定的各项劳动规章制度适用于代驾司机,代驾司机受代驾公司的劳动管理,从事代驾公司安排的有报酬的劳动,可以认定双方之间存在劳动关系,否则,对代驾司机关于双方之间存在劳动关系的主张,不予支持。

案　情〔1〕

某技术服务公司为提供代驾服务的公司,其开发一个手机软件,代驾司机如果有时间,可以打开软件,如客户需要代驾,可以选择附近的代驾司机。某技术服务公司按代驾费用的20%收取代驾司机信息服务费。

2011年10月6日,庄某到某技术服务公司从事代驾服务。2013年4月15日,双方签署e代驾驾驶员合作协议,其中载明:(1)合作内容:由某技术服务公司(甲方)向庄某(乙方)提供代驾服务的信息,由乙方向客户提供代理驾驶服务。乙方按照甲方对社会公布的各项收费标准收取并获取服务收益,甲方从乙方的信息费中扣除相应费用,作为甲方提供信息服务的费用……(3)合作服务流程:①由甲方接受客户预约后通知乙方服务内容,或客户直接与乙方联系。

〔1〕(2014)一中民终字第6355号。

②乙方依据本协议执行"代理驾驶"的合作任务……(5)收益分配与结算形式:①甲方向乙方提供代驾服务信息,暂定按每次代驾实际收费的20%收取信息费用,扣除税后其余部分为乙方所得。②通过e代驾正规预约渠道进行预约乙方的,视为甲方向乙方提供代驾服务信息,甲方有权收取对应的信息费。③随着市场的变化以及竞争的改变,甲方有权调整对乙方收取的信息费,其他特殊情况信息费用的收取甲方另行通知乙方。2013年4月2日,某技术服务公司对庄某罚款500元。2013年8月,某技术服务公司在其网站发布公告,以庄某多次恶意逃单为由与其解除合作关系。

庄某以要求某技术服务公司支付未签书面劳动合同二倍工资、违法解除劳动关系赔偿金、补发工资、退还罚款为由向北京市石景山区劳动争议仲裁委员会提出申请,仲裁委员会裁决如下:驳回庄某的仲裁申请。

庄某不服上述裁决,向法院提起诉讼称:其于2011年10月6日按照招工广告,到某技术服务公司应聘,成为该公司司机,从事代驾服务工作。在劳动中,代驾司机必须穿工服,戴工牌,必须以e代驾员工身份,以e代驾的名义按照其指定的收费标准收费,并遵守其他规定,向e代驾的客户提供服务,上述事实完全符合劳动关系构成要件。故要求判令某技术服务公司支付:(1)未签订劳动合同双倍工资114,906元;(2)补偿工资41,784元;(3)违法辞退赔偿金20,892元;(4)退还违法罚款500元。

某技术服务公司答辩称:双方是合作关系,某技术服务公司只提取信息费。穿工服、戴工牌是形式上的东西,是帮助代驾司机有更好的形象,这是按合作协议履行。事实上庄某有自主选择权,可以自主选择把软件打开,选择是否接活,庄某并没有固定工作时间。某技术服务公司提供信息,庄某根据信息选择是否与客户签约这种模式不是劳动关系,双方是合作关系。

北京市石景山区人民法院判决:驳回庄某的诉讼请求。

庄某不服一审法院判决,向本院提起上诉。上诉请求:(1)判令某技术服务公司支付庄某未签订劳动合同双倍工资114,906元;(2)补偿工资41,784元;(3)违法辞退赔偿金20,892元;(4)退还违法罚款500元。上诉理由:2011年10月6日上午,庄某按照招工广告,到某技术服务公司应聘,成为该公司的司机,从事代驾服务工作。在劳动中,代驾司机必须穿工服,戴工牌,必须以e代驾员工身份,以e代驾的名义按照其指定的收费标准收费,并遵守其他规定,向e代驾的客户提供服务。一审法院认定双方为合作关系是错误的，某技术服务公司曾因为庄某没有穿工服对其作出过500元罚款，该事实证明了某技术服务公司对庄某行使了监督权和处分权。双方属于管理与被管理、施罚与受罚的人格从属关系。代驾行业是服务行业，有其自身的特点。代驾司机放弃了传统意义上的考勤制度，取而代之的是代驾司机要及时到达客人需要服务的地点，如果客人投诉，司机还是要受到公司惩处的。因此传统的考勤制度、劳动纪律被新的形式所替代，一审法院认为劳动者可以自主掌握工作时间是错误的。代驾司机提供有偿劳动并获得报酬，是谋生手段，代驾司机和公司存在经济从属性。庄某的工作是某技术服务公司的业务组成部分。庄某和某技术服务公司存在事实劳动关系。

【裁判结论】

北京市第一中级人民法院判决：驳回上诉，维持原判。

【裁判观点】

北京市第一中级人民法院法院认为：本案争议焦点为庄某与某技术服务公司是否存在劳动关系。

劳动关系的成立一方面需要劳动者为单位提供有偿劳动，接受用人单位的管理，服从单位的劳动分工及安排，遵守劳动纪律及相关规章制度；另一方面用人单位必须为劳动者提供工作条件，按照劳动者的劳动数量和质量给付其劳动报酬，保障劳动者享有相关福利待遇。认定劳动关系的要素应参照《劳动和社会保障部关于确立劳动关系有关事项的通知》第1条之规定：用人单位招用劳动者未订立书面劳动合同，但同时具备下列情形的，劳动关系成立。(1)用人单位和劳动者符合法律、法规规定的主体资格；(2)用人单位依法制定的各项劳动规章制度适用于劳动者，劳动者受用人单位的劳动管理，从事用人单位安排的有报酬的劳动；(3)劳动者提供的劳动是用人单位业务的组成部分。从本案主要事实来看，庄某没有固定的工作场所，工作时间可自行掌握，庄某亦非按月从某技术服务公司获取劳动报酬，结合代驾司机的行业特点以及本案中庄某与某技术服务公司签订了e代驾驾驶员合作协议的情况，法院认为庄某与某技术服务公司之间并非劳动关系，故庄某基于其与某技术服务公司存在劳动关系而提起的各项诉讼请求,缺乏事实和法律依据,法院均不予支持。

法官评析

随着经济社会的发展,代驾服务逐渐为大家所熟悉并接受,代驾服务的范围也不断拓展,酒后代驾、旅游代驾、商务代驾,种类繁多。那么,代驾员与代驾公司之间是一种什么关系?是否必然是劳动关系?我们认为,对此不能一概而论,还是应当结合案情来具体分析代驾员与代驾公司之间是否符合劳动关系的认定标准。

所谓劳动关系,指劳动者与用人单位之间,为实现劳动过程而发生的一方有偿提供劳动力由另一方用于同其生产资料相结合的社会关系。劳动关系的一般特征表现在:(1)它的当事人一方固定为劳动者,另一方固定为用人单位;(2)它的内容以劳动力所有权与使用权相分离为核心,劳动者享有劳动力所有权,将劳动力使用权让渡给用人单位,由用人单位对劳动力进行分配和安排;(3)它是人身关系属性和财产关系属性相结合的社会关系,由于劳动力的存在和支出与劳动者人身不可须臾分离,劳动者向用人单位提供劳动力,实际上就是劳动者将其人身在一定限度内交给用人单位,因而劳动关系就其本来意义说是一种人身关系,用人单位要向劳动者支付工资等项物质待遇,劳动关系又同时是一种财产关系;(4)它是平等性质与隶属性质兼有的社会关系,劳动者与用人单位之间以合同形式订立、履行、变更、解除及终止劳动关系,这表明劳动关系是一种平等主体间的合同关系,然而,劳动关系一经缔结,劳动者就成为用人单位的职工,用人单位就成为劳动力的支配者和劳动者的管理者,这使劳动关系又成为一种隶属主体间的以指挥和服从为特征的管理关系。

司法实践中,认定劳动关系的标准通常包括:

1. 管理标准。主要指劳动者服从用人单位的管理,遵守用人单位的规章制度。

2. 生产条件标准。主要指用人单位提供了基本的劳动条件,包括劳动场所、劳动对象和劳动工具,这样劳动者同用人单位提供的生产资料相结合,双方之间才能形成劳动法律关系。

3. 报酬标准。主要指劳动者向用人单位提供劳动,用人单位向劳动者支付劳动报酬，由用人单位发放劳动报酬是认定劳动关系的重要标志。

4.劳动内容标准。主要指劳动者提供的劳动是用人单位业务的组成部分，如果劳动者提供的劳动不属于用人单位的业务范围，一般来说，双方之间就不存在劳动关系。

上述标准有助于对劳动关系进行判断，但认定劳动关系最核心的标准还是管理标准，即用人单位与劳动者之间是否存在管理与被管理、指挥与被指挥、监督与被监督的关系。如果代驾公司依法制定的各项劳动规章制度适用于代驾司机，代驾司机受代驾公司的劳动管理，从事代驾公司安排的有报酬的劳动，可以认定双方之间存在劳动关系，否则，对代驾司机关于双方之间存在劳动关系的主张，不予支持。

具体到本案，庄某虽然必须穿某技术服务公司工服、戴工牌，按照公司指定的标准收费，但这只是庄某提供代驾服务的形式，不足以据此认定庄某与某技术服务公司之间存在劳动关系。根据查明的事实，庄某的工作完全由其自行安排，想接活即可打开手机软件，不想接活也不受某技术服务公司的约束，在这种情况下，并不存在庄某服从某技术服务公司指挥的情形，不能认定庄某在接受某技术服务公司的劳动管理。同时，从庄某与某技术服务公司签订的合作协议看，某技术服务公司向庄某提供信息，收取信息服务费，其余的代驾服务费则作为庄某的收入，可见庄某也并非从某技术服务公司获取劳动报酬，故庄某与某技术服务公司之间并非劳动关系，而是一种合作关系，双方之间是一种平等的民事主体关系，权利义务应按照合作协议确定。

【裁判依据】

1.《劳动法》第2条

2.《劳动合同法》第2条

3.《劳动和社会保障部关于确立劳动关系有关事项的通知》

（撰稿人　何　锐）

05

股东兼 CEO 与用人单位劳动关系的甄别

——胡某诉北京某公司劳动争议案

裁判规则

实践中存在大量股东参入公司经营和管理，他们与公司之间是否存在劳动关系一直是审判中的难点。一般认为这类人员参与经营和管理，不受用人单位的管理或支配，与用人单位之间没有身份隶属关系，自行承担经营风险，不宜认定双方存在劳动关系。

案　情[1]

胡某称其于2018年3月1日入职北京某公司，担任公司首席执行官(CEO)工作，劳动报酬为每月10,000元。胡某称2018年2月15日签署《劳动合同》，根据其提供的合同显示，北京某公司安排胡某从事首席执行官工作，月工资为10,000元。北京某公司对胡某的《劳动合同》和陈述均不予认可，北京某公司称胡某是作为公司的合伙人进入公司的，并非是劳动关系，其所出示的合同是其自己加盖的，并不能代表公司的意志。庭审中，胡某称其所出示的《劳动合同》中的公章是其自己加盖的，签署劳动合同在其职权范围内。

根据北京某公司出示的《股权代持协议》显示，2018年2月20日，胡某(甲方)与何某某(乙方)签署了该协议书。协议约定，甲方自愿委托乙方代持甲方实际所持有的北京某公司20%的股份，作为该股份的名义持有人，并代为行使相关股东权利，乙方自愿接受甲方的委托并代为行使该相关股东权利，甲方是该

[1] (2019)京01民终4781号。

20%股权的实际出资人，享有该20%股权的股东权利，并有权获得相应的股东权益，该协议详细约定了双方之间的相应权利义务。北京某公司称：2017年，胡某与其公司谈项目，因为重组公司困难，双方约定就用北京某公司继续经营，胡某做公司的CEO，负责日常管理，剩下的股东做经营，过完年之后双方开始正式经营，双方一开始就约定所有的股东合伙人都不拿工资，等公司盈利了再说，公司只给两位招聘的劳动者发过工资，其他所有股东都不拿工资。胡某对北京某公司的该陈述不予认可，胡某称双方开始约定月薪10,000元，并非是不发工资，而是说缓到2018年8月再说，北京某公司称双方约定的是2018年8月盈利之后再说给股东发工资的事宜，不是缓发。

胡某于2018年9月25日向北京某公司发出《解除劳动关系通知书》，内容为"……我叫胡某，于2018年3月1日进入贵公司，从事首席执行官工作，入职后公司无故拖欠我工资，未依法为我缴纳社会保险，明显违反我国有关劳动的法律法规，为维护我的合法权益，现本人依法提出与贵公司解除劳动关系……"根据投递记录显示，该快递在2018年9月26日由前台代签收。

庭审中，证人王某某称其于2018年2月入职北京某公司，胡某是合伙人，所有合伙人都在公司工作，不清楚合作人是否拿工资，平时主要跟胡某一起工作，在公司见得最多的是股东刘某某和张某某，日常工作由胡某签字确认。

另查，根据工商登记显示，北京某公司登记的股东为刘某某、李某某、韩某、李某某。

一审法院认为：双方争议的焦点为胡某与北京某公司是否存在劳动关系，结合双方提交的证据和庭审中各方的陈述，法院分析如下：

首先，根据《公司法》的规定，公司股东依法享有资产收益、参与重大决策和选择管理者等权利。因此，作为有限公司的股东，尤其是经股东间协商担任具体某一管理职务时，当然有权参与公司经营决策活动，这恰恰也是社会生活中常见的公司内部组织形式，故仅从参与了公司的日常行政事务管理和决策等外在表征无法推出其与公司之间存在必然的劳动关系。根据北京某公司出示的《股权代持协议》可知，胡某实际持有北京某公司20%的股份，胡某也认可该协议的真实性且已实际进行了出资。因此，基于其股东身份和股东间的约定，其同样可以进入公司负责公司的日常行政事务等，因此仅仅从为公司日常经营提供了劳动、付出了时间和精力等不能必然得出其与北京某公司的关系就是劳动关系。

其次,按照劳动法理论通说认为劳动关系是劳动者与用人单位之间为实现劳动过程而发生的劳动力与生产资料相结合的社会关系,兼有平等性与隶属性、人身性与财产性的特征。其中从属性包括人身从属性和财产从属性,是劳动关系的本质属性,也是劳动关系客观外在的表征。另外,继受民法中“合意”的概念,劳动关系也是双方当事人就劳动与报酬的交换合意,是劳动用工领域中自治原则的体现。合意在劳动法中虽然无法如其在民法中一般贯彻各方,但是合意在劳动关系的建立、变更、消灭过程中依然发挥重要作用,是劳动关系主观内在的精髓。关于是否存在隶属性的甄别,应当考察其是否被纳入用人单位的生产组织体系内,在用人单位的指挥命令下提供劳动,用人单位拥有广泛的指挥控制权,可单方确定工作时间、地点、内容及奖惩事项等,本案中,胡某成为北京某公司的股东后到公司担任首席执行官(CEO)职务,从庭审中的陈述和证人证言来看,其拥有制定公司规章制度,日常事务签字审批、持有公章对外开展经营活动等权利,并非常见的接受公司的管理,恰恰其是制定人事管理规则、发出日常命令、拥有对普遍员工广泛控制权的人。关于胡某与北京某公司之间是否存在建立劳动关系“合意”的甄别,应当考察双方当事人是否以明示或者默示的方式作出一致的建立劳动关系的意思表示。胡某虽然出示了《劳动合同》,但根据其陈述,该份合同中的北京某公司的公章是其自己自行加盖的,从通俗的语言来说,即自己和自己签的合同,考虑到其岗位性质,在没有相关股东决议或者法定代表人签字确认的情况下,该份合同无法体现北京某公司的意思表示,因此不能作为认定存在劳动关系的证据。

最后,从庭审中的陈述来看,胡某到北京某公司工作是其成为公司股东后进入的,担任 CEO 的岗位也是基于股东之间的约定,并非常见的入职招聘录用程序。另外,从证人的陈述来看,除胡某外,其他部分股东也参与公司的日常经营。关于其称双方关于工资的约定,其并未提交相应的证据予以证明,也未有证据证明其他参与公司经营的股东曾提出过支取工资等事实,故法院对其关于工资约定的陈述不予采信。

综上所述,虽然法律法规没有关于股东不能与公司建立劳动关系的禁止性规定,从外在表征上,股东也参与了公司的日常决策管理,付出了相应的劳动和精力,但应当考察这种行为源自于投资行为的约定还是劳动关系的约定,从本案的情况来看,胡某成为北京某公司的股东,到北京某公司工作,股东间商议其担任公司首席执行官(CEO)负责公司的日常事务,制定规则、管理普通员工,二者之间的关系并非传统意义的劳动关系,故法院对胡某称双方为劳动关系的主张不予采信。若胡某与北京某公司股东间存在股权纠纷,其可另行解决。

北京市昌平区人民法院判决:(1)北京某公司与胡某在2018年3月1日至2018年9月24日不存在劳动关系;(2)北京某公司无须支付胡某2018年3月1日至2018年9月24日的工资67,356.32元;(3)北京某公司无须支付胡某解除劳动合同经济补偿金10,000元。

胡某不服提起上诉,请求撤销一审判决,驳回北京某公司的诉讼请求。上诉理由是胡某的股东身份无法律依据,胡某作为北京某公司的CEO,参与企业日常经营管理,提供了劳动,双方构成劳动关系,胡某应当取得劳动报酬。

【裁判结论】

北京市第一中级人民法院判决:驳回上诉,维持原判。

【裁判观点】

北京市第一中级人民法院认为:关于劳动关系一节。《劳动和社会保障部关于确立劳动关系有关事项的通知》第1条规定,用人单位招用劳动者未订立书面劳动合同,但同时具备下列情形的,劳动关系成立。一是劳动者与用人单位符合法律、法规规定的主体资格;二是用人单位依法制定的各项劳动规章制度适用于劳动者,劳动者接受用人单位的管理,从事用人单位安排的有报酬的劳动;三是劳动者提供的劳动是用人单位业务的组成部分。本案中,胡某在北京某公司担任首席执行官(CEO)职务,其工作并不受他人管理;相反其参与北京某公司的经营管理,制定规章制度,签字审批日常事务、财务,对外自主开展经营活动。另外,胡某通过他人代持北京某公司20%的股权,参与盈利分配,胡某到北京某公司工作是通过股东之间的约定,并非通过常见的招聘程序予以录用,二者之间的关系并非传统意义的劳动关系,一审法院认定双方不存在劳动关系并无不当,本院予以确认。因双方不存在劳动关系,故胡某基于劳动关系而主张的工资以及解除劳动合同经济补偿金,本院均不予支持。

法官评析

该案例涉及公司股东的劳动关系认定问题。股东会是公司的权力机构,股东会由股东组成。股东依法享有资产收益、参与重大决策和选择管理者等权利,其不直接参与公司事务的管理。但是在实践中,股东一般也是公司的董事、经理、财务负责人等高级管理人员,其是否构成《劳动合同法》下的劳动者,是审理中的疑难问题。本案中的胡某与普通劳动者相比,具有一定的特殊性:

1. 从选任的角度看,胡某在成为北京某公司的股东后,担任 CEO 的岗位是基于股东之间的约定。虽然其担任 CEO 并不符合股东会选任管理者的法定程式,但是其享有管理公司权力是股东们的约定,双方之间并不以明示或者默示的方式作出一致的建立劳动关系的意思表示。一方面,胡某虽然出示了《劳动合同》,但根据其陈述,该份合同中的北京某公司的公章是其自己自行加盖的,从通俗的语言来说,即自己和自己签的合同,北京某公司并无与其建立劳动关系的明示的意思表示。另一方面,其虽然参与了公司的日常行政事务管理和决策等,但无法推出其与公司之间存在必然的劳动关系;《公司法》下的董事、股东也有相应的义务和权利从事上述工作。据此,并无证据证明双方当事人之间存在建立劳动关系的合意。

2. 从隶属性的角度看,关于是否存在隶属性的甄别,应当考察其是否被纳入用人单位的生产组织体系内,在用人单位的指挥命令下提供劳动,用人单位拥有广泛的指挥控制权,可单方确定工作时间、地点、内容及奖惩事项等,本案中,胡某成为北京某公司的股东后到公司担任首席执行官(CEO)职务,从庭审中的陈述和证人证言来看,其拥有制定公司规章制度,日常事务签字审批、持有公章对外开展经营活动等权利,并非常见的接受公司的管理,恰恰其是制定人事管理规则、发出日常命令、拥有对普遍员工广泛控制权的人,因此,他为劳动者相对人,而非劳动者。

3. 从报酬角度看,胡某从事管理活动,获得相应的报酬,但是其获得的报酬主要是对其经营管理的激励,根据经营状况决定收入多少,而非一般劳动者工资的对价性和保障性。一般劳动者的报酬是劳动的对价,与公司盈利与否相关性不强,并且按月发放,胡某在北京某公司工作长达半年之久,因公司未盈利,其未领取过任何劳动报酬,恰恰符合《公司法》下股东、董事收入的特点。

4. 从风险负担角度看,一般劳动者不进行投资、不承担经营风险,无论北京某公司是否盈利,其均有权获得相应的劳动报酬。但是胡某持有北京某公司20%的股份,完成了出资,参入经营管理,既有可能获得远高于一般劳动者的回报,如管理性的激励、股权分红等,也有可能血本无归。这是其理应承担经营风险,不能因公司未获利,而主张其应获得劳动法的保护,使得风险收益转化为一般劳动者的固定的劳动报酬。

综上所述,胡某完成出资,参与重大决策、进行日常经营管理,参与盈利分配、承担经营风险,既不满足劳动关系中隶属性的要求,又不获得劳动的报酬。因此本案中不能认定双方之间存在劳动关系。

【裁判依据】

1.《劳动合同法》第2条

2.《劳动和社会保障部关于确立劳动关系有关事项的通知》

（撰稿人　王　飞）

06

监事的劳动关系认定

——袁某诉日照某传媒公司劳动争议案

裁判规则

监事作为公司的治理结构，为公司法所规制。如监事能证明其与用人单位的关系亦符合劳动关系人身从属性的本质特征，请求确认与用人单位存在劳动关系的，人民法院应予支持。

案　情[1]

2015年8月21日日照某传媒公司成立，袁某系公司股东，同时担任公司监事。双方未签订劳动合同，日照某传媒公司未为袁某缴纳社会保险费，双方无工资发放记录。2017年11月10日袁某、日照某传媒公司签订股权转让协议，袁某将名下股份全部转让给日照某传媒公司法定代表人颜某某，袁某不担任公司股东、监事。袁某与日照某传媒公司法定代表人颜某某于2015年签订保密及竞业限制协议一份。袁某出具2016年7月11日工作证明一份：证明袁某系日照某传媒公司的正式员工，自2015年7月进入日照某传媒公司工作，担任副总经理，平均月收入15,000元。庭审中袁某、日照某传媒公司均认可该份证明内容、落款时间均系袁某在打印空白处手写。袁某出具2017年11月17日的离职证明一份：袁某于2015年7月21日至2017年11月10日在袁某处担任副总经理职务，因个人原因申请离职，在此期间无不良表现，经日照某传媒公司研究决定，同意袁某离职，已办理离职手续。日照某传媒公司主张离职证明系袁某私自盖章，

[1] (2018)鲁11民终2314号。

并提供证人出庭作证,但证人出庭作证并不能证实该证明系袁某私自盖章。日照某传媒公司对上述两份证据均提出异议,该两份证据亦没有日照某传媒公司法定代表人颜某某确认签字。

日照市东港区人民法院认为:本案争议的焦点为袁某与日照某传媒公司之间是否存在劳动关系。根据本案查明的事实能够认定,袁某系日照某传媒公司的股东,亦为该公司的监事。但,股东与公司之间、监事与公司之间系依照公司法的相关规定行使权利、履行义务,此与劳动关系属于不同法律规范调整的范畴。因此袁某具有日照某传媒公司股东身份以及公司监事的身份不能使其当然地与日照某传媒公司建立劳动关系。本案中,袁某提交的两份证据不能证明袁某、日照某传媒公司之间存在劳动关系。袁某主张其除担任公司监事外,还替日照某传媒公司向员工代发工资。虽然根据袁某提交的银行账户流水明细,能够认定日照某传媒公司向袁某的账户转入了相应的款项,但结合袁某的监事身份以及日照某传媒公司提交的证据,日照某传媒公司提出的该宗款项有部分是支付袁某的监事报酬的主张具有可信性,该款项不够认定为袁某的劳动报酬。同时,根据日照某传媒公司提交的证据亦能认定袁某并未接受日照某传媒公司考勤、考核等相关制度的管理。综上,袁某与日照某传媒公司间未建立劳动关系。

日照市东港区人民法院判决:(1)驳回袁某要求日照某传媒公司支付劳动报酬435,000元的诉讼请求;(2)驳回袁某要求日照某传媒公司支付经济补偿金37,500元的诉讼请求;(3)驳回袁某要求日照某传媒公司支付竞业限制补偿费270,000元的诉讼请求。

袁某不服提起上诉,请求确认存在劳动关系并改判支持其基于劳动关系提出的各项诉请。二审中其提供日照某传媒公司为其缴纳住房公积金明细及聊天记录,以证明其与该公司存在劳动关系。

【裁判结论】

山东省日照市中级人民法院判决:驳回上诉,维持原判。

【裁判观点】

山东省日照市中级人民法院认为:从监事的产生、职责及其权利义务来看,监事与公司之间的关系和职工与企业之间的关系显然是两种不同性质的法律关系,应当由不同的法律加以调整。本案中袁某与日照某传媒公司之间未签订书面劳动合同,袁某提供的工作证明内容系加盖公章后袁某自己手写,袁某提供的离职证明无日照某传媒公司的法定代表人签字确认,上述两份证明不符合证据的形式要件,虽然日照某传媒公司为袁某缴纳住房公积金,但结合袁某是日照某传媒公司的股东及监事的身份,不能仅以此证明袁某、日照某传媒公司之间存在劳动关系。袁某应进一步举证证明双方间的关系符合劳动关系的特征,但袁某没有提供其他证据证明其从事日照某传媒公司安排的有报酬的劳动、遵守日照某传媒公司的劳动规则、接受日照某传媒公司的监督管理,亦未提供证据证明日照某传媒公司为其按月发放工资,袁某应承担举证不能的不利法律后果,一审认定袁某与日照某传媒公司不存在劳动关系并无不当。

法官评析

随着公司法人设立门槛的降低,公司组织数量急剧增加。作为公司治理结构的重要组成部分——监事,请求确认其与公司之间存在劳动关系的案件也随之增多。由于监事的权利义务受公司法规制,认定其与用人单位之间是否存在劳动关系,属于《公司法》与《劳动法》的交叉内容。根据《公司法》第 51 条第 2 款的规定,有限责任公司的监事会包括股东代表和适当比例的公司职工代表两种类型。对于后者而言,兼任监事的公司职工代表与用人单位发生的劳动争议,其认定标准、途径、适用法律等与普通劳动争议并无明显区别。但对于作为股东代表的监事与公司之间发生的劳动争议,则存在一定的特殊性。[1]

首先,就监事是否得为劳动关系的适格订立主体。监事作为一种公司治理结构,其权利义务系是由公司法进行规范的。监事会或者监事是公司内部监督的主要形式,是公司法人必备的组织机构,其功能主要是保障公司和股东的利益。质言之,监事系公司内部监督机构,对股东会负责,并不受公司的管理和监督。由此,可以得出结论:监事与公司之间的关系、劳动者与公司的用工关系分别由不同的法律所调整,二者互不为前提。也即,得为公司监事,并不意味着当然的与公司存在劳动关系。至此,还应考虑另一个

〔1〕 如无特殊说明,下文中出现的监事均指代非公司职工代表的监事。——笔者注

问题：监事身份是否系劳动关系认定的阻碍因素？笔者认为，回答这个问题仍应回到《劳动法》关于订立劳动合同主体资格的规定。就此，《劳动法》第14条规定："残疾人、少数民族人员、退出现役的军人的就业，法律、法规有特别规定的，从其规定"；第15条规定："禁止用人单位招用未满十六周岁的未成年人。"由此可知，《劳动法》并未将监事排除在订立劳动合同的适格主体之外。考察《民法总则》与《公司法》的相关内容，亦未见禁止监事与公司建立劳动关系的表述或规定。本案中，一审、二审法院均未以袁某的监事身份为由否定其关于请求确认存在劳动关系的主张。

其次，认定监事与公司之间是否存在劳动关系时，需严格把握劳动关系的本质特征：人格从属性。"人格从属性"的概念较为笼统，实务中一般从以下三方面来对其表面特征予以总结：(1)劳动者在单位的指挥与监督下给付劳务，工作方式与工作时间、地点均由用人单位决定；(2)劳动者提供劳动系为用人单位之目的；(3)用人单位的指示劳动者无权拒绝，且用人单位对劳动者具有惩戒权。

目前的实际生活中，由于公司治理结构不完善和职能划分不够清晰，不乏监事超越其职权范围，主动或被动地参与到公司的生产经营中来的现象。于此期间，监事享受的待遇或履行职责的外在特征，与提供劳动的职工相比并无明显差异。此时，判断监事所为之行为是否为公司授意、是否受公司管理是认定劳动关系的关键因素。本案中，袁某未就其具体的工作任务提供有效的证据予以证明，仅凭日照某传媒公司为其缴纳公积金的事实，无法认定其系在公司管理下提供劳动。法院认为袁某的举证不能证明其与公司之间存在人格隶属性，故对其请求确认存在劳动关系的主张不予支持。

最后，就监事履职的费用。从《公司法》第56条规定的内容来看，"监事会、不设监事会的公司的监事行使职权所必需的费用，由公司承担"。基于此规定，监事基于其权限正常履职所产生的费用，由公司支付，但该项费用与公司向其职工支付的工资性质完全不同，然而客观来看，其费用与工资在支付方式、外观上却具有相当程度的相似性。对于款项的性质，应由何方承担举证责任？笔者认为，虽然用人单位作为负有管理义务的一方，通常对于款项发放具有举证证明责任。但在监事请求确认存在劳动关系的情形下，则应作出不同处理，理由在于：由于监事职务的存在，公司依照《公司法》第 56 条规定向监事支付款项具有合理性。监事如主张因存在劳动关系用人单位向其支付工资的,基于民事诉讼的诚实信用原则,监事应就其在公司管理下提供的具体劳动进行举证。本案中,法院对于袁某主张的日照某传媒公司向其支付费用为工资一节,未予采信,实际上将款项性质的举证责任分配给了作为监事的袁某。

【裁判依据】

1.《劳动和社会保障部关于确立劳动关系有关事项的通知》第 1 条

2.《公司法》第 51 条、第 56 条

(撰稿人　张江南)

07

名实不符合同下劳动关系的认定

——北京某文化公司诉聂某劳动争议案

裁判规则

当劳动关系与其他法律关系发生争议时，要注意防止用人单位利用其优势地位通过订立其他名义合同的方式掩盖用工事实，变相地排除劳动者的法定权利。对双方合同性质的认定不能仅凭合同名称而定，而应当根据双方约定的合同内容及合同实际履行过程体现出来的双方的权利义务关系来进行认定。书面劳动合同不限于规范的格式化劳动合同，双方当事人之间签订的具备劳动合同条款内容的非格式化的书面文件亦可以视为订立了书面劳动合同。

案　情[1]

聂某不服北京市海淀区劳动人事争议仲裁委员作出的京海劳人仲字(2017)第9691号裁决提起诉讼。其于2016年4月8日入职北京某文化公司，担任项目经理职务，每月工资1万元，该公司未与其签订书面劳动合同，应支付未签订书面劳动合同二倍工资差额；未向其支付2017年3月1日至5月8日的工资，应支付相应工资；2017年5月8日，该公司单方违法解除劳动关系，应支付其违法解除劳动关系赔偿金。

北京某文化公司辩称，双方签订了《合作设立茶叶经营项目的协议》，双方之间系合作关系而非劳动关系。

法院经审理查明：2016年4月8日，聂某入职北京某文化公司，双方签订了

[1] (2018)京01民终5911号。

《合作设立茶叶经营项目的协议》。北京某文化公司法定代表人告知其月工资标准为基本工资 1 万元，此外还有业绩提成。其在职期间的工作内容为负责《中国书画》艺术茶社的经营管理，主要负责接待、茶叶销售，对外开放。该项目上的员工接受其管理，由其负责记录考勤，其如果请假需经林某 1 批准。但该项目的员工由林某 1 确定是否录用，工资标准由林某 1 确定。北京某文化公司向其支付工资至 2017 年 2 月 28 日。2017 年 5 月 6 日北京某文化公司向其出具终止协议通知，解除与其的劳动关系，故其正常工作至 2017 年 5 月 8 日。工作期间双方未签订劳动合同。上述事实有下列证据证明：(1)《合作设立茶叶经营项目的协议》，显示：甲方北京某文化公司，乙方聂某。甲乙双方经平等协商，一致同意按照有关法律、法规规定共同开展茶叶经营业务，特制定如下协议："第一条：双方约定，甲方出资进行茶叶项目投资，聘任乙方为茶叶经营项目经理，乙方负责公司的管理与经营。第二条：待项目启动后，双方相机共同设立公司，乙方可享有管理股份。第三条：利益分配：在公司设立之前，乙方按基本工资加业绩方式取酬。公司设立之后，按双方的持股比例进行分配。乙方负责管理和经营，取酬方式以：基本公司（工资）+ 业绩、奖励 + 股份分红。第四条：双方在运营过程中，未尽事宜由双方友好协商解决。第五条：本合同正本一式两份，公司股东各执一份。"协议签订日期为 2016 年 4 月 8 日。(2)(2017)京海诚内民证字第 12353 号公证书，系对聂某公司往来邮件的公证，内容为包括聂某在内的人员考勤表、开支明细等。(3)(2017)京海诚内民证字第 9062 号公证书，系对公司微信群聊天记录的公证，群成员有聂某、林某 1，内容为聂某向林某 1 请示汇报工资发放、考勤、招聘等事宜，向林某 1 请假。(4)农业银行明细，内容为林某 1、林某 2 向聂某转账情况。(5)请假单，内容为聂某因家里有事请假 16 天，林某 1 签批同意。(6)聂某的工作名片。(7)尤某证人证言，内容为聂某于 2016 年 4 月至 2017 年 5 月在中国书画艺术茶社上班，北京某文化公司人员告知其有什么事找聂某。(8)《终止合作协议通知》，内容为 2017 年 5 月 5 日北京某文化公司通知聂某终止合作协议。

【裁判结论】

北京市第一中级人民法院于 2018 年 9 月 26 日作出(2018)京 01 民终 5911 号民事判决：(1)维持北京市海淀区人民法院(2017)京 0108 民初 45496 号民事

判决第1项、第2项、第4项;(2)撤销北京市海淀区人民法院(2017)京0108民初45496号民事判决第3项、第5项;(3)驳回聂某的其他诉讼请求。

【裁判观点】

法院生效判决认为:本案的争议焦点为北京某文化公司与聂某所签合同的性质及其法律后果。

一、本案合同的性质

二审法院认为,对合同性质的认定不能仅凭合同名称而定,而应根据合同内容所涉法律关系,即合同双方当事人所设立的权利义务关系来进行认定。首先,双方签订的协议第1条明确约定聘任聂某为茶叶经营项目经理,聂某负责公司的管理与经营,根据常识,"聘任"一词广泛用于招聘员工的场合中,一般表明当事人有雇佣劳动者为其提供劳动的意思表示。其次,双方签订的协议第3条明确约定了聂某的取酬方式,无论在双方设定的目标公司成立之前还是之后,聂某均可获得基本工资、业绩等报酬,众所周知,日常生活中"工资"一词指雇主或用人单位以货币形式对员工的劳动所支付的报酬,此种取酬方式与合作经营中的收益分配明显不符。最后,合作经营合同的典型特征在于合作双方共同出资、共担风险,而本案合同中既未约定聂某的劳务出资比例,更未约定双方共负风险,明显与合作经营合同不符。综上,二审法院认为,本案《合作设立茶叶经营项目的协议》名为合作经营,实为具有劳动雇佣内容的合同。在我国,劳动雇佣的形式有两种:一是受《劳动合同法》调整的劳动合同;二是受普通民事法律调整的劳务合同。为恰当判定本案合同的性质,二审法院还需进一步分析本案合同具体为哪一种劳动雇佣形式。

本案合同为劳动合同还是劳务合同?二审法院认为,进一步判定本案合同的性质,除了应当考察合同的内容外,还应当考察履行合同过程中所体现的双方当事人的权利与义务关系。签订合同后,合同主体在履行合同中是否产生从属性才是判断两种劳动雇佣合同的本质区别。具体到本案,首先,根据经过公证的微信沟通记录,显示出聂某询问林某1是否发放工资、询问林某1来应聘人员的面试情况及结果、向林某1汇报《中国书画》艺术茶社的经营状态、按照林某1的要求安排落实相关具体事务、向林某1请假,并且聂某提交的请假单显示其请假需经过林某1的批准,上述证据反映出聂某需听从北京某文化公司的指示和要求，接受北京某文化公司的管理，符合劳动合同中人格从属性的基本特征。其次，根据经过公证的邮件往来记录，显示出聂某按月向林某1汇报包括聂某本人在内的《中国书画》艺术茶社人员的考勤情况、上月款项分配情况、当月开支情况、当月销售情况、下月工作计划及备用金申请。其中每月明细中均显示聂某的工资构成及金额，且其实发工资与出勤天数密切相关。二审法院认为，上述证据充分体现出北京某文化公司按月向聂某支付工资，且聂某的实际出勤天数影响最后的实发工资金额，工作中聂某需接受北京某文化公司的管理，双方在履行合同过程中形成的关系符合劳动合同中人格从属性和经济从属性的双重特征。综上，足以认定北京某文化公司与聂某之间存在劳动合同关系。

二、本案合同可否视为双方签订了书面劳动合同

二审法院认为，首先，法律并未明确规定劳动合同的具体“书面”形式。其次，《劳动合同法》第26条对劳动合同的无效情形作了规定，亦未将缺少必备条款的劳动合同视为无效。从立法的本意看，劳动合同缺少必备条款并不影响劳动合同的效力。本案合同在内容上已具备书面劳动合同的以下必备条款：适格且明确的用人单位及劳动者、工作岗位及职责内容、工资等劳动报酬内容、以目标公司设立为截点的合同期限，且该合同经双方当事人签名或盖章，形式相对完备。虽然该合同不完全具备劳动合同的所有必备条款，但缺少必备条款并不影响双方已约定的条款及其效力，本案双方签订的合同仍可以起到与书面劳动合同一样的固定双方劳动关系权利义务的作用，足以认定为具有书面劳动合同的性质。一审法院认定北京某文化公司与聂某未签订书面劳动合同属于认定事实错误，适用《劳动合同法》第82条属于适用法律错误，二审法院依法予以纠正。

三、本案合同产生的法律后果

鉴于二审法院确认北京某文化公司与聂某之间存在劳动合同关系，一审法院认定双方劳动关系存续期间及工资差额正确，二审法院予以确认。北京某文化公司向聂某出具《终止合作协议通知》，告知聂某终止双方的合作，具有解除双方之间劳动关系的意思表示。北京某文化公司未就解除原因提交证据予以证明，应当承担不利法律后果，其公司应向聂某支付违法解除劳动合同赔偿金。

法官评析

一、劳动法律关系的认定标准

劳动法律关系是劳动法上适格的主体在实现社会劳动过程中形成的职责职权和权利义务关系,与其他平等民商事法律关系相比,劳动法律关系的特征在于劳动者与用人单位之间具有从属性,即人格上的从属性及财产上的从属性。劳动关系既可以通过订立书面劳动合同形成,亦可以通过事实用工形成。劳动合同源于传统的民事雇佣合同,即允许用人单位与劳动者按照自己的意愿订立合同、约定双方的权利义务,后随着人类社会经济与文明的发展,为纠正和防止资方滥用权利,侵害劳动者权利,在允许劳动者与用人单位平等订立劳动合同的同时,各国法律又对劳动权利保护作了强制性规定。在判断劳动关系成立与否问题上,世界各国司法实践均采取实质要件判断标准,即劳动者与用人单位有雇佣劳动者向其提供劳动的合意、劳动者受用人单位的管理、劳动者以其劳动获得报酬。实质要件判断标准的意义在于防止企业利用其资方的优势地位通过订立其他合同方式掩盖其用工事实,变相地排除国家法律赋予劳动者的法定权利。本案即以实质要件为指引,通过辨析劳动者与用人单位签订的合同内容的性质、实际履行合同中体现出来的双方权利与义务,最终确认双方之间系劳动关系而非合作经营关系。

二、劳动合同"书面形式"的认定标准

2007 年我国制定出台《劳动合同法》,其中明确规定建立劳动关系应当订立书面劳动合同,并对未签订书面劳动合同的法律后果予以明确。《劳动合同法》实施后,对于未签订书面劳动合同,用人单位应向劳动者支付二倍工资差额的规定,实践中一直存在争议,其中一种观点持严格的后果法定主义,即只要用人单位未与劳动者签订书面劳动合同,则用人单位应按照法律规定向劳动者支付二倍工资;而另一种观点则相对宽松,认为如果双方之间存在载明工作内容、工作地点、劳动报酬等劳动合同必备条款内容的书面文件,且双方按此实际履行,则可以将这些书面文件视为书面劳动合同,用人单位无须向劳动者支付二倍工资。本案中,合议庭同意第二种观点,主要原因在于:一是从立法目的看,《劳动合同法》制定出台的目的在于纠正以往实践中出现的用人单位轻易否认劳动关系的问题,通过订立书面劳动合同固定劳动权利与义务,更好地保护劳动者权益,因此,未签订书面劳动合同二倍工资差额的法律规定应视作对用人单位违反法律规定的惩戒。立法的最终目的在于引导、督促用人单位依法用工,促进劳动关系的稳定与和谐,为社会经济发展提供持续动力。现实国情下,无论是用人单位还是劳动者其法律知识储备、缔约能力水平尚有不足,要求其订立完全符合法律标准要求的格式化书面劳动合同确有难度,仅以双方未签订格式化的书面劳动合同即要求用人单位承担二倍工资后果,无疑极易加重用人单位的负担,长此以往对社会经济发展的负面影响可能更为明显。二是从劳动合同的效力看,虽然《劳动合同法》第 17 条第 1 款对劳动合同的必备条款作了规定,但并未明确规定缺少劳动合同必备条款属于无效合同。实际上,劳动合同缺少必备条款可以通过补充协议或法定途径予以弥补,如缺少社会保险条款,可以通过相关行政管理机关予以解决。因此,法律对于书面劳动合同在形式上应具备的内容持比较开放与包容的态度,并未禁止当事人订立条款不完备的书面劳动合同。本案合同在内容上已具备书面劳动合同的以下必备条款:适格且明确的用人单位及劳动者、工作岗位及职责内容、工资等劳动报酬内容、以目标公司设立为截点的合同期限,且该合同经双方当事人签名或盖章,形式相对完备。虽然该合同不完全具备劳动合同的所有必备条款,但缺少必备条款并不影响双方已约定的条款及其效力,本案双方签订的合同仍可以起到与书面劳动合同一样的固定双方劳动关系权利义务的作用,足以认定为具有书面劳动合同的性质。

【裁判依据】

《劳动合同法》第 10 条、第 17 条、第 26 条

(撰稿人　张建清)

08

替身演员与影视公司是否存在劳动关系的认定

——任某诉某影视公司劳动争议案

裁判规则

认定劳动关系的核心要件为从属性要件,即用人单位依法制定的各项劳动规章制度适用于劳动者,劳动者受用人单位的劳动管理,从事用人单位安排的有报酬的劳动。劳动关系兼具财产依附关系与人身隶属关系的双重性质,替身演员与影视公司之间不符合劳动关系应具备的特性,是一种松散的劳务合同关系,不应认定为劳动关系。

案　情[1]

任某主张其于2013年7月29日经老乡党某介绍,进入电影《我的第四个老公》(又名《好命先生》)剧组从事替身演员工作。其进入剧组后接受该电影制片人刘某及武术指导吴某的管理,当时与其沟通拍摄一星期,电影拍摄完毕后剧组解散,其自行通过个人人脉关系接下一部戏,党某告知其每天酬劳500元;后因演员进组,其从事的武术戏份被推迟而断续地拍摄;不拍摄期间其跟随剧组前往现场,不去现场时则排练武术动作,一直住在剧组安排的宾馆里;2013年8月23日其作为演员刘某的替身,跟随剧组前往天津京港公路拍摄飞车镜头时受伤,后被送医治疗;2013年8月25日晚电影武术指导吴某在医院给了其家属20,000

〔1〕 (2015)一中民终字第7207号。

元，告知是对其的心意也包括工资在内；吴某并非某影视公司员工，该人与党某在电影拍摄完毕后均各自前往下一个剧组。

就上述主张，任某提举：(1)人身保险保险单及被保险人清单。保险单中显示投保人为“非某影视公司《我的第四个老公》摄制组”，保险期间为2013年8月3日至9月3日；被保险人清单中显示为“任某”，投保类型为意外医疗及意外伤害。(2)电影拍摄制作备案公示表。显示备案立项号为影剧备字〔2013〕第1513号，片名为《我的第四个老公》，备案单位为某影视公司，备案结果为同意拍摄。(3)孙某证言。证人孙某出庭作证，表示其与任某系同学，曾一起参与《我的第四个老公》电影剧组的拍摄工作，均从事武行；其本人是临时工，仅在剧组待了一个星期，而任某系跟随剧组拍摄；如果电影拍完了，则联系去其他剧组；2013年任某在跟随剧组前往天津拍摄的过程中受伤，其当时在场。(4)牛某证言。显示牛某证明2013年8月23日任某在拍摄《我的第四个老公》替演员刘某拍摄过程中发生意外，导致任某高空坠落受伤，其目击整个过程。证人牛某未出庭。(5)诊断证明书及住院病案首页。显示2013年8月23日至11月5日，任某在天津医科大学第二医院住院接受治疗，联系人姓名处显示为刘某，关系为同事。

经法院向社会保险部门调取某影视公司的社会保险缴费人员名册，社保部门分别于2014年9月12日及2015年1月6日向法院出具查询结果，缴费人员均仅为高某一人。经法院当庭出示，任某对此并无异议，但表示该公司注册资金为5000万元，不可能仅有高某一名员工，另表示不认识高某。另经查询，任某在京并无社会保险缴费记录。

经法院调取“土豆网”视频网站上发布的电影《我的第四个老公》(又名《好命先生》)作以截屏，显示该电影出品方为某影视公司，导演为韩某，执行制片人为刘某、郑某，动作设计为吴某，领衔主演为刘某等人，剧终字幕中武术组显示为党某、朱某、孙某等人，未显示任某。经法院当庭出示，任某对上述证据的真实性予以认可，并表示因其工作中受伤，故电影字幕处未显示其姓名，此外“朱某”系笔误，应为本案证人牛某。

2013年12月任某以要求确认与某影视公司自2013年7月29日起存在劳动关系为由向北京市海淀区劳动人事争议仲裁委员会提出申请，该委裁决驳回任某的申请请求。任某不服该裁决，于法定期限内向法院提起诉讼。

一审法院认为：其一，众所周知，电影剧组系以完成影视作品的拍摄为目的而成立的临时性组织。任某主张其系经老乡党某介绍进入本案所涉电影剧组，但并未举证证明上述过程系接受某影视公司的安排。同时，任某主张其并非去过某影视公司，对该公司的人员构成及组织机构设置情况并不清楚，该情况并不符合劳动关系建立阶段的常规基础特征。

其二，劳动关系兼具财产依附关系与人身隶属关系的双重性质。在薪酬方面，任某主张系介绍人党某告知其薪酬标准为日薪500元，其受伤后吴某交予其家属20,000元，告知系心意并包括工资在内；在管理方面，任某主张其接受电影制片人刘某及武术指导吴某的管理。关于上述人员的身份，任某主张其不知晓刘某是否为某影视公司的员工，吴某并非某影视公司的员工，电影拍摄完毕后吴某与党某均各自前往别的剧组工作。至此，任某并未举证证明对其进行劳动管理、确定与发放其薪酬的主体为某影视公司，故并不符合劳动关系履行阶段的基础特征。

其三，劳动关系是在劳动者向用人单位提供劳动的过程中形成的继续性的、相对稳定的社会关系。任某主张本案所涉电影拍摄完毕后剧组已解散，其入组商谈时亦得知其拍摄时间为七天，拍摄完毕后即可自行通过人脉关系联系下一部戏，实际拍摄过程中因演员戏份优先其拍摄进程推迟，直至2013年8月23日其在拍摄过程中受伤。同时，某影视公司电影剧组为任某投保商业保险的期间为一个月。上述情形并不符合劳动关系所具备的继续性、相对稳定性的特性，同时，通过任某关于其完成电影拍摄工作后去向的陈述可见其无须接受某影视公司的管理约束，亦不符合劳动关系存续及解除阶段的基础特征。据此判决：驳回任某的全部诉讼请求。

任某不服一审判决提起上诉，请求撤销一审判决，依法改判确认任某与某影视公司自2013年7月29日起存在劳动关系。上诉理由是：任某经人介绍在某影视公司组织拍摄的《我的第四个老公》剧中担任替身演员工作，接受制片人刘某的管理。2013年8月23日在担任替身演员时受伤，某影视公司至今未予赔偿，为申请工伤认定，故请求确认任某与某影视公司存在劳动关系。

【裁判结论】

北京市第一中级人民法院判决：驳回上诉，维持原判。

【裁判观点】

北京市第一中级人民法院法院认为：劳动关系是在劳动者向用人单位提供劳动过程中形成的持续性的、相对稳定的社会关系。任某在本案审理中陈述：(1)其系经老乡党某介绍进入《我的第四个老公》剧组，接受该剧制片人刘某及武术指导吴某的管理，日薪为500元；(2)其没有去过某影视公司，对某影视公司人员构成及组织机构设置等情况均不清楚，并主张武术指导吴某并非某影视公司员工，亦不知晓该剧制片人刘某是否为某影视公司员工；(3)其进入剧组商谈时得知拍摄周期为七天，拍摄完毕后可自行通过人脉关系联系下一部戏，且该电影拍摄完毕后，吴某及党某均已各自前往别的剧组工作。同时，该电影剧组为任某投保商业保险的期间为一个月。综上，本院认为，影视剧组系以完成影视作品的拍摄为目的而成立的临时性组织，任某进入该剧组，接受该剧组的工作安排，并由该剧组向其发放薪酬，该剧组在完成影视作品的拍摄后即解散，任某未能提交证据证明某影视公司对其进行管理、向其发放工资，任某与某影视公司之间不符合劳动关系应具备的特性，故对其上诉请求确认与某影视公司存在劳动关系不予支持。

法官评析

所谓劳动关系，是劳动者与用人单位在实现劳动过程中发生的社会关系。其基本内容是劳动者提供劳动，用人单位使用该劳动并支付工资。从该意义上说，它是一种合同关系，具有合同之债的财产要素。但与民法上债的关系不同的是，它还具有身份的要素。劳动者必须亲自提供劳动而不能由他人代理；在劳动过程中，劳动者与用人单位会形成从属关系，劳动者需服从用人单位的管理。而正是这种从属性，使劳动关系与其他民事法律关系区分开来。

关于从属性标准，劳动关系的“从属性”包括人格从属性与经济从属性。

人格从属性，顾名思义，即劳动者在人格上从属于用人单位，其具体内涵是指劳动者作用人单位的一成员，在用人单位决定的时间、方式、场地等内容之下劳动，用人单位有权对劳动者作出合法的劳动指示。人格从属性的判定要素具体可归纳为：(1)对用人单位工作规则及指示的服从，如工作日、工作时间的起止及工作方式等的服从;(2)接受监督、检查:劳动者有义务接受考察、检查,以确定是否遵守工作规则或指示;(3)接受用人单位的合法制裁:当劳动者对因自己的过错违反了依法制定的单位制度时,用人单位有权对其进行制裁。

经济从属性是指劳动者是为用人单位提供劳动,生产组织体系、生产工具及原料等均为用人单位所有,由此产生的风险责任也由用人单位承担,劳动者与用人单位之间存在经济上的依赖关系。其具体内涵包括:劳动者并非为自己提供劳动,而是为他人提供劳动,并以他人所给付之劳动报酬和其他待遇作为其主要生活来源;用人单位应向劳动者提供劳动所需要的生产资料(如机器设备、工具、原材料等)和劳动条件,支付劳动力的"对价"(工资和福利待遇等),承担劳动风险等。

具体到审判实践中,从属性标准表现为,用人单位制定的各项劳动规章制度适用于劳动者,劳动者成为用人单位组织体中的一员,接受用人单位内部规章制度的约束,从事用人单位安排的有报酬的劳动,劳动者与用人单位之间是一种相对紧密、稳定的关系。本案中,任某未去过某影视公司,对该公司的人员构成及组织机构设置情况并不清楚,这不符合劳动关系建立阶段的常规基础特征;任某未举证证明对其进行劳动管理、发放其薪酬的主体为某影视公司,这不符合劳动关系履行阶段的基础特征;任某陈述,其进入剧组商谈时得知拍摄周期为七天,拍摄完毕后可自行通过人脉关系联系下一部戏,在完成电影拍摄工作后的去向无须接受某影视公司的管理约束,亦不符合劳动关系存续及解除阶段的基础特征,任某与剧组之间是一种松散的劳务合同关系,故任某主张其与某影视公司存在劳动关系的理由不能成立。

【裁判依据】

1.《劳动法》第2条

2.《劳动合同法》第2条

3.《劳动和社会保障部关于确立劳动关系有关事项的通知》

(撰稿人 何 锐)

09

外国人未取得就业许可证可获得相应报酬

——D某(中译名丹某)诉北京某出口有限责任公司劳动争议案

裁判规则

外国人未取得就业许可证,双方之间的法律关系不受《劳动合同法》调整。该期间劳动者提供劳动的,其获得的报酬参照双方约定执行。

案　情[1]

丹某自2013年4月1日至2016年3月31日在北京某出口有限责任公司工作,担任北京某出口有限责任公司上海分公司总经理,双方签订了三份劳动合同书,期限分别为2013年4月1日至2014年3月31日、2014年4月1日至2015年3月31日、2015年4月1日至2016年3月31日。

工作期间办理了《外国人就业证》,首次签发日期为2013年9月30日,有效期延至2016年9月26日。

双方合同约定试用期为3个月(2013年4月1日至6月30日),试用期工资为税后33,000元/月,转正后的工资50,000元/月。

北京某出口有限责任公司于2016年3月1日向丹某发送《劳动合同期满不续签通知书》,该通知书于2016年3月9日送达。

北京市昌平区人民法院认为,北京某出口有限责任公司与丹某签订期限为2013年4月1日至2014年3月31日的《劳动合同书》时约定了三个月试用期,且明确约定丹某转正后月工资为50,000元、试用期月工资为33,000元,上述约

[1] (2017)京01民终5314号。

定违反了法律规定。北京某出口有限责任公司提交的《邮件》不足以否定违法约定的事实,且从邮件内容可以看出,北京某出口有限责任公司并未按照约定及时恢复丹某的正常薪水。因此,丹某要求北京某出口有限责任公司支付2013年4月1日至6月30日试用期工资差额31,000元及违法约定试用期工资的赔偿金50,000元的请求,法院予以支持。

北京市昌平区人民法院判决:北京某出口有限责任公司于判决生效后十日内支付D某(中译名丹某)2013年4月1日至6月30日试用期工资差额31,000元。

北京某出口有限责任公司不服提起上诉,请求撤销一审判决,驳回D某(中译名丹某)的上诉请求;上诉理由丹某在公司首次就业证的签发时间为2013年9月30日,双方于2013年4月1日签订的劳动合同应为无效。

【裁判结论】

北京市第一中级人民法院判决:北京某出口有限责任公司无须支付D某(中译名丹某)2013年4月1日至2013年6月30日试用期工资差额31,000元。

【裁判观点】

关于试用期的工资问题,丹某主张的试用期工资差额及违法约定试用期的工资属于非劳动关系期间内的款项,故其依据《劳动合同法》中有关试用期及试用期工资的规定,要求支付该工资,显属不当,不应获得支持。据此,本院对北京某出口有限责任公司要求不支付丹某2013年4月1日至6月30日试用期工资差额及违法约定试用期工资的上诉意见予以采纳。

法官评析

该案涉及外国人在中国大陆就业,未取得就业许可证,双方之间劳动合同的效力问题,抑或双方之间究竟是何种法律关系的问题。根据《出境入境管理法》第41条第1款、第43条第1项的规定,外国人在我国就业应当取得许可证;未取得的,属于非法就业;但其与用人单位的法律关系或劳动合同的效力如何,并不明确。

劳动合同亦属于合同,《合同法》上的规则除非与《劳动合同法》上的规定相冲突,应得以适用。《合同法》第52条第5项规定,违反法律、行政法规的强制性规定的合同无效。

效力性强制性规定与管理性强制规定，有形式与实质两种方法区分方法。有些禁止性规定，禁止的是任何人在任何时间、任何地点、以任何方式从事某类交易行为，如买卖毒品、雇凶杀人、买卖器官等。这些就是效力性强制性规定。还有一些是禁止特定人从事某类交易、禁止在特定地点交易、禁止在特定时间交易或禁止以特定方式交易。如从事易燃易爆品的销售，需要取得市场准入资格才行；在全国哀悼日，娱乐场所不能继续营业；以传销的方式买卖手表，等等。这些是管理性强制规定。实质的区分方法需要靠法官的自由裁量权。通过运用历史解释和目的解释，当我们发现禁止性规定以直接维护公共利益为目的，亦即该规定所禁止的行为发生时，确定已经对公共利益造成的损害，那么该规定就是效力性规定。相反，禁止性规定是以维护管理秩序为目的，亦即当规定所禁止的行为发生时，只存在公共利益损害的可能性，那么该规定就是管理性规定。

从形式上看，《出境入境管理法》设立目的并不是禁止任何外国人在国内就业，而是要求外国人在业前办理许可手续。从实质上看，违背该规定，会对社会主义市场的经济秩序产生干扰，但并不会绝对对公共利益造成损害，甚至有可能有利于我国经济的发展，尤其当劳动者是我国紧缺的人才。从《劳动争议司法解释(四)》第 14 条第 1 款来看，外国人未取得就业证与用人单位签订劳动合同的，法院不予支持双方存在劳动关系。对于双方的劳动合同的效力，并没有做出回应。另外，如果认定劳动合同无效，事后劳动者取得就业许可证的，还需要双方重新达成合意，签订劳动合同，这会增加交易成本，不利于经济发展。所以双方之间的劳动合同并非无效，但在劳动者取得就业许可证之后，双方之前订立的劳动合同生效，建立劳动关系。

【裁判依据】

1.《出境入境管理法》第 41 条、第 43 条

2.《劳动争议司法解释(四)》第 14 条

3.《合同法》第 52 条

（撰稿人　王　飞）

10

执业律师与其律所之外的单位签订劳动合同的效力认定

——靳某诉北京某科技发展公司劳动争议案

裁判规则

根据我国《律师法》的有关规定，除该法第12条规定的特定范围人员可以依照法律程序申请兼职律师执业以外，其他执业律师只能在其执业的律师事务所专职执业，不得在其他单位兼职。《律师法》的上述规定是强制性规定，执业律师违反上述规定，与其所注册律师事务所以外的单位订立的劳动合同因违反法律、行政法规强制性规定，应属无效。

案　情[1]

靳某与北京某科技发展公司签订了期限自2015年10月15日至2018年12月31日的劳动合同，约定靳某担任法务经理岗位，北京某科技发展公司安排靳某执行标准工时制度。靳某离职前的月工资标准为33,300元。北京某科技发展公司向靳某支付工资至2016年11月15日。

2016年11月15日北京某科技发展公司作出《解除劳动合同通知》，以靳某"在工作期间在办公场所和工作组群公开争吵辱骂同事，严重影响办公秩序，造成极其恶劣的影响"为由提出解除劳动合同。靳某于2016年11月23日在该通知下方签字，并注明对"解除事实与依据不认同""不同意解除"等内容。靳某主

[1]　(2017)京01民终9620号。

张北京某科技发展公司构成违法解除劳动合同,要求该公司继续与其履行劳动合同,并支付相应工资。北京某科技发展公司则主张公司组织架构已经调整,且本案仲裁庭审之后其公司得知靳某一直与北京市某律师事务所存在劳动关系,靳某在其公司工作期间一直系执业律师,且在其公司不知情的情况下,以律师身份代理他人案件,故双方间不能建立劳动关系,亦无法继续履行劳动合同。靳某表示其自北京市另一律师事务所离职后,执业资格证办理了变更登记至北京市某律师事务所至今,其并未在该所执业,之所以"挂证"系出于北京某科技发展公司的要求。靳某主张其从未隐瞒持有律师执业资格证,反而是北京某科技发展公司在招聘其所在岗位时明确要求需要持证,公司在员工入职前已经进行了充分的背景调查,明确知悉其持证情况。靳某主张其存在平日延时加班65.8小时、休息日加班22小时,北京某科技发展公司未支付其加班费。靳某就此主张提举:电子邮件打印件及加班情况汇总。北京某科技发展公司不认可上述证据真实性,表示其公司加班需要审批,员工应填写加班申请表,靳某不存在加班事实。

靳某以要求确认北京某科技发展公司违法解除并继续履行劳动合同、该公司支付2016年11月、12月工资、2015年10月15日至2016年1月31日加班费、报销解除劳动关系前医疗费、返还个人门卡中的储值为由向北京市劳动人事争议仲裁委员会提出申请,该委作出裁决书,裁决:(1)双方继续履行劳动合同;(2)北京某科技发展公司于本裁决书生效之日起十五日内,一次性支付靳某2016年11月工资差额12,103.72元;(3)一次性支付(办理报销)靳某医疗费8152.04元;(4)一次性返还靳某个人门卡中的储存现金100元;(5)一次性支付靳某2016年12月工资33,300元;(6)驳回靳某的其他仲裁请求。双方均不服该裁决,于法定期限内向法院提起诉讼,北京某科技发展公司起诉在先。

北京某科技发展公司向一审法院起诉请求法院判令其公司:(1)与靳某无须继续履行劳动合同;(2)无须支付靳某2016年11月工资差额12,103.72元;(3)无须支付靳某医疗费8152.04元;(4)无须返还靳某个人门卡中的储存现金100元(只同意返还29元);(5)无须支付靳某2016年12月工资33,300元。

靳某辩称:北京某科技发展公司在招聘时,明确要求必须持有律师证,且公司法务部多人均拥有律师职业资格。依据该公司在劳动仲裁阶段提交的答辩状及庭审过程中的自认,均明确认可双方间劳动关系合法有效且已实际履行。法律、行政法规对于执业律师与其他用人单位建立劳动关系并无禁止性规定。靳某亦不服仲裁裁决结果，向一审法院提出诉讼请求判令北京某科技发展公司：(1)支付靳某2015年10月15日至2016年1月31日加班费20,823.3元；(2)继续与靳某履行劳动合同；(3)支付靳某2016年11月工资差额12,103.72元及报销医疗费8152.04元；(4)返还靳某个人门卡中储存现金100元；(5)支付靳某2016年12月工资33,300元。

北京市海淀区人民法院判决：(1)北京某科技发展公司于本判决生效之日起七日内向靳某返还储值卡余额29元；(2)确认北京某科技发展公司无须与靳某继续履行劳动合同；(3)确认北京某科技发展公司无须向靳某支付2016年11月工资差额12,103.72元；(4)确认北京某科技发展公司无须向靳某支付商业保险医疗费8152.04元；(5)确认北京某科技发展公司无须向靳某支付2016年12月工资33,300元；(6)驳回北京某科技发展公司的其他诉讼请求；(7)驳回靳某的其他诉讼请求。

靳某不服提起上诉，请求撤销一审判决，发回重审或改判：(1)北京某科技发展公司与其继续履行劳动合同；(2)北京某科技发展公司支付其2016年11月工资差额12,103.72元；(3)北京某科技发展公司支付其商业保险医疗费8152.04元；(4)北京某科技发展公司支付其2016年12月工资33,300元。

北京某科技发展公司辩称：靳某在其公司工作期间，同时是律师事务所律师，在公司不知情的情况下，多次以律师身份代理案件。专职律师不能与其他单位建立劳动关系，已经司法实践确认。关于商业保险，公司已经协助其办理了相关事宜。

【裁判结论】

北京市第一中级人民法院判决：驳回上诉，维持原判。

【裁判观点】

北京市第一中级人民法院经审理认为：本案争议焦点是靳某在注册为执业律师期间与北京某科技发展公司订立的劳动合同应属有效还是无效。依据《律师法》第10条、《律师执业管理办法》第47条等关于律师执业管理的相关规定，律师事务所是律师的执业机构，律师只能在一个律师事务所执业。高等院校、科研机构中从事法学教育、研究工作的人员,经所在单位同意,依照法定的程序,可以申请兼职律师执业。而《律师法》第 10 条等规定是强制性规定,违反法律、行政法规的强制性规定,民事法律行为无效。本案中,靳某身为执业律师期间,不符合可以兼职执业的情形。靳某作为具备相当法律知识的专职律师,应当严格遵守律师行业规范,故其作为律师事务所专职律师期间,与北京某科技发展公司订立的劳动合同应属无效。靳某基于双方订立的劳动合同合法有效之前提,提出的上诉请求,均不予支持。对于一审判决第一项,双方均未提起上诉,本院予以确认。

经查,一审判决不存在违反一事不再理及劳动争议仲裁前置等法律规定的事项。靳某主张,北京某科技发展公司在本案仲裁阶段明确认可双方间已经合法建立劳动关系,又在一审中主张劳动合同无效,一审判决采纳其观点,违反了禁止反言原则。对此,本院认为,因违反法律、行政法规的强制性规定而无效的合同,其无效是当然无效,无待当事人在诉讼中主张,法院应依职权认定其无效,故一审判决作出的处理正确。

法官评析

本案中,一审、二审法院均认定靳某在注册为执业律师期间与北京某科技发展公司订立的劳动合同无效。实践中,执业律师与其所注册的律师事务所之外的用人单位签订劳动合同、提供劳动(岗位通常为法务人员)的现象并不鲜见,关于上述劳动合同的效力纠纷进入诉讼程序的亦不断出现。该类案件的争议焦点,实质上是用人单位主体问题导致的劳动合同的效力认定问题。

就用人单位主体问题,我国《劳动法》第 2 条规定:“在中华人民共和国境内的企业、个体经济组织(以下统称用人单位)和与之形成劳动关系的劳动者,适用本法。国家机关、事业组织、社会团体和与之建立劳动关系的劳动者,依照本法执行。”我国《劳动合同法》第 2 条则规定:“中华人民共和国境内的企业、个体经济组织、民办非企业单位等组织(以下称用人单位)与劳动者建立劳动关系,订立、履行、变更、解除或者终止劳动合同,适用本法。国家机关、事业组织、社会团体和与其建立劳动关系的劳动者,订立、履行、变更、解除或者终止劳动合同,依照本法执行。”另外,《劳动合同法实施条例》第3条对《劳动合同法》中的“等组织”作出了进一步明确的界定,“依法成立的会计师事务所、律师事务所等合伙组织和基金会,属于劳动合同法规定的用人单位”。因此,《劳动合同法》相较于《劳动法》,扩大了用人单位的主体范围。因此,北京某科技发展公司以及律师事务所均可以成为合法的用人单位主体。

由于实践中情况较为复杂,执业律师与其注册的律师事务所之间是否均为劳动合同关系,并不能一概而论。根据具体情况的不同,有的属于劳动关系,有的则可能是完全提成制的合作关系。由于该问题不是本案的争议焦点,笔者在此不做详细讨论。那么,靳某作为注册在律师事务所的执业律师,与北京某科技发展公司订立的劳动合同是否有效?该问题在审判实践中颇有争议。

我国《律师法》第10条第1款规定:“律师只能在一个律师事务所执业。律师变更执业机构的,应当申请换发律师执业证书。”第12条则规定:“高等院校、科研机构中从事法学教育、研究工作的人员,符合本法第五条规定条件的,经所在单位同意,依照本法第六条规定的程序,可以申请兼职律师执业。”结合《律师执业管理办法》第47条第1款、第2款关于“律师只能在一个律师事务所执业。律师在从业期间应当专职执业,但兼职律师或者法律、行政法规另有规定的除外”的规定,可以看出,律师法的上述规定是强制性规定:除《律师法》第12条规定的特定范围人员可以依照法律程序申请兼职律师执业以外,其他执业律师只能在其执业的律师事务所专职执业,不得在其他单位兼职。当然,《律师法》第28条第1项规定了律师可以从事“接受自然人、法人或者其他组织的委托,担任法律顾问”等业务,但上述业务显然与执业律师与其他单位签订劳动合同、提供全职劳动的情况有着本质区别。

事实上,国外立法对于律师的兼职亦多有限制。在国外对律师兼职的限制主要集中在两个方面,即不得同时担任公职、负责公共部门的法律事务和不得同时作为公司职员、为公司提供法律服务。国外这样规定,一是为了防止律师利用公职身份和公共权力假公济私、以权谋私;二是为了保证律师的独立和公正,保护当事人的利益。我国相关法律规定,应与域外的立法目的近似,在此不做赘述。

我国《劳动合同法》第 26 条规定了几种劳动合同无效的情形，其中第 3 项规定了“违反法律、行政法规强制性规定的”劳动合同无效或者部分无效。本案中，靳某作为执业律师期间，不符合可以兼职执业的情形。故，靳某与北京某科技发展公司订立的劳动合同因违反法律、行政法规强制性规定，应属无效。靳某基于双方签订的劳动合同作为基础，在本案中提出的相应诉讼请求，法院均不予支持。当然，靳某对于其已经付出的劳动，可以依照《劳动合同法》第 28 条等规定，另行主张权利。因此，法院对本案的认定是正确的。

【裁判依据】

1.《劳动合同法》第 26 条、第 28 条
2.《律师法》第 10 条、第 12 条
3.《律师执业管理办法》第 46 条

（撰稿人　李　军）

11

第三人公司代为招聘并允诺待遇的法律效力

——陶某与某分公司劳动争议案

裁判规则

在现实生活中,由于企业治理不规范,很多法人单位在财务上受控股法人或其他有实际控制关系的法人的控制,导致其民事活动往往被控制他的法人越俎代庖。本案中某网络公司对其附属公司从人员招录到经营管理都存在越位管理的现象,这种越位管理不应当成为发生纠纷后相关主体逃避责任的手段。

案　情[1]

陶某于2016年1月6日入职某分公司,双方签订期限自2016年1月6日至2019年1月5日的劳动合同。其于2017年12月4日收到某分公司发送的短信,称于2017年12月1日将其辞退。当日,陶某以要求某分公司继续履行劳动合同、支付工资、未休年假工资、报销探亲交通费以及支付加班费为由向北京市海淀区劳动人事争议仲裁委员会提出申请,该委裁决某分公司与陶某继续履行劳动合同,但驳回了陶某其他仲裁申请。陶某与某分公司均不服该裁决,诉至法院。

陶某向北京市海淀区人民法院(以下简称一审法院)起诉,请求公司继续履行劳动合同并支付工资、奖金、未休带薪年假工资、加班费、探亲单程机票款等款项。某分公司向一审法院起诉,请求判决其无须继续履行劳动合同。

为证明其主张,陶某向一审法院提交了:

1. 录用意向书。该意向书载明:“陶女士,您已经通过我公司的面试考核,真

---

〔1〕 (2019)京01民终927号。

诚邀请您加盟某网络公司。基于公司的薪酬福利政策,我们将为您提供以下职位信息和薪酬福利待遇:一、职位信息。1. 您将在我司担任人力资源总监职务;2. 您的劳动合同期限为 3 年;3. 您将就包括工作进展和成果等向 HRVP 进行汇报。二、薪酬福利信息:1. 基本工资:试用期薪酬(税前)为 48,000 元/月,转正薪酬(税前)为 48,000 元/月……2. 目标绩效奖金……4. (1)住房福利:您将享受 2500 元/月”的住房补贴或公司宿舍,住房补贴每月随当月工资扣税后发放……(3)探亲机票:您将享受 4 次/年的探亲往返经济舱机票报销,报销标准参照《公司出差管理办法》……三、特别说明。1. ……公司将在您入职的第一周内与您签订劳动合同,双方相关权利及义务以最终签订的劳动合同条款为准……”落款处显示加盖了某网络公司人力资源部印鉴。某分公司不认可该证据的真实性,称该录用意向书并非其公司出具,无法实现相应的证明目的。

2. 企业工商登记信息查询。某公司的分支机构信息处显示为某分公司,股东及出资信息处显示为某网络公司。某分公司认可该证据的真实性,表示其公司员工手册执行的是集团的相关制度,但其公司与某网络公司是独立法人单位,相关的工资、考勤均是独立的。

3. 某网络公司协同办公系统内通知截图。抬头显示为“某网络公司协同办公”,“我的任务”界面下有“接单人”为陶某的通知,时间显示为 2016 年 10 月 11 日,内容载明为:“为激励管理岗人员更全面深入地履行管理职责,公司将于 2016 年 10 月 1 日起正式试行管理岗激励方案,同时为激励自觉主动的同学,公司也将对 2016 年 Q1、Q2、Q3 已提前践行相关要求的同学发放奖励性津贴……”某分公司不认可该证据的真实性。

4. 航空运输电子客票行程单。载明陶某于 2017 年 12 月 1 日搭乘海航班机自福州前往北京,费用合计 1330 元。某分公司认可该证据的真实性,但表示双方并无探亲交通费的约定。

5. 同样盖有某网络公司人力资源部印章的报到联。对于该报到联的真实性,某分公司在一审质证环节予以认可。该报到联中载有下列内容:“本人接受某网络公司的雇佣,并同意上述雇佣条件……被录用人签字:陶某。”其中,“陶某”两字为手写。

一审法院认为:陶某要求某分公司为其报销探亲单程机票款的请求,主张依据为录用意向书,但是该录用意向书,显示系案外公司出具,且性质为单方发出的录用意向,在录用意向书中明确载明双方权利义务以入职后签订的劳动合同条款为准的情况下,陶某据此主张相应权利缺乏依据,故对其主张不予采纳。

一审法院判决:(1)某分公司与陶某继续履行劳动合同;(2)某分公司支付2017年12月1日至2017年12月4日的病假工资147.13元;(3)某分公司支付2016年1月6日至2017年12月4日的未休年假工资84,482.76元;(4)驳回陶某的其他诉讼请求;(5)驳回某分公司的全部诉讼请求。

双方均不服一审判决,向北京市第一中级人民法院(以下简称二审法院)提起上诉。陶某的主要上诉理由是,一审法院不采纳其提交的录用意向书,属于事实认定错误。某分公司的主要上诉理由是,其解除劳动合同合法且双方劳动合同不具备继续履行的客观基础。

【裁判结论】

二审法院判决:(1)维持一审判决第1项、第2项、第3项、第5项;(2)撤销一审判决第4项;(3)某分公司向陶某支付机票款1320元;(4)驳回陶某的其他诉讼请求。

【裁判观点】

二审法院认为,就某分公司是否存在违法解除劳动合同、合同能否继续履行以及是否应支付病假工资、未休年假工资等问题,一审判决认定事实及适用法律均无不当。就探亲机票款一节。一审对录用意向书真实性和证明力的认定存在错误,致使错误地驳回陶某要求支付探亲机票款的请求,应予纠正。

就录用意向书对某分公司是否具有约束力一节,试分三点论述:

其一,录用意向书落款处盖有某网络公司人力资源部印鉴,某分公司虽不认可该录用意向书的真实性,但根据查明的事实,某分公司为某公司的分支机构,而某公司的唯一股东及出资人为某网络公司,因此,作为关联公司,某分公司有义务也有能力向某网络公司核实前述录用意向书的真实性,并核实该录用意向书的产生原因,而不是如本案中简单地否定其真实性。因此,本院认定该录用意向书的真实性。

其二,庭审中,某分公司认可陶某主要工作场所在福州亚太中心,并表示某网络公司在亚太中心设立办公地;为证明陶某休年假情况,某分公司提交了某网络公司办公系统截屏予以佐证;为证明陶某存在严重违纪行为而提举的《员工违纪处理管理办法》(节选)中明确载明,该管理办法适用企业包括某网络公司及附属公司。结合上述事实可见,某分公司在日常办公中,与某网络公司关联密切,在员工管理方面存在受某网络公司直接支配的高度可能性。换言之,存在某网络公司控制某分公司的人员招录甚至直接替某分公司招录员工的可能性。反观之,某分公司虽主张其与某网络公司之间系独立法人关系,但既未就某网络公司为何向陶某发放录用意向书作出合理解释,也没有提供任何证据证明其独立招聘录用陶某的过程。加之录用意向书上载明的岗位、劳动合同期限等内容,与之后某分公司与陶某订立的劳动合同中的相应内容完全一致,特别是录用意向书中载明的报到时间为2016年1月5日,而陶某与某分公司劳动合同的订立时间为2016年1月6日,根据日常生活经验法则可以认定,陶某与某分公司系依据录用意向书订立了劳动合同。至此,本院有理由相信,某网络公司直接替某分公司招录了陶某,并向其发放了录用意向书。某分公司并未对某网络公司的上述招录行为提出异议,并以默示的方式——与陶某订立劳动合同的行为承认了其愿意受某网络公司招录员工行为的约束,也就是说,在招录陶某一事上,某网络公司与某分公司形成了代理与被代理的法律关系。

其三,录用意向书对陶某的岗位、劳动合同期限、工资构成及福利待遇、报到时间等信息进行了明确列明,应当视为某网络公司代理某分公司向陶某作出的要约,陶某在报到联上的签字,应视为其向某网络公司作出的承诺,该承诺的法律效果由被代理人即某分公司承担。至此,录用意向书中载明的岗位、劳动合同期限、工资构成及福利待遇等内容,对本案双方当事人具有法律约束力。虽然录用意向书中载明双方权利义务以最终签订的劳动合同条款为准,但对于劳动合同中未约定或约定不明的内容,如果录用意向书作出了明确列明,则当然不失其效力,仍对双方当事人具有法律约束力。

法官评析

本案中,录用意向书落款处盖有某网络公司人力资源部印鉴,某分公司虽不认可该录用意向书的真实性,但作为关联公司,其有义务也有能力向某网络公司核实前述录用意向书的真实性,并核实该录用意向书的产生原因,而不是如本案中简单地否定其真实性。因此,二审法院判定由其承担举证不能的不利后果，进而认定该录用意向书的真实性。

某网络公司作出的录用意向书对某分公司有没有约束力？从查明的事实来看，某分公司在日常办公中在员工管理方面受某网络公司直接支配。录用意向书上载明的岗位、劳动合同期限等内容，与之后某分公司与陶某订立的劳动合同中的相应内容完全一致。录用意向书中载明的报到时间为2016年1月5日，而陶某与某分公司劳动合同的订立时间为2016年1月6日，显然，陶某与某分公司系依据录用意向书订立了劳动合同。也就是说，某网络公司直接替某分公司招录陶某，并向其发放了录用意向书。某分公司并未对某网络公司的上述招录行为提出异议，并以默示的方式——与陶某订立劳动合同的行为表明其愿意受某网络公司招录员工行为的约束。因此，在招录陶某一事上，某网络公司与某分公司之间的法律关系，符合委托代理的法律特征，是一种代理与被代理的法律关系，从而某网络公司作出的录用意向书对某分公司也就自然产生约束力。

在现实生活中，由于企业治理不规范，很多法人单位在财务上受控股法人或其他有实际控制关系的法人的控制，导致其民事活动往往被控制他的法人越俎代庖。本案中某网络公司对其附属公司从人员招录到经营管理都存在着越位管理的现象，这种越位管理不应当成为发生纠纷后相关主体逃避责任的手段。因此，在符合法律规定的前提下，将这些越俎代庖的法律行为认定为代理行为，是对劳动者合法权益的有力保护。

就录用意向书（或名为录用通知书等）的法律性质和效力，笔者结合本案做如下分析：依据《合同法》关于要约承诺的相关规定，录用意向书对陶某的岗位、劳动合同期限、工资构成及福利待遇、报到时间等信息进行了明确列明，表达了希望和陶某订立劳动合同的意思表示，内容具体确定，其法律性质是一项要约，一经送达即生效。陶某在报到联上签字，并按照录用意向书上的报到时间去报到，是以行为向公司作出的承诺，该承诺一经作出即生效，至此，双方就录用意向书中载明的意思表示达成合意，录用意向书中载明的岗位、劳动合同期限、工资构成及福利待遇等内容，对本案双方当事人即具有约束力。虽然录用意向书中载明双方权利义务以最终签订的劳动合同条款为准，但对于劳动合同中未约定或约定不明的内容，如果录用意向书作出了明确列明，则当然不失其效力，仍对双方当事人具有约束力。

【裁判依据】

1.《民法通则》第 63 条

2.《合同法》第 9 条第 2 款、第 14 条、第 16 条、第 21 条、第 22 条、第 25 条、第 26 条第 1 款

3.《民法总则》第 161 条、第 162 条

（撰稿人　吴博文）

12

合同到期后未续签书面劳动合同，用人单位支付二倍的工资的起算点

——北京某咨询公司诉许某劳动争议案

裁判规则

劳动合同期满后，劳动者仍在用人单位工作，用人单位未与劳动者订立书面劳动合同的，用人单位应当自劳动合同期满的次日起至满一年的前一日向劳动者支付二倍的工资。

案　情[1]

被上诉人许某于2017年3月1日入职北京某咨询公司(上诉人)，任化妆品注册员，双方签订了期限为2017年3月1日至2018年3月1日的劳动合同。许某曾于2018年2月26日向北京某咨询公司提出劳动合同期满后不再续签。北京某咨询公司为许某缴纳了2018年3月的社会保险。许某主张其曾于2018年2月26日向北京某咨询公司提出劳动合同期满后不再续签，北京某咨询公司仍然要求其上班，并称找到新员工后就同意其离职，因此其继续在北京某咨询公司工作至2018年4月2日，但北京某咨询公司未与其签订2018年3月2日至2018年4月2日的劳动合同，也没有支付其2018年3月1日至2018年4月2日的工资。为证明其主张，许某提交了与北京某咨询公司主管张某2018年3月2日至2018年4月2日的QQ聊天记录及微信记录、2018年3月13日至2018

[1] (2019)京01民终1972号。

年4月2日与北京某咨询公司刘某的QQ聊天记录及微信记录、2018年3月5日至2018年3月29日与北京某咨询公司负责考勤的辛某的QQ聊天记录、打卡记录予以佐证。许某与张某及刘某的聊天记录均是就工作内容进行沟通，2018年3月29日许某与辛某的聊天记录是就许某忘打卡及补写请假条的沟通。打卡记录与北京某咨询公司提交的证据一致，均显示许某在2018年4月2日8:50及13:08有打卡记录。北京某咨询公司对上述证据的真实性无异议，亦认可张某为其公司的主管，辛某为其公司的行政负责考勤，主张许某在2018年4月2日到其公司交涉工资事宜顺便进行的打卡。

许某以要求北京某咨询公司支付未签订劳动合同二倍工资差额、工资为由向北京市海淀区劳动人事争议仲裁委员会提出申请，仲裁委员会裁决如下：(1)北京某咨询公司支付许某2018年3月1日的工资183.91元；(2)驳回许某的其他仲裁请求；(3)驳回北京某咨询公司其他仲裁请求。许某不服裁决，提起本案诉讼。

许某起诉，请求判令北京某咨询公司支付：(1)2018年3月2日至2018年4月2日未续签劳动合同二倍工资差额5400元；(2)2018年3月1日至2018年4月2日工资5800元。

一审法院依照《劳动合同法》第30条第1款、第82条的规定，判决：(1)北京某咨询公司支付许某2018年3月1日至2018年4月2日的工资4183.91元；(2)北京某咨询公司支付许某2018年3月2日至2018年4月2日未签订劳动合同的二倍工资差额4045.98元；(3)驳回许某的其他诉讼请求。宣判后，北京某咨询公司向北京市第一中级人民法院提起上诉。

北京某咨询公司上诉请求：撤销一审判决的第1项、第2项，发回重审或改判驳回许某的诉讼请求。事实和理由：(1)一审判决认定事实错误。北京某咨询公司认为许某从2018年3月2日至2018年4月2日，许某不受北京某咨询公司考勤管理、工作考核和其公司规章制度的约束，聊天记录只是其离职后因为工作交接不彻底而对后续工作的沟通。(2)一审判决适用法律错误。北京某咨询公司认为，2018年3月2日至2018年4月2日是劳动合同法赋予其公司签订书面劳动合同的缓冲期。另外，许某在2018年2月26日明确提出不续签劳动合同。

【裁判结论】

北京市第一中级人民法院依据《民事诉讼法》第 170 条第 1 款第 1 项之规定,判决:驳回上诉,维持原判。

【裁判观点】

一审法院认为,本案的争议焦点在于许某在 2018 年 3 月 2 日至 2018 年 4 月 2 日是否为北京某咨询公司提供劳动。首先,在 2018 年 3 月 2 日至 2018 年 4 月 2 日,许某与北京某咨询公司的主管及员工均有工作的沟通;其次,在 2018 年 3 月 29 日其曾告知北京某咨询公司负责考勤的行政人员其忘记打卡,双方就周一提交假条进行了微信沟通,由此可知许某在当时并未离职;再次,北京某咨询公司在许某离职之后仍为其缴纳社会保险不合常理;最后,北京某咨询公司提交的考勤记录中显示许某在 2018 年 4 月 2 日有打卡记录,虽然其公司主张是许某是在当天去公司沟通工资事宜,但是双方的沟通长达 4 小时之久缺乏合理性,且北京某咨询公司未就此提交相应的证据予以佐证。综上,法院对许某所持的其在 2018 年 3 月 2 日至 2018 年 4 月 2 日正常为北京某咨询公司提供劳动的主张予以采信。

关于未签订劳动合同二倍工资差额一节,因双方未签订 2018 年 3 月 2 日至 2018 年 4 月 2 日的劳动合同,故北京某咨询公司应支付许某上述期间未签订劳动合同的二倍工资差额 4045.98 元。

二审法院认为,当事人对自己提出的诉讼请求所依据的事实或者反驳对方诉讼请求所依据的事实,应当提供证据加以证明。当事人未能提供证据或者证据不足以证明其事实主张的,由负有举证证明责任的当事人承担不利的后果。本案中,北京某咨询公司否认许某在 2018 年 3 月 2 日至 2018 年 4 月 2 日提供劳动,但据许某提交的聊天记录显示在 2018 年 3 月 2 日至 2018 年 4 月 2 日许某与北京某咨询公司的主管及员工均有连续性的工作沟通内容,并且在 2018 年 3 月 29 日许某还曾与北京某咨询公司负责考勤的行政人员沟通其忘记打卡、周一补交假条事宜,可见许某仍在为北京某咨询公司提供劳动。另外,劳动合同到期后,北京某咨询公司仍为许某缴纳了 2018 年 3 月的社会保险。综上,北京某咨询公司的该项上诉主张不能成立,一审法院采信许某所持的其在 2018 年 3 月 2 日至 2018 年 4 月 2 日正常为北京某咨询公司提供劳动的主张并无不当。

关于未签订书面劳动合同的二倍工资差额,劳动合同期满后,劳动者仍在用人单位工作,用人单位未与劳动者订立书面劳动合同的,用人单位应当自劳动合同期满的次日起至满一年的前一日向劳动者支付两倍的工资。本案中,北京某咨询公司与许某的合同于2018年3月1日到期后,双方未签订2018年3月2日至2018年4月2日的劳动合同。北京某咨询公司虽主张许某曾在2018年2月26日明确提出不续签劳动合同,但根据查明事实,可见其公司要求许某继续上班至2018年4月2日,故北京某咨询公司应当向许某支付未签订书面劳动合同二倍工资差额。经核算,一审法院判定未签订劳动合同二倍工资差额4045.98元正确,本院予以确认。

法官评析

劳动合同期满后继续工作而未签订劳动合同,劳动者仍在原用人单位工作,用人单位未表示异议的,劳动者与原用人单位之间存在的是一种事实上的劳动关系。此情形属于"应当订立劳动合同而未订立"的情形。原劳动部《关于实行劳动合同制度若干问题的通知》对劳动合同期满,由于用人单位的原因未及时办理续订劳动合同手续而造成事实劳动关系的,视为续订劳动合同,劳动合同期限由双方协商。《劳动争议司法解释(一)》第16条第1款规定,劳动合同期满后,劳动者仍在原用人单位工作,原用人单位表示无异议的,视为双方同意以原条件继续履行劳动合同。根据《劳动合同法》第14条的规定,用人单位应当与劳动者签订无固定期限而未签订的,人民法院可以视为双方之间存在无固定期限劳动关系,并以原劳动合同确定双方的权利和义务关系。由于劳动合同到期后,没有续签劳动合同,用人单位应支付双倍工资问题,但对于二倍工资的起算时间点实践中存在不同认识。

(一)审理思路一(北京)

根据《北京市高级人民法院、北京市劳动争议仲裁委员会关于劳动争议案件法律适用问题研讨会会议纪要》第28条的规定,劳动合同期满后,劳动者仍在用人单位工作,用人单位未与劳动者订立书面劳动合同的,用人单位应当自劳动合同期满的次日起至满一年的前一日向劳动者每月支付两倍的工资。二倍工资的计算基数应以相对应的月份的应得工资为准。

二倍工资的起算时间点应从合同到期后的次日起计算。根据《劳动合同法》第82条第1款之规定，用工之日起超过1个月未满1年的，应当向劳动者每月支付二倍工资。合同到期后未续订书面劳动合同，不能有1个月宽限期。宽限期只能有一次，就是用人单位和劳动者首次订立劳动合同时才有。因此，应当自合同到期后的次日起至未签订劳动合同期间计算二倍工资。

（二）审理思路二（山东）（见附件关联案例）

《山东省劳动合同条例》第57条规定，劳动合同期满，劳动者在用人单位安排下继续提供劳动，用人单位自劳动合同期满之日起超过一个月未满一年未与劳动者续订劳动合同的，应向劳动者每月支付二倍工资。

二倍工资的起算时间点应从合同到期未续订满1个月的次日起计算。根据《劳动合同法实施条例》第6条第2款的规定，用人单位向劳动者每月支付二倍工资的起算时间为用工之日起满1个月的次日。“用工之日”在支付二倍工资的时候，应当理解为“未订立或续订书面劳动合同而用工之日起”，不能简单理解为进单位工作的第一天。因为有书面劳动合同约定的用工之日，不存在支付二倍工资的情形。因此，对续订书面劳动合同同样应当有一个月的宽限期，超过一个月未续订劳动合同应当支付二倍工资，超过1年未续订应视为已订立无固定限期劳动合同。

【裁判依据】

1.《劳动合同法》第82条

2.《劳动合同法实施条例》第6条

3.《劳动争议司法解释（一）》第16条

【关联案例】

济南某商贸公司诉相某劳动争议案

(2018)鲁01民终625号

[案情]

上诉人(一审原告):济南某商贸公司

被上诉人(一审被告):相某

相某于2012年9月11日到济南某商贸公司工作,2012年11月2日双方签订了劳动合同,期限自2012年9月11日起至2013年9月10日止,2013年11月1日双方再次签订了劳动合同,期限自2013年11月1日起至2016年10月31日止。合同到期后,相某继续在济南某商贸公司处工作,济南某商贸公司为相某缴纳社会保险至2016年12月。相某2016年12月的工资为4025.90元,离职前12个月平均工资为3214.73元。相某于2017年6月19日申诉至济南市市中区劳动人事争议仲裁委员会,该委于2017年8月9日作出济市中劳人仲案〔2017〕211号仲裁裁决书,裁决:一、济南某商贸公司与相某自2012年9月11日起至2016年12月31日止存在劳动关系。二、济南某商贸公司向相某支付二倍工资4025.90元。三、济南某商贸公司向相某支付经济补偿金12,858.92元。四、驳回相某的其他仲裁请求。济南某商贸公司不服该裁决,提起本案诉讼。

济南某商贸公司起诉请求:1.请求依法确认济南某商贸公司、相某在2016年11月1日到2016年12月31日不存在劳动关系。2.请求依法判令济南某商贸公司不支付相某二倍工资4025.90元。3.请求依法判令济南某商贸公司不支付相某经济补偿金12,858.92元。一审法院依照《中华人民共和国劳动合同法》第47条第1款、第82条、《中华人民共和国劳动合同法实施条例》第6条之规定判决:一、济南某商贸公司与相某自2012年9月11日起至2016年12月31日止存在劳动关系。二、济南某商贸公司向相某支付未签订劳动合同二倍工资差额4025.90元。三、济南某商贸公司向相某支付经济补偿金12,858.92元。宣判后,济南某商贸公司向山东省济南市中级人民法院提起了上诉。

济南某商贸公司上诉请求:请求撤销一审民事判决,并依法改判或发回重审。事实和理由:相某于2013年11月1日入职济南某商贸公司处工作,2016年

10月31日劳动合同到期后，相某未来公司上班。根据《劳动合同法》的规定，劳动合同到期，劳动者提出不续签劳动合同的，用人单位不支付经济补偿金。相某主张解除劳动关系的原因是济南某商贸公司辞退与事实不符，且未提供证据证实。因此，相某主张济南某商贸公司支付经济补偿金没有事实和法律依据。2016年10月31日后，相某未来济南某商贸公司处上班，不应支付二倍工资。

相某辩称：相某与济南某商贸公司签订的第二次劳动合同期满后，继续在济南某商贸公司处工作，根据《劳动合同法实施条例》第6条规定，用人单位自用工之日起超过一个月未满一年未与劳动者未签劳动合同的，应按照《劳动合同法》第82条的规定向劳动者每月支付二倍的工资。相某与济南某商贸公司劳动合同期满后一个月内，济南某商贸公司应与相某重新签劳动合同，济南某商贸公司未签订，应当向相某支付2016年12月1日至31日的二倍工资赔偿。12月的工资数额为4025.9元。

[裁判结论]

山东省济南市中级人民法院依据《中华人民共和国民事诉讼法》第170条第1款第1项之规定，判决：驳回上诉，维持原判。

（撰稿人　赵振波）

13

未签劳动合同二倍工资的基数计算

——郭某诉北京某体育公司劳动争议案

裁判规则

解除劳动合同二倍工资差额的计算基数应当以具有连续性和稳定性特征、金额相对固定的属于劳动者正常劳动的应得工资计算,不固定发放的提成工资、奖金等一般不能计算在内。

案 情[1]

郭某经招聘自2017年3月11日入职北京某体育公司(以下简称某公司)旗下的门店健身训练馆担任私人教练,工作内容包括销售课程、给会员上课、维护会员等。某公司向其提供服装和工牌,每月15日左右以现金形式发放上个月工资。工资构成是底薪加销课提成加上课提成以及业绩奖励和处罚。其中,2017年3月底薪1300元,4月至6月底薪3000元,7月和8月底薪2500元。

某公司称郭某是合作教练,由其自己控制工作时间,不要求打卡。工资构成有销课提成和上课提成以及奖励和罚款,但没有底薪。虽然没有确定底薪,但是每月工资发放不低于北京市最低工资标准,郭某每月领取的工资以私教部个人课时统计表上载明的内容为准,没有其他工资单。

某公司提交2017年3月至8月的私教部个人课时统计表载明:教练姓名、日期、会员姓名、课程有效期、课时单价、上月结余课时和金额、本月授课课时和金额等内容。某公司称依据统计表,郭某的工资情况是:2017年3月440元、4

[1] (2019)京01民终760号。

月3230元、5月9948元、6月3455元、7月3238元、8月1100元,构成包括销提、课提、罚款、体验课等内容。

郭某称2017年7月和8月的统计表不是其填写,其他统计表系其填写,2017年3月仅发放底薪1300元,8月工资记不清了,认可统计表上2017年4月至7月载明的金额,但认为统计表上仅是提成工资,未包括底薪。每月领取工资时需要现场核对并在工资单上签字。

某公司提交健身私教2017年1月至5月以及7月的提成方案,载明不同区间销售业绩的数额对应不同的销售提成和上课提成比例、基本任务数额、目标任务数额、团队任务数额、完成基本任务的奖励和未完成的罚款、完成目标任务的奖励等内容。某公司称提成方案向私教发放,是对郭某进行奖惩的依据。

郭某的员工离职申请表载明:部门私教部,职位教练,因个人原因申请离职,填表日期是2017年7月31日,核准离职时间2017年7月31日,王某在店长签字处签字。

北京市石景山区人民法院一审判决:(1)确认郭某与北京某体育公司自2017年3月11日至2017年8月15日存在劳动关系;(2)北京某体育公司于判决生效后七日内支付郭某未签订书面劳动合同二倍工资差额12,000元;(3)驳回郭某的其他诉讼请求。

郭某不服提起上诉:(1)维持一审判决第1项;(2)改判一审判决第2项为北京某体育公司支付郭某未签订书面劳动合同二倍工资差额36,271元。上诉理由是郭某在北京某体育公司工作期间的工资构成由底薪、提成、罚款、奖金共同组成,一审法院判定的二倍工资差额与事实不符。

【裁判结论】

北京市第一中级人民法院判决:驳回上诉,维持原判。

【裁判观点】

北京市第一中级人民法院认为:就未签订劳动合同二倍工资差额中工资标准的计算基数问题,计算"二倍工资"的工资标准时,应当以基本工资、岗位工资、职务工资、工龄工资、级别工资等具有连续性和稳定性特征、金额相对固定的属于劳动者正常劳动的应得工资作为计算基数,而不固定发放的提成工资、奖金等一般不作为未签订劳动合同二倍工资差额的计算基数,故郭某以其包含大部分提成工资和奖金的实际工资数额为基数计算二倍工资差额的主张于法无据。本案中,由于郭某与北京某体育公司存在劳动关系但未签订劳动合同,故公司应当向劳动者支付二倍工资。北京某体育公司作为发放工资的用人单位一方未举证证明郭某的工资构成问题,一审法院依据劳动关系存续期间、郭某有关底薪的陈述以及统计表上载明的相关数额等因素酌定了二倍工资的数额属于法官在法定范围内行使自由裁量权,并无不当,本院予以维持。

法官评析

本案的争议焦点是郭某的未签劳动合同二倍工资差额的计算基数是否包含提成、罚款、奖金。《劳动合同法》第 82 条第 1 款规定,用人单位自用工之日起超过一个月不满一年未与劳动者订立书面劳动合同的,应当向劳动者每月支付二倍的工资。法律之所以制定二倍工资的规则,是针对立法当下实践中劳动合同签订率低的问题,督促单位在与劳动者建立劳动关系后尽快依法签订劳动合同,以达到保护劳动者合法权利的目的。同时也是为《劳动法》第 16 条第 2 款规定"建立劳动关系应当订立劳动合同"补充规定了违法后果。通过立法目的可知,该第二倍工资差额的性质并非劳动者的劳动所得,而是对用人单位违反法律和规定的一种惩戒,其目的在于提高书面劳动合同签订率,明晰劳动关系中的权利义务,并非劳动者可以从中谋取超出劳动报酬的额外利益。

第二倍工资一般的理解是比当月所得工资增加一倍的部分,故在工资基数变化时,作为惩罚性赔偿的第二倍工资也随之发生改变。实践中,工资内通常包含一些增项,如加班费、年终奖、绩效、提成等,同时也存在扣减项。各地方在司法实践中对于二倍工资基数的计算并无统一规定。主要有以下几种计算标准。

1. 以劳动者应得工资为基数,但不包括非按月固定支付的工资项目。如北京市高级人民法院和广东省高级人民法院。

《北京市高级人民法院关于审理劳动争议案件的会议纪要(三)》中认为:计算"二倍工资"的工资标准时,因基本工资、岗位工资、职务工资、工龄工资、级别工资等按月支付的工资组成项目具有连续性和稳定性特征、金额相对固定，属于劳动者正常劳动的应得工资，应作为未订立劳动合同二倍工资差额的计算基数；不固定发放的提成工资、奖金等一般不作为未订立劳动合同二倍工资差额的计算基数。

广东省高级人民法院认为，二倍工资差额的计算基数为劳动者当月应得工资，但不包括以下两项：(1)支付周期超过一个月的劳动报酬，如季度奖、半年奖、年终奖、年底双薪以及按照季度、半年、年结算的业务提成等；(2)未确定支付周期的劳动报酬，如一次性的奖金，特殊情况下支付的津贴、补贴等。

2. 以劳动者应得工资为基数，包含加班费、年终奖等全部工资性收入。如江苏省高级人民法院。

江苏省高级人民法院意见认为，用人单位因未与劳动者签订书面劳动合同而应每月支付的二倍工资，按照劳动者当月的应得工资予以确定，包括计时工资或者计件工资以及加班加点工资、奖金、津贴和补贴等货币性收入。劳动者当月工资包含季度奖、半年奖、年终奖的，应按分摊后该月实际应得奖金数予以确定。

3. 以双方约定的正常工作时间月工资来确定，不包括加班费，需扣除部分工资项目。如上海市高级人民法院。

上海市高级人民法院的意见为二倍工资的计算基数应按照双方约定的正常工作时间月工资来确定。双方对月工资没有约定或约定不明的，应按《劳动合同法》第 18 条规定来确定正常工作时间的月工资，并以确定的工资数额作为双倍工资的计算基数。如按《劳动合同法》第 18 条的规定仍无法确定正常工作时间工资数额的，可按劳动者实际获得的月收入扣除加班工资、非常规性奖金、福利性、风险性等项目后的正常工作时间月工资确定。如月工资未明确各构成项目的，由用人单位对工资构成项目进行举证，用人单位不能举证或证据不足的，二倍工资的计算基数按照劳动者实际获得的月收入确定。

当然，无论各地关于二倍工资基数的计算有何差异，该工资的底线是不能低于最低工资。

就本案而言，郭某作为私人健身教练，基于其特殊的工作性质，其主要工资来源为提成工资及奖金，此部分工资完全根据郭某授课数量及学员情况确定。结合《劳动合同法》第 82 条的立法目的，不应将此部分工资作为计算未签劳动合同二倍工资差额的基数内。首先，惩罚性的二倍工资是为了保证劳动合同的签订率，不能以此作为劳动者获取额外利益的手段，是对没有遵守相关的法律规定的用人单位进行相关处罚以避免不签订劳动合同对劳动者利益的损害，对用人单位的惩罚力度应当适当，不宜过重。其次，随着目前人民群众的维权和法律意识的增强，司法实践中出现了劳动者通过未签劳动合同请求二倍工资差额的恶意诉讼的案件。所以，更不应该将提成工资、奖金等不具有稳定性和连续性的部分认定为计算二倍工资差额的基数，以免为部分恶意诉讼者提供不劳而获、牟利的途径。最后，惩罚性赔偿应当是用人单位在与劳动者签订劳动合同时可以预期的劳动者正常劳动的应得工资，将提成工资及奖金等作为未订立劳动合同二倍工资差额的计算基数，会导致用人单位承担其不能预期的惩罚性后果，是对用人单位的过度惩罚，也不利于维护劳资之间的权责平衡。

本案中公司作为负有管理责任的用人单位一方，未就郭某的工资构成情况进行举证，一审法院按照其每月的实发工资扣除个人课时统计表中体现出的提成工资及奖金计算郭某的基本工资数额并取平均值，酌定出了郭某的基本工资数额作为计算二倍工资差额的基数。既对公司未签劳动合同进行了适当的惩罚，又维护了劳动者的合法权益。

【裁判依据】

1.《劳动合同法》第 82 条

2.《北京市高级人民法院关于审理劳动争议案件会议纪要(三)》

(撰稿人　王力群)

14

因劳动者原因未签订书面劳动合同，原则上用人单位应支付未签订书面劳动合同二倍工资

——朱某诉K公司劳动争议案

裁判规则

原则上,如果用人单位未与劳动者签订书面劳动合同,即便该情形系因劳动者过错导致,用人单位仍应在用工之日起一个月内及时终止双方劳动关系,否则应承担向劳动者支付未签劳动合同二倍工资的法律后果。但用人单位客观上不具有主动签约之可能的,判决支付二倍工资明显违反诚实信用原则和公平原则的,可在个案中予以调整。

案　情[1]

朱某原系中国人民解放军现役军人,2015年年末,朱某于退伍前夕与K公司协商退伍之后加入该公司。后朱某于2015年12月正式进入K公司工作。对双方之间法律关系的性质,双方各执一词。朱某主张其于2015年12月5日入职K公司,担任安全总监,双方建立劳动关系,年薪20万元,其中每月15日以工资形式发放10,000元,每月25日左右以报销款形式发放1000~2000元,剩余部分于年底一次性发放。K公司主张与朱某系合伙关系,双方于2015年12月开始合作,未签署合伙或合作协议;朱某利用其掌握的资源为K公司联系项目,

〔1〕(2017)京01民终5050号。

双方没有具体的分成约定。

朱某为证明其与K公司存在劳动关系提交了若干证据:(1)K公司为朱某出国使用所出具《证明》,载明朱某自2015年12月1日起担K公司首席安全官,工资为每月16,000元(税后),落款处加盖有K公章;(2)名片,载明朱某于K公司职务为安全总监;(3)银行流水明细单,显示2016年1月至2016年5月K公司曾向朱某转账多笔报销款,此外2016年1月29日K公司支付朱某2200元,摘要部分载明"工资",2016年4月26日K公司支付朱某11,352元,摘要部分载明"劳务费";(4)2016年5月8日朱某与K公司法定代表人袁某之间的电子邮件,内容为朱某就"安全服务技术咨询(老挝)"合同事宜向袁某进行请示;(5)微信往来记录,显示2015年12月9日袁某曾向朱某发微信,内容为:"按规矩来,试用期三个月,年薪税前至少20万元,项目还有大比例分成,干好还有股权……您是安全总监,近期重点是做好项目上情报服务的总部工作。"K公司除对名片的真实性不予认可,对其他证据的真实性予以认可,但主张上述证据不能证明双方之间系劳动关系,并主张微信往来记录中载明的内容仅为该公司一个意向,最终双方未达成一致,该公司于2016年1月29日、2016年4月26日向朱某支付的款项均为劳务费。

K公司主张双方之间不构成劳动关系的另一理由为双方建立法律关系期间朱某为现役军人身份,无法签订劳动合同。对此,K公司提交的微信聊天记录载明:(1)2015年12月9日,袁某微信通知朱某"咱们周末签合同",因该周末朱某尚未取得军官转业证书而未予签署;(2)2016年2月17日,袁某与朱某进行微信聊天记录,朱某:"总政发文件了大约下月底能开始办我的正式转业手续"……袁某:"办手续大约需要多久?"朱某:"今年特殊情况大裁军","往年要2个月"。朱某认可2015年12月9日袁某曾通知其签署劳动合同,因其未取得军官转业证书故未予签署,并主张2015年12月15日其取得了军官转业证书,后其曾要求与K公司签署劳动合同,该公司未予同意。对此,朱某提交了军官转业证书予以佐证,该转业证中载明发证时间为2015年12月15日。K公司对军官转业证书的真实性不持异议,但主张该公司对此不知情。朱某并未就其主张的曾向K公司告知取得军官专业证、曾要求签订劳动合同而被拒绝的事实进一步举证证明。

朱某主张其工作至2016年5月7日,2016年4月30日以K公司拖欠工资等为由提出离职;K公司主张双方合作至2016年5月7日,因理念不和停止合作。

朱某以要求K公司支付未签劳动合同二倍工资差额、工资等为由向北京市海淀区劳动人事争议仲裁委员会提起仲裁申请,该委作出京海劳人仲字〔2016〕第15053号仲裁裁决书,裁决:(1)K公司于裁决书生效之日起十日内,支付朱某2015年12月5日至2016年5月1日工资差额63,467.92元;(2)K公司于裁决书生效之日起十日内,支付朱某2016年1月5日至2016年5月1日未签订劳动合同二倍差额62,712.64元;(3)驳回朱某的其他仲裁请求。K公司不服仲裁结果,于法定期限内向北京市海淀区人民法院提起诉讼。

北京市海淀区人民法院认为:朱某与K公司之间存在劳动关系。因本文不涉及该争议焦点的论述,故关于劳动关系的确认及相关的工资支付问题,本文不予赘述。

就未签劳动合同二倍工资差额一节,朱某认可K公司法定代表人袁某曾通知其签署劳动合同,因其未取得军官转业证书故未予签署;虽朱某主张其取得军官转业证书后曾要求K公司签署劳动合同,该公司未予同意,但未就此提交相应证据,故朱某要求K公司支付未签劳动合同二倍工资差额,依据不足,法院确认K公司无须支付朱某2016年1月5日至2016年5月1日未签订劳动合同二倍工资差额62,712.64元。

北京市海淀区人民法院判决:(1)K公司于判决生效后七日内支付朱某2015年12月16日至2016年5月1日工资差额63,076.36元;(2)K公司无须支付朱某2016年1月5日至2016年5月1日未签劳动合同二倍工资差额62,712.64元。

K公司不服一审判决第1项提起上诉,请求撤销一审判决第1项,改判K公司无须支付朱某2015年12月16日至2016年5月1日工资差额63,076.36元;上诉理由是双方之间不存在劳动关系。朱某不服一审判决第2项提起上诉,请求撤销一审判决第2项,改判K公司支付朱某2016年1月5日至2016年5月1日未签劳动合同二倍工资差额62,712.64元;上诉理由为,根据《劳动合同法实施条例》第5条、第6条的规定,用人单位自用工之日起超过一个月不满一年未与劳动者订立书面劳动合同的,应当向劳动者每月支付二倍的工资。

【裁判结论】

北京市第一中级人民法院判决:驳回上诉,维持原判。

【裁判观点】

北京市第一中级人民法院认为:《劳动合同法》第3条第1款规定,签订劳动合同应当遵循合法、公平、平等自愿、协商一致、诚实信用的原则。其一,在朱某取得军官转业证书之前,K公司法定代表人袁某曾通知朱某签订书面劳动合同,此为用人单位已经向朱某作出了签订劳动合同的意思表示,但朱某以其未取得军官转业证书为由未与该公司签订书面劳动合同,朱某拒绝签订书面劳动合同的意思表示亦为其真实意思表示。其二,朱某是否取得军官转业证书为其是否具有签订劳动合同主体资格的必要条件。因K公司无从得知朱某是否取得了军官转业证书,故朱某在取得该证之后,应当遵循诚实信用原则,向K公司履行如实告知义务,此为朱某不可推卸之责任;否则,K公司得持有签约对象主体不适格之认知,而不具有主动签约的可能。鉴于此,本案非因可归责于用人单位之原因导致无法签订书面劳动合同,朱某在其自身违背诚实信用原则的情形下主张K公司向其支付未签劳动合同二倍工资差额,法院不予支持。

法官评析

本案系在用人单位和劳动者建立劳动关系后,因劳动者的原因未与用人单位签订书面劳动合同,在此情形下用人单位应否支付二倍工资,在实务中存在争议。

从法律、法规规定的层面,《劳动合同法》第82条第1款规定:"用人单位自用工之日起超过一个月不满一年未与劳动者订立书面劳动合同的,应当向劳动者每月支付二倍的工资。"《劳动合同法实施条例》第5条规定:"自用工之日起一个月内,经用人单位书面通知后,劳动者不与用人单位订立书面劳动合同的,用人单位应当书面通知劳动者终止劳动关系,无需向劳动者支付经济补偿,但是应当依法向劳动者支付其实际工作时间的劳动报酬。"第6条第1款规定:"用人单位自用工之日起超过一个月不满一年未与劳动者订立书面劳动合同的,应当依照劳动合同法第八十二条的规定向劳动者每月支付两倍的工资,并与劳动者补订书面劳动合同;劳动者不与用人单位订立书面劳动合同的,用人单位应当书面通知劳动者终止劳动关系,并依照劳动合同法第四十七条的规定支付经济补偿。"根据上述法律、行政法规的规定,《劳动合同法》第82条第1款规定的用人单位"应当向劳动者每月支付二倍的工资”，是指用人单位违反《劳动合同法》的规定，在法定期限内不予劳动者签订书面劳动合同所承担的惩罚性赔偿责任。

从上述法律规范构成要件来看，如果在事实上满足“用人单位自用工之日起超过一个月不满一年未与劳动者订立书面劳动合同的”情形，劳动者要求依照《劳动合同法》第82条的规定支付二倍工资的请求权即告成立。且从上述规定的行文表述来看，该请求权基础不具有抗辩事由，即不论导致未签订劳动合同的原因何在，均不免除用人单位支付二倍工资的法定义务。笔者认为，法律法规之所以作出这种规定，系充分尊重了劳动关系中用人单位占主动、优势地位，劳动者处于隶属性、从属性地位的特点，有利于督促用人单位积极主动执行劳动基准法、签订书面劳动合同；同时在法律规范中设定了劳动者不与用人单位订立书面劳动合同情形下的无责任解雇权，如因劳动者原因不能签订书面劳动合同，用人单位应在用工之日起一个月内及时终止双方劳动关系，否则仍亦应承担未签劳动合同二倍工资的法律后果，这一规定为用人单位设置了“退路”，防止了权利义务的失衡。据此，在用人单位自主招录劳动者，有权充分磋商劳动意愿，且在法律规定的合理期限劳动者仍不与用人单位订立书面劳动合同的情形下可以选择终止劳动关系的制度设置之下，很难说用人单位超过法定期限仍未与劳动者订立书面劳动合同是完全无过错的。

在司法实践中，北京、浙江等地即执行上述法律意见。但亦有广东、上海等地出台相关指导意见，明确如用人单位有证据证明劳动者存在过错导致未签订劳动合同的，用人单位无须支付二倍工资。

在北京市的司法裁量标准之下，本案属于一个特例，即在用人单位与劳动者未签订劳动合同的情形下，未支持二倍工资的诉讼请求。本案的裁判考虑了以下因素：

劳动法理论通说认为劳动关系是劳动者与用人单位之间为实现劳动过程而发生的劳动力与生产资料相结合的社会关系，该种社会关系的建立能够通过客观外在的表征予以显现和确认。我国《劳动合同法》第7条规定：“用人单位自用工之日起即与劳动者建立劳动关系。”“用工”的客观形成即告劳动关系的建立。《劳动和社会保障部关于确立劳动关系有关事项的通知》亦通过法律关系的外在特征判断是否属于劳动关系。此外，劳动关系作为一种合同民事法律关系，也体现合同主体之间的“合意”，是双方当事人就劳动与报酬的交换合意，是劳动用工领域中自治原则的体现。通常情况下，法律关系的外在表现形式是自由意志的外化，即在意思表示中，“意思”与“表示”相统一。但在本案中，当事人建立法律关系的“意思”与客观形成的法律关系的外化特征发生了差异。《劳动和社会保障部关于确立劳动关系有关事项的通知》规定，建立劳动关系的前提是用人单位和劳动者符合法律、法规规定的主体资格。本案中，朱某原为现役军人，不符合“劳动者”的主体资格，K公司虽持有与之建立劳动关系的意愿并进行了缔约磋商和实际用工，但K公司在对朱某已获准退伍不知情的情况下，客观上不具有建立劳动关系的“意思”；而这一“意思”与朱某事实上已获准退伍从而与K公司形成了符合法律规定的用工事实的客观表征发生了差异。故法院认为K公司得持有签约对象主体不适格之认知，而不具有主动签约的可能。相反，朱某作为知情者，未尽到告知义务，违反了《劳动合同法》第3条第1款规定诚实信用原则，在劳动关系的缔约和建立中存在明显过错。根据“任何人不能从自己的过错中获益”的朴素道理，合议庭最终认定，K公司无须向朱某支付未签订书面劳动合同二倍工资差额。

必须指出，在本案事实劳动关系的形成中，K公司亦非完全无责。现役军人有权在退伍前夕即开展转业、安置的相关准备工作，但用人单位亦应在确认军人已经获准退伍之后方与之建立劳动关系，这是对《劳动法》的执行，也是对军队管理制度的尊重。K公司在明知朱某尚未转业的情况下仍对其进行了实际用工，亦客观上造成了未签订书面劳动合同的后果。在双方均对未签订劳动合同存在原因力的情况下，合议庭进行了价值选择，作出相应判决。

【裁判依据】

1.《劳动合同法》第3条、第7条、第82条
2.《劳动合同法实施条例》第5条、第6条
3.《劳动和社会保障部关于确立劳动关系有关事项的通知》第1条

（撰稿人　王丽蕊）

15

用人单位高级管理人员行为效力的认定

——赵某诉某技术公司劳动争议案

裁判规则

劳动者有理由相信用人单位高级管理人员的行为系代表用人单位作出的，该行为有效。用人单位以高级管理人员缺乏相关权限为由主张该行为无效的，人民法院不予支持。

案　情[1]

赵某主张，某技术公司自2015年8月起开始拖欠工资及奖金，未支付其2015年10月至11月的奖金，每月15,000元。赵某提交劳动合同、中信银行对账单、建设银行对账单、个人所得税完税证明、两封电子邮件、《埃塞俄比亚一电厂、二电厂奖金通知单》为证。

劳动合同未约定工资标准。银行对账单体现出赵某2015年11月和12月的工资总额与之前有明显降幅。电子邮件是公司法定代表人王某发给包括赵某在内的数十人的，标题为“关于签署劳动合同补充协议事宜”，内容：“12月1日邮件已收到。为保护员工的合法利益，对之前公司签署的不规范劳动合同将重新签订劳动合同补充协议……所有签订劳动合同需法定代表人签字，我从未授权你与员工签订劳动合同及解除协议等，如有，你应向员工声明作废，由我本人重新签署。待理顺劳动关系后逐步恢复奖金的发放。另请迅速提供11月员工考勤记录、司龄补助、物价补助等工资发放所需要的金额及依据，以便11月工资

[1] (2016)京01民终6124号。

发放。如有遗漏员工请相互转告。”《埃塞俄比亚一电厂、二电厂奖金通知单》原文为“赵某同志：根据2015年8月结算表，一、二电厂效益154,264,600元，根据公司《业务奖金管理办法》和《业务奖金实施细则》，项目奖金为26,268,726.49元，已经预发放6,210,000元，结余20,058,726.49元，其中职能部门5%分成应发5,014,681.62元，本次分配职能部门奖金包为2,510,000元，你本人本次应分配奖金110,000元拟按每月15,000元金额安排发放。特此通知！”该通知落款时间2015年8月10日，加盖技术公司财务专用章。

某技术公司对奖金通知单不予认可，主张2015年公司大小股东出现矛盾，公司法定代表人2015年7月发出通知，所有章印使用经法定代表人签字才有效，所有之后的通知公司均不认可，并提交公司《章程》、2014年11月27日临时董事会决议复印件及关于规范公司财务管理制度的决定原件、2015年7月1日通知及邮寄单据、2015年10月13日董事会决议、2015年12月7日公司董事会决议及邮件通知、2014年审计报告为证。公司《章程》第15条中规定董事会行使制定公司的利润分配方案和弥补亏损方案的职权。第21条中规定法定代表人行使下列职权：“……三、代表公司签署有关文件；四、在发生战争、特大自然灾害等紧急情况下，对公司事务行使特别裁决权和处置权，但这类裁决权和处置权须符合公司利益，并在事后向股东报告……”2014年11月27日临时董事会决议复印件显示董事会以3∶2的投票结果审议通过了关于规范公司财务管理制度的决定，内容包括：“所有对外款项支付经总经理审核后由法定代表人审批签署后财务部才可支付。……收回法定代表人银行U盾审核权，在15天内将各银行的审核U盾交回法定代表人……”2015年7月1日通知是法定代表人向总经理张某、财务经理高某等人发出的，主要内容是撤销对张某的授权等。2015年10月13日技术公司临时董事会决议显示，董事会以3∶2的投票结果审议通过了《关于罢免总经理张某的决定》《关于罢免财务总经理高某的决定》。2014年审计报告显示某技术公司的未分配利润为19,381,584.01元。

一审审理过程中，为核查赵某提交《埃塞俄比亚一电厂、二电厂奖金通知单》中记载的奖金情况，法院传唤总经理张某、财务经理高某出庭。张某向法院陈述，赵某提交的奖金单制作流程符合某技术公司的管理流程，经各部门提请、审核，加盖由财务部门保管的财务专用章，奖金单中记载的数额经部门经理、主管领导、财务部门及人事部门确认，按流程报到他本人处，确认后出具。高某亦陈述认可赵某奖金单的真实性,表示奖金数额经项目负责人或者部门经理提出分配方案后,报相关领导确认后报财务部门,由财务部根据奖金方案向员工发放通知单。

赵某另提供2012年2月10日某技术公司董事会决议,记载会议审议通过了《业务奖金管理办法》。某技术公司认可该董事会决议第4页中法定代表人王某的签字,但对决议前3页的真实性不认可。

赵某以与本案相同请求为由向北京市海淀区劳动人事仲裁委员会提起仲裁申请,该委裁决确认了双方存在劳动关系,但驳回赵某的请求。赵某于法定期限内起诉。

北京市海淀区人民法院于2016年7月4日作出(2016)京0108民初10712号民事判决:某技术公司于判决生效后七日内支付赵某2015年10月至11月奖金3万元。宣判后,技术公司向北京市第一中级人民法院提起上诉。

【裁判结论】

北京市第一中级人民法院判决:驳回上诉,维持原判。

【裁判观点】

北京市第一中级人民法院法院认为:

1. 根据赵某提供的2012年2月10日某技术公司董事会决议记载,会议审议通过了《业务奖金管理办法》,某技术公司认可该董事会决议第4页中法定代表人王某的签字,但否认该董事会决议前3页的内容,因某技术公司未能提供证据来否定该董事会决议的真实性,某技术公司应承担举证不能的不利后果,本院据此采信赵某的主张,确认存在员工奖金的事实。

2. 根据赵某提供的电子邮件,某技术公司法定代表人王某明确表示,“待理顺劳动关系后逐步恢复奖金的发放”,这句话是对赵某等员工主张的扣发奖金的回复,也进一步佐证了存在员工奖金的事实。

3. 从赵某提供的《奖金通知单》看,其上加盖有某技术公司财务专用章,并有某技术公司财务经理高某、总经理张某等人签字确认,在本案一审中,张某、高某亦到庭陈述奖金确定的流程。对于赵某等员工而言,鉴于张某与高某在某技术公司所任职务,该二人对奖金通知单的审核实则代表某技术公司对员工奖金数额及发放周期的确认。技术公司虽主张,2015 年 7 月 1 日,公司法定代表人王某已发出通知,撤销对张某的授权,张某等人的行为无效,但从该份通知的内容看,撤销的内容系王某对张某的授权,并不涉及张某本人的总经理职务,亦不涉及高某,结合某技术公司所提交的董事会决议,张某、高某职务于 2015 年 10 月 13 日才被罢免,故某技术公司的该项上诉主张不能成立,本院不予支持。

4. 除《奖金通知单》外,赵某提供的银行对账单、个人所得税完税证明等证据能够相互印证,证明某技术公司已按《奖金通知单》支付赵某奖金至 2015 年 9 月。某技术公司虽主张,上述情况系张某、高某未履行董事会相关决议造成,但从某技术公司提供的 2014 年 11 月 27 日临时董事会决议看,董事会已要求"收回法定代表人银行 U 盾审核权,在 15 天内将各银行的审核 U 盾交回法定代表人",且赵某作为劳动者亦不应对张某、高某的行为承担责任,故对某技术公司的该项上诉主张,本院不予支持。

5. 关于某技术公司提交的 2014 年审计报告,内容为某技术公司 2014 年财务状况和经营成果,不足以认定埃塞俄比亚一电厂、二电厂项目的利润情况。某技术公司明确其为埃塞俄比亚一电厂、二电厂项目实际提供支持,但未提供充分证据证明一电厂、二电厂项目的收益情况,亦应承担举证不能的不利后果。

综上所述,从本案双方当事人提供的现有证据看,一审法院判令某技术公司支付赵某 2015 年 10 月至 11 月奖金 3 万元并无不当,某技术公司的上诉请求不能成立,应予驳回;一审判决正确,应予维持。

法官评析

这个案件合议庭曾存在两种审理思路:第一种思路认为,由于某技术公司董事会成员之间内部存在矛盾,由张某、高某出具的《奖金通知单》不足采信,赵某要求技术公司支付奖金,还应当证明埃塞俄比亚一电厂、二电厂项目的利润情况,在此基础上,才能确认赵某有权获得奖金。

第二种思路则认为,对于赵某等员工而言,鉴于张某与高某在某技术公司所任职务,该二人对奖金通知单的审核实则代表技术公司对员工奖金数额及发放周期的确认,埃塞俄比亚一电厂、二电厂项目的利润情况不应成为审理的重点,且赵某作为劳动者也无法对此举证,除《奖金通知单》外,赵某提供的银行对账单、个人所得税完税证明等证据能够相互印证,赵某作为劳动者已穷尽其举证手段，对赵某要求某技术公司支付奖金的请求应予支持。

最终，合议庭采纳第二种思路，支持了赵某等员工的请求。这主要考虑以下几个方面：

1. 埃塞俄比亚一电厂、二电厂项目的利润情况不应成为本案审理的重点，且赵某作为劳动者也无法对此举证。

在一般的追索奖金案件中，劳动者都是基于其业绩主张奖金，因此，劳动者通常需举证证明其业绩情况。但在本案中，从某技术公司的《业务奖金管理办法》可知，是根据某技术公司的项目利润情况给劳动者分配奖金，而项目是公司整体的工作，并非由一人完成，赵某作为普通劳动者，其无法掌握公司项目的利润情况，要求其举证只能是勉为其难，而公司从拒绝劳动者请求的角度，也不会提供相关证据，或者不会提供支持劳动者主张的证据，人民法院亦无从查证埃塞俄比亚一电厂、二电厂项目的具体利润情况，据此，埃塞俄比亚一电厂、二电厂项目的利润情况不应成为本案审理的重点，而应当另行探索审理思路。

2. 赵某作为劳动者，有理由相信《奖金通知单》系技术公司作出，该《奖金通知单》应属有效。

劳动关系，是劳动者与用人单位在实现劳动过程中发生的社会关系。其基本内容是劳动者提供劳动，用人单位使用该劳动并支付工资。从该意义上说，它是一种合同关系，具有合同之债的财产要素。但与民法上债的关系不同的是，它还具有身份的要素，在劳动过程中，劳动者与用人单位会形成从属关系，劳动者需服从用人单位的管理。而用人单位的管理行为都是通过管理人员来实施，这就决定了管理人员在其权限范围内的行为系代表用人单位作出，该行为的法律后果应由用人单位承担。从劳动者角度判断，管理人员的权限与职务密切相关，如果用人单位对管理人员的权限有特别限制，应告知劳动者，使劳动者知悉相关情况，否则，劳动者即有理由相信管理人员的行为系代表用人单位作出。

根据《公司法》的规定，高级管理人员，是指公司的经理、副经理、财务负责人，上市公司董事会秘书和公司章程规定的其他人员。《公司法》第 49 条第 1 款、第 2 款规定，经理对董事会负责，行使下列职权：(1) 主持公司的生产经营管理工作，组织实施董事会决议；(2) 组织实施公司年度经营计划和投资方案;(3)拟订公司内部管理机构设置方案;(4)拟订公司的基本管理制度;(5)制定公司的具体规章;(6)提请聘任或者解聘公司副经理、财务负责人;(7)决定聘任或者解聘除应由董事会决定聘任或者解聘以外的负责管理人员;(8)董事会授予的其他职权。公司章程对经理职权另有规定的,从其规定。可见,在现代公司治理结构中,经理是在董事会领导下负责公司日常生产经营管理工作的业务执行机构。具体到本案中,《奖金通知单》加盖某技术公司财务专用章,并经某技术公司财务经理高某、总经理张某等人签字确认,某技术公司即使对财务经理高某、总经理张某的权限有所限制,也并未告知赵某等员工,何况某技术公司撤销通知的内容系王某对张某的授权,并不涉及张某本人的总经理职务,亦不涉及高某,故赵某作为劳动者,完全有理由相信《奖金通知单》系技术公司作出,应确认该《奖金通知单》有效。

3. 张某、高某是否违反董事会相关决议不应在劳动争议案件中解决。

根据案件审理情况,可以确认技术公司董事会成员之间内部存在矛盾,这也是合议庭曾对《奖金通知单》的效力产生分歧,并试图查明埃塞俄比亚一电厂、二电厂项目利润情况的原因。基于前述分析,根据劳动关系的特点,鉴于张某与高某在某技术公司所任职务,该二人对奖金通知单的审核实则代表某技术公司对员工奖金数额及发放周期的确认,赵某作为劳动者,有理由相信《奖金通知单》系技术公司作出,除非有证据证明,《奖金通知单》系赵某与张某、高某等人恶意串通,否则该《奖金通知单》应属有效。至于张某、高某是否违反董事会相关决议,不应在劳动争议案件中解决。根据《公司法》第144条的规定,董事、监事、高级管理人员执行公司职务时违反法律、行政法规或者公司章程的规定,给公司造成损失的,应当承担赔偿责任,某技术公司可依法另行解决。

【裁判依据】

1.《劳动法》第1条
2.《公司法》第50条

(撰稿人　何　锐)

16

劳动者应签无固定期限劳动合同签为固定限期劳动合同的不支持变更

——郭某诉北京某学院劳动争议案

裁判规则

劳动者依照《劳动合同法》规定符合与用人单位签订无固定期限劳动合同条件，但已与用人单位签订了固定期限劳动合同的，现劳动者要求变更为无固定期限劳动合同的，不予支持，但有证据证明用人单位存在欺诈、胁迫、乘人之危等情形的除外。

案　情[1]

2008年8月25日，北京某学院（甲方）与郭某（乙方）签订《劳动合同书》，约定：合同期限自2008年8月26日起至2011年12月31日止；乙方担任英语教师；在乙方完成全部目标考核要求的前提下，乙方的劳动报酬每月按学校规定。每月实发金额按照甲方根据绩效考核制度对乙方每月完成工作任务情况的考核结果确定。后双方续订书面劳动合同。2018年6月29日，双方签订《劳动合同续订书》，合同期限自2018年7月1日起至2019年6月30日止。2018年7月18日，郭某以电子邮件形式发送《辞职报告》，内容为“因贵单位与本人的劳动关系中存在违反国家有关法规的规定，所以本人现解除双方的劳动关系。特此告知”。

---

〔1〕（2019）京01民终4776号。

郭某于2018年7月18日向北京市昌平区劳动人事争议仲裁委员会提出仲裁申请,请求:(1)支付违法解除劳动合同赔偿金10万元;(2)支付2013年7月1日至2018年7月18日未签订无固定劳动合同双倍工资差额30.5万元。该委于2018年11月6日作出京昌劳人仲字〔2018〕第3180号裁决书,裁决:驳回郭某的申请请求。郭某对该裁决不服,提起本案诉讼。

郭某起诉请求:(1)判令北京某学院补给2017年9月的劳动报酬差额1932.98元;(2)判令北京某学院支付经济补偿金45,753.7元;(3)判令北京某学院支付违法解除劳动合同赔偿金91,507.4元。一审法院依据《民事诉讼法》第64条的规定,判决:驳回郭某的诉讼请求。宣判后,郭某向北京市第一中级人民法院提起上诉。

郭某上诉请求:请求发回重审或撤销一审判决,改判北京某学院向郭某支付违法解除劳动合同赔偿金91,507.4元。事实和理由:(1)北京某学院违反《劳动合同法》第3条第1款诚实信用原则的规定,在劳动者已经与用人单位签署过多次劳动合同的情形下,劳动者提出签署无固定期劳动合同,用人单位以各种不合法理由拒绝签署的行为,属于违反劳动合同法的行为,就应当向劳动者支付赔偿金。(2)北京某学院存在欺诈,虚构"学校规定工作满十年才给签订无固定期限劳动合同"规定,致使郭某作出错误的判断进而签署了合同,并且如果不签固定期限合同个人社保也将被停交。

北京某学院辩称,同意一审判决。郭某在仲裁一审期间坚持北京某学院构成欺诈,与事实不符,亦无证据。郭某自愿与北京某学院签订固定期限劳动合同,郭某要求赔偿于法无据。

【裁判结论】

北京市第一中级人民法院依据《民事诉讼法》第170条第1款第1项之规定,判决:驳回上诉,维持原判。

【裁判观点】

一审法院认为,当事人对自己提出的诉讼请求所依据的事实或者反驳对方所依据的事实有责任提供证据加以证明。没有证据或者证据不足以证明当事人的事实主张的,由负有举证责任的当事人承担不利后果。关于郭某的第1项、第

2 项诉求,未经仲裁前置,一审法院不予处理。关于郭某的第 3 项诉求,郭某提交的录音资料显示其与北京某学院关于是否签订无固定期限劳动合同的谈话内容,但不足以证明北京某学院存在欺诈行为导致其签订了固定期劳动合同。郭某以北京某学院存在违法行为提出辞职而要求违法解除劳动合同的赔偿金,无合法依据,一审法院不予支持。

二审法院认为,《民事诉讼法司法解释》第 90 条规定,当事人对自己提出的诉讼请求所依据的事实或者反驳对方诉讼请求所依据的事实,应当提供证据加以证明,但法律另有规定的除外。在作出判决前,当事人未能提供证据或者证据不足以证明其事实主张的,由负有举证证明责任的当事人承担不利的后果。本案中,郭某上诉主张北京某学院在签署劳动合同中存在欺诈行为,但其提交的录音为郭某与北京某学院协商签订无固定期限劳动合同的谈话,谈话内容并未体现出郭某受到欺诈,在协商后,郭某亲自与北京某学院签订了固定期限劳动合同。二审法院认为,郭某作为完全民事行为能力主体,理应知晓其行为的后果,对其所持受到欺诈签订固定期限劳动合同的主张,二审法院不予采信。现郭某以北京某学院与其签署固定期限劳动合同系违法行为提出辞职,要求北京某学院支付违法解除劳动合同的赔偿金缺乏事实和法律依据,二审法院不予支持。

法官评析

根据《劳动合同法》第 14 条的规定,无固定期限劳动合同的订立可分为三类:协商订立、应当订立和视为订立。除视为订立是以拟制的方式排除当事人意思自治外,协商订立与应当订立均体现了劳动合同当事人的意思自治。从《劳动合同法》第 14 条第 2 款规定来看,在符合三种应当订立无固定期限劳动合同的情况下,其内在逻辑为:如果劳动者提出订立无固定期限劳动合同,则用人单位应当订立无固定期限劳动合同;如果劳动者提出订立固定期限劳动合同,则用人单位应当订立固定期限劳动合同。显然,订立固定期限劳动合同还是无固定期限劳动合同的选择权在劳动者一方,用人单位则根据劳动者的选择权,负有强制缔约义务。但是,用人单位可以向劳动者提出订立固定期限劳动合同,如果劳动者同意的,则双方协商一致订立固定期限劳动合同;如果劳动者不同意,而提出订立无固定期限劳动合同的,则应当订立无固定期限劳动合同。这并不影响劳动者的选择权。劳动者在固定期限劳动合同上签字的行为应视为其对订立何种劳动合同做出了选择,也即应认为其选择了订立固定限期劳动合同。只要签名是其真实意思表示,那么该选择也是其真实意思表示。作为成年的理性人,应当对事实和法律有明确的认识,如果是基于自身的错误认识和判断作出了相应的行为,应由其自身承担该行为的后果。此外,劳动者在签订固定期限劳动合同期满后,还有权利选择订立无固定期限劳动合同,所以,签订固定期限劳动合同,不会从根本上损害劳动者的权利。可见,无论是基于对用人单位信赖利益的保护还是对既定秩序状态的维护,都不应认定该固定期限劳动合同无效。

《北京市高级人民法院、北京市劳动争议仲裁委员会关于劳动争议案件法律适用问题研讨会会议纪要(三)》第 17 条规定,劳动者依照《劳动合同法》规定符合与用人单位签订无固定期限劳动合同条件,但已与用人单位签订了固定期限劳动合同的,现劳动者要求将其固定期限合同变更为无固定期限合同的,不予支持,但有证据证明用人单位存在欺诈、胁迫、乘人之危等情形的除外。本案中,郭某上诉主张北京某学院在签署劳动合同过程中存在欺诈情形,但其提交的证据并未体现出郭某曾受到学院的欺诈。郭某与北京某学院协商后,双方签订了固定期限劳动合同。郭某作为完全民事行为能力主体,理应知晓其行为的后果,对其所称因受到欺诈而签订固定期限劳动合同的主张,法院不予采信。双方自愿签订的固定期限劳动合同合法有效,郭某据此主张的违法解除劳动合同的赔偿金,法院不予支持。

【裁判依据】

《劳动合同法》第 14 条

(撰稿人　赵振波)

17

未续订劳动合同原因的举证责任分配

——兼谈沉默的法律效果

裁判规则

在审查未续订劳动合同原因的劳动争议案件中，要在厘清待证事实涉及的法律关系及其变动基础上，根据《民事诉讼法》及其司法解释规定的举证规则对举证证明责任进行准确分配，从而正确认定法律事实。

案　情[1]

贺某入职某数据公司，担任销售总监，双方订立期限自2014年2月24日至2017年2月23日的书面劳动合同。

2017年双方因奖金、工资以及劳动合同到期续签等问题产生纠纷，之后贺某以要求某数据公司支付终止劳动合同经济补偿金、销售业绩奖金、工资等为由向北京市海淀区劳动人事争议仲裁委员会提出申请，该仲裁委裁决某数据公司向贺某支付2017年2月1日至2017年2月23日工资29,425.28元，并支付终止劳动合同经济补偿金69,354元，同时驳回了贺某的其他仲裁请求。贺某与某数据公司均不服仲裁裁决结果，提起诉讼。

贺某向北京市海淀区人民法院（以下简称一审法院）起诉，请求某数据公司支付2014年至2016年的销售业绩奖金；某数据公司向一审法院起诉，请求判令公司无须支付贺某2017年2月1日至2017年2月23日工资及劳动合同到期终止经济补偿金。

---

〔1〕（2018）京01民终9061号。

就终止劳动合同经济补偿金一节，某数据公司主张贺某以不再向该公司提供劳动的实际行动解除劳动合同，双方劳动合同于2016年12月21日解除。贺某主张双方劳动合同于2017年2月23日到期终止，某数据公司未续签劳动合同。2017年2月20日数据堂公司人事任某曾向贺某发送电子邮件，标题为“续订劳动合同通知”，内容为：“你与公司于2014年3月9日订立的劳动合同，将于2017年2月23日期满。请尽快和你的上级沟通是否续签。请你在收到本通知后于2017年2月23日（含合同期满日）前到人力行政部协商续订劳动合同，逾期未到，视为你不同意续订劳动合同自愿终止劳动关系。”对此，贺某主张其收到某数据公司关于续签劳动合同的电子邮件后，回复邮件表示同意续签劳动合同，但用于接收和回复邮件的电子邮箱系其在公司期间的工作邮箱，公司可能修改了该邮箱的登录密码或关闭了该邮箱账号，致使其已无法登录该邮箱。某数据公司主张未收到贺某的回复邮件，并表示不清楚贺某是否能登录该邮箱，并表示由于公司换过服务器，导致2017年2月20日数据堂公司人事任某向贺某发送的关于续订劳动合同的电子邮件已经没有了。经二审法院查看任某发送该电子邮件的邮箱后发现：(1)该邮箱的发件箱中，2017年2月20日任某发送的其他部分工作邮件仍然存在；(2)该邮箱的收件箱内最早只有2018年7月9日的收件。

一审法院认为：

就终止劳动合同经济补偿金一节，依据《劳动合同法》第46条第5项之规定，在用人单位维持或者提高劳动合同约定条件续订劳动合同，劳动者不同意续订的情形下，用人单位无须支付终止劳动合同经济补偿金。依据一般常理，用人单位与劳动者曾签署书面劳动合同，在用人单位仅通知为“续签”而未提及劳动合同约定条件的情形下，理应理解为延长劳动合同期限，即维持原劳动合同约定条件。本案中，2017年2月20日某数据公司人事任某曾向贺某发送电子邮件，标题为“续订劳动合同通知”，邮件内容系通知贺某在劳动合同到期前续签劳动合同，但邮件内容中并未明示是否降低或提高劳动合同约定条件。有理由相信，某数据公司系维持原劳动合同约定条件提出续签劳动合同。虽贺某主张曾通过电子邮件回复同意续签，但未能提交相应证据，某数据公司亦主张从未收到贺某对于该公司提出续签劳动合同的回复，故对于贺某上述主张不予采信。鉴于此，某数据公司无须支付贺某终止劳动合同经济补偿金。

一审法院判决:(1)某数据公司于判决生效后七日内支付贺某2017年2月1日至2017年2月23日工资27,757.29元;(2)数据堂公司无须支付贺某终止劳动合同经济补偿金69,354元;(3)驳回贺某的其他诉讼请求。

贺某与某数据公司均不服一审判决,向北京市第一中级人民法院(以下简称二审法院)提起上诉。贺某的主要上诉理由是,一审判决认定事实错误,其认定结论违反举证规则,属于适用法律错误。某数据公司的主要上诉理由是,一审判决认定贺某2017年2月向其公司付出劳动的证据是吴某的微信聊天记录,而对于该证据,其公司并不认可真实性。贺某自2016年12月21日后未再出勤。

【裁判结论】

二审法院判决:(1)维持一审判决第1项;(2)撤销一审判决第2项、第3项;(3)某数据公司于判决生效后七日内支付贺某终止劳动合同经济补偿金69,354元;(4)驳回贺某的其他诉讼请求;(5)驳回某数据公司的诉讼请求。

【裁判观点】

二审法院认为,一审判决关于工资和奖金等的处理,认定事实清楚,适用法律正确。唯就劳动合同的解除,举证责任分配不当,造成了认定事实错误。

根据查明的事实,2017年2月20日数据堂公司人事任某曾向贺某发送电子邮件,标题为"续订劳动合同通知",贺某主张其收到数据堂公司关于续签劳动合同的电子邮件后,回复邮件表示同意续签劳动合同,但用于接收和回复邮件的电子邮箱系其在公司期间的工作邮箱,公司可能修改了该邮箱的登录密码或关闭了该邮箱账号,致使其已无法登录该邮箱。某数据公司则主张贺某未对关于续签劳动合同的邮件进行回复,也没有向公司提出续订劳动合同,故应视为贺某不同意续订。二审法院认为,根据《劳动合同法》第46条第5项的规定,劳动合同期满终止的,除用人单位维持或者提高劳动合同约定条件续订劳动合同,劳动者不同意续订的情形外,用人单位均需支付终止劳动合同经济补偿金。又根据《民事诉讼法司法解释》第91条第2项的规定,主张法律关系消灭的当事人,应当对该法律关系消灭的基本事实承担举证证明责任。同时,考虑贺某的工作电子邮箱系企业邮箱,受公司控制的可能较大,因此,某数据公司应当对因贺某不同意续订劳动合同致使合同到期终止一节承担举证责任。而本案中,从邮件内容仅能看出某数据公司要求贺某就续签一事进行沟通和协商,看不出数据堂公司同意以维持或者提高劳动合同约定条件续订劳动合同;除了前述电子邮件,数据堂公司未再就“贺某不同意续订劳动合同”这一主张提供其他有效证据进行证明。因此,某数据公司对“贺某不同意续订劳动合同”这一待证事实的证明,尚未达到《民事诉讼法司法解释》第108条第1款规定的证明标准,是故,对某数据公司所持“贺某不同意续订劳动合同”这一主张无法采信。根据《劳动合同法》第46条第5项的规定,某数据公司需支付贺某终止劳动合同经济补偿金。一审判决存在错误,予以纠正。

法官评析

本案涉及两个在劳动争议审判实务中较为常见却又容易处理不当的法律适用问题。

第一个问题是就未续订劳动合同原因的查明,如何分配举证证明责任。这个问题处理不当,认定事实也就随之出现偏差。究其原因,是没有严格按照《民事诉讼法》及其司法解释规定的举证规则对举证证明责任进行正确分配,而造成这一现象的原因之一是裁判者对待证事实涉及的法律关系及其变动情况认识不清,不知道在具体的某种法律关系下如何分配举证证明责任。

在本案中,基本的已知事实是,双方订立过一个不满三年期的书面劳动合同,[1]该合同即将到期。《劳动合同法》第46条第5项针对劳动合同即将到期,作出了一项对劳动者非常有利的规定,即“除用人单位维持或者提高劳动合同约定条件续订劳动合同,劳动者不同意续订的情形外,依照本法第四十四条第一项规定终止固定期限劳动合同的”。该规定意味着,在劳动合同到期之际,用人单位要想不支付经济补偿金,就必须同时满足三个条件:(1)其主动向劳动者提出要续订劳动合同;(2)其以维持或者提高劳动合同约定条件要求续订劳动合同;(3)劳动者不同意续订。

---

[1] 《民法总则》第202条规定,“按照年、月计算期间的,到期月的对应日为期间的最后一日;没有对应日的,月末日为期间的最后一日”。本案中的劳动合同,期限自2014年2月24日至2017年2月23日,差一天才满三年期。

条件二和条件三是该规定的显然之意，不必赘述。笔者认为，条件一是该规定的隐含之意。理由一，如果用人单位遵照该规定提出了续订合同，仅因为没有维持或提高约定条件，致使续订失败，则其需要向劳动者支付经济补偿金。而如果用人单位不遵照该规定，也就是压根不提出续订劳动合同，却不用支付经济补偿金的话，则该条文将沦为一纸空文。理由二，基于诚实信用原则，用人单位应当负有提前告知义务，即提前告知劳动者是否续订合同，以使劳动者安心工作，或者使其有充裕的时间寻找合适的新工作而不至陷于没有收入或收入减少的境地。正因如此，一些地方规定就明确要求用人单位在劳动合同到期之前，需提前告知劳动者劳动合同是否续订。[1]

因此，某数据公司要想不支付终止劳动合同经济补偿金，就必须对前述三个条件一一证明。从《民事诉讼法司法解释》第91条第2项的规定，也能得出同样的结论。该条规定主张法律关系消灭的当事人，应当对该法律关系消灭的基本事实承担举证证明责任。在本案中，双方劳动合同到期后如果续订，劳动关系继续，则对贺某有利（本案中没有证据证明贺某已另觅高枝）；如果没有续订，劳动关系消灭，但是贺某获得了经济补偿金，则对其也无所谓不利；如果既没有续订，劳动关系消灭，贺某也没有获得经济补偿金，这种局面对公司有利而对劳动者不利。因此，某数据公司需对此有利局面——劳动关系消灭，其却不用支付经济补偿金形成的原因在于贺某自身，进行举证证明，这才符合公平的举证规则。

第二个问题是由某数据公司对前述条件三的证明而引发的，即假设贺某没有回复公司关于续订合同的邮件，能不能推定其不同意续订合同？换言之，不作答复——也就是沉默意味着什么样的意思表示？能生成什么样的法律效果？

本案中，某数据公司的主要理由之一是，其向贺某发送了续订合同的通知邮件，而贺某没有回复，应视为贺某不同意续订。一审判决实际上也持这种观点。笔者认为，这种观点与现有的法律规定相悖。

---

〔1〕 比如《北京市劳动合同规定》第40条规定："劳动合同期限届满前，用人单位应当提前30日将终止或者续订劳动合同意向以书面形式通知劳动者，经协商办理终止或者续订劳动合同手续。"第47条接着规定："用人单位违反本规定第四十条规定，终止劳动合同未提前30日通知劳动者的，以劳动者上月日平均工资为标准，每延迟1日支付劳动者1日工资的赔偿金。"

意思表示的形式，从《民通意见》《合同法》《最高人民法院关于适用〈中华人民共和国合同法〉若干问题的解释（二）》的相关规定中可知，分为明示、默示两种，不作为的默示只能在特定情况下视为意思表示。所谓明示，就是以口头或书面的方式明确作出的意思表示；所谓默示，是指虽没有以口头或书面等明示方式作出意思表示，但从其行为可推知意思表示。[1] 所谓不作为的默示，即既没有口头或书面的明示，也没有以行为默示，而是纯粹的没有行为，也就是沉默。《民法总则》第140条进一步明确规定，“行为人可以明示或者默示作出意思表示。沉默只有在有法律规定、当事人约定或者符合当事人之间的交易习惯时，才可以视为意思表示”。也就是说，原则上行为人只能以明示或者默示的方式作出意思表示，沉默不是意思表示，不发生法律效果。沉默只有在例外情况下，即但书里列明的三种情况下，才可以被“视为”意思表示。之所以作此规定，是因为如果不作答复亦视为意思表示，会迫使受要约人以一定费用为代价作出拒绝承诺的表示。它明显侵犯了受要约人的缔约自由——免于遭受不合理强制的自由。[2] 因此，像“如三日内不作回复者，视为同意我方要求”“七日内不作回复者，视为放弃某某权利”之类的要约条款，一律无效。

回到本案，假设贺某没有回复公司关于续订合同的邮件，在没有法律规定、当事人约定或者交易习惯时，贺某的沉默不能视为意思表示——既不能视为拒绝，也不能视为同意。某数据公司所谓“应视为贺某以行动表明不同意续订”的观点，有违法律规定，不应被支持。

【裁判依据】

1.《劳动合同法》第46条
2.《民事诉讼法司法解释》第91条
3.《民通意见》第66条
4.《民法总则》第140条

（撰稿人　吴博文）

---

〔1〕 参见张鸣起主编：《民法总则专题讲义》，法律出版社2019年版，第419页。
〔2〕 参见朱广新：《合同法总则研究》，中国人民大学出版社2018年版，第110页。

18

对用人单位以试用期考核不合格为由解除劳动合同的合法性审查

裁判规则

正确适用《劳动合同法》第39条第1项，即有关试用期内用人单位单方解除权的规定，准确区分《劳动合同法》第39条第1项和第40条第2项适用情形的差异，才能令上述两项规定各司其职。

案　情[1]

庞某于2017年5月22日入职某公司，担任软件开发工程师，月基本工资为28,000元。

2017年9月30日，公司向庞某作出试用期内解除劳动合同通知书，以其试用期考核不合格为由，决定自2017年10月10日起与其解除劳动合同。通知书载明解除的事实依据是庞某试用期考核不合格，合同依据是双方订立的劳动合同中的第1条第1.2款B项第2小项。双方订立的劳动合同第1条第1.2款B项约定，试用期间庞某有下列情形之一的，公司有权随时解除劳动合同，不须提前通知乙方或向其支付补偿金：(1)乙方个人简历、登记表上所提供的信息……与本人实际情况不符的；(2)试用期考核不合格的；(3)工作技能与个人陈述的任职能力不相符或达不到招聘录用条件的……庞某在该解除通知书中签字确认。

[1] (2018)京01民终5828号。

之后，庞某以要求公司支付未休年假工资、加班费、违法解除劳动合同赔偿金等为由向北京市海淀区劳动人事争议仲裁委员会申请仲裁，该仲裁委裁决如下：(1)某公司向庞某支付违法解除劳动合同赔偿金 23,118 元；(2)驳回庞某的其他仲裁请求。庞某与公司均不服裁决结果，提起诉讼。

庞某向北京市海淀区人民法院（以下简称一审法院）起诉，请求公司向其支付违法解除劳动合同赔偿金、奖金、未休年假工资、延时及休息日加班工资以及未签订劳动合同二倍工资差额。公司向一审法院起诉，请求判令其无须向庞某支付违法解除劳动合同赔偿金 23,118 元。

双方认可真实性的试用期考核表，其上显示员工姓名为庞某，转正答辩评议结果载明："试用期内产出未达预期，NAT 用了 2 个多月，未能按预期完成目标，欠费重定向延期；学习能力一般，沟通不是很顺畅，有些固执己见，钻牛角尖，有一定的技术功底，工作经验较丰富；责任心强、经常主动加班加点、有激情、工作纪律好；对 IP 转发、路由、交换协议方面有丰富的经验；遇到问题多向其他同事请教、讨论，特别是自己不太熟悉的领域上。"试用期考核成绩为不通过，其上有答辩委员会人员签字，有人力资源部复核人签字，试用期结果沟通日期为 2017 年 9 月 30 日，员工签字确认处有庞某签字确认。庞某称该试用期考核表的性质为转正答辩结果通知书，其不认可其中记载的内容。

公司提交 2017 年 5 月 31 日 14:08 导师发送给宋某及庞某的电子邮件，主题为"答复：Baicells 新员工入职导师通知——进阶模式已开启"，附件为："BCSHR-GZL010—佰才邦新员工培养计划—庞某.docx"，附件内容为庞某 2017 年 5 月 22 日至 8 月 21 日每个月的培养计划，其中有具体的学习计划及输出成果、工作计划及输出成果。公司称庞某并未完成上述培养计划中的内容。庞某对该证据的真实性无异议，但称其论证方案做得很好，只是公司后来决定不做了，此后随意为其安排了其他工作，其中也并没有描述其岗位相关职责，故对证明目的不予认可。

一审法院认为：

公司提交的电子邮件能够显示庞某入职之初公司即告知了员工培养计划以及其工作内容，试用期考核表亦描述了其试用期考核不通过的理由和原因，其在尾部签字确认，因此公司据此解除与其的劳动合同并无不当，故庞某要求公司支付违法解除劳动合同赔偿金的请求，依据不足，不予支持。

一审法院判决:(1)公司向庞某支付未休年假工资7724.14元;(2)公司向庞某支付休息日加班工资15,448.28元;(3)确认公司无须向庞某支付违法解除劳动合同赔偿金23,118元;(4)驳回庞某的其他诉讼请求。

庞某不服一审判决,向北京市第一中级人民法院(以下简称二审法院)提起上诉。其主要上诉理由是,公司未与员工签订书面试用期考核表即宣布试用期不合格的行为是违法行为,需要支付违法解除劳动合同赔偿金,公司毫无责任感的宣布试用期不合格,是一种极不负责任的行为,给其造成巨大损失。

【裁判结论】

二审法院判决:(1)维持一审判决第1项、第2项;(2)撤销一审判决第3项、第4项;(3)某公司向庞某支付违法解除劳动合同赔偿金23,118元;(4)驳回庞某的其他诉讼请求。

【裁判观点】

二审法院认为,《劳动合同法》第87条规定:"用人单位违反本法规定解除或者终止劳动合同的,应当依照本法第四十七条规定的经济补偿标准的二倍向劳动者支付赔偿金。"从该规定可以显见,该法中关于用人单位可以解除劳动合同的规定,是强制性规范,违反的法律后果就是向劳动者支付赔偿金。因此,如果劳动合同中的相关约定违反了《劳动合同法》上关于解除合同的强制性规定,则根据该法第26条第1款第3项规定,相关约定条款不能对劳动者产生法律约束力。

本案中,公司不支付补偿金即单方解除合同的事实依据是庞某试用期考核不合格,合同依据是劳动合同第1条第1.2款B项第2小项。因此,分析解除行为的性质,一是要分析据以解除的合同约定内容是否符合《劳动合同法》关于单方解除合同的规定,进而判断该约定的效力。二是要分析解除行为本身是否符合《劳动合同法》关于单方解除合同的规定。

1. 根据《劳动合同法》的规定,唯有该法第39条规定了六种情形,用人单位在劳动者出现符合这六种情形的行为时,无须支付经济补偿即可单方解除劳动合同。然而根据前段分析,第39条是典型的强制性规定,劳动合同的约定如果有违该条款,则不能对劳动者产生法律约束力。考察第39条,只有其第1项的规定——在试用期间被证明不符合录用条件的与劳动合同第 1 条第 1.2 款 B 项第 2 小项有关联，因此，需分析劳动合同第 1 条第 1.2 款 B 项第 2 小项是否符合“在试用期间被证明不符合录用条件的”的情形。根据合同可知，劳动合同第 1 条第 1.2 款 B 项第 2 小项载明内容所指为经过特定程序考核而未达一定标准的情形，具体到实践中，该一定标准与“录用条件”中的条件要求可能有交叉之处，但并不完全等同。因此，劳动合同第 1 条第 1.2 款 B 项第 2 小项约定的“试用期考核不合格的”与第 39 条第 1 项规定的“在试用期间被证明不符合录用条件的”并不是相同情形，而该约定与第 39 条规定的其他情形也不相关，因此，可以认定该约定有违第 39 条的规定。公司依据该约定作出的解除，不符合《劳动合同法》关于用人单位单方解除的相关规定。

2. 再分析公司的单方解除行为本身是否符合《劳动合同法》关于单方解除合同的规定。考察《劳动合同法》的相关规定可见，公司的单方解除行为与该法第 39 条第 1 项规定的“在试用期间被证明不符合录用条件的”以及第 40 条第 2 项规定的“劳动者不能胜任工作，经过培训或者调整工作岗位，仍不能胜任工作的”有一定的相似性。本院逐一分析。

(1) 与《劳动合同法》第 39 条第 1 项规定的关系。所谓录用条件，应当是用人单位在录用劳动者之前即向劳动者告知的明确、具体的聘用条件，并且用人单位通常会通过多轮面试、背景调查等形式考查劳动者的品德、性格、能力、学历、工作经历等各方面是否符合其录用条件和岗位要求。然而，公司并未就录用条件到底有哪些进行举证，也没有举证证明曾将录用条件明确告知庞某，甚至没有阐明具体的录用条件是什么。公司解除的事实理由是，庞某试用期考核不合格，主要证据是试用期考核表，而根据该表描述的庞某的表现，有褒有贬，并没有明确说明庞某的表现是否符合录用条件。从该表难以确信庞某不符合录用条件。因此，公司的单方解除行为不符合《劳动合同法》第 39 条第 1 项的规定。

(2) 与《劳动合同法》第 40 条第 2 项规定的关系。从试用期考核表上对庞某的工作表现描述以及试用期考核成绩为不通过的结果来看，庞某可能存在不胜任工作的情形。但是依据《劳动合同法》第 40 条第 2 项的规定，公司不能径行解除劳动合同，而应当先对庞某进行培训或者调整其工作岗位，仍不能胜任工作的，方可解除。因此，公司的单方解除行为不符合《劳动合同法》的规定。

综上分析，某公司的单方解除行为没有有效的合同依据，不符合《劳动合同法》关于解除劳动合同的强制性规定，属于违法解除，期应向庞某支付违法解除劳动合同赔偿金。

法官评析

关于用人单位试用期内行使单方解除权，实务中有观点认为，用人单位仅凭面试、背景调查等环节尚难以对劳动者的道德品质、工作能力等做出充分、准确的认识，一旦招录到不合格的劳动者，用人单位的相关工作将受影响，甚至因此遭受损失，因此，应当放松对用人单位行使试用期内单方解除权的限制，给用人单位纠错的机会。但笔者认为，此种观点实属多虑，正确适用现行法律对试用期内用人单位单方解除权的规定，既不会对用人单位产生显著的不利，也能够较好地保护劳动者的合法权益。

首先，除了《劳动合同法》第39条第1项对于试用期解除情形作出专门规定，法律并未对试用期解除作出与其他解除相区别的规定。甚至《劳动合同法》第21条还对用人单位试用期解除权做了格外的明确——该条规定，在试用期中，除劳动者有本法第39条和第40条第1项、第2项规定的情形外，用人单位不得解除劳动合同。由上述规定可见，对于试用期内解除，《劳动合同法》的立法本意非常明确，即严格限制用人单位的单方解除权，以防范用人单位利用劳动者对试用期法律含义的不了解，随意解除劳动合同。因此，我们应当遵循立法本意去适用法律条文。

其次，如果用人单位招录到不合格的劳动者，除了与劳动者协商解除劳动合同外，《劳动合同法》还为其提供了丰富的维权方式。(1)如果劳动者在道德品质、身体素质、知识水平、工作经验等方面不符合用人单位的录用条件，用人单位可以适用该法第39条第1项的规定，在试用期内行使单方解除权。只不过用人单位需要完成相关证据的收集工作，以证明其录用条件是什么、劳动者在哪些方面不符合录用条件。但这也能促进用人单位规范自身的招聘和管理行为，对单位不无裨益。(2)如果劳动者通过隐瞒、欺骗等手段入职，比如学历造假、简历虚构等，用人单位可以在劳动关系存续期间，主张劳动合同无效，并适用《劳动合同法》第39条第5项，行使单方解除权。如果劳动者的欺诈等行为给用人单位造成损害，用人单位还可以根据《劳动合同法》第86条的规定，令劳动者承担赔偿责任。(3)如果劳动者入职后因自身原因,不胜任工作,用人单位则可以适用《劳动合同法》第 40 条第 2 项,对其进行培训或者调岗,如果劳动者仍不能胜任工作,此时用人单位则可以行使其单方解除权。只不过此时用人单位需要通过培训或调岗,给劳动者一次机会——但这样的立法设计,既可以防范用人单位滥用解除权,也可以恰当保护劳动者合法权益、维护劳动关系的稳定,较好地平衡了劳资双方的利益。

最后,如果随意放宽对试用期内用人单位行使单方解除权的限制,比如允许用人单位以试用期考核不合格为由解除劳动合同,不仅不利于保护劳动者合法权益和维护劳动关系的稳定,扭曲了立法本意,而且还会产生至少两个负面效应。(1)如果允许用人单位以试用期考核不合格为由解除劳动合同,可想而知,具有考核权的员工可能会对其不喜欢的劳动者打低分,对其喜欢的劳动者打高分,由此造成的恶果可能包括——试用期内的劳动者对拥有考核权的员工言听计从、试用期考核结果不能真实反映劳动者的工作表现,等等。(2)导致《劳动合同法》第 40 条第 2 项规定在很大程度上被架空。逻辑上说,经过了试用期的考核,用人单位让劳动者转正,这本身就说明劳动者的工作能力是符合用人单位要求的,否则用人单位就不应让其顺利转正。试用期正是用来考察劳动者是否胜任的,这是试用期制度的价值所在。因此,《劳动合同法》第 40 条第 2 项规定的"不能胜任工作"之情形,很大程度上就是指"用人单位通过试用期对劳动者进行考核,发现劳动者的真实能力不足以胜任其工作"这种情形。是故,如果允许用人单位以试用期考核不合格为由直接解除劳动合同,则《劳动合同法》第 40 条第 2 项的规定将失去大部分用武之地。

【裁判依据】

《劳动合同法》第 39 条第 1 项、第 40 条第 2 项、第 87 条

(撰稿人　吴博文)

19

女职工在三期内严重违反公司制度可以解除劳动关系

——董某诉北京某人力资源有限公司、北京某电视台劳动争议案

裁判规则

劳动者向用人单位提供劳动，应当遵守劳动纪律和职业道德，即使女性劳动者在“三期”内，也应当遵守用人单位的规章制度，如果出现严重违反公司规章制度的情况，用人单位可以解除劳动关系。

案　情[1]

董某于2009年9月1日入职北京某人力资源有限公司（以下简称某公司）后被派遣至北京某电视台（以下简称某电视台）任编导，某公司与董某入职当日签订了劳动合同，经数次变更劳动合同期间，最后约定的劳动合同到期日为2017年10月31日。

董某向某电视台递交的《某电视台工作人员请（销）假审批表》显示，请假性质一栏勾选为“产假”，经批准后，于2017年2月3日至6月10日休产假。另查，董某于2017年4月9日生育一女。2017年6月12日至7月10日董某未到岗工作，并向某电视台提交了《某电视台工作人员请（销）假审批表》，请假性质一栏勾选为“病假”，同时提交了北京市海淀区妇幼保健院于2017年6月12日和27日开具的期限均为两周的病休证明。董某认可其向某电视台递交的上述

[1] （2018）京02民终11695号。

两张病休证明不是真实的,但主张其产假尚未到期,无论病休证明真伪,均不应被解除劳动合同。

北京市海淀区妇幼保健院出具书面证明,内容为:董某 2017 年 6 月 12 日、27 日未在我院就诊,未开具诊断证明。

2017 年 10 月 17 日某公司向董某送达关于解除劳动合同的通知,内容为:因董某严重违反用工单位相关管理规定,提交虚假假条,视为长期旷工,情节严重。用工单位决定不再继续使用。所有关系截至 2017 年 10 月 31 日。鉴于上述情况,我公司现通知您与我公司劳动合同执行至 2017 年 10 月 31 日即解除。

三方均认可 2009 年 9 月 1 日至 2017 年 10 月 31 日董某与某公司存在劳动关系。

董某提交的广西壮族自治区桂林市妇幼保健院出具的出生医学证明记载,董某于 2017 年 4 月 9 日生育一女;生育津贴申请表,记载董某生育时间 2017 年 4 月 9 日,休产假时间 2017 年 3 月 26 日至 2017 年 7 月 31 日共 128 天,本人签字栏有董某字样签名,时间 2017 年 11 月 25 日,栏目、科室负责人签字栏有顾某字样签名,时间 2017 年 11 月 27 日。某公司、某电视台不认可上述证据的真实性,某电视台称在解除劳动合同后才知道董某生育时间。

某电视台提交某电视台工作人员请(销)假审批表,记载,董某以先兆流产、胎盘位低,于 2016 年 12 月 6 日至 2017 年 1 月 5 日请病假 30 天,以先兆早产于 2017 年 1 月 12 日至 26 日请病假 14 天。董某认可该证据的真实性。某电视台提交《文艺节目中心请休假管理规定》,第 5 条第 2 项规定,派遣人员连续旷工 3 天或全年累计 5 天的,解除派遣使用关系依据京视发〔2006〕17 号《某电视台人才派遣人员管理暂行办法》,在编人员按照事业编制管理办法处理。该规定落款有董某签名确认已阅读《文艺节目中心请休假管理规定》,已知晓并了解中心相关规定,严格遵守。董某认可该证据的真实性。某电视台提交京视发〔2006〕17 号《某电视台人才派遣人员管理暂行办法》,第 12 条第 2 项规定,派遣人员在合同期内无故连续旷工 3 天以上(含 3 天),或累计旷工 5 天以上(含 5 天)者,则解除派遣使用关系。董某不认可该证据的真实性。

2017 年 10 月 12 日某电视台向某公司发出关于不再继续使用董某同志的通知。内容为董某为贵单位派遣至我台文艺节目中心《我看行》栏目一般派遣制人员。现文艺节目中心提出该同志产假到期后,未按规定返回岗位,节目组多次与其沟通了解情况，该同志明确表示孩子太小需要照顾，无法参与日常栏目工作，不能来上班。此后该同志提交两张盖有海淀妇幼保健院诊断证明专用章的假条，医生开具病假一个月。经核实，医院确认两张假条均为虚假假条，并出具了该同志未到该院就诊的证明。事后经与其个人沟通，本人承认未到医院就诊，假条为虚假假条。鉴于董某同志上述表现，现部门提出该同志严重违反了我台相关管理规定，提交虚假假条，视为长期旷工，情节严重。部门决定不再继续使用董某同志，所有关系截至2017年10月31日。某公司认可该证据；董某不认可该证据。

北京市东城区人民法院判决：判决：(1)确认董某与某公司于2009年9月1日至2017年10月31日存在劳动关系；(2)某公司、某电视台无须支付董某违法解除劳动合同赔偿金105,539.7元。

董某不服提起上诉，请求撤销一审判决，请求撤销原判，依法改判某公司和某电视台支付违法解除劳动关系赔偿金168,725元。上诉理由是董某产后两个月还在产假期间，某电视台就要求董某回去上班，董某在单位的逼迫下才购买了虚假病假条。董某享有产后四个多月产假，单位的解除行为构成违法解除。

【裁判结论】

北京市第二中级人民法院判决：驳回上诉，维持原判。

【裁判观点】

北京市第二中级人民法院认为：向用人单位提供劳动、遵守劳动纪律和职业道德是劳动者在劳动合同中应尽的义务。2017年6月12日至7月10日，董某未到岗工作，提供虚假病假单，是否属于严重违反劳动纪律和职业道德构成旷工，为当事人意见分歧点。因董某向某电视台提供的病假单是其购买的，非医生根据其身体健康状况进行诊断的结果，故其因病无法提供劳动的事由是虚假的，某电视台因此认为其违反劳动纪律构成旷工，退回某公司，某公司以此为由解除与董某的劳动关系是符合法律规定的。关于董某主张其提交虚假病假单属于“奉命行事”，系某电视台告知其需要走程序，购买假条也要提交，属于“钓鱼辞退”，法院不能采信其原因。首先，董某于2017年2月3日至6月10日休产假，2017年6月12日至7月10日申请休的是病假，说明其明知产假已结束故而申请休病假。董某主张因某电视台告知董某需要走程序,即便购买一份假条也要交给单位,董某不得已购买了虚假病假条,但对此未能提交任何证据予以证明;其次,即使前述情况属实,董某作为完全民事行为能力人应当具有辨别是非的能力。而董某提供虚假病假条,其行为违反了诚实信用原则,应属旷工,违反某电视台《文艺节目中心请休假管理规定》中关于旷工的相关规定,亦严重违反劳动纪律。故法院认定某公司解除董某劳动合同的行为并未违反法律规定,无须支付董某违法解除劳动合同赔偿金。

法官评析

根据《劳动合同法》第 42 条及第 45 条之规定,女职工在孕期、产期、哺乳期的,用人单位不得根据本法的第 40 条、第 41 条之规定,适用无过失辞退、经济性裁员,劳动合同到期的应延续至相应的情形消失时终止。但是,前述法律规定并未将本法第 39 条规定的内容包含在内,即如果女职工在三期内出现了如在试用期间被证明不符合录用条件、严重违反公司规章制度、严重失职、营私舞弊,给用人单位造成重大损害等情形的,用人单位仍可以根据《劳动合同法》第 39 条之规定解除与劳动者的劳动关系。司法实践中,部分女职工存在错误认识,认为女职工在三期期间,用人单位绝对不能与其解除劳动关系,否则构成违法解除。基于此种错误认识,部分案件中出现了女职工未能正当行使自身权利,如向用人单位提交虚假病假条或无正当理由拒不服从用人单位正当的管理和安排等违反单位规章制度的情形,最终导致自身权益受损。

本案中,董某主张其产假期间遭单位违法解除劳动关系并要求单位支付违法解除经济赔偿金。首先,董某主张产假为生产后四个月的假期,于法无据。各地方均对女性生育的产假有相应规定,以北京为例,女职工一般实行 128 天 +1 ~3 个月的产假制度,特殊情况可按规定加减天数,该规定并未强制规定是在生育后享有的假期,一般认为是在整个妊娠及生产后共计享有的天数。董某由于妊娠期间的个人原因,提前开始休产假,某电视台准许其休假并在此期间支付其相应的工资,其产假应当以其被批准的申请期限为准。董某另主张享有生产后 4 个月的产假,没有法律依据,依法不应当予以支持。其次,董某被解除劳动关系的期间虽不处于产假期间,但属于法律规定的哺乳期内。《女职工劳动保护特别规定》第5条规定，不得因女职工怀孕、生育、哺乳而降低其工资、予以辞退、与其解除劳动或聘用合同。也是基于此，董某会对公司的解除行为提出异议。董某在产假期满，单位通知其返岗后，提交了伪造的病假条，请病假的行为，属于严重违反诚实信用原则及职业道德的行为，严重违反了公司的规章制度，属于《劳动合同法》第39条中规定的内容，用人单位可以依法解除与其的劳动关系。即便董某主张是单位明示其只能休病假，其才购买虚假病假条的，单位属于"钓鱼执法"，但作为劳动者，亦作为一个拥有完全行为能力的自然人，应当按照用人单位的工作时间要求到岗工作是一般社会公众知悉并应严格遵守的一项劳动纪律，亦应当秉承诚实信用原则，并遵守社会公众认可并接受的劳动纪律。

妇女的生育权利不单单关乎着其自身的利益，更具有重要的社会意义，这是我国《劳动法》中对妇女三期进行倾向保护的原因，但女性劳动者作为劳动者的一部分，也应当在三期中遵守相应的劳动规则，不能利用三期对女职工的保护，滥用自身权利，破坏劳动规则。女职工在三期内严重违反公司制度可以解除劳动关系的规则，在最大限度保护女性劳动者的同时，维护了公平、和谐的市场劳动秩序，有利于劳资关系的平衡发展。

【裁判依据】

1.《劳动合同法》第39条

2.《女职工劳动保护特别规定》第5条

（撰稿人　王力群）

20

劳动合同确认无效后的处理

——郭某诉某出版社劳动争议案

裁判规则

劳动合同因欺诈被确认无效的,无过错方享有单方解除权。劳动者主张无效劳动合同履行期间的劳动报酬、未休年休假工资、加班费的,可予支持。

案 情[1]

郭某于2004年7月毕业于中国政法大学,后入职某出版社。双方签有多份书面劳动合同。2009年1月1日,某出版社读者服务部与郭某签订劳动合同,双方均认可某出版社读者服务部相关权利义务由某出版社承继。某出版社以月工资4174元的标准发放郭某工资至2014年7月,自2014年8月起停止发放。2015年1月6日,某出版社在社领导和工会主席均在场的情况下当面向郭某发出《解除劳动关系通知书》,内容为:"郭某同志:鉴于:1.2013年12月20日之前,你的身份系国家公务员,你入职我社时隐瞒了相关事实。依据《中华人民共和国公务员法》第五十三条、《中华人民共和国劳动合同法》第二十六条等相关法律规定,你与我社建立的劳动关系无效。2.2014年7月开始,你存在长期旷工等严重违反我社规章制度的行为,给我社造成重大损害。据此,依据《中华人民共和国劳动合同法》第三十九条的规定,我社通知你:1.自2015年1月6日开始,我社与你解除劳动关系。2.本通知下达之日起两日内,你与我社指派的工作人员办理工作交接、工资结算手续。3.工作交接、工资结算手续办理完毕之日起

[1] (2016)京02民终9331号。

十五日内，我社根据实际情况为你办理出具解除劳动关系证明、社会保险关系转移等手续。”郭某拒绝签收。

郭某原系湖北省宜昌市夷陵区司法局工作人员，其公务员的身份一直保留至2013年12月20日，在2004年郭某入职某出版社时其仍系公务员身份。

北京市西城区人民法院认为：用人单位有权了解劳动者与劳动合同直接相关的基本情况，劳动者应当如实说明。根据查明的事实，在双方建立劳动关系时，郭某没有依据诚实信用的原则向某出版社履行说明义务，使得某出版社作出了建立劳动关系的错误意思表示，郭某之行为构成欺诈。故根据相关法律规定，某出版社与郭某之间的劳动合同因郭某的欺诈行为而无效，某出版社据此与郭某解除劳动合同并无不当。

关于工资差额，诉讼中，双方均认可郭某的工资发放至2014年7月，此后的工资未再发放。郭某实际工作至2015年1月6日，故某出版社应补足郭某2014年8月至2015年1月6日的工资。

关于2014年度未休年休假工资，根据查明的事实，郭某自1995年调入湖北省宜昌市夷陵区司法局工作，且诉讼中郭某认可其于2014年度应休15天年休假但实际并未休假，故某出版社应向其支付2014年度未休年休假工资报酬，具体数额由法院依法予以核算。

关于2013年度年终奖、2014年季度奖、年终奖和福利津贴，根据双方所签劳动合同的约定内容，以及某出版社的制度规定，某出版社有权根据当年的经营业绩等情况自主决定是否发放年终奖、福利津贴及发放标准。因某出版社每年发放的年终奖、季度奖，均与发放2013年和2014年年终奖没有必然联系，故郭某自行比照此前所得年终奖的数额进行估算，要求某出版社发放其年终奖和季度奖，该理由不成立，法院不予采纳。

北京市西城区人民法院判决：(1)确认某出版社与郭某之间的劳动关系于2015年1月6日解除。(2)判决生效之日起七日内，某出版社支付郭某2014年8月至2015年1月6日的工资21,637.63元。(3)判决生效之日起七日内，某出版社支付郭某2014年度应休未休带薪年休假工资5757.24元。(4)驳回某出版社的其他诉讼请求。(5)驳回郭某的其他诉讼请求。

郭某不服提起上诉，请求确认某出版社系违法解除，要求某出版社向其支付工资差额、工资、年终奖及季度奖、未休年假工资、工资损失等。上诉理由为其不清楚与原单位的关系,某出版社违法解除,工资标准应按照社会平均工资发放。

【裁判结论】

北京市第二中级人民法院判决:驳回上诉,维持原判。

【裁判观点】

北京市第二中级人民法院认为:2004 年郭某与某出版社建立劳动关系时,郭某违背诚实信用原则,未向某出版社履行说明其公务员身份之义务,使某出版社作出了与其建立劳动关系的错误意思表示,郭某之行为系欺诈,故依据相关法律规定某出版社与郭某之间的劳动合同无效,某出版社据此与郭某解除劳动关系正当。郭某上诉请求某出版社向郭某支付其 2013 年 1 月至 2014 年 7 月的工资差额 40,516 元及支付 2013 年年终奖,2014 年第一季度奖、第三季度奖、年终奖及福利津贴共计 80,000 元。根据查明事实,郭某工资标准为每月 4174 元,某出版社已按此标准足额支付郭某 2013 年 1 月至 2014 年 7 月的工资。某出版社已发放郭某 2013 年年终奖且某出版社有权根据经营业绩等情况自主决定是否发放年终奖、福利津贴及发放标准。故郭某要求某出版社支付工资差额及奖金、津贴等的上诉请求,不予支持。

法官评析

该案例涉及劳动合同因存在《劳动合同法》第 26 条第 1 款规定的情形而被确认无效的后续处理问题。综观《劳动合同法》,其中对于无效劳动合同履行过程中发生的劳动报酬与无过错方的单方解除权予以明确规定,而对于劳动合同被确认无效前的期间,在正常劳动关系前提下劳动者可享有的诸如未休年休假工资、加班费、病假工资、年终奖等应否予以支持,《劳动合同法》及相关司法解释对此均无回应。而司法实践中,劳动合同无效后劳动者主张除劳动报酬之外的其他权益的情形频频出现,因此,妥善处理此类问题,既有利于统一法律适用标准,也有利于增强司法结论的确定性,对于保护劳动者权益、指导用人单位的用工行为具有重要意义。

本案中,郭某劳动合同被确认无效后,其主张的未休年休假工资、年终奖及季度奖等，是否应予支持，成为本案的难点问题。就如何裁判，司法实践中现有两种截然相反的意见，一种意见是不予支持。而就不予支持的理由，实践中亦有两种不同观点：其一，依据民事合同无效理论，合同一旦被确认无效的，自始无效，当然无效，期间的权利义务应自动归于消灭。而对于劳动者已经付出的劳动，因《劳动合同法》中已作出明确规定，故可支持其劳动报酬，而对于劳动报酬之外的其他主张，因无明确法律依据作为支撑，故不应支持。其二，认为劳动合同被确认无效，劳动者与用人单位之前因提供劳动而产生的现实关系被认定为劳务关系，故仅支持其劳务报酬。[1] 另一种意见则认为应予支持。笔者赞同后者，认为该观点更有利于保护劳动者权益、规范用人单位的用工行为，理由如下：

一、劳动合同无效与民事合同无效的理论依据不同

依据合同效力的相关理论而言，合同无效是“自始、当然、确定、永久”地无效，合同的无效意味着溯及既往地消灭合同关系。虽有学者提出了例外情形，如王泽鉴教授指出了在继续性合同场合的例外情况，即自始无效的例外在于，继续性契约如劳动契约，合伙契约。主张无效者，唯得向将来发生效力。[2] 继续性契约，尤其是雇佣及合伙，在业已进入履行阶段的情况下，应限制无效或撤销的溯及效力，使过去的法律关系不因无效或撤销而受影响。[3] 王泽鉴教授固然深刻洞察劳动关系有其本身独特之处，但笔者认为依其理论仅能解决如下两个问题：(1)劳动合同被确认无效后，将来不再发生效力；(2)劳动合同无效并不当然导致过去的法律关系无效。而实际生活中，无论因哪一方过错导致劳动合同的无效，劳动者已与用人单位发生具体而现实的关系。由此，新的问题随之而来，该已在现实中发生的具体关系应如何处理？“将来无效”是否真的有助于保护善意劳动者的权益？[4]

面对上述问题，考察传统民事契约法的效力理论，已不能为之提供有效的理论支撑。如欲妥善解决，即使无必要将传统民事契约理论的构架推倒

---

〔1〕 见北京市海淀区人民法院(2019)京0108民初12091号民事判决书。

〔2〕 参见王泽鉴：《民法总则》，中国政法大学出版社2001年版，第482～483页。

〔3〕 参见王泽鉴：《债法原理》，中国政法大学出版社2001年版，第133页。

〔4〕 笔者注：我国属于劳动力过剩的国家，当前劳动者在劳资力量对比中处于弱势地位，如果因用人单位的过错导致劳动合同的无效，视为“将来无效”，善意劳动者的收入来源、就业机会无疑会受到影响，甚至会诱使用人单位故意为之，使劳动合同被确认无效后以逃避相应责任。

重来,另起炉灶,但亦应结合劳动关系本身的特征及我国实际,在某种程度上突破合同效力理论的束缚方有解决问题的空间。《劳动合同法》第 26 条与《劳动法》第 18 条关于无效合同的不同表述,正是突破的一种尝试。

再结合《劳动合同法》第 26 条第 2 款、第 38 条第 1 款第 5 项、第 39 条第 5 项的规定,应可明确:人民法院对于劳动合同的效力采取"被动确认"模式;即便劳动合同经确认无效,如无过错一方未提出解除的,其现实关系并不当然结束(终止或解除)。上述结论无疑与民事契约之"自始无效""将来无效"等理论有所区别,但有其优势:劳动关系具有人身性和持续性等特征,赋予无过错方单方解除权,由善意当事人结合实际自由选择有利于己的处理方式,其与民事契约领域中的可撤销制度实有同工之妙。而撤销权系形成权,受限于除斥期间,一旦未及时行使就宣告消灭;劳动关系所具有的延续性与除斥期间的有限性无疑是矛盾的,从这个角度来看,无过错方的解除权更能在现实关系的动态发展中,对善意当事人的权益予以保护。

二、劳动合同无效与事实劳动关系

且由前述可知,《劳动合同法》中的劳动合同无效制度与民事合同无效有着全然不同的理论路径,其处理机制上自然也有所区分,无法照搬民事契约理论中的"恢复原状""返还财产"等方式来处理。要解决"劳动合同无效,劳动者主张除劳动报酬之外权益"的问题,首先面对的就是如何定性劳动合同被确认无效前的现实关系。

目前学界的主流观点是参照国外的司法实践经验,如王全兴教授撰文指出,德国司法中确定事实劳动关系的情形及《瑞士债法典》关于假定有效的劳务合同的规定;[1]沈建峰教授亦在其文章中指出:"事实劳动关系实际上是指在劳动合同无效、而劳动者已经提供依附性劳动时当事人之间因法律规定而生的劳动关系……根据以上事实劳动关系的界定,梳理我国现行法,可以明确的是在劳动合同根据《劳动合同法》第二十六条第一款的规定而无效时,可以产生的事实劳动关系。"[2]但事实劳动关系非劳动法中的立法概念,且从《劳动部关于贯彻执行〈中华人民共和国劳动法〉若干问题的意见》第 82 条规定的内容来看,事实劳动关系反倒更倾向为因缺乏订立劳

〔1〕 参见王全兴、黄昆:《劳动合同效力制度的突破和疑点解析》,载《法学论坛》2008 年第 2 期。
〔2〕 沈建峰:《论事实劳动关系的解除》,载《中国劳动》2015 年第 12 期。

动合同的形式要件而成立的劳动关系,故而直接将劳动合同被确认无效前的现实关系认定为事实劳动关系仍缺乏有力的法律依据。

三、劳动合同与具体而现实的权利义务关系相分离

首先,《劳动合同法》第 7 条规定:“用人单位自用工之日起即与劳动者建立劳动关系。”第 10 条第 3 款规定:“用人单位与劳动者在用工前订立劳动合同的,劳动关系自用工之日起建立。”由此可知,劳动关系的建立与劳动合同订立时间并不一致,二者存在一定程度的分离。法律要求签订书面劳动合同,系出于更好地保护劳动者权益的目的,且有助于明晰双方的权利义务。

其次,《劳动合同法》第 26 条第 2 款规定了劳动合同无效的确认问题,第 38 条、第 39 条中则明确了无过错方的单方解除权。据此新的问题随之而来:双方之间的劳动合同确因存在《劳动合同法》第 26 条第 1 款的情形而被确认无效,但无过错一方并未主动行使单方解除权,双方的权利义务在确认无效后至最终解除之前,如何定性? 由此问题不难得出结论:《劳动合同法》的立法明显将“劳动合同”的效力与基于劳动合同而始的现实关系予以分离,否则赋予无过错方单方解除权的规定便无任何意义。

综上所述,笔者认为,上述期间的权利义务关系与劳动合同确认无效前的现实关系本质上并无差别(如无特殊介入因素)。作为触发劳动关系开始的劳动合同被确认无效,现实中具体的权利义务关系并不必然随着劳动合同的无效而归于无效或发生变化。换言之,劳动者与用人单位之间基于劳动合同被视为有效(劳动合同被确认为无效前)期间所产生的权利及义务,在劳动合同被确认无效后至解除之前,如无特殊情况(如法律明确规定[1]),双方的权利义务可得以延续。

除此之外,无论导致劳动合同无效的过错在于哪一方,劳动者均在用人单位的管理下付出了依附性的劳动,且用人单位从劳动者的劳动中获得了剩余价值。而这一点,并不随着劳动合同的效力而发生任何变化,用人单位基于其获益应认真履行其作为用工主体应承担的义务。

本案中,郭某因在订立劳动合同时隐瞒自己系公务员身份的信息,致某

〔1〕《劳动合同法》第 28 条规定:“劳动合同被确认无效,劳动者已付出劳动的,用人单位应当向劳动者支付劳动报酬。劳动报酬的数额,参照本单位相同或者相近岗位劳动者的劳动报酬确定。”

出版社违背真实意思与其订立劳动合同，符合《劳动合同法》第26条第1款第1项规定的情形，郭某与某出版社订立的劳动合同被法院确认为无效。而对于郭某劳动合同被确认无效前的权益主张，如工资、未休年休假工资、年终奖、季度奖等，法院除支持郭某的劳动报酬主张外，对于其年休假工资的请求亦予以支持。而对于其他未予支持的请求，法院也非简单以劳动合同被确认无效作为论证的理由，其处理思路是：就双方现实关系中的权利义务，并不因劳动合同被确认为无效而发生变化。对于郭某的前述各项请求，法院均系参照健康有效劳动关系情形下的认定标准，依据证据和事实基进行具体的认定。

【裁判依据】

1.《劳动合同法》第26条、第28条、第38条、第39条

2.《劳动法》第18条

【关联案例】

北京市海淀区人民法院
(2019)京0108民初12091号

［案情］

唐某于2016年11月1日入职某投资公司，任投行部副总经理，双方于当日签订期限为2016年11月1日至2019年10月30日劳动合同，其上约定试用期为6个月、试用期及转正后月工资标准均为6500元；唐某正常工作至2018年8月16日，双方于当日解除劳动关系。唐某向某投资公司提供的2006年7月1日哈尔滨美术学院颁发的普通高等学校毕业证书系伪造。唐某主张入职时某投资公司知晓上述毕业证书虚假，其在公司任副总经理，主要工作内容是开拓项目资源，公司仅要求工作经历、能力及社会资源，对学历并没有要求。某投资公司则主张该公司并不知情，现因唐某提供虚假毕业证书，属欺诈行为，双方劳动合同无效。

北京市海淀区人民法院认为：因唐某提供虚假学历信息导致某投资公司作

出错误判断,在违背真实意思表示的情况下与唐某签订劳动合同,故确认双方于2016年11月1日签订的劳动合同无效。鉴于此,双方系劳务关系,在唐某已提供劳动的情况下,某投资公司应支付相应的劳务报酬。

[裁判结论]

北京市海淀区人民法院判决:某投资公司于判决生效之日起七日内向唐某支付2018年5月1日至2018年8月16日劳务报酬差额190,017.24元。

[法官评析]

该案的审理思路,明显与前案中有所不同。对于劳动合同被确认无效后,劳动者因向用人单位提供依附性劳动而导致的现实关系,法院直接将其定性为劳务关系,而后据此将唐某仲裁期间提出的工资请求,最后判决为劳务报酬。笔者认为这一认定,尚存在理论上及法律上的不妥之处。就理论而言,劳务关系与劳动关系存在质的区别:劳务关系系平等主体间订立的提供劳动的合同,并无人身隶属性;而劳动关系本质上则是劳动者受用人单位管理,遵循用人单位的规章制度,在人格上及经济上均存在依附性。劳动合同虽被确认为无效,但劳动者在无效劳动合同履行期间提供的仍属于依附性劳动,此期间内劳动者仍受用人单位管理而非平等主体之间的关系。再看劳动合同法的规定亦可知,第28条中对劳动合同无效后劳动者提供劳动的报酬采用的表述仍是"劳动报酬",而非劳务报酬。且劳务关系的解除,与劳动关系之解除在法律上亦有明显区别。《劳动合同法》第38条、第39条共同明确了劳动合同确认无效后无过错方享有单方解除权的机制。我们不妨假设这样一个前提:劳动合同无效后,双方系劳务关系。而在此情形下,双方地位平等,均可享有解除权,法律无须再行规定无过错方的单方解除权。综上可见,劳动合同立法中虽然并未明确劳动合同无效后劳动者与用人单位的关系究竟为何,但由立法的诸多情形亦可判断,我国劳动法的立法并不倾向将之定性为劳务关系。

(撰稿人　张江南)

2

CHAPTER

第二章

劳动合同的履行和变更

01

单位违法解除劳动合同劳动者要求继续履行的认定

——陈某某诉北京某网络技术公司劳动争议案

裁判规则

用人单位违法解除或者终止劳动合同，劳动者要求继续履行劳动合同的，用人单位应当继续履行；劳动者不要求继续履行劳动合同或者劳动合同已经不能继续履行的，用人单位应当支付赔偿金。违法解除劳动合同并不必然导致双方劳动合同继续履行，劳动合同的继续履行与否应考量双方间劳动合同是否具备继续履行的条件。对此，应基于劳动合同的人身属性特征，综合劳动者一方岗位性质以及双方是否还具有互信、合作的基础等因素，以推动和谐劳动关系的构建和发展为目标，审慎作出判决。

案　情[1]

北京某网络技术公司曾向陈某某发出《聘用通知书》，载明："聘用通知仅表达公司对您的录用意向，您与公司建立正式的劳动关系还需满足下列全部条件：①您在规定的入职日期来公司报到并开始实际工作；②您应在入职时提供真实有效的身份证和学历证明；③您已经通过了公司对您的背景调查；④您在入职日时与其他任何单位不存在劳动关系，且应于入职当日提供与原单位终止或解除劳动关系的证明文件；⑤您应在入职时与公司签订劳动合同。"

[1] (2018)京01民终7884号。

2017年11月20日,陈某某入职北京某网络技术公司,任产品副总裁,双方签订《劳动合同书》期限至2020年12月19日,约定试用期6个月,试用期月工资标准为15万元。陈某某在职期间为北京某网络技术公司CEO的直接下级,自述工作内容为市场研究、政策研究、产品研究。陈某某正常工作至2017年11月29日。当日上午9时50分,北京某网络技术公司工作人员向陈某某私人邮箱内发送电子邮件,载明"《终止试用期通知书》……根据您入职后的工作表现,公司认为您不符合该职位的录用条件。现特通知您终止试用期,双方劳动关系同时终止",并附《离职审计报告》及《离职交接清单》。据陈某某提交,北京某网络技术公司认可真实性的录音证据,当日上午11时许,北京某网络技术公司工作人员肖某(公司人力资源高级总监)、罗某(公司合规风控部高级法务经理)、张某(公司高级人力资源经理)曾与陈某某谈话,谈话涉及以下对话内容"肖某:今天发的那个通知哦,请12点之前把相关手续处理了。陈某某:今天……公司认为不符合该职位的录用条件,那么能不能告诉我,录用条件是什么?肖某:我再重述一下,这是公司正式文件。您从11月20日加入公司以后,给您安排了为期一周的交流,交流期间,通过管理层通过跟您的沟通和交流,反馈说在沟通上觉得不顺畅,在很大程度上来讲,您未来承担产品VP这个角色,大家一致认为有这种问题和意见。陈某某:那就是说没有不符合录用条件这个情况,只能说有人认为是这样,对吧?就是不存在不符合该职位的录用条件,只是说有人说未来有可能有相处不好的风险。肖某:因为是这样,产品VP在公司里面她的沟通协调和管理层的配合、和员工的交流这种能力,是非常重要的关键点和任职资格。所以,如果在这个层面您空降加入到公司之后遇到了这样的问题,管理层是有权对您的录用条件产生质疑的。陈某某:我的诉求就是按劳动合同约定嘛,提前三天,你今天不是要把这个给我嘛,对吧?那你把时间改一下,改成三天后……"2017年12月14日,北京某网络技术公司工作人员向陈某某发送短信"您的税前工资为68,408.18元、个税为17,212.86元,税后到账为51,195.32元。将于明天到账"。陈某某当日回复称"已核对,有劳,谢谢"。陈某某确认款项已收到。

双方就北京某网络技术公司2017年11月29日作出的解除决定是否合法,如解除决定违法双方劳动合同应否继续履行存有争议。北京某网络技术公司主张解除决定合法,双方劳动合同不应也无法继续履行,要求双方无须继续履行劳动合同并要求陈某某返还工作电脑一台。其公司称,解除事由为陈某某不符合录用条件,具体指试用期间未能参加安全技能考试,未提供培训总结和工作小结、工作计划,转正评估得分低于60分,提供虚假经历,陈某某提交了虚假的入职资料,与其社保缴费情况不符。陈某某主张北京某网络技术公司2017年11月29日解除决定违法,认可持有工作电脑一台,主张并未入职其他单位,要求继续履行劳动合同并主张无须返还电脑。

陈某某曾向北京市海淀区劳动人事争议仲裁委员会提起仲裁申请,以北京某网络技术公司2017年11月29日违法解除劳动合同为由,要求继续履行劳动合同,要求支付2017年11月20日至2017年11月30日工资68,181.82元。北京某网络技术公司主张陈某某经过试用不符合录用条件,严重违反规章制度,解除决定合法有效并提出反申请要求陈某某返还电脑、办理工作交接。该委裁决双方继续履行劳动合同,驳回双方的其他仲裁申请请求。北京某网络技术公司不服该仲裁裁决结果起诉至法院,陈某某未起诉。

北京市海淀区人民法院判决:(1)确认北京某网络技术公司与陈某某间劳动合同关系已于2017年11月29日解除,双方无须继续履行劳动合同;(2)陈某某于判决生效之日起五日内向北京某网络技术公司返还在职期间领用的Dell Latitude145480工作电脑一台。

陈某某不服提起上诉,请求撤销一审判决,判决北京某网络技术公司与陈某某继续履行劳动合同,判决陈某某无须返还工作电脑。上诉理由是:根据北京市高级人民法院的文件精神,劳动者要求继续履行劳动合同的,一般情况下或者说绝大多数情况下,法院应予以支持。《劳动合同法》的立法意图是赋予劳动者"继续履行"或者"不继续履行"的就业选择权。一审判决剥夺了陈某某"继续履行劳动合同"的就业选择权。

【裁判结论】

北京市第一中级人民法院判决:驳回上诉,维持原判。

【裁判观点】

北京市第一中级人民法院认为:一审判决认定北京某网络技术公司解除劳动合同的行为构成违法解除,陈某某对此认定无异议;公司虽认为其解除行为合法，但认可一审判决，故本院对一审判决所认定的北京某网络技术公司解除劳动合同的行为构成违法解除予以确认。

关于北京某网络技术公司与陈某某之间劳动合同关系应否继续履行问题。《劳动合同法》第48条规定，在用人单位违法解除劳动合同的情况下，并不必然导致双方须继续履行劳动合同。具体到本案中，陈某某于2017年11月20日入职，任职产品副总裁，直接汇报于公司首席执行官，其职务有别于公司普通劳动者，其同公司管理层间能否有效沟通、建立充分信任，影响到其本人工作效能及职业发展，亦将影响到公司整体的运营和发展。陈某某仅在职工作9天，公司即作出解除劳动合同决定，表明双方信任、合作基础相对薄弱。如继续履行劳动合同，将难以构建和发展和谐稳定的劳动关系，双方间不具有继续履行劳动合同的基础。综上，一审法院认定北京某网络技术公司与陈某某间劳动合同关系已经不能继续履行，对于陈某某要求继续履行劳动合同的主张不予支持，并判决陈某某向公司返还其领用的工作电脑并无不当，本院予以确认。

法官评析

本案中，一审、二审法院根据双方证据以及上诉请求的范围等情况，认定北京某网络技术公司解除劳动合同的行为构成违法解除，当无疑议，亦非本文讨论之重点。我们主要讨论，在已认定用人单位违法解除劳动合同的情况下，劳动者要求继续履行劳动合同的，如何判断劳动合同是否能够继续履行。这涉及如何准确理解和适用《劳动合同法》第48条的规定。

《劳动合同法》第48条规定："用人单位违反本法解除或者终止劳动合同，劳动者要求继续履行劳动合同的，用人单位应当继续履行；劳动者不要求继续履行劳动合同或者劳动合同已经不能继续履行的，用人单位应当依照本法第八十七条规定支付赔偿金。"从该条文意解释的角度，劳动者在用人单位违法解除劳动合同时享有选择权，既可以要求用人单位继续履行劳动合同，也可以放弃继续履行而要求用人单位支付经济赔偿金。换言之，劳动者要求继续履行的，应当以继续履行为原则，以不继续履行而代之以经济赔偿为例外。从司法实践看，大多数案件中劳动者选择主张经济赔偿金，极少数劳动者则选择要求继续履行劳动合同。

从劳动合同法的立法本意来看，是以优先保护劳动者的就业选择权为宗旨：用人单位违法解除劳动合同时，赋予劳动者请求继续履行的权利是对劳动者最充分的救济方式。但是不可否认，劳动关系相对于一般民事合同关系，劳动合同双方具有特殊的身份隶属关系，劳动合同的履行以双方亲自履行为原则，这显著区别于一般民事合同以金钱给付或者可以金钱给付替代履行的特征。因此，如果机械地理解"以继续履行为原则"，只要劳动者要求继续履行就一概判定双方继续履行劳动合同，很可能导致一些案件中因为当事人双方没有继续履行的基础，作出的判决面临执行困境，甚至导致新的、更为尖锐的矛盾，引发后续多次诉讼，这与《劳动合同法》第 1 条中"构建和发展和谐稳定的劳动关系"的立法宗旨是不相符的。而且，从比较法的角度看，世界两大法系的主要国家，对于劳动关系违法解除后的处理，原则上均已金钱补偿为原则，继续履行为例外。[1]

继续履行制度并非《劳动合同法》所独有，《合同法》上也有继续履行的相关规定。我国《合同法》第 110 条[2]明确规定了三类无须继续履行的具体情形，而《劳动合同法》第 48 条并未明确列举"劳动合同已经不能继续履行的"具体情形。由于法律以及最高人民法院的司法解释对上述"客观原因"所涉情形没有进一步的细化规定，因此审判实务中，存在较大争议。

因此，在我国现有立法框架下，准确把握何种情况下"劳动合同已经不能继续履行"，对于妥善处理劳动争议、构建和谐劳动关系非常重要。相对于"劳动者不要求继续履行劳动合同"的主观选择导致的劳动合同不再继续履行而言，"劳动合同已经不能继续履行"的规定则主要是针对劳动合同因客观原因不能继续履行。为了统一审判思路，不少地区对此也出台了相应的规范性意见。如本案中当事人提到的北京市高级人民法院的意见，即《北京市高级人民法院、北京市劳动人事争议仲裁委员会关于审理劳动争议案件法律适用问题的解答》(以下简称《北京高院解答》)。上述解答的问题 9 为：用人单位违法解除或终止劳动合同后，劳动者要求继续履行劳动合同，哪些情形可以认定为"劳动合同确实无法继续履行"？答：劳动合同确

---

〔1〕 参见胡立峰：《论任意雇佣原则在美国劳动法中的衰落》，载《现代法学》2009 年第 4 期。

〔2〕 该条规定：当事人一方不履行非金钱债务或者履行非金钱债务不符合约定的，对方可以要求履行，但有下列情形之一的除外：(一)法律上或者事实上不能履行；(二)债务的标的不适于强制履行或者履行费用过高；(三)债权人在合理期限内未要求履行。

实无法继续履行主要有以下情形：(1)用人单位被依法宣告破产、吊销营业执照、责令关闭、撤销，或者用人单位决定提前解散的；(2)劳动者在仲裁或者诉讼过程中达到法定退休年龄的；(3)劳动合同在仲裁或者诉讼过程中到期终止且不存在《劳动合同法》第14条规定应当订立无固定期限劳动合同情形的；(4)劳动者原岗位对用人单位的正常业务开展具有较强的不可替代性和唯一性(如总经理、财务负责人等)，且劳动者原岗位已被他人替代，双方不能就新岗位达成一致意见的；(5)劳动者已入职新单位的；(6)仲裁或诉讼过程中，用人单位向劳动者送达复工通知，要求劳动者继续工作，但劳动者拒绝的；(7)其他明显不具备继续履行劳动合同条件的。劳动者原岗位已被他人替代的，用人单位仅以此为由进行抗辩，不宜认定为"劳动合同确实无法继续履行的"情形。

本案中，二审法院主要考量两个因素：陈某某任职产品副总裁，直接汇报于公司首席执行官，其职务有别于公司普通劳动者，同公司管理层间能否有效沟通、建立充分信任，影响到其本人工作效能及职业发展，亦将影响到公司整体的运营和发展；陈某某仅在职工作9天，北京某网络技术公司即作出解除劳动合同决定，表明双方信任、合作基础相对薄弱。除上述因素外，一审法院还从陈某某的个人真实意愿及目前工作情况角度进行综合考量。两审法院最终的结论是一致的，即认为如果继续履行劳动合同，将难以构建和发展和谐稳定的劳动关系，双方间不具有继续履行劳动合同的基础，故对劳动者要求继续履行劳动合同的请求不予支持。

如前所述，因劳动合同双方具有较强的身份隶属关系，如果劳动关系双方信任、合作基础相对薄弱，尤其对于一些重要工作岗位的劳动者而言，如果继续履行劳动合同，很可能对双方的发展都是不利的，而且极易引发新的矛盾。此种情况，类似于离婚诉讼中因"夫妻感情确已破裂"而判决离婚的案件。在劳动合同不具备继续履行的主客观基础时，好合好散，无疑对于劳动关系双方都是更好的解决问题的路径。本案的情况并不完全对应《北京高院解答》问题9列举的前6种具体情况，应当归于该条解答最后的兜底条款：其他明显不具备继续履行劳动合同条件的。应当说，实践中个案情况纷繁复杂，很难一一列举不具备继续履行劳动合同条件的所有情形，上述兜底条款，就是留给法官自由裁量的余地，以做出最优的选择和判断。因此，法院对本案的认定是正确的。

【裁判依据】

1.《劳动合同法》第 48 条

2.《最高人民法院关于审理劳动争议案件适用法律若干问题的解释》第 13 条

（撰稿人　李　军）

02

已休年休假的举证责任不得类推适用《工资支付暂行规定》的相关规定

——孙某诉北京某国际俱乐部劳动争议案

裁判规则

年休假的举证责任的分配问题。用人单位抗辩已经安排劳动者休年休假了,因用人单位掌握管理劳动者年休假安排的证据,其应当提供证据予以证明,用人单位不提供的,应当承担不利后果。

案　情[1]

孙某于2003年10月入职北京某国际俱乐部,入职时双方签署一份一年期的劳动合同,该合同到期后,双方未再续签劳动合同。2018年1月26日,北京某国际俱乐部向孙某宣读《会议纪要》,内容为免去其总经理职务,工作安排另有任用,即日起向相关人员做工作交接、配合离任审计。2018年1月31日,孙某与北京某国际俱乐部总经理刘某某办理交接,并形成《交接文件》,其中第7项交接内容为"公司章印鉴卡(公章、财务、法人、合同章)"。截至2018年5月前北京某国际俱乐部正常为孙某缴纳社会保险。

孙某2017年2月至2017年7月工资总额为64,930元,自2017年8月起北京某国际俱乐部未向孙某支付工资,经双方核算2017年8月至2018年1月工资税前金额共计为64,960元,上述款项扣减社会保险个人应负担费用、住房公

[1] (2019)京01民终3434号。

积金及个人所得税后的金额共计 47,921.84 元。

孙某主张其 1987 年参加工作,至 2008 年已累计工作满 20 年,可享受 15 天年休假,在职期间从未享受带薪年休假,北京某国际俱乐部应支付未休年假工资。就其工作年限情况,孙某向法院提交:(1)加盖北京某国际俱乐部印章的证明,内容:孙某:……于 1987 年参加工作,先后就职于“中国大饭店”“北京嘉里中心饭店”“圣罗杰斯北京国际俱乐部饭店”任部门经理职务,2003 年 7 月入职北京某国际俱乐部工作,2005 年 5 月任北京某国际俱乐部总经理一职至今。无犯罪记录。无固定期限劳务合同雇员。落款时间为 2017 年 7 月 11 日。(2)中国国际贸易中心有限公司中国大饭店国贸饭店人力资源部于 2018 年 8 月 1 日出具《工作证明》,记载“兹证明孙某是我单位正式员工,1987 年 8 月 1 日至 1996 年 2 月 28 日和 2003 年 3 月 15 日至 2003 年 10 月 15 日在中国国际贸易中心有限公司中国大饭店工作。孙某于 2003 年 10 月 15 日因个人原因辞职与我单位解除劳动合同”。(3)孙某某、王某某、许某的书面证言,书面证言中三人身份均为中国大饭店员工,证明孙某在中国大饭店工作时间及在除中国大饭店之外其他单位就职情况。(4)社保缴费记录,显示孙某 2000 年 11 月至 2001 年 2 月由北京某国际俱乐部为孙某缴纳 4 个月社会保险,2003 年 4 月至 2003 年 10 月北京某国际俱乐部为孙某缴纳 7 个月社会保险,2004 年 3 月至 2018 年 5 月由北京某国际俱乐部为孙某缴纳 171 个月社会保险。北京某国际俱乐部对孙某提交的社保缴费记录真实性不持异议,对 2017 年 7 月 11 日加盖北京某国际俱乐部印章的《证明》证明目的不予认可,表示孙某是公司总经理,其本人可以接触公司印章。北京某国际俱乐部对中国国际贸易中心有限公司中国大饭店国贸饭店人力资源部出具的《工作证明》及书面证言的真实性及证明目均不予认可。案件审理过程中,法院与中国大饭店就该单位出具《工作证明》进行核实,该单位回复 2018 年 8 月 1 日的《工作证明》为该单位出具,孙某 1987 年 8 月 1 日起在其单位工作,该情况在人事档案中有所记载,1992 年至 1996 年由该单位为孙某缴纳社会保险,在《企业职工养老保险手册》中记载,1996 年 2 月 28 日孙某离职,自 1997 年后《企业职工养老保险手册》需由用人单位办理清册后,方能在社保系统中显示缴纳社会保险情况。孙某与北京某国际俱乐部对法院向中国大饭店核实的情况不持异议。就孙某社会保险缴费记录中与孙某自述入职北京某国际俱乐部时间不一致的情况,法院向孙某进行核实,孙某表示其在 2003 年 10 月入职北京某国际俱乐部，为何北京某国际俱乐部缴纳其入职前的社会保险其本人并不知晓相关情况。就工作年限的情况，孙某表示1987年8月1日至1996年2月28日根据中国大饭店出具的证明，显示有工作年限8年7个月；1996年3月至2003年3月14日虽有工作经验没有相关证据，不再主张；2003年3月15日至2003年10月15日，根据中国大饭店出具的证明，工作年限为7个月；2003年10月14日至2018年1月31日一直在北京某国际俱乐部工作，据此推算，2004年8月起已累计工作满10年，每年应享受10天年休假，2014年8月起累计工作满20年，每年应享受15天年休假。孙某表示按照此标准核算其可享受年休假工资。北京某国际俱乐部则表示，孙某担任经理职务，他本人自行安排工作时间，年休假均已全部休完。北京某国际俱乐部就此主张并未提交证据。

北京市海淀区人民法院认为，就年休假工资一节，北京某国际俱乐部主张孙某已享受年休假，并未就此主张提交证据，法院对北京某国际俱乐部该主张不予采纳，北京某国际俱乐部应向孙某支付2008年1月1日至2018年1月31日未休年休假工资。法院根据孙某提交的中国国际贸易中心有限公司中国大饭店国贸饭店人力资源部于2018年8月1日出具《工作证明》及社保缴费记录核算孙某工作年限情况为2004年8月起已累计工作满10年，2014年8月起累计工作满20年。据此核算北京某国际俱乐部应向孙某支付2008年1月1日至2018年1月31日未休年休假工资116,453.14元。

北京市海淀区人民法院：北京某国际俱乐部于判决生效之日起十日内，向孙某支付2008年1月1日至2018年1月31日未休年休假工资116,453.14元。

北京某国际俱乐部不服提起上诉，请求撤销一审判决，依法改判无须支付未休年休假工资；上诉理由是关于孙某在职期间有无享受带薪年休假，用人单位仅负有2年的举证责任，对于超出2年的部分，孙某应自行承担举证责任。

【裁判结论】

北京市第一中级人民法院判决：驳回上诉，维持原判。

【裁判观点】

北京市第一中级人民法院认为：关于2008年1月1日至2018年1月31日未休年休假工资一节。北京某国际俱乐部主张关于孙某在职期间有无享受带薪年休假,其作为用人单位仅负有 2 年的举证责任,对于超出 2 年的部分,孙某应自行承担举证责任。北京某国际俱乐部该项主张没有法律依据,本院不予采信。北京某国际俱乐部作为用人单位,应当举证证明其安排孙某休年休假情况,其未就此举证,应承担不利后果。据此,应当认定北京某国际俱乐部未安排孙某休年休假。一审法院经核算,认定北京某国际俱乐部应支付孙某 2008 年 1 月 1 日至 2018 年 1 月 31 日未休年休假工资 116,453.14 元,并无不当,本院予以确认。

法官评析

关于未休年休假的举证责任,涉及两个层面,一是劳动者是否已经休了年休假;二是若劳动者未休年休假,用人单位是否支付了相应工资。

关于劳动者是否已经休年休假,由谁承担该事实的举证责任并无明确规定。劳动争议中,由于劳资双方在地位、保管相关证据能力处于不平等的状态,因此在劳动争议的举证责任方面,不少情形下不遵循“谁主张,谁举证”的基本规则。根据《劳动争议调解仲裁法》第 6 条之规定,发生劳动争议,当事人对自己提出的主张,有责任提供证据。与争议事项有关的证据属于用人单位管理掌握的,用人单位应当提供;用人单位不提供的,应当承担不利后果。

实践中,根据《职工带薪年休假条例》第 5 条第 1 款之规定,单位根据生产、工作的具体情况,并考虑职工本人意愿,统筹安排职工年休假。可见,是由用人单位安排职工年休假,负责审批劳动者年休假,管理掌握劳动者是否休年休假的情况,用人单位应掌握该份证据。

但是,诚如本案中存在的情形,劳动者主张的年休假工资从 2008 年开始,长达 10 年之久,若要求用人单位对已经安排劳动者休年休假的相关证据保存 10 年,是否过于严苛。能否采取本案中当事人所抗辩的主张,用人单位仅负有 2 年的举证责任,对于超出 2 年的部分,应由劳动者自行承担举证责任。用人单位的抗辩,其实就是主张类推适用《工资支付暂行规定》第 6 条第 3 款的规定,用人单位应保存工资支付记录 2 年以上备查。实践中,劳动者主张用人单位拖欠工资的案件,用人单位承担 2 年之内工资及时足额支付的举证责任,若其不能证明,承担不利后果;劳动者承担 2 年之前工资未及时足额支付的举证责任,若不能证据的,其承担不利后果。但是关于工资支付的举证责任的相关规范是否可类推适用到用人单位是否已经安排劳动者休年休假的情况,不无疑问。

本院的观点是不得类推适用的。主要理由是,从证明的基本原理看——证据只能证明存在,无法证明不存在。劳动者若负担证明其哪年未休年休假,相当于证明不存在的一个情况,是无法证明的。相反,用人单位是具有可能证明劳动者哪年已经休年休假的情况,即使久远,但是至少对用人单位来说,是可能证明的。另外,劳动者不负责考勤,也无权力负责自己的考勤,其不掌握用人单位是否安排其年休假的情况。而关于工资支付的情况,劳动者作为受领方,其掌握了相关材料,如工资清单,银行转账记录等,所以针对2年之外的工资支付情况,劳动者可证明用人单位已经支付的数额,若该数额低于应付工资,举证责任发生转移,用人单位就要证明已经及时足额工资,不能或不足以证明的,用人单位应当承担不利后果。

关于劳动者未休年休假,是否已经支付相应的年休假工资的举证责任问题。虽然司法实践中对"未休年休假工资报酬"(主要是200%部分)的性质存在争议,一方认为是对用人单位未安排劳动者休年休假的惩罚——惩罚性赔偿;另一方认为是劳动者提供劳动的对价——劳动报酬。但无论如何,针对未休年休假工资,具有适用《工资支付暂行规定》第6条第3款规定之余地,即用人单位对2年之内的已经支付劳动者未休年休假工资的情况,承担举证责任;对2年之前的,劳动者承担举证责任。

本案中,北京某国际俱乐部作为用人单位,掌握孙某年休假的情况,应就此承担举证责任。北京某国际俱乐部主张孙某在职期间有无享受带薪年休假,用人单位仅负有2年的举证责任,对于超出2年的部分,孙某应自行承担举证责任,并无法律依据。

【裁判依据】

1.《劳动争议调解仲裁法》第6条

2.《工资支付暂行规定》第6条

（撰稿人　王　飞）

03

女职工生育津贴与正常工资差额的计算标准

——北京某科技开发公司诉高某劳动争议案

裁判规则

生育津贴为女职工产假期间的工资，生育津贴低于本人工资标准的，差额部分由用人单位补足。若用人单位在女职工孕期、产期降低了其工资，工资标准的认定，应当不得低于女职工生育上一年度职工月平均工资标准。

案　情[1]

高某于2008年7月23日入职北京某科技开发公司，担任软件开发测试技术支持，双方签订最后一份劳动合同期限为2010年7月23日至2015年7月22日。

2014年5月5日北京某科技开发公司与高某签署《休假待岗协议》，双方约定高某自2014年5月1日起休待产假，北京某科技开发公司每月向高某支付1248元生活费，其中第5条约定："乙方（高某）正常上班后，一切待遇恢复，并且给予'（工资标准—生育津贴）元/月×产假月数'元奖金的奖励，该部分奖金将按照半年一次两年发完，第一年发放三分之二，第二年发放三分之一"。高某于2014年10月1日剖宫产一名男婴，自2014年10月1日至2015年2月20日休产假共143天，经社保基金核算，高某生育津贴为16,568.93元，现已由北京某科技开发公司支付高某。高某产假结束后未返岗工作，现双方均认可劳动关系已解除。

---

〔1〕（2016）京01民终646号。

高某主张2013年9月起月工资标准为12,000元,并提交的银行明细单予以佐证,该明细单显示高某2013年10月至2014年2月每月实发工资数额均在10,000元以上,2014年3月至4月每月实发工资数额为2263.02元。北京某科技开发公司对银行明细单的真实性不持异议,但主张高某工资标准为6000元,多出部分款项系报销费用。北京某科技开发公司未就其上述主张提交相应证据。就生育津贴计算基数一节,高某主张按照每月10,000元标准作为计算基数,北京某科技开发公司主张应当按照每月6000元标准作为计算基数。

高某以要求北京某科技开发公司支付产假津贴差额为由申请仲裁,北京市海淀区劳动人事争议仲裁委员会裁决:北京某科技开发公司于本裁决书生效之日起十日内,支付高某2014年10月1日至2015年2月20日生育津贴差额31,097.7元。北京某科技开发公司不服仲裁裁决,请求判决北京某科技开发公司无须支付高某生育补贴差额31,097.7元。

北京市海淀区人民法院认为:依据《北京市企业职工生育保险规定》第15条第2款之规定,生育津贴为女职工产假期间的工资,生育津贴低于本人工资标准的,差额部分由企业补足。依据上述规定,生育津贴系女职工产假期间工资,系女职工应享受的法定权利,北京某科技开发公司与高某签署《休假待岗协议》第5条约定实质上将上述权利变更为企业奖励,且附加"正常上班"之义务,确与上述法律法规相悖,故北京某科技开发公司应向高某支付产假期间生育津贴。

就高某工资标准一节,虽北京某科技开发公司主张高某月工资标准为6000元,该公司多支付的款项系报销费用,但未就此提交相应证据,对此一审法院不予采信。依据高某所提交的北京某科技开发公司认可真实性的银行明细单所载明的每月工资数额及双方《休假待岗协议》所约定的生活费数额核算,北京某科技开发公司主张按照每月6000元标准作为生育津贴计算基数,未低于高某生育前12个月平均工资标准,故一审法院以上述标准作为高某应得生育津贴之计算基数。

北京市海淀区人民法院判决:北京某科技开发公司于本判决生效后七日内支付高某生育津贴差额12,031.07元。

高某不服提起上诉,请求改判背景某科技开发公司支付其2014年10月1日至2015年2月20日的生育津贴差额31,097.7元。

【裁判结论】

北京市第一中级人民法院判决：(1)撤销北京市海淀区人民法院(2015)海民初字第32787号民事判决；(2)北京某科技开发公司于本判决生效后十日内支付高某生育津贴差额31,097.7元。

【裁判观点】

北京市第一中级人民法院认为：本案的争议焦点为高某产假期间应得工资标准。《北京市企业职工生育保险规定》第7条规定："……职工缴费基数按照本人上一年月平均工资计算；低于上一年本市职工月平均工资60%的，按照上一年本市职工月平均工资的60%计算；高于上一年本市职工月平均工资3倍以上的，按照上一年本市职工月平均工资的3倍计算；本人上一年月平均工资无法确定的，按照上一年本市职工月平均工资计算。"第15条规定："生育津贴按照女职工本人生育当月的缴费基数除以30再乘以产假天数计算，生育津贴为女职工产假期间的工资，生育津贴低于本人工资标准的，差额部分由企业补足。"依据该两条规定可以确定，女职工产假期间应得工资标准，一般应为其本人上一年月平均工资。本案中根据查明事实，高某于2014年10月生育，其2013年的月平均工资在1万元以上，故高某请求北京某科技开发公司按1万元标准补足产假工资，符合政策规定，应当支持。而北京某科技开发公司所称按劳动合同约定的6000元补足产假工资，与政策规定不符，法院不能采纳。

法官评析

《女职工劳动保护特别规定》第5条规定，用人单位不得因女职工怀孕、生育、哺乳降低其工资、予以辞退、与其解除劳动合同或聘用合同。该条明确规定了女职工"三期"期间的工资应当与正常提供劳动时的工资一致，不得随意降低。同时，《北京市企业职工生育保险规定》规定，生育津贴即产假工资，生育津贴高于本人产假工资标准的，用人单位不得克扣；生育津贴低于本人产假工资标准的，差额部分由用人单位补足。故本案最终判决北京某科技开发公司向高某支付生育津贴差额。但如何确定女职工产假期间工资标准，从而确定生育津贴的差额，法律法规并没有明确的规定。

本案的争议焦点就在于如何确定高某的工资标准。高某正常工作期间及孕期、产期的工资经过多次调整，如何确定工资标准以判决补足差额的具体数额，一审、二审法院出现意见分歧，而这一意见分歧也正代表了实践中对于女职工产假工资标准认定的两种不同观点。一种观点认为女职工产假期间工资标准应当以生育前 12 个月平均工资作为月工资标准。本案一审法院就认为，北京某科技开发公司主张按照每月 6000 元标准作为生育津贴计算基数，未低于高某生育前 12 个月平均工资标准，故一审法院以该标准作为高某应得生育津贴之计算基数。另一种观点则认为应当以女职工生育时上一年度月平均工资作为产假工资标准，本案二审法院就采用了该种观点。

首先，从规章政策层面来看，第二种观点具有制度依据。《北京市企业职工生育保险规定》第 7 条第 2 款、第 3 款规定，企业按照其缴费总基数的 0.8% 缴纳生育保险费。企业缴费总基数为本企业符合条件的职工缴费基数之和。职工缴费基数按照本人上一年月平均工资计算；低于上一年本市职工月平均工资 60% 的，按照上一年本市职工月平均工资的 60% 计算；高于上一年本市职工月平均工资 3 倍以上的，按照上一年本市职工月平均工资的 3 倍计算；本人上一年月平均工资无法确定的，按照上一年本市职工月平均工资计算。同时，该规定第 15 条第 1 款规定，生育津贴按照女职工本人生育当月的缴费基数除以 30 再乘以产假天数计算。此外，根据《北京市人力资源和社会保障局关于调整本市职工生育保险政策有关问题的通知》（京人社医发〔2011〕334 号）第 2 条的规定，用人单位应当为其职工办理参加生育保险手续，并按照《北京市企业职工生育保险规定》（第 154 号政府令）的规定缴纳生育保险费用。生育津贴按照职工所在用人单位月缴费平均工资除以 30 天再乘以产假天数计发。上述规定虽然没有明确女职工产假期间的工资标准，但根据行文可以得出的结论是，女职工生保险的缴纳及生育津贴的计算均是由上一年度职工月平均工资决定，而生育津贴即产假工资。

其次，从统一裁判尺度的角度来看，第二种观点与类似纠纷的处理方式相同。劳动者被无故降薪要求用人单位补足工资差额是实践中常见的一种纠纷类型，也是与补足生育津贴差额最相类似的纠纷，都涉及工资标准的认定问题。补足工资差额案件中，劳动者的工资标准认定原则有两点，一是根据双方劳动合同约定确定;二是实际履行改变劳动合同约定的,以劳动合同实际履行中用人单位实际支付的工资确定工资标准。本案双方对高某工资标准争议,实质上也是由于用人单位多次降薪引发。双方合同约定工资为6000元,高某正常工作期间实际发放均在10,000元以上,按照《劳动争议司法解释(四)》第11条的规定,应当以实际履行中北京某科技开发公司支付的工资作为月工资标准,北京某科技开发公司在高某怀孕后降低其工资的行为不符合《女职工劳动保护特别规定》,也违反了《劳动合同法》关于工资标准变更的规定,故以高某生产上一年度月平均工资作为工资标准,更符合一般案件的审理思路。

【裁判依据】

1.《女职工劳动保护特别规定》第5条

2.《北京市企业职工生育保险规定》第7条

3.《北京市人力资源和社会保障局关于调整本市职工生育保险政策有关问题的通知》

(撰稿人　刘佳洁)

04

未缴纳社会保险的补偿款不属于工资

——胡某诉北京某科技有限公司劳动争议案

裁判规则

用人单位与劳动者约定用人单位不给劳动者缴纳社保,用人单位按月支付个人补偿款,这笔款项属于用人单位不给劳动者缴纳社保的对价,并非工资。

案　情[1]

胡某于2005年10月入职北京某科技有限公司,岗位为化工。2010年3月16日,北京某科技有限公司向胡某书面通知统一办理保险事宜,胡某签收回执并在情况说明处注明"由于本人已在家乡单位办理社会保险及医疗保险,因此无须再重复在单位办理上社会保险及医疗保险"。2012年11月14日,北京某科技有限公司(甲方)与胡某(乙方)就基本社会保险问题签订协议书,内容有:"一、甲方要求乙方参加全国统一基本社会保险。二、如果乙方由于种种原因不愿在甲方参加全国统一基本社会保险,甲方将该部分在工资表项目栏内以保险补贴的形式体现出来……"胡某在北京某科技有限公司工作至2018年1月19日,双方因社保缴纳问题发生争执,未能达成一致。胡某称其被开除,并提交同事薛某某与赵经理的谈话录音,该录音中显示"赵经理:你有什么想法都可以说,咱们把事情讲清楚,就像周某某说签个协议,对不对? 薛某某:你现在说他几个,您还想给他们弄个停工,给我直接弄个你走吧"。北京某科技有限公司对录音证明目的不认可,称赵经理没有人事决定权,不能代表公司意见,薛某某是自己决

〔1〕(2019)京01民终2582号。

定离开,不是被辞退。北京某科技有限公司称胡某离职原因是公司要为员工上社保,但胡某不同意承担自己应负担的那部分,双方始终谈不拢,胡某就走了,没有办理任何交接,并直接提起仲裁申请。胡某表示也有不交社保的原因,也有自己不想干的原因。

胡某的户口性质为农业户口,北京某科技有限公司未为胡某缴纳社会保险。

北京某科技有限公司未支付胡某 2017 年 12 月及 2018 年 1 月工资,并提交法定代表人刘某银行账户明细清单,证明胡某借款 30,000 元,仅还款 10,000 元。胡某称银行账户明细清单中显示刘某转入胡某账户的 30,000 元日期为 2012 年,时间太长没还不符合逻辑,不认可是借款。

庭审中,胡某提交银行转账记录,证明其离职前 12 个月平均工资为 4544 元,该记录显示了北京某科技有限公司法定代表人刘某个人账户向胡某发放 2016 年 12 月至 2017 年 11 月工资情况。北京某科技有限公司对银行转账记录真实性认可,亦认可胡某以 2016 年 12 月至 2017 年 11 月工资计算离职前 12 个月平均工资的计算方式,但表示应从中扣除每月支付的社保补贴。

北京某科技有限公司提交 2008 年 1 月、2008 年 2 月、2009 年 3 月、2009 年 7 月、2010 年 4 月、2010 年 5 月、2010 年 7 月至 2010 年 12 月及其他月份薪资表,证明已在工资中支付胡某等人社保补贴,2008 年 1 月至 2010 年 1 月每人每月 300 元、2010 年 2 月至 2010 年 7 月每人每月 400 元、2010 年 8 月至 2011 年 8 月每人每月 450 元、2011 年 9 月至 2013 年 2 月每人每月 500 元、2013 年 3 月至 2018 年 1 月每人每月 650 元。其中显示已支付胡某 2008 年 1 月至 2010 年 12 月社保补贴共计 4650 元。胡某对薪资表真实性未持异议,但表示不存在社保补贴,应是工资的一部分。

北京市昌平区人民法院认为:当事人对自己提出的诉讼请求所依据的事实或者反驳对方所依据的事实有责任提供证据加以证明。没有证据或者证据不足以证明当事人的事实主张的,由负有举证责任的当事人承担不利后果。胡某与北京某科技有限公司因缴纳社会保险问题发生争执,未达成一致意见,之后胡某以被停工为由未到北京某科技有限公司工作,并申请仲裁,综合双方当事人陈述及产生争议的原因,法院视为双方未就社保缴纳问题达成一致,胡某因北京某科技有限公司未缴纳社保而提出解除劳动关系,故北京某科技有限公司应支付胡某解除劳动关系经济补偿金。关于补偿金的金额,北京某科技有限公司对银行转账记录真实性认可,亦认可胡某以2016年12月至2017年11月工资计算离职前12个月平均工资的计算方式,法院不持异议。北京某科技有限公司表示应从中扣除每月已付社保补贴的主张,依据不足,法院不予采信。根据胡某提交的银行账户明细及实发工资计算,胡某主张按离职前12个月平均工资为4544元计算经济补偿金,合法有据,法院予以支持,北京某科技有限公司应支付胡某解除劳动合同经济补偿金47,712元。胡某要求支付经济补偿金的过高部分,依据不足,法院不予支持。

北京市昌平区人民法院判决:北京某科技有限公司于判决生效后十日内支付胡某解除劳动关系经济补偿金47,712元。

【裁判结论】

北京市第一中级人民法院判决:北京某科技有限公司于本判决生效后十日内支付胡某解除劳动关系经济补偿金42,747.29元。

【裁判观点】

北京市第一中级人民法院认为:就双方劳动关系状态一节,双方均认可胡某离开北京某科技有限公司、不再提供劳动、不再享受工资待遇的事实,故本院采信胡某的主张,认定双方劳动关系已于2018年1月解除。结合仲裁程序、一审程序中双方的陈述和证据,本院认为一审法院认定胡某因北京某科技有限公司未缴纳社会保险而提出解除劳动关系,并无不当,本院依法予以确认。鉴于北京某科技有限公司存在未为胡某缴纳社会保险的事实,该公司应向胡某支付解除劳动关系经济补偿金。就胡某离职前12个月的平均工资数额,双方均认可银行转账记录的真实性,本院对该证据体现的胡某收到金额予以采信;同时,胡某认可薪资表的真实性,并在薪资表中签名确认,而薪资表中明确记载了社保补贴数额,故本院对有胡某签字确认的薪资表所体现的社保补贴数额予以采信,该金额应在计算平均工资数额时予以核减。经核算,胡某离职前12个月平均工资为4071.17元,北京某科技有限公司应支付胡某解除劳动关系经济补偿金42,747.29元。

法官评析

该案涉及计算解除劳动合同经济补偿金时,关于月工资的认定问题。

根据《劳动合同法》第47条第3款之规定，月工资是指劳动者在劳动合同解除或者终止前十二个月的平均工资。针对每个月工资的组成，并无明确的法律规定，按照现行规范性文件，工资是指用人单位依据劳动合同的规定，以各种形式支付给劳动者的工资报酬，工资总额包括下列六个部分：计时工资、计件工资、奖金、津贴和补贴、加班加点工资、特殊情况下支付的工资。从上述规定来看，工资本质上是一种劳动报酬、劳动者提供劳动的对价。

社保的保费，其中部分是用人单位缴纳、部分由劳动者缴纳。针对用人单位缴纳的保费，虽然这笔钱款是为了劳动者的权益进行投保，但是并不进入劳动者个人账户，而是进入到社会统筹账户。其作用虽然也是为了特定劳动者在遭受风险时，获得相应的保障，但是其与私人保险还是有区别的，其不考虑被保险人由于不同性别、健康状况，不考虑被保险人的风险高低，均适用同样的费基与费率。这就导致被保险人获得的保障与支付的保费不具有等值性。针对这部分的偏离，用人单位发挥其社会责任以及政府通过财政补贴，纠正这种偏离，使被保险人本人支付的保费并不低于其应获得保障。所以社会保险还格外烙了社会政策目的的印记，平衡了所有国民的利益。从这个角度看，用人单位给其职工缴纳的保费，是为了其单位职工，但也不仅仅是为了其单位的职工。正如实践中所反映的，用人单位缴纳的保费进入到统筹账户的保费，即使劳动者退保，也无法将其退还给劳动者本人，因为其本身就不属于劳动者本人的财产。所以在计算劳动者的工资时，不应当将用人单位支付的保费考虑在内。同时诚如本案中情形，在双方约定用人单位不缴纳社保，而每月额外支付一笔钱财，劳动者获得的对价并非其劳动的报酬，而是劳动者与用人单位恶意串通，协助用人单位逃避其法定责任，而获得的好处费，是一种违法所得，自然不属于工资。

【裁判依据】

1.《劳动合同法》第47条

2.《关于工资总额组成的规定》第4条

3.《工资支付暂行规定》第3条

（撰稿人　王　飞）

05

加班事实的举证责任分配

——徐某诉北京某食品有限公司劳动争议案

裁判规则

劳动者主张加班费的,应当就加班事实的存在承担举证责任。用人单位认可劳动者主张的加班事实但就具体时间存在争议时,应由用人单位承担举证责任。

案　情〔1〕

徐某于2017年7月10日入职北京某食品有限公司,担任电工,工作至2018年1月16日。2018年6月15日,徐某向昌平仲裁委申请仲裁,要求北京某食品有限公司:支付2017年7月10日至2018年1月16日的法定节假日加班费2300元。2019年2月1日,昌平仲裁委作出京昌劳人仲字〔2018〕第2827号裁决书,裁决驳回徐某的申请请求。

北京市昌平区人民法院认为:劳动者主张加班费的,应当就加班事实的存在承担举证责任。徐某虽主张其在2017年7月10日至2018年1月16日存在法定节假日加班,但未提交相应证据予以证明,故其要求支付加班费的诉讼请求,法院不予支持。

北京市昌平区人民法院判决:驳回徐某的诉讼请求。

徐某不服提起上诉,请求撤销一审判决,改判北京某食品有限公司支付其2017年7月10日至2018年1月16日法定节假日加班费2300元。

---

〔1〕 (2019)京01民终5734号。

二审查明:双方均认可真实性的本案仲裁笔录记载,北京某食品有限公司在仲裁阶段陈述“临时用工,工作一天结算一天工钱,没有节假日休息……”“不认可5天属于加班,口头约定没有节假日,这5天徐某是否上班不清楚”。本案一审庭审笔录记载,北京某食品有限公司称徐某法定节假日不存在加班。二审期间,北京某食品有限公司对徐某的加班情况前后作出多次陈述。第一次询问时,北京某食品有限公司于答辩意见中称徐某只有10月1日存在加班;开庭审理过程中,北京某食品有限公司认可2017年国庆节徐某存在3天加班,但主张已经支付加班费。法院再次询问,北京某食品有限公司主张徐某加班时间为2017年10月5日、6日、7日三天,10月1日至4日没有加班。徐某主张其于2017年国庆节加班3天、中秋节加班1天,2018年元旦加班1天。

北京市第一中级人民法院作出的(2018)京01民终9703号民事判决书认定,徐某在职期间月平均工资为4243元。

【裁判结论】

北京市第一中级人民法院判决:(1)撤销北京市昌平区人民法院(2019)京0114民初4548号民事判决;(2)北京某食品有限公司于判决生效后七日内,向徐某支付2017年7月10日至2018年1月16日的法定节假日加班费1755.72元。

【裁判观点】

北京市第一中级人民法院认为:首先,北京某食品有限公司于二审期间认可徐某国庆节期间加班3天,后又主张国庆节加班时间为2017年10月5日至7日,北京某食品有限公司就其所述具体加班日期未提供充分有效证据予以证明,而该公司关于徐某国庆节期间加班的陈述前后存在多处矛盾,故法院对北京某食品有限公司关于徐某2017年国庆节加班的具体日期的主张不予采信,从而认定徐某于2017年国庆节期间存在3天法定节假日加班,北京某食品有限公司应当向徐某支付该期间的法定节假日加班费1755.72元。其次,关于中秋节、元旦期间的加班。徐某主张北京某食品有限公司于仲裁期间认可其上述期间存在加班,但根据其提交的仲裁笔录记载的内容,北京某食品有限公司关于法定节假日上班的陈述系对徐某工资支付以及双方劳动关系状态的描述,并不能构成对加班事实存在的自认，加之徐某不能提交其于中秋节、元旦期间提供劳动的直接证据，法院对徐某关于中秋节及元旦期间的加班费的请求，不予支持。

法官评析

劳动者主张加班费一直是劳动争议案件的审理焦点，涉加班费的纠纷在劳动争议案件中占比居高不下。《劳动争议司法解释（三）》第9条对加班事实的举证责任分配问题作出了全面具体的规定，[1]但在用人单位认可加班事实但否认劳动者主张的加班日期的情形下，如何分配加班日期的举证责任成为新的难点。

一、加班事实的举证责任由劳动者承担

根据学界理论通说，举证责任又称证明责任，具有双重含义，一是行为意义上的证明责任，解决的主要是哪一方当事人应当对要件事实提供证据的问题；二是结果意义上的证明责任，主要在事实真伪不明时，法院应当判决某一方当事人承担以该事实为要件的、于己有利的法律效果不获认可的不利益。前者往往与具体的诉讼相联系，属于事实问题，而后者与具体的证明评价并不相关，属于法律问题。[2]

依照《劳动争议司法解释（三）》第9条的规定，加班事实的举证责任由劳动者承担。根据我国《民事诉讼法》和《关于民事诉讼证据的若干规定》确定的法律要件分类说的举证责任的分配规则来看，《劳动争议司法解释（三）》第9条第1款的内容与之相一致，由主张权利存在的当事人对作为该权利发生原因的事实承担证明责任。本案中，徐某主张其于中秋节、元旦两个法定节假日存在加班，北京某食品有限公司对此不予认可。徐某未对其主张的上述期间的加班事实提供证据予以证明，也即，其未完成行为意义上的证明责任，故徐某应承担举证不能的不利后果，其该部分请求不能得到法院支持。

---

〔1〕《最高人民法院关于审理劳动争议案件适用法律若干问题的解释（三）》第9条规定：劳动者主张加班费的，应当就加班事实的存在承担举证责任。但劳动者有证据证明用人单位掌握加班事实存在的证据，用人单位不提供的，由用人单位承担不利后果。

〔2〕参见最高人民法院民事审判第一庭：《最高人民法院劳动争议司法解释（三）的理解与适用》，人民法院出版社2015年版，第136页。

二、特定情形下,劳动者证明负担的减轻

根据本案查明的事实:徐某主张国庆节加班 3 天,而北京某食品有限公司当庭陈述徐某于该时期确实存在加班 3 天的情形。据此,法院可认定,北京某食品有限公司的陈述构成就徐某主张的"加班 3 天"这一待证事实的自认。换言之,徐某就"加班 3 天"这一事实无须再行举证。双方的分歧在于徐某加班的具体日期:徐某主张为法定节假日 3 天进行加班,而北京某食品有限公司则主张徐某于 2017 年 10 月 5 日至 7 日加班。至此,法院面临一个问题:存在加班事实的前提下,加班的具体日期或者时长应由哪一方当事人承担举证责任? 对此问题,法律没有具体规定,也无其他司法解释可作为确定举证责任承担的依据。

本案中,法院将前述举证责任分配给用人单位。理由如下:

首先,现实中,用人单位安排劳动者加班往往采用口头通知,并无书面证据,仅能通过工资表或者工资单体现。且即使用人单位采用打卡、签书面加班单、工作平台申请等形式来记录劳动者的加班事实,这些证据也由用人单位予以保存,劳动者无从获取。如要求劳动者在对加班事实负有举证责任后,再进一步要求其承担具体加班日期或时长的举证责任,无疑加重了劳动者的证明负担,不利于保护劳动者的权益。考虑前述事实因素,在存在加班事实的前提下,明显用人单位对证明具体的加班时间以及加班时间的长短拥有相对较强的举证能力。

其次,依民事诉讼诚信原则的要求,用人单位既然作出陈述认可劳动者存在加班的事实,应不是凭空得出,而系基于对相关事实的了解。至此,法院有理由推定:用人单位因其保存有劳动者加班具体情形的证据方才在此基础上对加班事实的存在作出自认陈述。此时由用人单位对其主张提供证据,有利于查明事实,具有合理性。而如果用人单位此时不提供证据或者不能提供有效证据证明其主张的,可推定该证据对其不利,继而法院可将对方当事人的主张拟制为真实。

最后,《关于民事诉讼证据的若干规定》第 7 条规定:"在法律没有具体规定,依本规定及其他司法解释无法确定举证责任承担时,人民法院可以依据公平原则和诚实信用原则,综合当事人举证能力等因素确定举证责任的承担。"综合前述两项因素,考虑到劳动者确实存在举证之困难,如果在用人单位自认存在加班事实的情形下，仍继续由劳动者承担举证责任，显然对劳动者不够公平，此时应实现举证责任的转换。具体到本案中，法院经综合考量双方举证的能力，依据诚信原则及公平原则将加班的具体时间的举证责任分配给用人单位。因北京某食品有限公司未提供有效证据，故由其承担相应不利后果，继而法院将徐某的主张拟制为真，据此作出支持徐某主张的判决。

【裁判依据】

1.《劳动争议司法解释(三)》第9条

2.《关于民事诉讼证据的若干规定》第7条

（撰稿人　张江南）

06

加班与值班的甄别

——李某诉北京某生物科技有限公司劳动争议案

裁判规则

结合劳动者的具体工作内容、工作要求等可以认定劳动者值班期间的工作内容与其本职工作无关，劳动者亦未就其值班期间具体工作内容进一步提交充分有效证据证明的情况下，不宜认定值班构成加班。

案　情[1]

李某于2017年3月27日入职北京某生物科技有限公司，双方签订的劳动合同中约定李某的岗位为产品经理。

双方均认可因北京某毛发移植整形医院与某生物科技公司为共同的管理层，因此统一安排了某生物科技公司员工到北京某毛发移植整形医院值班，在某生物科技公司值晚班和值白班的值班费为每班50元，双方对于值班是否为加班存在分歧。李某主张其在职期间存在延时加班和休息日加班，平时加班是17:30至20:00，周末加班为8:00至17:30，白班一般两个人，晚班一个人，值班属于加班，平时周末值一次白班一次晚班支付100元，值一次晚班50元。为证明其主张，李某提交了某毛发移植整形医院管理群微信截屏予以佐证，各月群中都会发布平日晚班值班表和周末中层值班表，平时晚班值班表中会注明“说明：1. 值班人员请准时在17:30到一楼前台；2. 咨询或医护人员如果因咨询班或手术不能在前台值班，请及时与其他管理者协调换班，不允许出现前台空岗现象；3. 请值

---

〔1〕 (2019)京01民终656号。

班人员及时查看门外车位情况,出现空位,及时地锁上锁;4. 请大家自觉 20:00 打卡后检查医院各楼层门窗,确认水电没有问题再离开医院。5. 请每天下班前在管理群里进行报备”。周末值班表会注明“值班要求:1. 主班人员要主动做好本职工作外,对院内突发事件、紧急事件要及时解决;2. 负责周六日期间医院内日常工作的处理;3. 出现重大事情应及时打电话联系相关人员;4. 主班人员值班期间应每隔二三个小时对每层楼层进行水、电、门厂及安全的检查,确保无事才可以离院。7. 如因工作原因晚班不能到前台,请提前与其他中层管理者调班,不允许前台空岗空班”。值班表中还列明了李某的值班安排情况。某生物科技公司对微信截屏的真实性无异议,对证明目的不认可。同时,某生物科技公司主张因北京某毛发移植整形医院和其公司是共同的管理层,因此其公司派李某去值晚班,值班内容就是在北京某毛发移植整形医院门口坐前台,一般都没有病人,其公司没有安排李某周末值班,值班亦不属于加班。另查明:周末值班表中在“值班要求”部分注明:“4. 主班人员值班期间应每隔二三个小时对每层楼层进行巡查,发现隐含及时解决;6. 晚班人员应在前台值班,下班前对每层水、电、门窗及安全的检查,确保无事才可以离院”。

北京市海淀区人民法院认为:关于延时加班工资和休息日加班工资一节,李某主张晚上值班和周末值班均属于加班。通过晚上值班要求可知晚上值班是到一楼前台值班,且要检查门外车位情况,考虑到值班地点为毛发移植整形医院的特殊性,法院对某生物科技公司所持的晚上基本没病人的主张予以采信,在李某未能就其在前台值班期间所从事的具体工作提供充分有效的证据,法院对李某所持晚上值班属于加班的主张不予采信。通过周末值班的要求可知,主班人员需要主动做好本职工作外,再做其他工作,因此可以认定周末白天值班属于加班。根据李某提交的微信中的值班表统计其在 2017 年 4 月至 8 月存在 4 天周末值班的情况,2017 年 9 月存在 1 天周末值班的情况,恰与某生物科技公司提交的 2017 年 4 月至 8 月存在 4 天存休的情况一致,现某生物科技公司亦未就李某已经对存休进行了倒休,故某生物科技公司应支付李某在职期间 5 天的休息日加班工资。

对于李某要求休息日加班工资的请求,北京市海淀区人民法院经核算,认定某生物科技公司应支付李某在职期间休息日加班工资为 3678.16 元。

北京市海淀区人民法院判决:(1)某生物科技公司于判决生效后七日内支

付李某2017年4月1日至9月25日休息日加班工资3678.16元;(2)某生物科技公司于判决生效后七日内支付李某2017年6月27日至2017年9月25日违法约定试用期的赔偿金23,724.18元;(3)某生物科技公司于判决生效后七日内支付李某剩余违法解除赔偿金4971.38元;(4)驳回李某的其他诉讼请求;(5)驳回某生物科技公司的其他诉讼请求。

李某不服提起上诉,请求撤销一审判决,依法改判某生物科技公司支付其2017年4月1日至9月30日平时超时、周六日加班工资8189.66元。上诉理由是根据劳动法律法规的规定,延长劳动时间都需要支付额外劳动报酬,值班和加班只是一般说法,一审法院在没有法律依据的情况下以值班为由不认可李某存在加班是错误的;在李某提供延长劳动时间工作的证据后,一审法院继续要求其就劳动内容提交证据,过于苛求。

【裁判结论】

北京市第一中级人民法院判决:驳回上诉,维持原判。

【裁判观点】

北京市第一中级人民法院认为:关于是否存在平日延时加班及休息日延时加班。用人单位因安全、消防、节假日等需要,安排劳动者从事与本职工作无关的值班任务,劳动者要求用人单位支付加班工资的,一般不予支持。李某上诉主张其平日晚上及周末晚上的值班属于加班,但结合值班表中所载晚班值班要求可知,晚班的工作内容与李某本职工作无关,李某亦未就其值晚班期间具体工作内容提交充分有效证据证明,现双方均认可某生物科技公司已就值班向李某支付了值班费,故李某要求支付加班工资的请求,缺乏事实和法律依据,法院不予支持。

法官评析

加班和值班的区别,是在劳动争议中经常碰到的问题,通观现行法律规定,很难找到具体答案,但是在审判时,仍需注意厘清二者之间的差别。

首先应当肯定的是,值班和加班确实存在相同的地方:第一,二者均是在非工作时间进行本单位的工作,即二者所占用的时间都是非正常工作的时间；第二，二者都反映的是单位的意志，不是劳动者个人意志的体现，并且需要劳动者履行单位职责，而非实现其个人目的。以上相同之处由于其具有外在性和表面性，易为人们所感知，这也使得人们在第一感觉上对二者极易产生混淆。然而深入内在来看，二者存在实质区别，那就是二者的具体工作内容不同。

值班一般是指单位因安全、消防、假日等需要，临时或者根据规章制度来安排劳动者从事本职无关联的工作，或虽与劳动者本职工作有关联，但值班期间可以休息，一般为非生产经营性的责任。[1] 而加班是指劳动者在其工作岗位，在正常的工作时间之外继续从事该岗位所属的本职工作，承担相应的生产经营性责任，其不存在边工作边休息的问题，而是纯粹性地进行工作。也就是说，加班其实是在非工作时间内正常工作，而值班则属于"半工半休"，加班在工作强度上来讲明显要大于值班。

加班和值班的上述本质性区别决定了要想从实践中正确区分加班还是值班，在具体案件中应以劳动者在非正常工作时间所从事的具体工作内容为审查重点，主要就是看劳动者在非工作时间里是否继续在原来的岗位上工作、是否存在具体的生产或经营任务、是否具有一定的休息时间，进而对劳动者属于加班还是值班进行认定。具体来说，如果劳动者在非工作时间继续在原来的工作岗位上工作或是有具体的生产或经营任务，一般应认定为加班；如果劳动者不是继续在其原来的工作岗位上工作，也没有具体的生产或经营任务，或是虽被安排与本职工作有关联的值班任务但值班期间可以休息的，则应当认定为值班。

对加班和值班进行正确区分，最终意义还是在于相应工资待遇的处理。由于加班实质上属于正常工作在非工作时间内的延续，系劳动者的一种"完全式劳动"，故法律对加班的情形和相应情形下的工资待遇支付进行了刚性的规范。而值班并非完全意义上的正常工作，故法律对其并未予以明确规定，其相应工资待遇只能根据用人单位的内部制度、内部管理或者与职工的

〔1〕 关于值班，目前尚未有法律法规对其概念作出规定，但目前有个别省份出台规范性文件中对其内涵予以了明确。如《北京市高级人民法院、北京市劳动争议仲裁委员会关于劳动争议案件法律适用问题研讨会会议纪要》第 22 条；《上海市高级人民法院关于审理劳动争议案件若干问题的解答》"三、关于单位值班的若干问题"部分；《天津法院劳动争议案件审理指南》第 35 条。

具体约定来确定。

本案中双方都认可劳动者在平日晚上及周末全天需要到用人单位关联公司处工作，具体工作内容因白班、晚班不同存在差别。对于晚班，其工作内容为检查车位情况、检查楼层水、电、门窗的安全情况，与劳动者所从事的产品经理岗位的本职工作不同，且属于用人单位非生产经营性的内容，故不应认定为加班，而是值班，对劳动者以此为由主张加班工资的请求，应不予支持。

【裁判依据】

《北京市高级人民法院、北京市劳动争议仲裁委员会关于劳动争议案件法律适用问题研讨会会议纪要》第22条

（撰稿人　李　湉）

07

变相约定由劳动者承担违约金不被允许

——张某与某公司劳动争议案

裁判规则

在劳动争议实务中，需甄别劳动合同约定的由劳动者承担的损失赔偿责任是否属于变相约定违约金。

案　情[1]

张某于2014年11月1日入职某公司下属某研究所从事气动岗位工作，双方签订了期限为2014年11月1日至2019年7月31日的劳动合同。张某曾与该研究所签订《服务期协议》，约定张某服务期限为5年，其中第5条违约责任约定："张某不得因个人原因，单方面提出调离，否则在执行劳动（聘用）合同违约约定的基础上，须承担以下违约责任：1. 交纳用于员工档案等日常管理工作支出费用20,000元。"2016年4月15日张某因个人原因提出离职，当日双方解除劳动关系。

之后某公司以要求张某支付员工档案等日常管理工作支出的费用等为由向北京市海淀区劳动人事争议仲裁委员会提起仲裁申请，该委作出裁决，驳回某公司的申请请求。某公司不服仲裁结果，向北京市海淀区人民法院（以下简称一审法院）起诉，请求判令张某支付员工档案等日常管理工作支出的费用20,000元。

双方均确认张某档案保管于某第三方公司，张某于2018年4月办理档案转移手续。就员工档案等日常管理工作支出的费用具体指向，某公司明确包括张

〔1〕（2019）京01民终987号。

某在第三方单位存档的费用、通过第三方公司缴纳社会保险及住房公积金的费用以及工作中对张某进行管理的管理费、从事接待行为的接待费等。

一审法院认为:当事人对自己提出的诉讼请求所依据的事实或者反驳对方诉讼请求所依据的事实,应当提供证据加以证明。首先,某公司与张某签署的《服务期协议》中约定张某在"服务期"内因个人原因单方面提出调离需向公司支付员工档案等日常管理工作支出的费用。然而,某公司未能就上述员工档案等日常管理工作支出的费用已实际发生提交相应证据予以证明。退而言之,该公司所主张的员工档案等日常管理工作支出的费用包括存档费用、代缴社保及住房公积金的费用和管理费、接待费等,均属于公司正常经营过程中所需负担的运营成本。结合上述两点,某公司要求张某支付员工档案等日常管理工作支出的费用,缺乏事实与法律依据,因此,对该项诉讼请求不予支持。

一审法院判决:驳回某公司的诉讼请求。

某公司不服一审判决,向北京市第一中级人民法院(以下简称二审法院)提起上诉。其主要上诉理由是,张某签订了服务期协议,承诺如服务未满五年,自愿承担赔偿责任。故张某应按照约定履行自身的义务。且公司为培养张某付出大量的人力物力及其他资源,张某不守承诺的行为给公司造成了重大损失。

【裁判结论】

二审法院判决:驳回上诉,维持原判。

【裁判观点】

二审法院认为,某公司上诉请求的主要依据,是双方当事人于2014年11月签订的《服务期协议》中约定张某服务期限为5年,并在该协议第5条"违约责任"中约定:在服务期内,张某不得因个人原因单方面提出调离或擅自离开某公司,否则,在执行劳动(聘用)合同违约约定的基础上,张某须交纳用于员工档案等日常管理工作支出费用20,000元。

考察上述约定可见,所谓张某须交纳的日常管理工作支出费用20,000元,系双方当事人通过约定而预先确定赔偿数额的、违约一方偿付一笔金钱的违约责任,其实质与违约金无异,属变相约定的违约金。但是根据《劳动合同法》第22条、第23条、第25条的规定,只有两种情形下,用人单位可以与劳动者约定违约金。一种情形是,用人单位为劳动者提供专项培训费用、进行专业技术培训的,可以约定服务期,进而约定违约金;另一种情形是,对负有保密义务的劳动者,用人单位可与之约定竞业限制条款,进而约定违约金。除上述两种情形,用人单位不得与劳动者约定由劳动者承担违约金。而本案中,某公司与张某约定的违约金不属于前述法律条文规定的可约定的违约金,故该约定违反《劳动合同法》第25条的法律强制性规定,根据该法第26条第1款第3项的规定,当属无效,因此,张某无须按照该约定支付相关费用。

某公司上诉请求的另一依据是公司为培养张某付出大量的人力物力及其他资源,张某不守承诺的行为给公司造成了重大损失。但其一,某公司所主张的员工档案等日常管理工作支出的费用,属于公司正常经营过程中须负担的运营成本,这种运营成本不能计为损失而转由劳动者负担;其二,对于是否存在其他所谓的损失,某公司就损失的发生及损失的数额均未提供证据予以佐证,且该其他损失显然独立于公司的诉讼请求,换言之,某公司并未就"用于员工档案等日常管理工作支出费用"之外的损失提起诉讼。

法官评析

1.《劳动合同法》项下劳动者承担违约金的适用空间。在《合同法》框架下,为了促进履约、增加违约的成本,缔约主体遵循缔约自由原则,可以自由约定赔偿性违约金甚至惩罚性违约金。当一方出现违约行为时,对方可以依约向其主张违约金。违约金的最大特点有两方面:一是赔偿性违约金其金额尚需与可能的损失挂钩,而惩罚性违约金则可以完全与损失脱钩,金额任由合同约定;二是守约方无须费心费力举证证明其真实损失数额,甚至没有损失也不妨碍其向违约方主张违约金。也正是因为违约金的上述特点,在《劳动合同法》中,考虑劳资双方在订立劳动合同时地位并非平等——劳动者此时往往已处于受用人单位支配的境地,劳动者对于合同条款并没有多少与用人单位讨价还价的资本,这种情况下,如果任由双方订立违约金条款,则用人单位很可能利用其优势地位,约定由劳动者单方承担高额的违约金,这有违公平原则和缔约自由原则。因此,立法者将《劳动合同法》项下的违约金严格限制在两类。一类是用人单位为劳动者提供专项培训费用、进行专业技术培训的,可以约定服务期,进而约定违约金;[1] 另一类是对负有保密义务的劳动者,用人单位可与之约定竞业限制条款,进而约定违约金。[2] 为了破除实务中的规避空间,立法者又在《劳动合同法》第25条明确规定:除上述两种情形外,用人单位不得与劳动者约定由劳动者承担违约金。

2. 变相约定由劳动者承担违约金不被允许。如前所述,《劳动合同法》将违约金严格限定在两种情形下,这就意味着,变相约定的违约金也没有生存空间,否则缔约者只需变换一下文字,抹去违约金的相关字眼,就可以规避违约金的严格规定。因此,对于何为违约金,先要有一定的认识。法律没有就违约金给出定义,《合同法》第114条第1款只是直接规定:"当事人可以约定一方违约时应当根据违约情况向对方支付一定数额的违约金,也可以约定因违约产生的损失赔偿额的计算方法。"通说认为,违约金的客体是金钱或其他给付;预先约定,于违约时支付,为附条件债务;违约金合同系诺成合同、从合同。[3] 违约金可分为赔偿性违约金和惩罚性违约金,在《合同法》上,赔偿性违约金原则上被推定为"损害赔偿总额的预定"。[4] 《合同法》第114条和《劳动合同法》第22条规定的违约金均属赔偿性违约金。惩罚性违约金因属于私人之间的惩罚,为英美法所禁止。在我国虽未被禁止,但绝非意味着完全放任。基于上述对违约金的认识,再回到本案,双方事先约定违约一方偿付一笔固定金额金钱的违约责任,其实质与违约金无异,因此属于抹去违约金字眼、变相约定的违约金。对其仍应适用《劳动合同法》关于违约金的相关规定。

3. 用人单位主张违约金之外的违约损失赔偿救济路径。《劳动合同法》第90条是用人单位向劳动者主张违约金之外的违约损失的法律依据。该条规定:"劳动者违反本法规定解除劳动合同,或者违反劳动合同中约定的保密义务或者竞业限制,给用人单位造成损失的,应当承担赔偿责任。"对于违法解除劳动合同、违反保密义务和竞业限制之外的劳动者的违约行为

---

[1] 参见《劳动合同法》第22条。
[2] 参见《劳动合同法》第23条。
[3] 参见韩世远:《合同法总论》,法律出版社2011年版,第656页。
[4] 韩世远:《合同法总论》,法律出版社2011年版,第658页。

给用人单位造成的损失,《劳动合同法》没有规定,用人单位可以依据《侵权责任法》第6条第1款进行主张。但无论是依据《劳动合同法》第90条还是《侵权责任法》第6条第1款主张违约损失赔偿,用人单位都需要完成对损失赔偿责任构成要件的举证证明。即对于劳动者有违约行为,用人单位有损害以及损害金额,行为与损害之间的因果关系承担举证证明责任。而不能像主张违约金那样,仅证明劳动者有违约行为即可。需强调的是,对于用人单位来说,因劳动者产生的支出并非都是损失。比如本案中,某公司所主张的员工档案等日常管理工作支出的费用,就属于公司正常经营过程中须负担的运营成本,这种运营成本不能计为损失而转由劳动者负担。

【裁判依据】

1.《劳动合同法》第22条、第23条、第25条、第26条第1款第3项、第90条

2.《合同法》第114条

3.《侵权责任法》第6条第1款

（撰稿人　吴博文）

08

基于办理落户手续可以约定服务期但不能约定违约金

——田某诉北京某医疗设备有限责任公司劳动争议案

裁判规则

用人单位基于办理落户手续等提供给劳动者的特殊待遇，可以与劳动者在双方意思表示真实，符合平等自愿、公平的原则下约定服务期。但双方据此既约定了服务期也约定了违约金的，根据《劳动合同法》的规定，关于违约金的约定应属无效。虽然违约金约定无效，但确因劳动者违反了诚实信用原则，给用人单位造成损失的，劳动者应当予以赔偿。

案　情[1]

田某于2015年9月2日与北京某医疗设备有限责任公司(以下简称某公司)签署了《非北京生源高校毕业生引进协议书》，该引进协议约定，甲方(某公司，下同)为乙方(田某，下同)安排工作，并已向乙方明确告知其工作地点、岗位、工资待遇和服务年限，乙方已充分了解甲方对自己的工作安排和相关待遇，在甲方的工作时间将不低于协议规定的服务年限。2015年9月6日，田某填写《员工入职登记表》，登记表中待遇协议约定薪资试用期为4400元，转正后月工资为5500元。同日，田某与某公司签署正式《劳动合同》和《落户协议》，劳动合同约定期限为5年，具体为2015年9月6日至2020年12月31日终止，担任储

〔1〕(2018)京01民终7006号。

备经理岗位,按某公司现行工资确定田某的工资标准,按照公司《薪酬制度》执行。《落户协议》显示自本协议生效之日起,某公司为田某办理进京落户手续,田某一方按照某公司的安排从事相关工作,协议约定服务年限为5年,自2015年9月6日起至2020年12月31日止,与双方签署的劳动合同期限一致。田某户口进京落户后,落户到北京市昌平区某管委会集体户口,地址为北京市昌平区,由某管委会对乙方的《常住人口登记卡》等相关户籍资料进行管理,如乙方出现借用或户口转出,均由甲方负责办理,乙方无权直接办理。集体户口管理期为五年(注:与双方的劳动合同期限一致),乙方在服务期限内不得随意迁出户口。若乙方违反本协议约定提前迁户口,则甲方向乙方按照剩余年限的100元/天收取管理费;若乙方在甲方服务(工作)未满5年提前离职,则乙方于离职时向甲方支付补偿金,补偿金标准为10万元/年×乙方在甲方应服务的剩余年限(5－乙方已服务年限),不满一年的按月折算。

双方签署《劳动合同》和《落户协议》后,某公司先后向有权机关提交了《2015年非北京生源毕业生进京审批表》《关于接收非京籍应届硕士毕业生田某的申请》等落户手续,2016年8月30日,田某通过2015届应届毕业生指标落户至园区集体户。2016年9月至10月,田某以买房为由将户口卡首页复印件和户口卡原件从管委会借走。同时,公司在户口卡首页复印件书写“仅限购买房屋使用”。2017年1月,田某将户籍迁出至自己购买的房屋地址。2017年2月13日,田某向公司提出离职,其部门总监在辞职申请书上写明“同意,相关程序请人事协助”。

2017年7月10日,某公司向某管委会提交了《关于田某集体户口卡页借走未还的情况说明》,某公司在说明中称“……2010年至2016年除田某外,公司无借卡不还、无迁出未销户的情况,如有隐瞒,园区可中止对公司户籍服务……”某公司于2017年10月25日向北京市昌平区劳动人事争议仲裁委员会申请仲裁,请求裁决:(1)田某向某公司支付未满5年提前离职的补偿金391,666.63元;(2)田某向某公司赔偿因服务期内提前离职造成的损失2,342,993元。后该委员会作出裁决:驳回某公司的申请请求。某公司不服该裁决,在法定期限内诉至法院。

北京市昌平区人民法院判决:(1)田某于判决生效后90日内向某公司赔偿损失150,000元;(2)驳回某公司的其他诉讼请求。

田某不服提起上诉，请求撤销一审判决，改判驳回某公司的诉讼请求。上诉理由：(1)一审法院对补偿金性质认定错误，补偿金具有明显的违约金性质，而非损失计算方法的事前协商，如果某公司有确切损失应当提供具体证据予以证明；(2)田某离职是经过部门主管签字同意而非擅自离职，未违反诚实信用原则；(3)一审判决适用法律有误，某公司并未对田某支出专项高额培训费用。

【裁判结论】

北京市第一中级人民法院判决：驳回上诉，维持原判。

【裁判观点】

北京市第一中级人民法院认为：用人单位为其招用的劳动者办理了本市户口，双方据此约定了服务期和违约金，用人单位以双方约定为依据要求劳动者支付违约金的，不应予以支持，但确因劳动者违反了诚实信用原则，给用人单位造成损失的，劳动者应当予以赔偿。本案中，根据田某与某公司签署的《落户协议》约定，田某服务年限为5年，自2015年9月6日起至2020年12月31日止，与双方签署的劳动合同期限一致，田某户口进京落户后，由园区管委会对田某的《常住人口登记卡》等相关户籍资料进行管理，集体户口管理期为5年，田某在服务期限内不得随意迁出户口。2016年8月30日，田某落户园区集体户，2016年9月后，田某以买房为由将户口卡首页复印件和户口卡原件从管委会借出，在借出时某公司在户口卡首页复印件上明确写明“仅限购买房屋使用”，但田某于2017年1月自行将户籍迁出至其购买的房屋地址，并于2017年2月向某公司提出辞职，本院认为，田某违反了双方在《落户协议》中的约定，明显违背诚实信用原则。鉴于进京户口指标属于稀缺资源，某公司为田某办理进京落户手续属于用人单位为劳动者提供特殊待遇，且田某在服务期届满前违反诚实信用原则提出辞职给某公司造成损失，一审法院综合考虑田某已履行的劳动合同期限、在某公司的工资待遇等因素，酌定田某向某公司赔偿损失150,000元并无不当，本院予以确认，对田某不同意向某公司赔偿损失的上诉请求，本院不予支持。

法官评析

近年来，北京市先后出台多种政策，严格控制特大城市人口规模，2016

年9月,北京市人民政府下发《北京市人民政府关于进一步推进户籍制度改革的实施意见》,意见要求严格规范户口审批管理,按照总量控制、结构调整、适度从严的原则,推进建立各类落户渠道和政策的统筹机制。在此大背景下,本市的户籍指标应当被看作一种稀缺资源,这也使某些具有落户指标的用人单位在市场上具有较强的竞争优势,这些用人单位往往以此为条件,与劳动者约定服务期及相关违约金条款。司法实践中对该类约定认定不一,因此基于办理落户手续约定服务期及违约金的效力如何认定,成为该类问题的核心争议。

一、基于办理落户能否约定服务期

我国法律中并未对"服务期"的定义有所规定,通常劳动关系中的服务期,可以理解为劳动者与用人单位约定的、对劳动者有特殊约束力的、劳动者因获得特殊的劳动条件而应当与用人单位持续劳动关系的期限。服务期是以用人单位给予劳动者优厚的待遇为前提,且一般情况下这种优厚待遇优于其他普通劳动者。因此用人单位给予了现实利益,劳动者应当在一定期限内以其劳动成果支付对价。《劳动合同法》第22条第1款规定,用人单位为劳动者提供专项培训费用,对其进行专业技术培训的,可以与该劳动者订立协议,约定服务期。该条款属于授权性规范,即授予用人单位可以自行抉择是否通过对劳动者进行专业技术培训的方式约定服务期,但无法反向推出仅有专业技术培训才能约定服务期。此外,虽然《劳动合同法》第25条规定,除本法第22条和第23条规定的情形外,用人单位不得与劳动者约定由劳动者承担违约金。但服务期协议的效力与劳动者违约金责任的限定性应予以区分。服务期协议效力的判断应根据法定判断规则独立进行。只要用人单位与劳动者签订的服务期协议符合《民法总则》第143条规定的三项要件,该协议即应属有效。劳动法规范并未对约定服务期的情形进行限制性规定,因此只要用人单位和劳动者据以约定服务期的情形不违背公序良俗且双方意思表示真实,双方所签订服务期协议的效力即应属有效。故而,即使《劳动合同法》未将办理进京落户手续明确列举出来,用人单位与劳动者据此签订的服务期协议并不当然无效。

二、基于特殊待遇服务期设定的违约金是否有效

如上所述,进京落户指标属于稀缺资源,与此类似的用人单位常通过提

供住房、汽车等方式与劳动者约定服务期，为劳动者办理落户手续或提供住房等并非用人单位的义务，而是属于用人单位为劳动者提供特殊待遇的范畴。在用人单位提供了足以相当于专业技术培训的特殊待遇时，应参考适用《劳动合同法》第22条第1款的规定，用人单位可以与劳动者约定服务期。但是基于特殊待遇约定的服务期能否同时约定违约金，实践中有不同的观点。

一种观点认为，在我国现有法律体系框架下，《劳动合同法》第25条对于用人单位与劳动者约定由劳动者承担违约金责任的情形进行了强制性规定，即除双方约定劳动者因违反服务期约定和违反竞业限制义务而承担违约金外，双方不得约定由劳动者承担其他违约金。而此处的劳动者因违反服务期约定而承担的违约金专指用人单位为劳动者提供专项培训费用，对劳动者进行专业技术培训而约定服务期的情形。在上述法律规范背景下，用人单位与劳动者若因专业技术培训之外的事由约定服务期的，双方不得约定由劳动者承担违约金责任，或者说双方约定的由劳动者承担违约金责任的条款无效。本案中，某公司与田某基于办理进京落户手续而签订的《落户协议》被认定为有效，同时《落户协议》中约定了田某提前离职的补偿金，补偿金的性质不同于违约金，关于如何适用补偿金的约定下文损失赔偿部分予以论述。

另一种观点认为，[1]对于基于特殊待遇服务期而设定的违约金，应当予以严格限制，即原则上该违约金应当低于基于专业技术培训服务期而设定的违约金标准。也就是说这种观点认可基于特殊待遇服务期也能约定违约金。

笔者倾向于第一种观点，即在法律有明确强制性规定的情况下，法院不宜轻易突破。基于特殊待遇服务期约定的违约金，因违反了《劳动合同法》第25条的强制性规定，应属无效。

三、劳动者违反服务期约定是否对用人单位予以赔偿

通过前述分析，用人单位为其招用的劳动者办理了北京市户口或其他特殊待遇，双方据此约定了服务期和违约金，用人单位以双方约定为依据要

[1] (2018)京02民终1285号。

求劳动者支付违约金的，不应予以支持。但确因劳动者违反了诚实信用原则，给用人单位造成损失的，劳动者应当予以赔偿。

那么，对于损失的认定以及劳动者在何种程度上承担赔偿责任该如何确定？首先，用人单位对损失承担举证责任。劳动者应对用人单位可以证明的直接物质损失承担赔偿责任。其次，如用人单位无法证明实际损失，法院可以参考双方协议中约定的补偿金或赔偿金数额，综合考虑劳动者服务期履行年限、在职期间工资标准等因素酌情确定。

【裁判依据】

《劳动合同法》第22条、第25条

（撰稿人　范楷强）

09

用人单位不得以违反保密协议约定违约金

——北京某环境工程有限公司诉刘某劳动争议案

裁判规则

《劳动合同法》第25条规定,除本法第22条和第23条规定的情形外,用人单位不得与劳动者约定由劳动者承担违约金,即劳动者违反服务期约定或竞业限制约定的,应当按照约定向用人单位支付违约金。用人单位以违反保密协议为由向劳动者主张违约金的,法院不予支持,但保密协议中约定竞业限制条款的除外。

案　情[1]

刘某于2014年2月10日入职某公司担任项目经理,月工资11,000元,双方签订劳动合同,期限为2014年2月10日至2017年2月10日,后经续签,劳动合同终止期限为2020年2月10日。2017年1月起,岗位调整为总经理助理,工资调整为每月16,000元。某公司主张刘某于2017年12月提出离职,工作至2018年1月底。刘某主张2018年2月初提出离职,工作至2018年2月底。刘某(乙方)与某公司(甲方)签订的《劳动合同书》第20条约定:“乙方应严格遵守甲方制定的诚信协议和保密协议,乙方违反甲方制定的诚信协议和保密协议,甲方可视乙方情节轻重给予乙方相应处罚,直至解除本合同。”第33条约定:“甲乙双方应签订《知识产权及保密协议》,约定乙方应对涉及甲方的商业秘密信息的保密性和专有性进行保护……”2014年2月10日,某公司(甲方)与刘某(乙

---

〔1〕 (2019)京01民终5279号。

方）签订《知识产权及保密协议》，在该协议中，双方对商业秘密的内容和范围进行了详细约定，第4条约定："乙方同意，在接受甲方聘用期间以及聘用期终止之后，除非为了履行自己在甲方的职务或者应甲方要求或者执行国家法律的规定，未经甲方书面同意，决不公开发表或对其他人泄露甲方的任何商业秘密，决不为其他目的使用甲方的任何商业秘密，决不复印、转移含有甲方商业秘密的任何资料，无论这些商业秘密信息是否是由乙方本人开发出来的"。第8条违约责任约定："乙方若有违约上述条款的行为，应向甲方支付相当于乙方12个月工资总和的违约金（计算标准为乙方违约前12个月的工资总和），甲方可以从应支付给乙方的工资中扣除上述违约金。若此违约金不能赔偿甲方损失的，乙方同意赔偿其余损失并承担相应的法律责任"。某公司提交刘某个人电子邮箱邮件，以证明刘某通过个人邮箱转发邮件，泄露其公司商业秘密，邮件经北京市海诚公证处（2018）京海诚内民证字第02275号公证书予以公证。刘某个人邮箱显示2017年11月至2018年1月刘某通过liushijing@ gyee-china. com向"张某"zhangjie@ cmwot. com及zhangjie8203@ qq. com发送多封邮件，内容包含系统图纸、技术方案、设计项目、报价单、标书等。另外，刘某使用liushijing@ cmwot. com邮箱发送邮件，邮件签名显示刘某，收件方为某公司二，并注明该公司名称、联系地址及主页。某公司称cmwot是某公司二专属logo，zhangjie@ cmwot. com是该公司主要负责人张某的邮箱地址，刘某使用的liushijing@ cmwot. com是某公司二的专属邮箱。刘某对电子邮件真实性认可，但主张张某是其同学，也为某公司提供技术支持，其将资料发给张某，由张某提出意见，报酬通过报销的形式支付，曾经有个技术支持项目经领导审批，领取现金，通过其个人微信转给张某2000元；使用某公司二的邮箱收发邮件是因为该公司邮箱好用，签名是自动生成的。某公司对此予以否认，称该公司没有外聘技术人员，没见过张某这个人，一般现场施工人员只是从事基建工作的人员，实际工作中存在通过刘某向现场工作人员支付报酬的情况，但聘请什么样的人需要写申请并经过公司审批，某公司二有很多方面技术都与某公司存在竞争关系。某公司称在公证书第84页2018年1月3日刘某发给张某的邮件中，显示"某公司二刘某花费表"，说明是刘某与其他单位的费用往来情况。刘某称如果是其本人花费，就应该是别人转给本人，某公司现场管理比较松散，对于保密信息没有采取保密措施，不存在商业性质泄密情况。刘某称根据《劳动合同法》第25条的规定，违反培训服务期的约定在提前离职的情况下需要支付违约金和违反竞业限制约定时需要支付违约金，并不包括违反保密协议的违约金，在法律有明确规定的情况下用人单位仍与劳动者约定关于保密协议的违约金，违反法律强制性规定应当认定为无效。某公司主张根据《劳动合同法》第22条、第23条、第25条的规定，用人单位与劳动者可以在劳动合同中约定保守用人单位的商业秘密和与知识产权相关的保密事项，并约定违约金，因此该公司与刘某签订的劳动合同中及《知识产权及保密协议》中关于刘某违反保密协议应承担的违约金条款合法有效的，并未违反上述法律的强制性规定，同时《劳动法》第22条明确规定，劳动合同当事人可以在劳动合同中约定保守用人单位商业秘密的有关事项。

北京市昌平区人民法院判决：刘某无须支付某公司违约金192,000元。

某公司不服一审判决提起上诉，请求撤销一审判决，改判刘某支付违反竞业限制违约金192,000元。

【裁判结论】

北京市第一中级人民法院判决：驳回上诉，维持原判。

【裁判观点】

北京市第一中级人民法院认为：本案的争议焦点为，某公司关于依据双方当事人签订的劳动合同和《知识产权及保密协议》，刘某违反约定、存在泄露商业秘密行为，应向其公司支付违约金192,000元的主张是否成立。

依据《劳动合同法》第23条、第24条的规定以及相关立法精神，就其诉讼主张，某公司应举证证明刘某违反劳动合同和知识产权保密协议的约定、存在泄露商业秘密的行为，并且还须进一步举证证明刘某系违反竞业限制义务，向与某公司有业务竞争关系的其他经营主体泄露商业秘密。综合双方当事人的举证情况，某公司提交的证据，尚不足以完成其举证责任，应承担不利的后果，故本院对其主张不予支持。

法官评析

首先，综合本案案情，某公司对刘某主张的违约金应当适用。根据《劳动合同法》的规定，用人单位虽然不能以违反保密协议为由主张违约金，但是竞业限制条款可以作为用人单位对劳动者主张违约金的理由。竞业限制是指用人单位和知悉本单位商业秘密或者其他对本单位经营有重大影响的劳动者在终止或解除劳动合同后的，一定期限内不得在生产同类产品、经营同类业务或有其他竞争关系的用人单位任职，也不得自己生产与原单位有竞争关系的同类产品或经营同类业务，同时，用人单位应当在该竞业限制的期限内向劳动者支付相应的补偿费。竞业限制条款对劳动者离职后的行为作出了明确的规定。那么，刘某在某单位在职的服务期内，公司为其发放薪水，其若向外部披露本单位商业秘密的行为，更是违反了劳动者对公司应尽的保护商业秘密及忠诚的义务，是严重违反职业道德的行为。举重以明轻，刘某的上述行为，比违反竞业限制更加严重，可以类推为违反竞业限制行为而向其主张违约金。

其次，用人单位主张劳动者违反竞业限制，应当承担三个方面的举证责任。第一，用人单位应当举证证明劳动者泄露的相关信息是其用人单位的商业秘密。具体而言，用人单位应当证明该信息涉及用人单位的核心业务、不能被其他竞争单位知晓、对公司具有重要价值的内容。第二，用人单位应当证明其对该商业秘密履行了相应的保密责任。即单位不能仅依托劳动者积极履行保密义务来对自身的商业秘密进行保护，其自身应当积极采取相关措施防止该信息外泄。第三，用人单位应当举证证明劳动者将属于其单位的商业秘密泄露给有竞争关系的其他单位。

本案中，某公司主张商业秘密被刘某泄露给有竞争关系的其他单位。但首先，该公司未能举证对刘某所持有的承载商业秘密的信息尽到了保密义务，并采取过防止商业秘密外泄的相应措施。其次，该公司虽主张刘某将公司的商业秘密泄露给有竞争关系的其他公司的高管张某，但依据现有证据，该公司曾以报销形式支付给张某 2000 元，且刘某主张张某为该公司外聘的技术人员，公司亦未能就其报销行为等作出合理解释。故公司未能证明刘某向与某公司有业务竞争关系的其他经营主体泄露商业秘密。综上，公司应当承担举证不能的不利后果。

竞业限制是一项很特殊的法律规则，旨在保护用人单位赖以生存的商业秘密的同时，保护劳动者的就业权利和生存权利，维护市场经济的平稳运行及劳资关系的平衡。鉴于此，劳资双方均需附有相对同等的保密义务。

即劳动者负有消极的义务，其需要遵守起码的忠诚及诚实信用原则，不泄露用人单位的商业秘密；而用人单位则需要履行积极地保护义务，采取积极地手段保护自己的商业秘密，积极地维护自己的权利。实践中，许多单位都更加重视劳动者一方所负有的保密义务，表现在劳动者一入职，就与劳动者以各种形式如劳动合同、保密协议等中约定了竞业限制的义务及违约金。但是，一旦劳动者违反该义务，对于用人单位的损失将是巨大且无法挽回的，与其在用人单位承担相对大的举证风险的情况下，将向劳动者主张违反竞业限制的违约金作为救济的主要途径，不如积极履行自身的保护义务，采取积极措施进行保密，减少自身风险与损失。

【裁判依据】

《劳动合同法》第 23 条、第 24 条

（撰稿人　王力群）

10

劳动者先行违反竞业限制协议而用人单位未支付竞业限制补偿金的，竞业限制协议应当继续履行

——L 旅游发展公司诉马某继续履行竞业限制协议案

裁判规则

根据《劳动合同法》的相关规定，在解除或终止劳动合同后，对负有保密义务的劳动者用人单位可以与其约定竞业限制条款。对负有竞业限制义务的劳动者到与本单位生产或者经营同类产品、从事同类业务的有竞争关系的其他用人单位，或者自己开业生产或者经营同类产品，从事同类业务的竞业限制期限，不得超过二年。上述规定对于认定劳动者违反竞业限制义务的表现内容，作出了基本的规定，界定了竞业限制中的竞业规制对象为"有竞争关系的其他用人单位"。但这一规定过于宽泛，本案双方当事人约定了的竞业限制条款以及竞业限制的范围，对于劳动者经营竞业限制范围内相同业务的，应认定为违约。同时劳动者先行违反竞业限制协议约定的内容，并以用人单位未按照约定支付竞业限制补偿金为由，要求解除竞业限制协议，法院不应予以支持。

案　情[1]

L 旅游发展公司于 2016 年 7 月 25 日注册成立。马某自 2016 年 5 月 30 日就开始参与 L 旅游发展公司的筹备工作，此后马某一直在 L 旅游发展公司工

[1] (2019)京 01 民终 2595 号。

作，岗位为销售经理，后L旅游发展公司（甲方）与马某（乙方）签订了《劳动合同书》《保密协议》《岗位协议》等文件，《劳动合同书》和《保密协议》约定了保密和竞业限制等内容，其中《劳动合同书》第8条保密中约定："1. 未经甲方书面同意，乙方不得向任何第三方披露其在签订、履行本合同过程中所掌握的甲方的秘密信息（包括但不限于任何商业信息、技术秘密、内部文件等），也不得利用该秘密信息。2. 甲方根据乙方的职位以及所从事工作的内容可与乙方另行签订保密协议及/或竞业限制协议作为本合同的附件。"《保密协议》第8条竞业限制中约定："1. 竞业限制的范围、地域、期限 1.1 竞业限制的范围：分时度假及酒店度假村会员制（行业）。1.2 竞业限制的地域：中国行政区域（含大陆、港澳台地区）。1.3 竞业限制的期限：离开公司或与公司解除劳动关系之日起三年。2. 员工义务 2.1 未经企业同意，在职期间不得自营或者为他人经营与企业同类的行业；2.2 不论因何种原因从企业离职，离职后3年内不得到与企业有竞争关系的单位就职。2.3 不论因何种原因从企业离职，离职后3年内不自办、参股、管理与企业有竞争关系的企业或者从事与企业商业秘密有关的服务或者产品的生产、销售。2.4 员工在职或者离职期间不得进入权金城渔山温泉度假酒店任职，不得向该酒店泄露公司机密，员工任职期间不得进入权金城或者其他合作伙伴公司工作违约需赔偿公司人民币50万元。2.5 公司管理层在职或者离职期间不得介绍团队或带团队进入权金城渔山温泉度假酒店任职，不得向该酒店泄露公司机密，员工任职期间不得进入权金城或其他合作伙伴公司工作违约需赔偿公司人民币50万元并退回所有分红。"《保密协议》第9条企业义务同时约定："不论何种原因，自员工离开/离职/企业或与企业解除劳动关系之日起，企业应当按照竞业限制期限向员工支付一定数额的竞业限制补偿费。年补偿费的金额为员工离开企业单位前一年的工资收入的20%；不满一年的按月平均工资推算。补偿费按季支付，由企业通过银行支付至员工银行卡上。如员工拒绝领取，企业可以将补偿费向有关方面提存，产生的提存费用由员工个人承担。"马某与L旅游发展公司于2017年4月26日解除劳动关系，L旅游发展公司未向马某支付竞业限制补偿金。马某于2017年6月5日注册成立了Q旅游文化公司并担任该公司法定代表人，L旅游发展公司主张其于2017年11月知晓了该情况。

马某于2018年7月5日向北京市昌平区劳动人事争议仲裁委员会（以下简称昌平仲裁委）提出仲裁申请，要求解除竞业限制协议。昌平仲裁委裁决：L旅游发展有限公司与马某签订的《劳动合同》第8条、《保密协议》第8条自裁决书生效之日起解除。

L旅游发展公司不服仲裁裁决,诉至北京市昌平区人民法院(以下简称昌平法院),诉讼请求:要求法院判定马某继续履行双方签订的《保密协议》第8条的竞业限制条款。诉讼理由:马某在离职后马上成立并自己经营与L旅游发展公司存在竞争关系的Q旅游文化公司,其经营的项目也侵犯了L旅游发展公司的商业秘密,违反了竞业限制条款约定的内容。马某先行构成违约,应当承担违约责任,现L旅游发展公司不同意终止履行双方的竞业限制条款,要求继续履行《保密协议》的约定。

昌平法院判决认为,当事人在劳动合同或者保密协议中约定了竞业限制和经济补偿,劳动合同解除或者终止后,因用人单位的原因导致三个月未支付经济补偿,劳动者请求解除竞业限制约定的,人民法院应予支持。马某离职后L旅游发展公司未支付竞业限制补偿金,《保密协议》第8条约定了竞业限制的相关内容,马某要求解除《保密协议》第8条,法院予以支持。《劳动合同书》第8条第1项并未约定竞业限制的相关内容,第2项并未约定马某竞业限制的相关义务,且双方已经签有《保密协议》,故双方无须解除《劳动合同书》第8条。关于解除《保密协议》第8条的时间,因马某直接向仲裁机关申请解除竞业限制约定,《保密协议》第8条解除的时间应为L旅游发展公司知悉马某主张解除竞业限制约定之日,L旅游发展公司收到仲裁申请书的时间为2018年7月6日,故法院认定马某与L旅游发展公司于2016年6月22日签订的《保密协议》第8条于2018年7月6日解除。

北京市昌平区人民法院判决:(1)解除L旅游发展公司与马某于2016年6月22日签订的《保密协议》第8条;(2)驳回L旅游发展公司的其他诉讼请求。

L旅游发展公司不服一审法院判决,提起上诉,主张马某在离职后自己注册成立并经营的Q旅游文化公司与L旅游发展公司存在竞争关系,而其公司经营的项目中包含分时度假及酒店度假村会员制(行业)内容,属于《保密协议》中竞业限制条款约定的竞业限制范围的内容,故马某侵犯了L旅游发展公司的商业秘密,并违反了竞业限制协议。现马某先行构成违约,L旅游发展公司无须再向其支付竞业限制补偿金,双方的竞业限制协议应当继续履行,一审法院判决双方终止履行竞业限制条款,缺少依据,上诉要求二审法院依法改判,双方继续履行

《保密协议》第 8 条的竞业限制条款。马某辩称,不同意 L 旅游发展公司的上诉请求,要求二审法院维持原判。

【裁判结论】

北京市第一中级人民法院判决:(1)撤销北京市昌平区人民法院(2018)京 0114 民初 18327 号民事判决;(2)马某与 L 旅游发展公司继续履行《保密协议》第 8 条至 2019 年 4 月 26 日;(3)驳回 L 旅游发展公司其他诉讼请求。

【裁判观点】

马某与 L 旅游发展公司签订的竞业限制协议,为双方的真实意思表示,未违反法律法规的强制性规定,应为有效。竞业限制协议中的约定对 L 旅游发展公司与马某均具有约束力,马某应当按照协议约定履行义务。L 旅游发展公司诉讼主张马某违反竞业限制约定义务,并要求继续履行双方签订的《保密协议》第 8 条,对此,应当由 L 旅游发展公司提供相应证据证明马某存在违反竞业限制协议约定的行为。根据 L 旅游发展公司提交法院的企业信用信息公示报告,马某于 2017 年 6 月 5 日注册成立了 Q 旅游文化公司,该公司的经营范围包含入境旅游业务、旅游信息咨询、旅游资源开发等项,与 L 旅游发展公司的营业范围发生重合。而 L 旅游发展公司向法院提交的 Q 旅游文化公司与客户签订的承购合约,其约定的主要条款包含分时度假及度假会员制权益内容。故可以认定,在马某与 L 旅游发展公司约定的竞业限制期内,马某作为法定代表人及担任股东的 Q 旅游文化公司的业务范围与 L 旅游发展公司的业务范围存在相同或近似。故马某的行为违反了其与 L 旅游发展公司竞业限制条款的约定,构成违约。因系马某在离职后即成立了 Q 旅游文化公司,故其违约在先,其以 L 旅游发展公司未向其支付竞业限制补偿金为由要求解除《保密协议》的约定,不应得到支持。进而,L 旅游发展公司要求继续履行双方签订的竞业限制协议,法院予以支持。因用人单位与劳动者在解除或者终止劳动合同后,劳动者自己开业生产或者经营同类产品、从事同类业务的竞业限制期限,不得超过二年,马某与 L 旅游发展公司之间的《保密协议》约定的竞业限制履行期限超过了法律规定的期限,对于超过部分应当认定为无效。故本院确认双方《保密协议》的履行期间应为双方劳动合同解除之日起二年。L 旅游发展公司的上诉请求部分成立,应予改判。

法官评析

一、违反竞业限制协议的审查标准

根据《劳动合同法》第24条第2款的规定，在解除或终止劳动合同后，前款规定的人员到与本单位生产或经营同类产品、从事同类业务的有竞争关系的其他用人单位，或者自己开业生产或经营同类产品、从事同类业务的竞业限制期限，不得超过二年。这一规定一方面对竞业限制的范围作出了规定，即竞业限制的主体限于用人单位的高级管理人员、高级技术人员和其他负有保密义务的人员；另一方面竞业限制的范围、地域应当以能够与用人单位形成实际竞争关系的地域为限，竞业限制必须保护用人单位合法权益。而审查认定劳动者是否存在竞业限制违约行为，则必然要审查劳动者的新用人单位与原用人单位是否存在竞争关系，或者劳动者自营的相关业务、产品与原单位的产品与业务之间是否存在竞争关系。

关于何为竞争关系，以及竞业限制纠纷中如何认定成立竞争关系，《劳动合同法》及相关司法解释并未作出详细规定。目前审判实践中有以下做法：

1. 审查两家用人单位的营业执照上登记的经营范围与项目是否存在重合。通过对比新、旧用人单位在营业执照上记载的经营范围是否存在重合，可以证明两者之间是否具有竞业关系。但是实践中新、旧用人单位登记的经营范围、登记类别是工商部门往往是行业划分大类，因此，仅仅参考营业执照的经营范围信息并不具有完全的确定性，所以法院还应当根据营业执照记载的内容和实践中用人单位的实际经营范围进行比对，再具体分析得出结论。目前较为一致的观点是，劳动合同到期后的竞业限制范围，可以由用人单位和劳动者自行约定，如果双方对于竞业限制的范围没有作出更为详细的约定，在认定竞业限制的范围上，也不宜过宽。因为竞业限制既要保护用人单位的商业秘密，也要防止因不适当扩大竞业限制的范围而妨碍劳动者的择业自由。本案中，如果仅仅是审查双方的营业执照的范围，登记的旅游公司的经营范围大部分都会发生重合，而旅游行业是个大行业，如果仅以此判断就贸然得出劳动者违反竞业禁止约定这一结论，则未免对劳动者择业自由限制过于苛刻了，所以还需细致甄别竞业限制的范围。

2. 分析两家用人单位的实际业务范围是否相同，营业对象或客户群体是否重合,营业地域是否发生重合,从而认定是否存在竞争关系。除前文所述的比对劳动者新就业单位与原单位经营范围是否存在重合外,进一步的认定方法就是审查新、旧用人单位的客户群和产品受众,产品销售的地域是否存在重合。竞业限制的范围和地域等应与劳动者紧密接触的商业秘密相适应,防止因不适当的扩大竞业限制的范围而妨碍劳动者的择业自由。

3. 参阅行业知识判定竞业限制中"同类产品、同类业务"是否属于同类,因涉及不同行业的专业知识,或具体产业的某项产品的认定,专业性较强,需要综合判断是否属于构成竞争。行业知识的认定往往远超过常识的范畴,如果不是专业人士很难作出判断,所以在必要时可以出具专家的论证意见书,结合劳动者原工作内容作出判断。

4. 辨别劳动者新入职单位或者自办企业是否利用原用人单位的商业秘密。竞业限制制度设计的目的是防范离职员工实际利用原用人单位商业秘密或有运用的潜在可能性,从而不正当地侵害原用人单位的竞争优势。因此,用人单位有可保护的商业秘密是关键。如果劳动者的工作内容可以接触到原用人单位的商业秘密,并且一旦泄露会使原用人单位遭受损失,或者形成强烈的竞争关系,那么用人单位主张构成违反竞业限制协议的,法院应当进行审查。当然,审查是否可能泄露商业秘密,还要区分劳动者本人具有的知识水平、信息接触程度和业务能力,以及其与商业秘密之间的关系。区分用人单位的商业秘密和劳动者本人具有的信息与能力,可以依据该劳动者在用人单位中的职务、职业资格和主管范围等多方面因素综合考量,但必须要把用人单位对某些信息所采取的特殊保护措施作为等主要考量因素,来分析该劳动者所掌握的信息是属于他本人基于学历、职业资历所具备的主观性的信息,还是基于该职务所获得客观性信息;在劳动者所掌握的客观性信息中,哪些是已经成为公众所知晓的,哪些是不为公众所知晓的,从而判断其所掌握的、接触或泄露的内容是否属于原单位的商业秘密。如本案中,L 旅游发展公司的唯一业务就是分时度假及酒店度假村会员制,而马某成立的 Q 旅游文化公司的经营模式采用的恰恰是会员度假酒店,马某作为在 L 旅游发展公司的创办人并对商业秘密接触较多的管理人员,其对于 L 旅游发展公司的商业秘密应为熟知,其自办的公司与原用人单位之间经营模式几乎完全相同,两家公司之间构成竞争关系,以及马某违反了竞业限制协议的约定,则是显而易见的。

二、用人单位未支付经济补偿金的法律后果

竞业限制协议会危害到劳动者的就业权和生存权,作为对劳动者承受竞业限制义务的对价,用人单位应当支付一定的经济补偿。竞业限制经济补偿是法律对于劳动者的自由择业、创业受限而课以用人单位给予劳动者的补偿义务,劳动者取得竞业限制经济补偿以自身负有竞业限制义务为条件,并非劳动者在劳动合同解除或终止后的当然权益。那么,在用人单位未按照约定支付竞业限制经济补偿金的情况下,竞业限制协议的效力如何认定呢?

对此,应当区分用人单位迟延给付竞业限制经济补偿金,或拒绝支付竞业限制经济补偿金的原因来分别处理和认定。第一种情况是,用人单位无故拒绝向劳动者支付经济补偿金。对此应当作出规定,在经过劳动者向用人单位催告后,根据用人单位的支付情况来作出处理,如果一经催告,用人单位即向劳动者如约支付了竞业限制经济补偿金,双方应当继续履行竞业限制协议;如果经过劳动者催告,用人单位仍无故拒绝支付竞业限制经济补偿金超过3个月的,劳动者享有解除竞业限制协议的权利。这属于赋予劳动者单方解除竞业限制协议的权利,从而彰显对劳动者劳动权利的保护。第二种情况是,劳动者拒绝接受用人单位支付的竞业限制补偿金,对此,审判实践中也出现了劳动者规避竞业限制的义务,故意注销自己的收款账号,或者明确拒绝接受补偿金的。对此种情况下,如果法院判决解除双方的竞业限制协议,则明显对用人单位不公。在这种情况下,如果劳动者主张解除双方竞业限制协议约定的,法院不应予以支持。第三种情况是,劳动者在劳动合同解除后,作出了违反竞业限制约定的行为,构成违反竞业限制协议约定的义务,用人单位也未按照约定支付竞业限制补偿金的,劳动者是否享有解除权。笔者认为,对此,既要保护用人单位的商业利益,也要保护劳动者的合法权益,在两者之间作出适当平衡。如本案中,劳动者在离职之初即违反了竞业限制协议约定的内容,则用人单位未向劳动者支付竞业限制补偿金的,劳动者不应享有解除权。

三、竞业限制协议约定的履行期限超过二年的效力认定

我国就竞业限制协议的立法采取了通过当事人约定离职竞业限制条款

的方式解决各权利之间的冲突，同时对竞业限制条款在法律上进行了规制。具体到竞业限制期限上，《劳动合同法》第 24 条第 2 款规定，在解除或终止劳动合同后，前款规定的人员到与本单位生产或经营同类产品、从事同类业务的有竞争关系的其他用人单位，或者自己开业生产或经营同类产品、从事同类业务的竞业限制期限，不得超过二年。

根据上述规定，双方约定的竞业限制协议的履行期限超过二年的，超过部分应当认定为无效。因为竞业限制协议对劳动者的择业自由权利和生存权会产生影响，而这两种权利的位阶应当高于合同自由。而劳动者在签约时，与用人单位相比，其必然还是处于弱势地位，劳动者与用人单位的缔约谈判能力并不均衡，尤其是中国的劳动力市场更是如此。如果不认定超出二年期限部分的约定无效，就难以通过其他手段达到《劳动合同法》所追求的竞业限制期限在合理范围内的立法目的。而《劳动合同法》是针对劳动者和用人单位双方的，其目的在于不使竞业限制对劳动者的权利损害过于严重，故而，法律规定采用了强制性规范的方式，性质上属于效力性规范。本案正是适用了这一法律规定，认定双方《保密协议》中竞业限制条款的履行期限为二年。

【裁判依据】

1.《劳动合同法》第 23 条、第 24 条

2.《民事诉讼法》第 64 条、第 170 条第 1 款第 2 项

（撰稿人　王　磊）

11

违反和解除竞业限制约定的认定

——郭某与北京某屏幕科技公司劳动争议案

裁判规则

竞业限制制度旨在保护用人单位的商业秘密,促进公平竞争。该制度关系到用人单位的商业秘密和劳动者自由择业权之间的利益平衡。司法实践中,认定劳动者是否存在违反竞业限制约定的行为,主要是法官运用证据规则在用人单位的商业秘密等合法权益和劳动者的基本劳动权利之间作出价值取舍。

案 情[1]

2011 年 2 月 14 日,郭某入职北京某屏幕科技公司工作,负责大屏幕显示系统的输入、输出、传输、处理等技术的开发、服务、系统集成,以及相关硬件产品的销售。双方签有保密协议,约定:郭某与北京某屏幕科技公司解除劳动关系两年内,不得到与该公司生产经营相同产品的竞争行业和企业任职,不得采取任何手段劝说、诱使、抢夺该公司的客户,不得引诱该公司的其他雇员离职,同时北京某屏幕科技公司支付一定数额的经济补偿金,按年计算不少于郭某离开公司前最后一个年度从公司获得报酬总额的 2/3。双方于 2012 年 8 月 31 日解除劳动关系。

后郭某起诉北京某屏幕科技公司,要求该公司支付竞业限制补偿金等。北京某屏幕科技公司不同意支付郭某竞业限制补偿金,理由是郭某没有遵守竞业限制义务,离职后到与该公司存在竞业限制关系的单位任职或应聘,其中包括广

---

〔1〕 (2015)一中民终字第 4942 号。

州某公司、湖北某公司、北京A公司、北京B公司。

经查,2013年3月至4月,郭某在北京A公司智能建筑事业部工作,担任高级客户经理。2013年8月至12月,郭某在湖北某公司工作,担任北京分公司副总经理。北京某屏幕科技公司的经营范围包括大屏幕电子显示系统的技术开发、技术服务,销售大屏幕电子显示系统、计算机、软件及辅助设备、电子产品等,北京A公司经营范围包括技术开发、技术转让、技术咨询、技术服务、计算机系统服务,销售计算机、软件及辅助设备、电子产品等,湖北某公司经营范围包括电子技术及产品开发、成果转让、技术培训及技术咨询服务、计算机软件开发应用等。

另查,北京某屏幕科技公司通过邮寄方式于2014年1月24日向郭某寄送竞业限制解除终止通知书,该通知于1月27日被妥投。该公司于2014年2月8日短信告知郭某无须遵守竞业限制义务。郭某虽否认收到上述通知,但在2015年1月15日的一审庭审中认可短信显示手机号为其本人手机号。

北京市海淀区人民法院认为:郭某称北京A公司、湖北某公司系大屏幕系统的使用商,北京某屏幕科技公司称上述两公司系大屏幕显示系统领域的从业者,由此可知,上述两公司确与北京某屏幕科技公司在业务上存在紧密联系,结合北京某屏幕科技公司、北京A公司、湖北某公司的经营范围,法院认为上述三家公司具有一定的竞争关系,郭某任职上述公司的行为应视为违反双方约定的竞业限制义务,因此,北京某屏幕科技公司无须向郭某支付2013年3月之后的竞业限制补偿金。

北京市海淀区人民法院判决:(1)北京某屏幕科技公司给付郭某2011年2月14日至2012年8月31日工资差额135,654.56元;(2)北京某屏幕科技公司给付郭某2011年2月14日至2012年8月31日提成工资32,437.68元;(3)北京某屏幕科技公司给付郭某2011年2月14日至2012年8月31日差旅费、办公费用、交通费用31,704.2元;(4)北京某屏幕科技公司给付郭某解除劳动合同经济补偿金28,030.5元;(5)北京某屏幕科技公司给付郭某2012年9月至2013年2月竞业限制补偿金84,533.33元;(6)驳回郭某的其他诉讼请求。

宣判后,郭某不服一审判决,向二审法院提起上诉,请求二审法院改判北京某屏幕科技公司向郭某支付2012年9月至2014年8月的竞业限制补偿金338,133.32元。其上诉理由是郭某后来任职的北京A公司、湖北某公司与北京某屏幕科技公司不存在竞争关系。

北京某屏幕科技公司亦不服一审判决，向二审法院提起上诉，请求二审法院改判其公司无须支付郭某 2012 年 9 月至 2014 年 8 月的竞业限制补偿金 84,533.33 元。其上诉理由是郭某于 2013 年年初即已违反了竞业限制义务，入职广州某公司。而且根据《劳动争议司法解释(四)》第 8 条的规定，如果双方均未履行竞业限制约定，应当只判三个月的竞业限制补偿。

【裁判结论】

北京市第一中级人民法院判决：(1)维持北京市海淀区人民法院(2014)海民初字第 7789 号民事判决第 1 项、第 2 项、第 3 项和第 4 项；(2)撤销北京市海淀区人民法院(2014)海民初字第 7789 号民事判决第 5 项、第 6 项；(3)北京某屏幕科技公司于判决生效后七日内给付郭某 2012 年 9 月至 2014 年 4 月 27 日竞业限制补偿金 279,834.5 元；(4)驳回郭某的其他诉讼请求。

【裁判观点】

北京市第一中级人民法院认为：用人单位主张劳动者没有遵守竞业限制义务，应当提供证据加以证明。本案中，北京某屏幕科技公司与郭某在保密协议中约定郭某离职后两年内不得到与该公司生产经营相同产品的竞争行业和企业任职。北京某屏幕科技公司主张郭某入职北京 A 公司、湖北某公司违反了竞业限制约定，其应当举证证明北京 A 公司、湖北某公司与其生产经营相同产品，存在竞争关系。诉讼中，北京某屏幕科技公司提交的经公证的相关网页打印件，网页载明的经营范围等信息内容并不足以证明三家公司生产经营相同产品，存在竞争关系。故北京某屏幕科技公司应当承担举证不能的不利后果，该院无法确认郭某入职北京 A 公司、湖北某公司的行为是违反竞业限制约定的行为。一审法院以郭某自认北京 A 公司、湖北某公司系大屏幕系统的使用商为由认定郭某没有遵守竞业限制义务，该事实认定错误，该院予以纠正。

北京某屏幕科技公司上诉主张在双方均未履行竞业限制约定的情况下，最多只判三个月的补偿金。根据《劳动争议司法解释(四)》第 8 条的规定，当事人在劳动合同或者保密协议中约定了竞业限制和经济补偿，劳动合同解除或者终止后，因用人单位的原因导致三个月未支付经济补偿，劳动者请求解除竞业限制约定的,人民法院应予支持。上述规定系针对劳动者请求解除竞业限制约定的情形,不能理解为竞业限制约定自动解除。北京某屏幕科技公司的该项上诉理由不能成立。

北京某屏幕科技公司主张其在双方解除劳动合同时、仲裁期间以及2014年年初均已告知郭某无须再遵守竞业限制约定,应当提供证据加以证明。诉讼中,北京某屏幕科技公司对于解除劳动合同时及仲裁期间的告知情形,均未提交相关证据加以证明,该院对此不予采信。但是,北京某屏幕科技公司提交的邮政快递单、投递证明、短信、短信详单等证据可以证明该公司于2014年1月27日通知郭某解除竞业限制约定。郭某对此虽否认,但未提交证据反驳上述事实。因此,可以认定北京某屏幕科技公司于2014年1月27日通知郭某无须再遵守竞业限制义务。根据《劳动争议司法解释(四)》第9条的相关规定,在竞业限制期限内,用人单位请求解除竞业限制协议时,人民法院应予支持。在解除竞业限制协议时,劳动者请求用人单位额外支付劳动者三个月的竞业限制经济补偿的,人民法院应予支持。北京某屏幕科技公司与郭某之间的竞业限制约定于2014年1月27日解除。同时,北京某屏幕科技公司应当额外支付郭某三个月的竞业限制经济补偿。因此,北京某屏幕科技公司应当按郭某离职前最后一个年度从公司获得报酬总额的2/3的标准,支付郭某2012年9月至2014年4月27日的竞业限制经济补偿。具体数额以该院核算为准。

法官评析

本案争议的主要焦点之一:郭某是否违反竞业限制约定。

竞业限制是指用人单位与劳动者约定在解除或者终止劳动合同后一定期限内,劳动者不得到与本单位生产或者经营同类产品、从事同类业务的有竞争关系的其他用人单位任职。[1] 该制度是《劳动合同法》新增加的重要内容,旨在保护用人单位的商业秘密,促进公平竞争。该制度关系到用人单位的商业秘密和劳动者自由择业权之间的利益平衡。《劳动争议司法解释(四)》的第6条至第10条对竞业限制的相关问题又作了进一步的规定。

〔1〕 参见最高人民法院民事审判第一庭编著:《最高人民法院劳动争议司法解释(四)理解与适用》,人民法院出版社2015年版,第179页。

但是上述规定不涉及认定劳动者违反竞业限制约定应当把握的司法标准。司法实践中，认定劳动者是否存在违反竞业限制约定的行为，主要是法官运用证据规则在用人单位的商业秘密等合法权益和劳动者的基本劳动权利之间作出价值取舍。

本案中，郭某与北京某屏幕科技公司签有竞业限制协议，双方争议的焦点之一是郭某是否存在违反竞业限制约定的行为，北京某屏幕科技公司是否应当支付郭某竞业限制补偿金。关于此焦点，涉及三个层面：一是郭某离职后是否入职北京某屏幕科技公司所主张的竞争单位；二是新用人单位是否与北京某屏幕科技公司有竞争关系；三是北京某屏幕科技公司解除通知送达郭某后，双方的竞业限制约定是否解除。

关于第一层面，郭某离职后是否入职北京某屏幕科技公司所主张的竞争单位。根据“谁主张，谁举证”原则，北京某屏幕科技公司应当就郭某入职新单位之事实承担举证责任。诉讼中，北京某屏幕科技公司主张郭某先后入职广州某公司、北京 A 公司、湖北某公司。根据北京某屏幕科技公司提交的证据，结合法院的调查取证情况，可以证实郭某于 2013 年 3 月开始先后入职北京 A 公司、湖北某公司。那么郭某入职上述两家公司的行为是否必然违反竞业限制约定？答案是否定的。北京某屏幕科技公司有义务进一步证明上述两家公司与北京某屏幕科技公司有竞争关系。

关于第二层面，北京某屏幕科技公司与北京 A 公司、湖北某公司是否有竞争关系。这是本案审理的重点和难点。如何判断是否有竞争关系，司法实践中标准不一。本案中，一审法官和二审法官的裁判标准就代表了不同观点。第一种观点认为，认定是否有竞争关系，应以公司的经营范围为准。该观点主要是从保护用人单位的商业秘密角度出发，防止劳动者打擦边球，切实保护用人单位的合法权益。第二种观点认为，对于竞争关系，法院应当严格审查，不能仅以经营范围为判断标准。该观点认为，竞业限制毕竟是限制了劳动者的自主择业权利，该权利是劳动者的基本权利，限制范围不能随意扩大，否则就加重了劳动者的负担。二审法院采纳的是第二种观点，即严格审查竞争关系。审查时主要考虑以下方面：一是不能简单地以营业执照的经营范围存在重合来确定有竞争关系。实践中，用人单位举证证明竞争关系，通常是以单位营业执照的经营范围存在重合为依据。北京某屏幕科技公司即是以经营范围证明竞争关系。考虑到营业执照体现的是工商登记部门核准的经营范围，该范围远远大于公司的实际经营范围，故营业执照经营范围的重合，并不能说明有竞争关系。本案中，从营业执照上看，北京某屏幕科技公司的经营范围与北京 A 公司、湖北某公司的经营范围均有技术服务、计算机系统等，但是技术服务和计算机行业非常宽泛，仅以此判断双方有竞争关系，有失偏颇。二是不宜对竞业限制内容作扩大解释。北京某屏幕科技公司与郭某约定，郭某不得到与北京某屏幕科技公司生产经营相同产品的竞争行业和企业任职，该“相同产品”不应任意作扩大解释。从郭某提交的三家公司对比资料中可以看出，北京某屏幕科技公司系一家从事大屏幕显示系统、大屏幕图像处理设备、大屏幕信号设备、大屏幕显示设备的研发、生产、销售及技术服务的公司。而郭某后来任职的北京 A 公司、湖北某公司系从事智能集成系统，可能涉及采购大屏幕设备安装到其集成系统后再整体销售，但这肯定不是生产经营“相同产品”。一审法院实际上是对“相同产品”作了扩大解释，认为北京 A 公司、湖北某公司两家公司系大屏幕领域的从业者，就此认定上述两家公司与北京某屏幕科技公司有竞争关系。该认定确有不妥，任意扩大了双方约定的“相同产品”的外延。二审法院在审理过程中坚持了“谁主张，谁举证”的原则，原用人单位北京某屏幕科技公司仅以营业执照的经营范围重合为由主张新用人单位与其有竞争关系，该主张是不能成立的。实践中，用人单位应当提供更多的证据证明竞争关系，例如两家公司参加同一个招标项目等。

关于第三层面，郭某与北京某屏幕科技公司的竞业限制约定是否解除。该层面主要涉及如何理解适用《劳动争议司法解释(四)》的相关规定。该司法解释的第 8 条规定，当事人在劳动合同或者保密协议中约定了竞业限制和经济补偿，劳动合同解除或者终止后，因用人单位的原因导致三个月未支付经济补偿，劳动者请求解除竞业限制约定的，人民法院应予支持。上述规定系指在因用人单位原因导致三个月未支付经济补偿的情况下，劳动者享有解除竞业限制约定的权利，不能理解为竞业限制约定自动解除。北京某屏幕科技公司上诉主张在双方均未履行竞业限制约定的情况下，最多只判三个月的补偿金，实际上系错误理解了该条规定。同时，该司法解释第 9 条规定，在竞业限制期限内，用人单位请求解除竞业限制协议时，人民法院应予支持。在解除竞业限制协议时,劳动者请求用人单位额外支付劳动者三个月的竞业限制经济补偿的,人民法院应予支持。该解除权系用人单位的法定解除权,北京某屏幕科技公司于 2014 年 1 月 27 日通知郭某解除竞业限制,该通知送达郭某后即发生效力,双方之间的竞业限制解除。但是在劳动者遵守竞业限制的情况下,用人单位在竞业限制期内通知解除该限制,劳动者势必要开始寻找工作或更换到原先熟悉的行业工作,因此,劳动者需要一个时间来摆脱竞业限制带来的不利影响,用人单位要给予劳动者额外的补偿。根据上述司法解释第 9 条的规定,北京某屏幕科技公司应当额外支付郭某三个月的竞业限制经济补偿。

【裁判依据】

1.《劳动合同法》第 2 条

2.《劳动和社会保障部关于确立劳动关系有关事项的通知》

(撰稿人　刘　芳)

12

未约定经济补偿的竞业限制协议具有法律效力

——姜某诉B公司劳动争议案

裁判规则

当事人签订了竞业限制协议或约定了竞业限制条款，但未约定用人单位向劳动者支付经济补偿，双方劳动关系解除后用人单位未主动支付竞业限制经济补偿，劳动者亦未主张用人单位支付竞业限制经济补偿金，而要求解除竞业限制协议或竞业限制条款的情况下，法院认为，该竞业限制约定有效，因用人单位的原因导致三个月未支付经济补偿的，劳动者可解除竞业限制约定。

案　情[1]

姜某于2015年4月1日入职B公司，担任教学部门讲师，工作内容包括教师资格证培训等内容。

2015年7月24日，B公司与姜某签订《竞业禁止协议书》，其上载明姜某在职期间及离职后两年之内不得以任何形式从事与B公司业务类型相同或相似存在竞争关系的业务，限制地域为全国，限制领域包括但不限于教师资格证培训、教师招聘考试培训、特岗教师培训、心理咨询、图书出版、网络教学、中小学全科辅导等，同时约定姜某若违反该协议应承担任职期间所得劳动报酬总额50%的违约金；其上并未约定竞业限制补偿金的金额和给付方式。

---

〔1〕 (2017)京01民终2016号。

姜某于2018年6月12日以个人原因离职,于2018年8月8日向B公司送达《解除竞业限制协议书》,其上载有如下内容:“本人与公司订立的《竞业禁止协议书》仅仅约定了竞业限制,但没有约定经济补偿。本人于2018年6月12日离职时,公司没有提出是否继续履行竞业限制约定,至今也没有向本人支付竞业限制经济补偿,因此本人通知公司,依法解除公司与本人的竞业(协议)限制的约定。”

B公司于2018年8月10日向姜某支付12,998元,载明用途为7~8月竞业限制补偿金。2018年8月14日,该公司工作人员生某与姜某通过微信沟通,生某向姜某发送保密、竞业禁止义务告知书的图片,其上载有如下内容:“姜某……劳动关系解除后,您与我公司签订的《员工保密协议书》《员工竞业禁止协议书》将继续有效。其中竞业禁止期限为劳动关系解除后两年内,即2018年6月12日至2020年6月11日。在此期间,我公司将按照您劳动合同解除前12个月平均工资的30%按月向您支付竞业禁止补偿金。前两个月的补偿金已于2018年8月10日汇入您的原工资账户,公司已代扣代缴个人所得税。自2018年9月起,您可于每月10日前往公司财务处以现金形式领取补偿金,并报告您的就业情况。同时,您应继续履行上述协议约定的保密和竞业禁止义务。您向公司发出的《解除竞业限制协议书》无效,公司不同意解除该协议。”姜某回复:“竞业限制协议已经事先依法通知公司解除了在先,并且海淀法院也已经立案,之前公司也收到我发的通知了。公司如果在解除后向我支付费用,只是公司单向行为,因此造成损失自负……”

姜某主张其与B公司签订《竞业禁止协议书》中仅约定了违约金,并未约定竞业限制补偿金,存在瑕疵;姜某离职时B公司并未告知其需要履行竞业限制义务,亦未向其支付竞业限制补偿金,在其函告该公司解除竞业限制协议后该公司方向其支付12,998元款项。综上,姜某无须履行《竞业禁止协议书》,上述协议应予解除。

2018年8月2日,姜某以要求解除竞业(协议)限制的约定为由向北京市海淀区劳动人事争议仲裁委员会提出申请,该仲裁委员会当日以上述申请不属于受案范围为由,决定不予受理。姜某不服上述不予受理案件决定,在法定期限内向北京市海淀区人民法院提起了诉讼。

北京市海淀区人民法院认为:用人单位和劳动者签订合法有效的竞业限制

协议后双方均应严格遵守各自的权利义务,劳动者有义务按约定保守商业秘密和知识产权,不参与违反竞业限制义务的经营活动,同时用人单位也应支付相应的竞业限制补偿金,以体现公平原则。根据相关法律规定,用人单位与劳动者之间约定了竞业限制条款,但未约定解除或者终止劳动合同后给予劳动者经济补偿,劳动者履行了竞业限制义务,仍可要求用人单位按月支付经济补偿,故竞业限制协议出现未约定或者未明确约定竞业限制补偿金的情况时,并不影响合同本身的效力,未约定竞业限制补偿金的给付及具体金额亦不能成为免责的事由。依据《劳动合同法》第23条的规定,"用人单位与劳动者可以在劳动合同中约定保守用人单位的商业秘密和与知识产权相关的保密事项。对负有保密义务的劳动者,用人单位可以在劳动合同或者保密协议中与劳动者约定竞业限制条款,并约定在解除或者终止劳动合同后,在竞业限制期限内按月给予劳动者经济补偿。劳动者违反竞业限制约定的,应当按照约定向用人单位支付违约金"。本案中,双方所签署的《竞业禁止协议书》中约定姜某在解除劳动合同后两年内应遵守竞业限制义务,包括不得以任何形式从事与B公司业务类型相同或者相似、存在竞争关系的任何业务活动,在全国范围内不得从事包括但不限于教师资格证培训、教师招聘考试培训、特岗教师培训、心理咨询、图书出版、网络教学、中小学全科辅导等。姜某应当依约履行竞业限制义务,姜某所持因B公司在其离职时未告知其需要履行竞业限制义务,故其无须履行竞业限制义务之主张,依据不足,法院不予采信。当事人在劳动合同或者保密协议中约定了竞业限制和经济补偿,劳动合同解除或者终止后,因用人单位的原因导致三个月未支付经济补偿,劳动者请求解除竞业限制约定的,人民法院应予支持。姜某于2018年6月12日以个人原因离职,B公司于2018年8月10日向其支付两个月的竞业限制补偿金,故姜某所持因B公司未支付竞业限制补偿金而解除双方《竞业禁止协议书》之主张,法院不予支持。

北京市海淀区人民法院判决:驳回姜某的全部诉讼请求。

姜某不服一审判决提起上诉,请求撤销一审判决,依法改判解除姜某与B公司于2015年7月24日签订的《竞业禁止协议书》。上诉理由:《劳动争议司法解释(四)》第6条第1款规定:"当事人在劳动合同或者保密协议中约定了竞业限制,但未约定解除或者终止劳动合同后给予劳动者经济补偿,劳动者履行了竞业限制义务,要求用人单位按照劳动者在劳动合同解除或者终止前十二个月平均工资的30%按月支付经济补偿的,人民法院应予支持。"据此,对于协议仅约定竞业限制,但未约定解除或者终止劳动合同后给予劳动者经济补偿情况下,法律赋予劳动者优先选择权,即有权选择履行竞业限制义务,要求用人单位支付竞业限制补偿金,也可以选择不履行竞业限制,放弃要求支付补偿金。本案当事人之间仅约定竞业限制,但未约定解除或者终止劳动合同后给予劳动者经济补偿,并且在劳动关系于2018年6月12日解除时B公司既没有明确提出要求姜某继续履行竞业限制,之后一个合理周期也没有支付补偿金。因此劳动者有权选择解除竞业限制协议。一审法院应当根据《劳动争议司法解释(四)》第6条作出有利于劳动者选择权的判决。而一审法院依据该司法解释第8条作出判决明显错误,依据不足。该司法解释第8条规定:"当事人在劳动合同或者保密协议中约定了竞业限制和经济补偿,劳动合同解除或者终止后,因用人单位的原因导致三个月未支付经济补偿,劳动者请求解除竞业限制约定的,人民法院应予支持。"适用该条必须同时具备两个前提条件:当事人既在劳动合同或者保密协议中约定了竞业限制,又在劳动合同或者保密协议中约定经济补偿。而本案双方订立的《竞业禁止协议书》并没有约定经济补偿,因此本案不具备适用第8条的情形。一审判决适用法律错误,应当依法改判。

【裁判结论】

北京市第一中级人民法院判决:驳回上诉,维持原判。

【裁判观点】

北京市第一中级人民法院认为:本案中,双方签订的《竞业禁止协议书》约定了劳动者的竞业限制义务,但未约定竞业限制期限内用人单位给予劳动者经济补偿。《劳动合同法》第23条第2款规定:"对负有保密义务的劳动者,用人单位可以在劳动合同或者保密协议中与劳动者约定竞业限制条款,并约定在解除或者终止劳动合同后,在竞业限制期限内按月给予劳动者经济补偿。"据此,在约定竞业限制的前提下,经济补偿的给付具有强制性。未约定经济补偿的竞业限制条款,为欠缺合同必备条款,应当进行补充。对此,《劳动争议司法解释(四)》第6条规定:"当事人在劳动合同或者保密协议中约定了竞业限制,但未约定解除或者终止劳动合同后给予劳动者经济补偿,劳动者履行了竞业限制义务,要求用人单位按照劳动者在劳动合同解除或者终止前十二个月平均工资的30%按月支付经济补偿的,人民法院应予支持。前款规定的月平均工资的30%低于劳动合同履行地最低工资标准的,按照劳动合同履行地最低工资标准支付。”上述规定以法定形式对欠缺的竞业限制条款做出了补充,故竞业限制约定对双方当事人仍具有约束力。本案中,双方劳动关系于2018年6月12日解除,姜某于2018年8月8日作出解除竞业限制约定的意思表示。对此法院认为,《合同法》第94条规定:“有下列情形之一的,当事人可以解除合同:……(三)当事人一方迟延履行主要债务,经催告后在合理期限内仍未履行……”而合理期限和解除方式的认定应类推适用《劳动争议司法解释(四)》第8条规定,“当事人在劳动合同或者保密协议中约定了竞业限制和经济补偿,劳动合同解除或者终止后,因用人单位的原因导致三个月未支付经济补偿,劳动者请求解除竞业限制约定的,人民法院应予支持”。也就是说,因用人单位的原因导致三个月未支付经济补偿,劳动者可不经催告程序径行解除竞业限制约定。而本案中,姜某在双方解除劳动合同后未达三个月即行使解除权,且B公司在收到姜某通知后及时按法律规定的标准补充支付了竞业限制经济补偿金,故姜某的解除行为缺乏法律依据,法院对其解除《竞业禁止协议书》的上诉请求不予支持。

法官评析

竞业限制不仅涉及用人单位商业秘密权,同时也涉及劳动者的就业权。《劳动合同法》《劳动争议司法解释(四)》等法律规定对竞业限制及经济补偿金等作出了规定,但未明确规定当事人在劳动合同或者保密协议中约定了竞业限制,但未规定经济补偿,双方劳动关系解除后用人单位未主动支付竞业限制经济补偿,劳动者亦未主张用人单位支付竞业限制经济补偿,而要求解除竞业限制协议或竞业限制条款的情况下,如何裁处。

对此,学界和司法实务界有不同认识。

第一种观点认为,此类竞业限制条款属于无效条款。理由主要在于:在约定竞业限制义务的情形下,为了保护用人单位的商业秘密,劳动者在竞业限制期间不能运用自己所掌握的知识为原用人单位的竞争对手提供服务,也不能自行经营或从事与原用人单位存在竞争关系的业务。在行业分工和知识细分越来越精细的当今社会,劳动者的从业能力和竞争优势越来越多地集中于某一特定领域,而无法轻易地转换至其他领域,劳动者遵守竞业限制义务,将导致其竞业限制期间的就业范围被极大程度压缩,收入能力也相应显著下降,尤其在社会高速发展的大背景下,即便竞业限制期限届满后,劳动者已经离开自己的主流行业相当长时间,甚至会致命性地被剥夺在该领域获取竞争优势的能力。所以,竞业限制对劳动者而言极大限度让渡了就业权,进一步直接关系其生存权。那么在对劳动者科以竞业限制义务的情形下,作为对价,用人单位既未支付经济补偿金,甚至根本未作出经济补偿金的约定或承诺,属于免除自己的法定责任,双方权利义务显失公平。《劳动合同法》第 26 条第 2 项规定,用人单位免除自己的法定责任、排除劳动者权利的,劳动合同无效。故对于未约定竞业限制补偿的协议,应当根据上述法律规定认定其无效。

第二种观点认为,未约定经济补偿金的竞业限制条款对劳动者不发生效力。例如,江苏省高级人民法院、江苏省劳动争议仲裁委员会发布的《关于审理劳动争议案件的指导意见(2009)》第 13 条规定:“用人单位与劳动者约定了竞业限制条款但未约定经济补偿,或者约定了经济补偿但未按约定支付的,该竞业限制条款对劳动者不具有法律约束力。劳动者依约遵守了竞业限制条款,但用人单位为按约支付经济补偿,劳动者请求用人单位支付经济补偿的,应予支持。”2008 年 6 月发布的《广东省高级人民法院、广东省劳动争议仲裁委员会关于适用〈劳动争议调解仲裁法〉、〈劳动合同法〉若干问题的指导意见》第 26 条第 1 款规定:“用人单位与劳动者约定竞业限制的,应当在竞业限制期限内依法给予劳动者经济补偿,用人单位未按约定支付经济补偿的,劳动者可要求用人单位履行竞业限制协议。至工作交接完成时,用人单位尚未承诺给予劳动者经济补偿的,竞业限制条款对劳动者不具有约束力。”此类观点首先尊重了双方的缔约合意和意思自治,不当然否认此情形下竞业限制约定的效力;但同时强调课以用人单位必要的补偿金承诺及支付义务,如用人单位未及时、足额支付补偿金,则以其不作为的行为推定其自认对要求劳动者遵循竞业限制义务的放弃。

第三种观点认为,未约定经济补偿金的竞业限制条款应当认定有效。理由主要有三点:

第一,从意思自治原则和信赖利益保护原则角度。竞业限制协议的缔约双方均为具有完全民事行为能力的主体，应当对己方签署的合同以及对己方权利的处分具有客观、清醒的认知，司法权应当在此基础上进行审查，并保护合同效力的稳定性；且现在越来越多用人单位在劳动关系存续期间即与劳动者签署离职后的竞业限制协议，用人单位对劳动者进行商业秘密的开示一定程度上基于确信劳动者离职后仍具有竞业限制义务，双方事实上不仅通过竞业限制协议，也通过在职期间的多种其他方式已经进行了相关权利义务分配，肯定竞业限制约定的效力有利于对信赖利益的保护和对客观形成的权利义务关系的尊重。

第二，从保护营商环境的大背景和商业利益保护的现实困境角度。司法实践永远根植并服务于时代命题。应当看到，在现今的市场环境中，客观上大量存在劳动者违反竞业限制义务、损害用人单位商业秘密和竞争优势的情形，而在此情形下用人单位知悉劳动者离职后的就业去向本身就非常困难，举证证明劳动者违反竞业限制义务则更加困难；此外，劳动者还存在诸如利用家人、朋友的身份从事竞业限制行为等在取证和法律认定方面更为困难的障碍。为保护公平竞争、诚实守信的营商环境，司法权应当发挥应有的作用，其价值选择应当不能轻易否定既有的竞业限制效力，在此基础上才得以深化、细化竞业限制权利义务的平衡保护问题。

第三，从成文法适用和法律逻辑角度。《劳动合同法》第23条第2款规定："对负有保密义务的劳动者，用人单位可以在劳动合同或者保密协议中与劳动者约定竞业限制条款，并约定在解除或者终止劳动合同后，在竞业限制期限内按月给予劳动者经济补偿。"据此，在约定竞业限制的前提下，经济补偿的给付具有强制性。未约定经济补偿的竞业限制条款，为欠缺合同必备条款，应当进行补充。对此，《劳动争议司法解释（四）》第6条规定："当事人在劳动合同或者保密协议中约定了竞业限制，但未约定解除或者终止劳动合同后给予劳动者经济补偿，劳动者履行了竞业限制义务，要求用人单位按照劳动者在劳动合同解除或者终止前十二个月平均工资的30%按月支付经济补偿的，人民法院应予支持。前款规定的月平均工资的30%低于劳动合同履行地最低工资标准的，按照劳动合同履行地最低工资标准支付。"上述规定以法定形式对欠缺的竞业限制条款作出了补充，故竞业限制约定对双方当事人仍具有约束力。《合同法》第94条规定："有下列情形之一的，当事人可以解除合同：……（三）当事人一方迟延履行主要债务，经催告后在合理期限内仍未履行……”而合理期限和解除方式的认定应类推适用《劳动争议司法解释（四）》第8条规定，“当事人在劳动合同或者保密协议中约定了竞业限制和经济补偿，劳动合同解除或者终止后，因用人单位的原因导致三个月未支付经济补偿，劳动者请求解除竞业限制约定的，人民法院应予支持”。也就是说，因用人单位的原因导致三个月未支付经济补偿，劳动者可不经催告程序径行解除竞业限制约定。

在本案的判决中，合议庭选择了第三种观点。但这并不是说该观点是毫无瑕疵的，它仍是在现行立法存在缺失的现实状况下作出的艰难妥协。在劳动者的就业权、生存权与用人单位商业利益权之间，立法权和司法权均应当进一步向精细化方向迈进，并在价值选择上进一步实现双方权利之间的二元保护和平衡共赢。

【裁判依据】

1.《劳动合同法》第23条第2款

2.《劳动争议司法解释（四）》第6条、第8条

（撰稿人　王丽蕊）

13

用人单位对竞业限制协议享有单方解除权

——张某诉B大学国际医院劳动争议案

裁判规则

竞业限制协议从根本上维护的是用人单位的商业秘密。当用人单位认为其商业秘密无须再继续予以保密时,竞业限制也就丧失了所依附的基础,要求用人单位必须继续履行竞业限制协议,显然对用人单位不利。但用人单位是否享有单方解除竞业限制协议的权利,目前我国相关法律并没有作出明确规定。而当用人单位商业秘密丧失保护必要时,仍旧要求劳动者继续履行竞业限制义务,也人为地给劳动者再就业制造了困难。因此,如果签订《竞业限制协议》时所依据的客观情况发生变化,用人单位认为无须劳动者再继续履行竞业限制义务时,作为竞业限制受益方的用人单位,应当享有单方解除竞业限制条款的权利。

案 情[1]

2013年6月1日,张某(乙方)与B大学国际医院(甲方)签订《聘用协议书》,协议约定乙方张某到甲方工程技术管理部任给排水工程师;劳动合同的起止时间为2013年6月1日至2014年5月31日;工作时间为全日制。同时,双方约定:在协议期内及协议终止后约定的时间内,乙方不得违反公司有关竞业禁止的规定,直接或间接从事与甲方具有竞争性质的活动。协议还约定了其他事项。张某在B大学国际医院工作至2013年7月1日,经调休后自2013年7月17日起未再给B大学国际医院提供劳动。张某的月工资标准为1万元。

---

〔1〕 (2016)京01民终3576号。

2014年5月30日,张某向北京市昌平区劳动人事争议仲裁委员会(以下简称昌平仲裁委)申请第一次仲裁,张某共提出包括要求确认B大学国际医院作出的解除劳动合同决定违法、支付工资等十三项仲裁请求,其中第7项请求为:要求B大学国际医院支付张某2013年10月17日至2014年8月17日的履行劳动合同和保密协议约定的竞业限制义务的经济补偿金3万元;第8项请求为:依法裁决解除与B大学国际医院在劳动合同和保密协议约定的竞业限制协议,以便张某方便找工作和正常工作,并由B大学国际医院按照法律规定及司法解释的规定额外支付三个月竞业限制补偿金9000元。针对张某提出的主张支付竞业限制补偿金的请求,B大学国际医院于2014年9月23日在昌平仲裁委审理该案的仲裁庭审答辩中称:B大学国际医院与张某按照法律规定签订了劳动合同和保密协议,在保密协议中包含竞业禁止条款,但并没有签订竞业限制协议,并且张某的岗位为给排水工程师,其在实际操作中接触不到任何需要保守的商业秘密,不属于《劳动合同法》第24条规定的可以约定竞业限制的范围,B大学国际医院也并未要求张某履行竞业限制义务。张某无须再履行竞业限制义务。

昌平仲裁委于2014年12月1日,作出京昌劳人仲字〔2014〕第1752号、第2609号裁决,确认B大学国际医院作出的解除与张某劳动合同的书面决定有效、B大学国际医院向张某支付工资、解除劳动合同的经济补偿金等共八项内容,其中第5项裁决为:B大学国际医院支付张某2013年10月17日至2014年8月17日竞业限制补偿金3万元。昌平仲裁委未予支持张某要求解除与B大学国际医院的竞业限制补偿协议的请求。张某和B大学国际医院均对裁决结果不服,于法定期限内诉至一审北京市昌平区人民法院(以下简称昌平法院),张某的诉讼请求共五项,其未再要求解除与B大学国际医院的竞业限制补偿协议;B大学国际医院的诉讼请求共两项,一是要求撤销昌平仲裁委裁决的支付张某竞业限制补偿金;二是不同意昌平仲裁委裁决的支付张某违法解除劳动合同的赔偿金。昌平法院作出(2015)昌民初字第316号民事判决书,判决B大学国际医院向张某支付工资、解除劳动合同经济补偿金等各项共计5万余元,其中第5项判决为:B大学国际医院支付张某2013年10月17日至2014年8月17日的竞业限制补偿金3万元。B大学国际医院对该判决结果不服提起上诉,二审北京市第一中级人民法院(以下简称一中法院)作出(2015)一中民终字第4111

号民事判决:驳回上诉、维持原判,该判决已发生法律效力。在一审昌平法院及二审一中法院审理该案期间,B 大学国际医院均再次明示张某,其工作岗位并非需要保守商业秘密的岗位,无须张某继续履行竞业限制义务,所作陈述与在昌平仲裁委审理该案期间的答辩一致。

2015 年 10 月 20 日,张某第二次向昌平仲裁委提起劳动争议仲裁申请,要求 B 大学国际医院履行劳动合同和保密协议约定的竞业限制义务,支付 2014 年 8 月 18 日至 2015 年 10 月 17 日 14 个月的竞业限制补偿金 42,000 元。昌平仲裁委于 2015 年 12 月 18 日作出京昌劳人仲字〔2014〕第 3456 号仲裁裁决书,裁决 B 大学国际医院向张某支付竞业限制补偿金 41,700 元。B 大学国际医院不服该仲裁裁决,诉至一审昌平法院,请求法院判决确认 B 大学国际医院无须向张某支付 2014 年 8 月 21 日至 2015 年 10 月 17 日的竞业限制补偿金。

昌平法院判决:(1)B 大学国际医院于本判决生效后十日内支付张某 2014 年 8 月 21 日至 2014 年 9 月 23 日竞业限制补偿金 3310.34 元;(2)驳回 B 大学国际医院的其他诉讼请求。

宣判后,张某不服提起上诉,请求撤销一审判决,依法改判支持其诉讼主张的竞业限制补偿金。一中法院于 2016 年 7 月 5 日作出(2016)京 01 民终 3576 号民事判决,判决驳回上诉,维持原判。

【裁判结论】

北京市第一中级人民法院判决:驳回上诉维持原判。

【裁判观点】

法院生效判决认为:在劳动合同或者保密协议中约定了竞业限制和经济补偿,劳动合同解除或者终止后,因用人单位的原因导致三个月未支付经济补偿,劳动者请求解除竞业限制约定的,应予支持。张某于 2014 年 8 月提出劳动仲裁时,其主张 B 大学国际医院未按照约定向其支付竞业限制补偿金,并申请解除约定的竞业限制协议,B 大学国际医院亦在 2014 年 9 月 23 日仲裁庭审答辩中明确告知张某的岗位并非竞业禁止岗位,无须张某履行竞业禁止义务,对此,为张某作出解除竞业限制协议的意思表示,B 大学国际医院亦告知张某无须再履行竞业限制义务,故应当视为张某与 B 大学国际医院就此达成了一致意见,并于当日协商解除了竞业限制协议。B 大学国际医院应支付张某竞业限制协议解除前，即 2014 年 8 月 21 日至 9 月 23 日的竞业限制补偿金 3310.34 元。在张某与 B 大学国际医院解除竞业限制协议后，张某再要求 B 大学国际医院支付竞业限制补偿金，缺少事实与法律依据。故法院对张某要求 B 大学国际医院支付 2014 年 9 月 24 日至 2015 年 10 月 17 日解除竞业限制补偿金的诉讼请求不予支持。

法官评析

竞业限制是用人单位和负有保守用人单位商业秘密的劳动者，在劳动合同、知识产权权利归属协议或技术保密协议中约定的竞业限制条款，即劳动者在终止或解除劳动合同后的一定期限内不得再生产同类产品、经营同类业务或有其他竞争关系的用人单位任职，也不得自己生产与原单位有竞争关系的同类产品或经营同类业务。竞业限制时间由当事人事先约定，但不得超过二年。竞业限制条款在劳动合同中为延迟生效条款，也就是劳动合同的其他条款法律约束力终结后，该条款开始生效。

一、竞业限制与竞业禁止的区别

根据《劳动合同法》第 24 条第 1 款的规定，竞业限制的人员限于用人单位的高级管理人员、高级技术人员和其他负有保密义务的人员。B 大学国际医院与张某约定“协议期内及协议终止后约定的时间在内，乙方不得违反公司有关竞业禁止的规定”。从上述约定所写的内容看，B 大学国际医院与张某在《聘用协议》中约定的是“竞业禁止”，但双方之间实际履行的是竞业限制约定。

何为竞业禁止？竞业禁止又称竞业避让，是对与特定的经营内容有关的特定人的某些行为予以禁止的一种制度，竞业禁止的限制对象负有不从事特定竞业行为的义务。根据《公司法》第 148 条的规定，董事、高级管理人员未经股东会或者股东大会同意，不得利用职务便利为自己或者他人谋取属于公司的商业机会；自营或者为他人经营与所任职公司同类的业务，其所得收入应当归公司所有。此外，我国《刑法》第 165 条及《反不正当竞争法》第 10 条也对此作出了规定。竞业禁止义务的产生原因有两点：一是基于法律的直接规定，如公司对董事经理等高管人员的竞业禁止义务所作的规定。二是基于当事人之间签订的竞业禁止协议约定，此类协议通常用于保护商业秘密。公司董事、经理的竞业禁止制度和竞业限制虽有着密切联系，但二者在实质上还是有较大区别：（1）义务的性质不同：竞业禁止是法定义务，已有法律明文规定在先，只要是董事、经理，就必须履行竞业禁止的义务；而竞业限制是约定义务，只以约定为前提，如事先无约定，择业就不受限制。竞业限制起源于《公司法》中的董事、经理竞业禁止制度。（2）承担义务的主体不同：竞业禁止是《公司法》中规定的董事、经理等高级管理人员，而普通员工无须承担义务；竞业限制是公司的员工都可以成为竞业限制的对象，其中包括董事、经理、部门经理。（3）承担义务的时间不同：竞业禁止是董事经理任职期间，而竞业限制是与原单位解除劳动关系以后的若干时间。（4）承担责任的形式不同：违反竞业禁止义务需要承担的是侵权责任，违反竞业限制义务需要承担的是违约责任，也可能是违约责任与侵权责任的竞合。由于立法对竞业限制的主体问题没有更加具体的规定，使用人单位对其商业秘密不会造成威胁和损害的人员也给予了竞业限制。在审判实践中，竞业限制的主体范围过宽的现象大量存在，很多用人单位无论员工从事何种岗位、是何种文化程度以及是否接触到商业秘密，均一律签订竞业限制协议，这既损害了劳动者的劳动权利，也让企业支付了不必要的经济补偿，增加企业的成本。

本案中，从张某的主体身份看，其并非 B 大学国际医院的董事、经理或其他高级管理人员；而从其与 B 大学国际医院的约定看，“竞业禁止”的生效时间是在劳动合同终止履行之后，符合竞业限制的特点；从张某的工作岗位看，是不需要保守商业秘密的工程师岗位。故虽然双方约定的虽为“竞业禁止”，但实为竞业限制条款。

二、竞业限制所限制的是劳动者的劳动权

竞业限制义务只能发生在具有特定的民事法律关系的当事人之间，如劳动关系、雇佣关系。当事人之间没有这些特定的民事法律关系，也就不可能产生竞业限制义务。由于竞业限制协议限制的是员工的劳动权，而劳动权属于《宪法》保障的公民基本权利之一。因此，竞业限制协议的合法有效关键在于是否有损员工的基本生活利益。有意见认为，作为竞业限制协议生效的一个基本条件，企业必须对员工的竞业限制行为做出经济补偿，竞业限制协议中必须同时写明补偿金的数额和发放办法,否则就是无效协议。但这一意见并未被《劳动合同法》所采纳。我国《劳动合同法》第 23 条对竞业限制适用范围、期限、补偿方式作出了规定,但对于用人单位与劳动者在劳动合同中仅约定了保守商业秘密的竞业限制条款,而未单独签订竞业限制协议,也未约定用人单位需要向劳动者按月支付竞业限制补偿金的,竞业限制条款是否有效,未作出规定。《劳动争议司法解释(四)》第 6 条、第 7 条规定,只要双方约定了竞业限制,即使没有关于经济补偿的约定,在劳动者履行了竞业限制义务后,用人单位仍需向劳动者支付经济补偿。从司法解释的规定来看,对于在用人单位与劳动者仅约定了竞业限制,而没有约定经济补偿的情形下,关于竞业限制的约定对劳动者不具有约束力。这一规定包含了两层含义,其一,劳动者在和用人单位约定了竞业限制条款后,即使没有关于经济补偿的约定,这一条款也并不因此无效,劳动者仍要履行竞业限制的约定。其二,劳动者在离职后已经按照约定履行了竞业限制义务,即使没有约定补偿以及补偿金的标准,用人单位仍需按照相关规定给付劳动者经济补偿金。司法解释的规定是对用人单位盲目和员工约定竞业限制条款的一种限制性规定,毕竟竞业限制是对劳动者最基本的劳动权利的限制。

三、劳动者解除竞业限制的条件

竞业限制的目的除了保护商业秘密外,也在于防止劳动者任意跳槽至竞争企业或直接经营与原企业相同或相似的业务,造成原企业的经营不利。为了保护原企业的商业秘密,防止劳动者恶意泄露企业的商业秘密,防止恶性的同业竞争,法律直接规定或允许当事人约定,员工在职期间和离职后的一定时期不得从事与原企业营业项目相同或相似的业务。但对于劳动者是否享有解除竞业限制协议的权利,各国立法规定并不相同。有些国家立法明确规定,负有商业秘密保护义务的员工不得擅自解除含有竞业限制条款的劳动合同,此举在于保护企业的用人权,减少不正当竞争和员工的不当行为。

我国法律对于在用人单位不按照协议约定履行给付经济补偿金情形下,劳动者是否享有解除权没有作出明确规定。《劳动争议司法解释(四)》第 8 条规定,当事人在劳动合同或者保密协议中约定了竞业限制和经济补偿,劳动合同解除或者终止后,因用人单位的原因导致三个月未支付经济补偿,劳动者请求解除竞业限制约定的,人民法院应予支持。首先,这条规定并未明确如果用人单位三个月不支付竞业限制补偿金的,就必然导致竞业限制协议解除,而是说在这种情况下,员工有了选择权:员工可以选择不受竞业限制约束而解除竞业限制约定;也可以选择继续履行竞业限制义务而要求用人单位仍支付之前和之后的经济补偿。同时,劳动者选择解除竞业限制协议,必须满足以下两个条件:一是用人单位不按协议约定支付经济补偿金;二是劳动者须向用人单位提出支付的要求,而用人单位不予支付的。如果劳动者选择继续履行竞业限制协议的,可以通知用人单位给付竞业限制补偿金,经劳动者要求支付,而用人单位仍不支付的,劳动者可以解除竞业限制协议。因此,根据这条规定,在劳动者离职后,用人单位不按照协议约定向劳动者支付竞业限制补偿的,这种情况下并不必然导致劳动者的竞业限制义务得以免除。其次,在用人单位不支付竞业限制补偿金的情况下,劳动者到用人单位的竞争对手处工作是否构成违约,是否需要向用人单位支付违约金呢?《劳动合同法》有关竞业限制的规定中并未涉及用人单位支付经济补偿义务与劳动者履行竞业限制义务的先后顺序,使对此问题尚未形成统一的认识,根据司法解释的规定,劳动者负有一次催告义务,即只有在劳动者向用人单位要求支付经济补偿金,用人单位仍不支付的情况下,劳动者才可以不履行竞业限制义务。在用人单位不支付经济补偿金的情况下,劳动者如果不进行催告,而径行到竞争对手处工作,则需要承担违约的不利后果。

四、用人单位解除竞业限制协议的权利

关于用人单位是否享有单方解除竞业限制协议的权利,我国法律对此亦没有明确规定。笔者认为,用人单位应当享有对竞业限制协议的单方解除权。理由如下:

1. 从竞业限制协议的签订来看,只有用人单位有权决定是否和劳动者签订该协议,而劳动者并没有对等的权利,能够主动发起与用人单位签订该协议,劳动者仅享有对其遵守竞业限制义务而遭受经济损失请求补偿的权利。因此,从竞业限制协议的解除看,除协议约定和法律规定的解除条件外,应当允许用人单位主动放弃对劳动者竞业限制的要求,即享有相应的发起解除竞业限制协议的权利。

2. 从竞业限制的法律关系看,竞业限制属于劳动法律关系,与民事法律关系不尽相同。在劳动关系领域,协议的生效和解除也不同于一般的民事合同,正如劳动者享有无理由的任意解除劳动合同的权利一样,员工的竞业限制协议也是特殊的一例。用人单位应当在竞业限制协议生效前或履行期间享有单方提出解除协议的权利,之所以用人单位能够单方行使合同的解除权,主要基于竞业限制协议从根本上维护的是用人单位的商业秘密保护权。

3. 从竞业限制协议的目的看,当用人单位认为其商业秘密无须再继续予以保密时,竞业限制也就丧失了其所依附的基础,要求用人单位必须继续履行协议显然对用人单位不利。而且,当用人单位的商业秘密丧失保护必要时,要求劳动者继续履行竞业限制义务,也是对人才资源的浪费。

4. 从竞业限制的权利基础看,竞业限制主要为用人单位的权利,因此应允许权利人主动放弃。在当前科学技术飞快变革发展,高新技术领域更新换代迅速,市场信息瞬息万变的情况下,在法律规定的最长竞业限制期限内,用人单位认为原来与劳动者设定的竞业限制义务已无继续履行之必要的情况自然也不在少数。用人单位作为享有竞业限制优先权利的一方,在其认为没有必要继续履行这一权利时,自然应当允许其对自身的权利进行处分。

因此,应当允许用人单位单方解除竞业限制协议。如果签订《竞业限制协议》时所依据的客观情况发生变化、用人单位认为无须要求劳动者继续履行竞业限制义务时,作为竞业限制受益方的用人单位应当享有单方解除竞业限制条款的权利。当然,劳动者不再履行竞业限制义务的同时,用人单位也就无须再支付对其就业限制的经济补偿。

在竞业限制期限内,用人单位有权单方解除竞业限制条款,但用人单位解除竞业限制条款与用人单位不支付经济补偿,致使竞业限制条款对劳动者不具有约束力的法律意义不尽相同:在用人单位解除竞业限制条款的情形下,用人单位无义务支付经济补偿,劳动者亦无义务承担竞业限制义务;在竞业限制条款解除后,即使劳动者仍履行了竞业限制义务,亦无权利要求用人单位支付经济补偿。但在用人单位不支付经济补偿致使竞业限制条款对劳动者不具有约束力的情形下，如果劳动者履行了竞业限制义务，则有权要求用人单位支付经济补偿。主要理由是，《劳动合同法》对竞业限制的规定，其目的在于保护用人单位的商业秘密，如果用人单位认为没有必要再对劳动者进行竞业限制时，应当允许用人单位解除竞业限制协议。在此情况下，坚持竞业限制协议的履行，不利于保护劳动者的就业权，也可能造成社会资源的不必要浪费。但对于用人单位解除竞业限制协议的权利，必须予以规制，遵循权利的放弃必须明示的规则，用人单位在解除竞业限制协议时，必须要履行告知义务。

本案中，劳动者在仲裁阶段基于用人单位未按月给付竞业限制补偿金提出解除竞业限制协议，因劳动者在此前并未向用人单位主张过支付竞业限制补偿金，故而仲裁并未支持劳动者的此项仲裁请求。即便劳动者在诉讼阶段未再主张解除的请求，但其解除的意思表示已经到达了用人单位，而用人单位在仲裁及诉讼程序中已明确告知了劳动者无须再履行竞业限制义务，随着用人单位的解除告知送达到劳动者，双方的竞业限制条款就此解除。

【裁判依据】

1.《劳动合同法》第 23 条、第 24 条、第 90 条

2.《公司法》第 148 条

3.《劳动争议司法解释(四)》第 6 条、第 7 条、第 8 条

（撰稿人　王　磊）

14 工资标准是否变更的认定

——某科技公司诉毛某劳动争议案

裁判规则

劳动合同约定的工资标准是从证据角度证明工资标准的一种形式。劳动者实际取得的工资数额低于书面劳动合同中约定的工资标准,应结合双方是否存在降低工资标准的合意、实际履行期间等因素综合判断劳动者的月工资标准是否在履行劳动合同过程中发生了变更。

案　情[1]

毛某主张于2013年5月1日入职某科技公司,担任技术总监,约定年工资250,000元,2015年4月30日某科技公司与其解除劳动关系。毛某提交劳动合同、银行卡明细、离职证明、工资表为证。

劳动合同双方是某科技公司与毛某,约定工资按照年薪250,000元(绩效工资及奖金不含在内)的形式计付,每月15日支付工资。

根据银行卡明细显示,毛某账户汇入款明细如下:2013年5月20日15,000元,汇款方某科技公司,无摘要;7月9日5000元,汇款方某科技公司,无摘要;8月21日10,855元+10,855元,汇款方某科技公司,摘要为代发工资;9月16日13,055元,汇款方不明,摘要为代发工资;12月20日2500元,汇款方某科技公司,摘要为代发工资;2014年1月2日500元,汇款方某科技公司,无摘要;1月24日15,000元,汇款方李某某,摘要为招行个人转账汇款转入。3月14日

[1] (2016)京01民终2136号。

26,825.49 元,汇款方某科技公司,无摘要;4 月 21 日 3360 元,汇款方某科技公司,无摘要;5 月 14 日 13,632.5 元,汇款方某科技公司,摘要为代发工资;6 月 5 日 2000 元,汇款方某科技公司,无摘要;7 月 2 日 10,976.38 元,汇款方某科技公司,摘要为代发工资;12 月 1 日 5000 元,汇款方李某某,摘要为招行个人转账汇款转入。2015 年 1 月 23 日 6976 元,汇款方某科技公司,无摘要;2 月 10 日 10,000 元,汇款方某科技公司,无摘要;2 月 12 日 10,000 元,汇款方某科技公司,无摘要;3 月 20 日 10,000 元,汇款方某科技公司,无摘要;3 月 26 日 1000 元,汇款方某科技公司,无摘要。毛某主张汇入款中,13 笔共计 110,661.49 元是某科技公司支付其的预支和借支款,用于开展业务,其需要用发票顶账。其中,2014 年 3 月 14 日的 26,825.49 元和 2015 年 1 月 23 日的 6976 元是阶段性的费用结清款。2015 年 2 月 10 日、2 月 12 日、3 月 20 日、3 月 26 日这四笔款项预支后,没有实际发生消费,其同意折抵作工资。其余的费用其已经将相应发票交给了某科技公司。其余摘要为代发工资的是工资,共计 61,873.88 元。

离职证明内容"毛某……自 2013 年 5 月 4 日入职我公司担任技术总监职务,至 2015 年 5 月 30 日因个人原因申请离职,在职期间无不良表现,经协商一致,已办理离职手续。……某科技公司,2014 年 4 月 30 日"。

工资表系某科技公司在仲裁时提交,抬头为"毛某 2013 年至 2015 年工资情况如下",显示毛某 2013 年 5 月至 2015 年 4 月共 24 个月应发工资标准均为 1 万元,实际发放共计 92,873.88 元,盖有某科技公司章印。

某科技公司对上述证据的真实性予以认可,但认为劳动合同未实际履行。银行卡明细中上述款项是该公司所支付,但摘要为代发工资的 61,873.88 元是劳务费,其余的都是借款。离职证明是因朋友关系所开具。工资表是已经支付过的劳务费。某科技公司主张双方口头约定毛某的月工资标准是 10,000 元,但未就此提交任何证据。

毛某曾向北京市海淀区劳动人事争议仲裁委员会提出申诉,仲裁委员会裁决:2013 年 5 月 1 日至 2015 年 4 月 30 日双方存在劳动关系;某科技公司支付毛某工资差额 407,126.12 元;驳回毛某的其他申诉请求。毛某与某科技公司对裁决不服,均于法定期限内向法院起诉,毛某起诉在先。

北京市海淀区人民法院认为:就毛某的工资标准一节,毛某主张其年薪标准为 25 万元,但仅提交劳动合同作为证据,此为孤证。银行卡明细显示,毛某在职

24 个月期间，某科技公司共向其支付 6 笔标注为工资的款项，但没有一笔是按时、足额的，所有金额均与 20,833 元相去甚远，毛某没有提交任何证据证明其对此提出过任何异议，法院以实发工资平均数额推定毛某实际月均工资标准应为 11,875 元，某科技公司应补发毛某在职期间工资差额共计 192,126 元。

离职证明中写明是 2015 年 5 月 30 日毛某因个人原因申请离职，双方协商一致办理离职手续，毛某主张解除劳动关系经济补偿金缺乏事实依据，法院不予支持。

据此，北京市海淀区人民法院判决：(1) 确认某科技公司与毛某于 2013 年 5 月 1 日至 2015 年 4 月 30 日存在劳动关系；(2) 某科技公司于本判决生效后七日内向毛某支付 2013 年 5 月至 2015 年 4 月工资差额 192,126 元；(3) 驳回毛某的其他诉讼请求。宣判后，毛某提起上诉。上诉理由为：(1) 毛某的工资标准为年薪 250,000 元；(2) 某科技公司未及时足额支付劳动报酬、未缴纳社会保险，毛某依法应享有解除劳动合同经济补偿金。

【裁判结论】

北京市第一中级人民法院判决：(1) 维持北京市海淀区人民法院 (2015) 海民初字第 38459 号民事判决第 1 项；(2) 撤销北京市海淀区人民法院 (2015) 海民初字第 38459 号民事判决第 2 项、第 3 项；(3) 某科技公司于本判决生效后七日内向毛某支付 2013 年 5 月至 2015 年 4 月工资差额 407,126.12 元；(4) 驳回毛某的其他诉讼请求。

【裁判观点】

北京市第一中级人民法院法院认为：根据双方签订的劳动合同书约定，毛某正常工作时间的工资按照年薪 250,000 元（绩效工资及奖金不含在内）的形式计付，该约定系双方真实意思表示，不违反法律、行政法规的强制性规定，应属合法有效。某科技公司主张，双方在签订劳动合同之后，劳动合同并未实际履行，且双方已对工资约定进行了口头变更，但某科技公司对此未提供充分证据予以证明，同时，从某科技公司实际向毛某支付工资的情况看，某科技公司也并未按其主张的工资标准每月 10,000 元履行，故现有证据不能证明双方已对工资约定进行了变更，某科技公司仍应按照劳动合同书的约定向毛某补齐工资。一审法院推定毛某实际月均工资标准为 11,875 元,缺乏依据,法院对此予以调整,某科技公司应补发毛某2013 年 5 月至 2015 年 4 月工资差额 407,126.12 元。

法官评析

在劳动争议案件审判中,经常碰到的一个问题就是如何认定劳动者的月工资标准? 应当明确的是,根据《工资支付暂行规定》,劳动者的工资是指用人单位依据劳动合同的规定,以各种形式支付给劳动者的工资报酬。上述定义强调了工资是以各种形式支付给劳动者的工资报酬,包括计时工资、计件工资、奖金、津贴和补贴、加班工资以及特殊情况下支付的工资等。这是从实质意义上对工资的一种定义。

这里要区别一个概念,就是劳动合同约定的工资标准。在审判实践中,用人单位与劳动者往往都会在劳动合同中约定一个工资标准,根据《劳动合同法》,劳动报酬也是劳动合同的必备条款,但劳动者的月工资标准与劳动合同约定的工资标准在实务中并不完全一致。劳动合同约定的工资标准是从证据角度证明工资标准的一种形式,当然,证明劳动者的月工资标准还有其他证据形式,比如工资证明、银行打卡记录等。由于双方在书面劳动合同中约定了工资标准,举证上非常便利,因此在没有相反证据的情况下,劳动合同约定的工资标准通常会被认定为劳动者的月工资标准。

除此之外,在审判实践中,劳动合同约定的工资标准与劳动者的月工资标准还存在以下两种关系。

一、劳动者实际取得的工资数额远高于书面劳动合同中约定的工资标准

在一些案件中,用人单位与劳动者在书面劳动合同中约定,劳动者的工资标准为最低工资标准,但劳动者实际取得的工资数额要远高于书面劳动合同的约定,这实际是用人单位为规避其相关责任而采取的一种方式。在这种情况下,由于劳动合同约定的工资标准是从证据角度证明工资标准的一种形式,那么,在有其他证据支持的情况下,比如,通过银行的工资支付记录可以看出,用人单位与劳动者在书面劳动合同中约定的工资标准远低于劳动者实际取得工资数额,就应当认定劳动者实际取得工资数额为其月工资标准。对于书面劳动合同中约定的工资标准远低于劳动者实际取得工资

数额这种现象，还有一种可行的解释是，劳动者与用人单位在劳动合同实际履行中以实发工资标准改变了原约定工资标准，视为双方变更了合同约定的工资标准，那么就应当以变更后的实际数额来确定劳动者的月工资标准。

二、劳动者实际取得的工资数额低于书面劳动合同中约定的工资标准

劳动者实际取得的工资数额低于书面劳动合同中约定的工资标准，这种情形需要判断是属于用人单位克扣劳动者工资还是劳动者的工资标准发生了变更。

根据《劳动合同法》的规定，劳动报酬是劳动合同的必备条款，依法订立的劳动合同具有约束力，用人单位应当按照劳动合同的约定及时足额向劳动者支付劳动报酬。但在履行劳动合同的过程中，大多数情况下，劳动者的工资标准不可能一成不变，通过协商一致，用人单位与劳动者可以变更劳动合同约定的内容，包括工资标准。《劳动合同法》还规定，变更劳动合同，应当采用书面形式。那么，如果用人单位与劳动者未采用书面形式，劳动合同是否未变更？笔者认为，此处的“应当”应被理解为管理性的强制性规范而非效力性的强制性规范。违反这一规定，用人单位应当受到行政管理上的处罚或者制裁，但并不必然导致变更合同无效。劳动合同按其表示形式分为书面、口头和默示三种，《劳动合同法》虽然对不签订书面劳动合同规定了较重的法律责任，但也并未因此而否定劳动合同的效力。从现实情况看，变更劳动合同的合意客观存在，并且会通过当事人的实际履行表现出来，只要变更后的劳动合同内容不违法且经过一定期间劳动者未提异议的，就应当对这种变更行为的效力作出肯定性评价。《劳动争议司法解释（四）》第11条规定：“变更劳动合同未采用书面形式，但已经实际履行了口头变更的劳动合同超过一个月，且变更后的劳动合同内容不违反法律、行政法规、国家政策以及公序良俗，当事人以未采用书面形式为由主张劳动合同变更无效的，人民法院不予支持。”

应当注意的是，该司法解释系对《劳动合同法》第35条的补充和完善，主要是考虑到劳动合同变更采取口头形式符合我国企业生产经营管理的现状，同时对于那些签订了劳动合同但通过口头变更后履行了较长时间的劳动合同，应当确认其效力，防止处于悬而未决的事实状态，当然，这些必须建立在劳资双方合意的前提下，口头变更劳动合同仍需坚持协商一致的原则。

由上可见,除需具备"已经实际履行了口头变更的劳动合同超过一个月,且变更后的劳动合同内容不违反法律、行政法规、国家政策以及公序良俗"外,认定劳动合同变更,还暗含一个构成要件,即用人单位与劳动者双方之间需存在合意,这种合意可以通过行为来表现。例如,用人单位提出变更工作地点,劳动者实际到新的工作地点上班;这种合意也可以通过推定来认定。例如,前述的劳动者实际取得的工资数额远高于书面劳动合同中约定的工资标准,对于这种纯获利益的行为,除非劳动者明确拒绝,否则应视为劳动者认可。

具体到本案,一审法院认为,由于某科技公司向毛某支付工资的实际情况与劳动合同的约定大相径庭,可以证明双方在劳动关系履行过程中,工资标准发生了变更,这种观点的理由之一是,毛某对某科技公司支付工资的行为未提出异议。但根据《劳动争议调解仲裁法》关于劳动报酬争议仲裁的特别时效规定,劳动关系存续期间因拖欠劳动报酬发生争议的,劳动者申请仲裁不受一年仲裁时效期间的限制,理由是考虑到有些劳动者为了维持劳动关系,在劳动关系存续期间对用人单位拖欠劳动报酬的行为不敢主张权利。因此,劳动者在劳动关系存续期间对用人单位拖欠劳动报酬的行为未提异议,并不能视作劳动者的认可,一审法院的这种结论显然是错误的。根据双方签订的劳动合同书约定,毛某正常工作时间的工资按照年薪250,000元(绩效工资及奖金不含在内)的形式计付,该约定系双方真实意思表示,不违反法律、行政法规的强制性规定,应属合法有效,某科技公司未提供证据证明双方对降低工资标准存在合意,应认定工资标准未变更,本案系用人单位克扣、拖欠劳动者工资,某科技公司仍应按照劳动合同书的约定向毛某补齐工资。

【裁判依据】

1.《劳动合同法》第35条

2.《劳动争议司法解释(四)》第11条

(撰稿人　何　锐)

15

劳动合同是否变更的认定

——某酒店诉周某劳动争议案

裁判规则

《劳动合同法》第35条第1款规定:"用人单位与劳动者协商一致,可以变更劳动合同约定的内容。变更劳动合同,应当采用书面形式。"而《劳动争议司法解释(四)》第11条规定:"变更劳动合同未采用书面形式,但已经实际履行了口头变更的劳动合同超过一个月,且变更后的劳动合同内容不违反法律、行政法规、国家政策以及公序良俗,当事人以未采用书面形式为由主张劳动合同变更无效的,人民法院不予支持。"该司法解释系对《劳动合同法》第35条的补充和完善,并未改变劳动合同变更的条件,对劳动合同变更的合法性审查仍应当以协商一致为基本准则。

案　情[1]

周某与某高校交流中心于2005年12月1日签订过一份起止日期为2005年9月1日至2007年10月1日的劳动合同,后续签至2012年12月1日。2012年12月2日,周某与某酒店签订劳动合同,期限为2012年12月2日至2017年12月1日,约定延续周某与某高校交流中心所签的劳动合同。2012年1月1日至2014年3月31日,某酒店与周某签署过三份岗位聘任书,约定聘任周某为厨师长,月工资待遇10,500元。2014年4月起某酒店调整周某工作岗位,并下调月工资标准。2014年4月至2014年6月某酒店向周某应发工资为:5945.78元、

[1] (2015)一中民终字第3508号。

4753 元、4554.73 元。2014 年 6 月 5 日周某向某酒店送达单方解除劳动合同通知书,以某酒店未足额支付工资、未缴纳社会保险及公积金、未支付加班工资、未休年假为由提出辞职。周某正常出勤至 2014 年 6 月 11 日。

某酒店与周某就 2014 年 4 月调整工作岗位、降低工资标准是否符合法律规定存在争议。某酒店主张与周某自 2012 年 1 月 1 日至 2014 年 3 月 31 日签署三份岗位聘任书,聘任周某为厨师长一职,岗位聘任书中就厨师长应负职责作出明确规定,因周某在担任厨师长一职期间未能履行岗位聘任书所规定的职责,存在工作计划性不强、对厨房人员管理不到位致员工私拿私吃厨房食品、后厨员工打架事件、菜品卫生遭到客户投诉等诸多问题,给公司造成恶劣影响,故公司领导自 2013 年 10 月起多次与周某进行谈话,指出问题,要求限期整改,但收效甚微,故公司系在 2014 年 3 月 31 日的岗位聘任书到期后,经公司餐饮部会议考核后,决定不再聘任周某担任厨师长一职,调整其聘任岗位为厨师 B 级,工资进行相应的调整,公司将调岗调资事宜通知周某本人,周某本人拒绝与公司签署新的岗位聘任书。就上述主张某酒店向法院提交劳动合同书、岗位聘任书、2012 年的某酒店工资调整草案、谈话记录、签订聘书的通知、短信、快递单底联、某酒店单方整理的宾客对菜品意见等予以证明。谈话记录显示为多次餐饮部例会与周某谈话的内容,谈话记录中仅有谈话人与记录人签字,并无周某本人的签字。某酒店单方整理的宾客对菜品意见也无周某本人签字。聘任周某为厨师 B 级的 2014 年 4 月岗聘确认书所定周某工资标准为 2640 元,该确认书无周某本人签字。工资调整草案中所列的厨师 B 级的基本工资为 3900 元。周某否认公司所称其不能胜任厨师长一职的情况,也否认公司书面通知其变更劳动合同、降低工资标准,并主张公司系无故调整其工作岗位,降低其工资标准,已违反法律规定。

北京市海淀区人民法院认为:某酒店对周某进行调岗降薪处理,其应对作出该决定所依据的理由进行充分举证,现某酒店主张因周某未能胜任厨师长一职故在聘期届满后对周某进行调整,则某酒店应对周某未能胜任厨师长的主张提交相应证据予以证明。本案中,某酒店仅就该主张提交无周某签字确认的会议记录、单方整理的宾客对菜品问题的意见,未能充分证明周某不能胜任厨师长一职。故法院对某酒店所称因周某未能胜任厨师长一职进行调整的理由法院不予采纳。就某酒店本案中以《劳动争议司法解释(四)》第 11 条规定,主张 2014 年 4 月后周某已在新岗位工作,并接受新的工资标准,应视为其认可调岗,周某超过一个月后提出异议,不应予以支持。法院认为,该司法解释系指在双方达成合意之时,对劳动合同默示变更情形的补充规定,而本案中,周某并未与某酒店就工资标准调整达成合意,某酒店适用《劳动争议司法解释(四)》第 11 条进行抗辩,显然不当。综上,法院认为,某酒店于 2014 年 4 月起降低周某工资,已属违法,周某以某酒店未足额支付工资为由提出解除劳动关系并要求支付解除劳动合同经济补偿金的请求于法有据。

据此,北京市海淀区人民法院依据《劳动合同法》第 30 条、第 38 条、第 47 条,判决:(1)自判决生效之日起十日内,某酒店向周某支付 2014 年 3 月 26 日至 2014 年 6 月 11 日的工资差额 12,022.35 元;(2)自判决生效之日起十日内,某酒店向周某支付解除劳动合同经济补偿金 94,500 元;(3)驳回某酒店诉讼请求。

宣判后,某酒店提起上诉。其主要上诉理由是:(1)一审法院认定事实错误,某酒店行使正常的企业管理职权,按照一定的程序,依法依规对周某进行了调岗调薪;(2)一审法院适用法律法规不当,周某在劳动岗位变更后实际工作了两个月以上,其要求解除劳动合同和经济补偿没有法律依据。

二审期间,某酒店申请 4 位证人出庭作证。周某对证人证言的质证意见为:不属于新的证据,一审中证人未出庭,二审就不应该出庭;证人都属于在职工作人员,与某酒店存在利害关系,其证言不应采信。本院经审查认为,上述证人系某酒店工作人员,与某酒店存在利害关系,且证人证言在周某是否到新的厨师岗位履职以及具体履职时间等方面存在诸多矛盾之处,在缺乏其他证据佐证的情况下,本院对上述证人证言不予采信。

【裁判结论】

北京市第一中级人民法院判决:驳回上诉,维持原判。

【裁判观点】

北京市第一中级人民法院法院认为:本案二审争议焦点为:(1)某酒店对周某调岗调薪是否合法;(2)本案是否应当适用《劳动争议司法解释(四)》第 11 条之规定。

对于争议焦点一,某酒店以周某不胜任厨师长一职为由对其进行调岗降薪处理,但从某酒店提供的证据来看,会议记录、宾客对菜品的意见及厨房问题汇总系某酒店单方制作整理,无周某签字确认,二审出庭的证人与某酒店存在利害关系,且证言内容亦不足以证明周某不胜任厨师长工作,故本院对某酒店所持依法依规对周某进行了调岗调薪的上诉理由不予采纳。

对于争议焦点二,《劳动争议司法解释(四)》第 11 条规定系对《劳动合同法》第 35 条的补充和完善,必须建立在劳资双方合意的前提下。本案中,某酒店主张,周某从 2014 年 4 月 1 日开始已在新的厨师岗位上实际工作了两个月以上,应认定双方已实际变更劳动合同,但从某酒店提供的证据来看,证人证言在周某是否到新的厨师岗位履职以及具体履职时间等方面存在诸多矛盾之处,不足以证明周某已接受某酒店的调岗降薪处理,相反,从某酒店的陈述及岗聘确认书、签订聘书的通知等证据可见,周某一直拒绝与某酒店签订新的岗聘确认书,本案难以认定周某与某酒店就调岗调薪达成了合意,故本案并不符合适用《劳动争议司法解释(四)》第 11 条的条件。

综上,某酒店于 2014 年 4 月起降低周某工资缺乏依据,周某以某酒店未足额支付工资为由提出解除劳动关系,某酒店应支付周某 2014 年 3 月 26 日至 2014 年 6 月 11 日工资差额 12,022.35 元及解除劳动合同经济补偿金 94,500 元。

法官评析

劳动合同变更纠纷是劳动争议中的一类常见纠纷。劳动合同的变更是指劳动合同依法订立后,在合同尚未履行或者尚未履行完毕之前,经用人单位和劳动者双方当事人协商同意,对劳动合同内容做部分修改、补充或者删减的法律行为。《劳动合同法》第 35 条第 1 款规定:“用人单位与劳动者协商一致,可以变更劳动合同约定的内容。变更劳动合同,应当采用书面形式。”根据该规定,一方面,劳动合同的变更必须坚持协商一致的原则,即劳动合同的变更必须经用人单位和劳动者双方当事人的同意,通过双方协商一致才能进行,劳动合同允许变更,但不允许单方变更,任何单方变更劳动合同的行为都是无效的;另一方面,变更劳动合同应当采用书面形式,达成变更劳动合同的书面协议,变更后的劳动合同文本由用人单位和劳动者各执一份。

值得注意的是,2013 年 2 月 1 日起施行的《劳动争议司法解释(四)》第

11 条规定:“变更劳动合同未采用书面形式,但已经实际履行了口头变更的劳动合同超过一个月,且变更后的劳动合同内容不违反法律、行政法规、国家政策以及公序良俗,当事人以未采用书面形式为由主张劳动合同变更无效的,人民法院不予支持。”如何理解和适用该司法解释,实践中存在一定分歧。有意见认为,上述司法解释对法律规定作了一定的突破,根据该司法解释,一方面,变更劳动合同可以采用口头形式;另一方面,认定劳动合同是否变更以“实际履行”为判断标准,只要实际履行了口头变更的劳动合同超过一个月,就可以认定劳动合同发生了变更。

我们认为,《劳动争议司法解释(四)》第 11 条系对《劳动合同法》第 35 条的补充和完善,对该司法解释的理解和适用也应当在法律规定的基本精神框架内进行。

1. 劳动合同变更可以采用口头形式。

《劳动合同法》第 35 条第 1 款规定,变更劳动合同,应当采用书面形式。“应当”应被理解为管理性的强制性规范而非效力性的强制性规范。违反这一规定,用人单位应当受到行政管理上的处罚或者制裁,但并不必然导致变更合同无效。劳动合同按其表示形式分为书面、口头和默示三种,《劳动合同法》虽然对不签订书面劳动合同规定了较重的法律责任,但也并未因此而否定劳动合同的效力。从现实情况看,变更劳动合同的合意客观存在,并且会通过当事人的实际履行表现出来,只要变更后的劳动合同内容不违法且经过一定期间劳动者未提异议的,就应当对这种变更行为的效力作出肯定性评价。

2. 口头变更劳动合同仍需坚持协商一致的原则。

变更劳动合同的协商有时无法被具体感知,有观点认为,根据司法解释的规定,劳动合同变更以“实际履行”为判断标准,只要实际履行了口头变更的劳动合同超过一个月,就可以认定劳动合同发生了变更。在案例中,某酒店主张已按新的工资标准向周某发放了两个月工资,因此可以认定周某接受调岗调薪。

我们认为,在双方协商一致口头变更劳动合同的情况下,可以推论出“实际履行”的事实;但仅根据“实际履行”的表象,并不能倒推出双方已口头变更劳动合同的结论。例如,用人单位故意克扣劳动者工资,每月均克扣

10%，一年后，劳动者申请仲裁，要求用人单位支付克扣的工资。按照"实际履行"的观点，此时双方已变更工资标准，劳动者的主张将得不到支持，但这种结论显然是错误的。根据《劳动争议调解仲裁法》关于劳动报酬争议仲裁的特别时效规定，劳动关系存续期间因拖欠劳动报酬发生争议的，劳动者申请仲裁不受一年仲裁时效期间的限制，理由是考虑到有些劳动者为了维持劳动关系，在劳动关系存续期间对用人单位拖欠劳动报酬的行为不敢主张权利。可见，仅以"实际履行"标准来判断劳动合同是否变更是不妥当的。

要正确理解《劳动争议司法解释(四)》第 11 条，应当明确该司法解释系对《劳动合同法》第 35 条的补充和完善，主要是考虑到劳动合同变更采取口头形式符合我国企业生产经营管理的现状，同时对于那些签订了劳动合同但通过口头变更后履行了较长时间的劳动合同，应当确认其效力，防止处于悬而未决的事实状态，当然，这些必须建立在劳资双方合意的前提下，口头变更劳动合同仍需坚持协商一致的原则。例如，用人单位提出变更工作地点，劳动者实际到新的工作地点上班，如果实际履行超过一个月，应认定双方已变更劳动合同，此时，虽然双方并未采用书面形式变更劳动合同，但双方变更劳动合同的合意已通过劳动者的实际履行表现出来，人民法院对此应予以确认。

而具体到本案，某酒店以周某不胜任厨师长一职为由对其进行调岗降薪处理，工资从每月 10,500 元降至 5000 元左右，但从某酒店提供的证据来看，不足以证明周某不胜任厨师长工作，亦不足以证明周某已到新的厨师岗位履职，相反，从某酒店的陈述及岗聘确认书、签订聘书的通知等证据可见，周某一直拒绝与某酒店签订新的岗聘确认书，故本案不能认定双方已口头变更劳动合同，法院据此判令某酒店支付周某工资差额及解除劳动合同经济补偿金应属正确。

【裁判依据】

1.《劳动合同法》第 35 条

2.《劳动争议司法解释(四)》第 11 条

(撰稿人　何　锐)

16

续签劳动合同不能降低劳动条件

——穆某诉某出租公司劳动争议案

裁判规则

用人单位与劳动者续签劳动合同时,劳动合同条件是否变更至关重要。除用人单位维持或提高劳动合同条件续订劳动合同,劳动者不同意续订的情形外,用人单位终止劳动合同应当支付劳动者经济补偿金。本案中出租汽车公司将出租车运营方式由单班经营变为双班经营是否属于降低劳动合同约定条件,应当考察承包金、福利待遇、收入状况、工作时间和强度等方面,同时还应注意到出租车行业作为公共交通系统的一个重要补充,具有一定的公益性和服务性,通过调增双班率进行出租汽车总量动态调控以提高出租车运力水平,也是政府的相应管理措施,因此出租车的运营方式是单班还是双班,不完全属于出租车公司和司机约定的范畴。

案　情[1]

2001 年 7 月 10 日,穆某到某出租公司工作,工作岗位为出租车司机,运营方式为单班工作制,双方签订有劳动合同。2008 年 6 月 1 日,签订了《劳动合同书》,合同约定:本合同为固定期限劳动合同,自 2008 年 6 月 1 日起至 2015 年 5 月 31 日止;某出租公司安排穆某执行不定时工作制度;某出租公司支付穆某月工资按照《承包营运合同书》中双方约定的内容执行,但不低于北京市最低工资标准;合同还规定了其他条款。同日,穆某与某出租公司签订了《承包营运合同

〔1〕 (2017)京 01 民终 1337 号。

书》,合同约定:某出租公司向穆某提供现代牌出租车一辆(车牌号京 BM62 × ×);运营方式为单班;运营期限为 2008 年 6 月 1 日起至 2015 年 5 月 31 日止;穆某的承包定额为 5175 元,每月 30 日前足额缴纳;穆某的报酬为穆某向某出租公司缴纳承包定额后的运营收入减去穆某合理运营成本支出的剩余部分及某出租公司支付给穆某的岗位补贴之和;穆某的岗位补贴为 545 元;合同还规定了其他条款。合同签订后,穆某承包了某出租公司出租车(车牌号京 BM62 × ×)一辆进行运营。2015 年 5 月 30 日,穆某与某出租公司续订了劳动合同,劳动合同期限至 2016 年 5 月 31 日。

2016 年 4 月 20 日,某出租公司向部分车辆下发了《2016 年车辆更新合同到期告知书》,该告知书载明:某出租公司与您签订的劳动合同于 2016 年 5 月 30 日期满;届时某出租公司将根据劳动合同及双向选择,签订、终止(解除)劳动合同;根据京交运输发〔2015〕61 号文《关于调整北京市出租汽车报废年限的通告》:自 2015 年 5 月 1 日起本市更新或新增的汽油出租汽车执行 6 年强制报废标准的文件精神变更为双班工作制;车辆更新后如执行单班工作制,企业将面临亏损甚至倒闭,单班承包费 5175 元/月,扣除岗位补贴、社保、折旧、税金、GPS、计价器等直接费用和财务、管理、税金等间接费用,单车净利润 171 元/月,社保费用又在逐年增加,企业将没有利润产生,最终会导致无法经营,员工失业;因此,企业要保障正常运转,只能执行双班工作制;请您按照下表内容填写……如您选择服从公司安排,请到办公室提交申请;如您选择终止意向,将视作提出终止劳动合同申请,公司将如期办理劳动合同终止手续;请您于 2016 年 5 月 10 日前将您本人意愿反馈回公司。2016 年5 月 10 日逾期后,穆某没有书面答复某出租公司。2016 年 5 月 16 日,穆某驾驶的京 BM62 × ×到报废年限报废。穆某不同意续签双班工作制运营承包合同,为此,双方发生争议。穆某于 2016 年 6 月 15 日申诉至劳动争议仲裁委,请求:(1)支付不续签劳动合同经济补偿金 36, 472 元;(2)支付未休年休假工资 16, 768 元。劳动争议仲裁委于 2016 年 9 月 5 日作出京昌劳人仲字〔2016〕第 2683 号裁决书,裁决:(1)某出租公司支付穆某终止劳动合同经济补偿金 34, 000 元;(2)驳回穆某的其他申请请求。裁决后,某出租公司不服该裁决,于 2016 年 9 月 14 日诉至法院,穆某未就该裁决书提起诉讼。

北京市昌平区人民法院认为:当事人对自己的主张有提供证据的义务,如未提供相应证据,应承担举证不能的后果。某出租公司与穆某具备劳动合同关系。

本案争议的焦点就是某出租公司将出租车运营方式由单班经营变成双班经营是否属于降低劳动合同约定条件。单班变成双班运营,出租车司机享有的岗位工资、油补及车辆保险等原有福利待遇未变,且承包金减少、运营压力减少,并未降低劳动合同约定的条件。根据出租车司机与公司之间的劳动合同和承包运营合同,出租车司机的月劳动报酬为司机向公司缴纳承包定额后的营运收入减去一方合理营运成本的剩余部分及公司支付的岗位补贴之和;出租车司机自行安排营运时间和休息时间。可见,无论双班还是单班运营,出租车司机的收入状况、工作时间和强度均很大程度上取决于其自身安排。在实践中,不同的出租车司机对收入的预期不同、身体状况不同,生活习惯不同,甚至居住地点不同等,都会导致运营和休息的时间和方式的变化,并进而在不同的出租车司机个体之间产生对单班还是双班运营喜好的不同以及收入的差异。此外,出租车行业作为公共交通系统的一个重要补充,具有一定的公益性和服务性,政府对出租车行业实行行政管制,通过双班率调节出租车运力是北京市政府的管制手段之一。从这个角度看,出租车的运营方式是单班还是双班,不完全属于出租车公司和司机约定的范畴。因此,某出租公司将涉诉出租车的运营方式由单班调整成双班这一事实,很难认定某出租公司在征求穆某是否续签劳动合同的意向时存在降低劳动合同约定条件的情形。关于某出租公司不同意支付穆某终止劳动合同经济补偿金 34,000 元一节,某出租公司的该项诉讼请求理由正当,法院予以支持。

北京市昌平区人民法院判决:某出租公司无须支付穆某终止劳动合同经济补偿金 34,000 元。

穆某不服提起上诉,请求撤销一审判决,改判驳回董某的诉讼请求;上诉理由:一审判决认定穆某不同意续签双班工作制劳动合同,属于认定事实错误;一审判决遗漏了"某出租公司是否应当与穆某签订无固定期限劳动合同"这一重要的争议焦点,导致一审判决结果的错误;一审法院在遗漏重要争议焦点的情况下,依照《劳动合同法》第 44 条第 1 款第 1 项、第 46 条第 1 款第 5 项作出的判决,属于适用法律错误。

【裁判结论】

北京市第一中级人民法院判决:驳回上诉,维持原判。

【裁判观点】

北京市第一中级人民法院认为:穆某上诉主张一审法院遗漏了"某出租公司是否应当与穆某签订无固定期限劳动合同"这一争议焦点。从某出租公司2016年4月20日所发《2016年车辆更新合同到期告知书》(以下简称《告知书》)来看,《告知书》上并未注明续签劳动合同的期限为固定期限,穆某亦没有证据证明其曾向某出租公司提出过续签无固定期限劳动合同,故本院对其该项上诉主张不予采信。

关于某出租公司将出租车营运方式由单班营运变成双班营运是否属于降低劳动合同约定条件问题。首先,单班变成双班营运,综合承包定额和各项补贴情况,出租车司机应向某出租公司缴纳的费用减少、运营压力减少。其次,出租公司采取不定时工作制度,出租车司机可以自行安排营运时间和休息时间,无论双班还是单班营运,出租车司机都可以就工作时间和强度进行自主调整。最后,出租车行业作为公共交通系统的一个重要补充,具有一定的公益性和服务性,通过调增双班率进行出租汽车总量动态调控以提高出租车运力水平,也是政府的相应管理措施。综上,某出租公司将出租车的营运方式由单班调整成双班这一事实,不足以认定某出租公司在征求穆某是否续签劳动合同的意向时存在降低劳动合同约定条件的情形。一审认定某出租公司无须向穆某支付终止劳动合同经济补偿金34,000元是正确的,本院予以确认。

法官评析

本案的争议焦点是出租汽车公司将出租车运营方式由单班经营变为双班经营是否属于降低劳动合同约定条件。

《劳动合同法》第44条第1项规定:劳动合同期满的,劳动合同终止。《劳动合同法》第46条第5项进一步规定:除用人单位维持或提高劳动合同条件续订劳动合同,劳动者不同意续订的情形外,依照本法第44条第1项规定终止固定期限劳动合同的,用人单位应当向劳动者支付经济补偿金。根据上述规定,当用人单位与劳动者的劳动合同期限届满时,用人单位提出续订劳动合同的,如果是"维持或提高劳动合同约定条件",劳动者不接受的,用人单位终止劳动合同,可以不支付经济补偿金;如果是"降低了劳动合同约定条件",劳动者拒绝的,用人单位终止双方的劳动合同,应当支付经济补偿金。

此处涉及一个非常重要的问题，那就是如何判定劳动合同约定条件的维持、提高或降低？由于法律条款的原则性较强，缺乏相应的司法解释，且没有客观恒定的判断标准，导致在实践当中出现是维持还是降低的有关争议时，用人单位和劳动者往往各执一词。

审判实践中判断维持或降低劳动合同约定条件，可以遵循以下原则：

一是比较分析原则。可以从以下几方面来比较分析：第一，劳动者正常履行劳动义务时，劳动报酬的标准是否降低；第二，是否增加了劳动者应履行的义务；第三，是否减少了劳动者的权利或权益；第四，是否对劳动者作出了更加严苛的约束性规定。如果用人单位续订劳动合同时，增加了劳动者的义务，或者减少了劳动者的权益，就应当认定为降低了劳动合同约定条件。本案中，单班变成双班运营，出租车司机享有的岗位工资、油补及车辆保险等原有福利待遇未变，且承包金减少、运营压力减少，可见劳动者的权益并未减少，甚至还有所增加，同时出租车公司也没有增加劳动者的义务和约束性规定。

二是全面性原则。劳动合同约定条件有很多，如劳动报酬、工作内容和工作地点、工作时间和休息休假、社会保险、劳动保护、劳动条件和职业危害防护等。如果用人单位只是单纯维持或降低某一个或几个劳动合同条件，判断起来就比较容易；如果续订的劳动合同，有些条件提高了，有些条件降低了，应当如何认定？鉴于劳动合同约定的整体性，因此，从有利于保护劳动者权益出发，当有些条件降低，有些条件提高时，仍然应认定为降低了劳动合同约定条件。本案除劳动报酬相关问题外，劳动者还主张单班改为双班制增加了工作时间和强度，但出租车司机自行安排营运时间和休息时间，因此不论双班还是单班运营，出租车司机的收入状况、工作时间和强度均很大程度上取决于其自身安排，所以也不能认定在工作时间和强度上降低了劳动合同约定条件。

三是合理性原则。劳动合同约定条件是否降低，应考察条件的变更是否具备合理性。本案中，出租车公司将单班制变更为双班制有相应的政策背景和考量。出租车行业作为公共交通系统的一个重要补充，具有一定的公益性和服务性，通过调增双班率进行出租汽车总量动态调控以提高出租车运力水平，也是政府的相应管理措施。从这个角度看，出租车的运营方式是单班还是双班，不完全属于出租车公司和司机约定的范畴。因此，单双班改制这一劳动条件的变更是具备合理性的，也属于因续订劳动合同时的客观情况发生变化，致使续订的劳动合同内容有所变更的情形。

综上，对劳动合同约定条件是维持还是降低应当从新、旧劳动合同约定条件的全面比较出发，结合合理性原则，进行综合考量判断。

【裁判依据】

《劳动合同法》第 44 条第 1 项、第 46 条第 5 项

（撰稿人　范楷强）

17

用人单位单方变更工作地点应在合理限度内

——王某诉某北京分公司劳动争议案

裁判规则

用人单位经与劳动者协商一致,可以变更劳动合同约定的内容。用人单位因行使自主管理权单方变更劳动者工作地点的,如在合理限度内,仍得对劳动者发生约束力。

案 情[1]

王某曾系某北京分公司软件工程师,双方签订了期限自2015年10月1日起的无固定期限劳动合同,某北京分公司于2018年6月7日向王某发送《关于解除劳动合同的通知函》电子邮件,以王某"2018年5月29日至2018年6月5日在未履行任何请假手续的情况下,无故缺勤,属于旷工行为;同时,您拒绝主管人员合理工作安排造成严重损失;以上行为严重违反公司规章制度"为由与王某解除劳动合同。某北京分公司向王某支付工资至2018年5月28日。某北京分公司《奖惩管理制度》中规定连续旷工2天或月累计旷工3天或年累计旷工5天以上者,公司有权解除劳动关系。王某与某北京分公司签署的劳动合同中就工作地点约定为"北京及乙方(王某)参与的项目或工作任务所涉及的区域"。

双方就劳动关系解除情况存在争议。王某主张自2013年3月起某北京分公司将其安排在海淀区永丰路的中国银行软件中心维护二部(以下简称中行项目部)工作,在中行项目部工作期间由项目部提供上下班的班车。2017年12

〔1〕(2019)京01民终5357号。

月，某北京分公司要求其结束中行项目部工作，并回到位于西北旺东路 10 号院东区 16 号楼的公司总部，王某表示 2018 年 5 月 28 日公司在没有与协商一致的情况下通知其于 2018 年 5 月 29 日到海淀区西北旺东路 10 号楼东区 17 号楼文思海辉 ODC（以下简称文思海辉项目部）工作，工资结构、薪酬均没有变化，但因该项目的工作地点、岗位设置、工作强度均与此前工作岗位发生巨大变化，故其向某北京分公司提出异议，本人并未到文思海辉项目部报道，仍旧在公司总部出勤。

某北京分公司表示王某在中行项目部工作结束后，回到公司总部，直至 2018 年 5 月公司也多次为王某协调推荐多个项目，均被王某拒绝。2018 年 5 月 28 日文思海辉项目部工作地点与公司总部相距仅 20 米，工作内容及薪资待遇均不发生变化，王某拒绝到岗的行为构成旷工。

北京市海淀区人民法院认为：双方签署的《劳动合同书》中虽宽泛约定王某工作地点为“北京及乙方参与的项目或工作任务所涉及的区域”，但结合王某在庭审中陈述可知，某北京分公司为技术外包公司，王某工作内容系为在外包服务单位提供技术服务工作，鉴于此，某北京分公司根据技术服务对象需求在合理范围内调整本公司人员工作地点、工作内容并无不当。王某自中行项目部工作结束后的近半年时间里，均可正常到位于西北旺东路 10 号院东区 16 号楼公司总部上班，故其以文思海辉项目部（工作地点为西北旺东路 10 号院东区 17 号楼）上班缺乏便利交通条件为由主张交通成本增加，调岗不当依据不足。王某主张新岗位工作内容与此前工作岗位内容不同，需经常加班，工作强度增大的意见也仅为主观判断，缺乏证据予以证明。鉴此一审法院认为，某北京分公司基于生产经营所需，在薪资待遇、工作岗位、工作地点未作不利调整情况下安排王某到新岗位工作并无不当，王某拒绝到新岗位提供劳动，已构成旷工，某北京分公司依据规章制度与王某解除劳动关系属于合法解除，王某要求违法解除劳动关系赔偿金及未提前 30 日通知解除劳动关系的通知金，一审法院不予支持。

北京市海淀区人民法院判决：(1)某北京分公司于判决生效之日起十日内，向王某支付 2018 年 1 月 1 日至 5 月 28 日未休年假工资 1677.59 元；(2)驳回王某其他诉讼请求。

王某不服提起上诉，请求撤销一审判决，改判某北京分公司支付其违法解除劳动合同赔偿金 167,200 元；上诉理由系某北京分公司调整工作地点及岗位不合理。

【裁判结论】

北京市第一中级人民法院判决：驳回上诉，维持原判。

【裁判观点】

北京市第一中级人民法院认为：就某北京分公司是否系违法解除一节，双方的主要分歧在于：某北京分公司2018年5月28日通知王某至文思海辉项目部工作这一行为是否具有充分合理性。本案中，某北京分公司的业务范围为技术外包，而王某的工作内容系在外包服务单位提供技术服务。现王某之前所在项目已结束近半年，某北京分公司根据企业本身实际需求安排王某进入新的项目工作，并无不当。且王某在与某北京分公司订立合同时约定其职位为技术岗位，工作地点为“北京及乙方（王某）参与的项目或工作任务所涉及的区域”，据此，可以明确的是王某对于项目结束后的工作内容及工作地点可能发生变化这一情况应已具有明确的预期。本案中王某自述新的工作内容系技术开发，而其在先前项目中从事运维工作，但自认运维及技术开发同属技术岗位。即便如王某所言，工作内容较在先项目有所不同，但其亦自认新的工作内容并未超出双方约定的岗位职责。结合王某负有在劳动中需自我学习、提升职业技能的义务，法院认定某北京分公司安排王某至文思海辉项目部工作并未改变劳动者订立劳动合同的目的，具备合理性。且，据查明，文思海辉项目部的位置与某北京分公司总部所在距离较近，结合王某已连续在该总部处出勤数月的事实，该工作地点变化不足以给劳动者的正常生活带来不便利的影响，亦未严重影响双方劳动合同目的的实现，故王某以工作地点变化为由拒绝用人单位工作安排的主张缺乏依据，法院不予支持。

法官评析

在审判实践中，如何判断用人单位单方变更工作地点的合法性是一大难点。《劳动合同法》第17条第1款第4项将“工作内容和工作地点”作为劳动合同的必备条款，根据《劳动合同法》第35条第1款的规定，[1]原则上

[1] 《劳动合同法》第35条第1款规定：“用人单位与劳动者协商一致，可以变更劳动合同约定的内容。变更劳动合同，应当采用书面形式。”

讲，劳动合同内容的变更应当双方协商一致。但是，用人单位未经双方协商一致，单方变更劳动合同约定内容的，是否一概认定为无效行为？在回答这个问题之前，必须要对"用人单位是否有权单方变更劳动合同的内容"这一疑问予以回应。笔者认为答案是肯定的。理由如下：

首先，从《劳动合同法》第35条规定的内容来看，仅规定了劳动合同的协商变更情形，而对于单方变更行为，并未有明确的规定。换言之，《劳动合同法》并未明确禁止单方变更劳动合同约定的行为，亦未规定单方变更劳动合同约定内容的效力。

其次，劳动合同具有持续性的特征。依此而言，在劳动合同持续期间，用人单位和市场环境处于动态之中，如完全否定用人单位单方变更合同的权利，实质上无异于全面否定用人单位的自主经营权。现实中，企业的生产经营状况往往会随着市场竞争的形式和企业自身情况而不断发生具体的变化，企业积极行使自主管理权，根据自身生产经营需要调整员工的工作岗位和工作地点，对企业的可持续发展和应对市场风险不可或缺。为保护劳动者权益，一味否定用人单位的自主管理权是不现实的。

综上，在法律并无明确禁止的前提下，基于劳动关系的特性、劳动合同的不完全合约性质和企业的市场主体性，赋予、承认用人单位的单方调整权，是必要而应当的。

但承认用人单位具有单方变更劳动合同内容的权利，并不意味着对其单方变更权毫无限制。相反，由于用人单位的单方变更权与劳动者的权益紧密相连，劳动合同内容的改变极易导致劳动者的生活地点、生活方式或经济来源等发生变化，给劳动者带来不利影响，故司法实践中应严格限制用人单位的单方调整权，为其设立一道标尺。

而其中工作地点的变更属于用人单位单方调整权的重要内容，结合本案中的实际情形，笔者对用人单位单方变更工作地点的"充分合理性"予以阐述。

其一，从劳动者角度来看，用人单位单方调整工作地点是否导致劳动合同目的难以实现。劳动者与用人单位订立劳动合同，系从其自身发展需要、劳动报酬的获得、劳动时间的付出等因素予以综合衡量而确定劳动合同的订立目的。如果用人单位单方调整员工的工作地点，会导致员工通勤时间较大程度增加，或者上班成本大幅提高，无疑会影响劳动者劳动合同目的的实现；若用人单位的单方变更行为并未对劳动者订立劳动合同目的的实现产生较为明显的不利影响，劳动者理应服从用人单位的安排。本案中，王某自中行项目部工作结束后的近半年时间里，均在位于西北旺东路10号院东区16号楼公司总部出勤工作，现某北京分公司调整其工作地点为文思海辉项目部（地点为西北旺东路10号院东区17号楼），调整前后的工作地点位置毗邻，明显未对王某的出勤成本或者通勤时间造成严重影响。此时，某北京分公司虽系单方变更王某的工作地点，但并未影响到王某与之订立劳动合同目的的实现，王某理应服从用人单位的工作安排。

其二，从用人单位角度来看，企业单方调整员工工作地点是否具有必要性。可以从以下两个维度予以分析：（1）工作性质。当事人在订立合同时，应明确劳动者的工作内容为双方所了解并具有明确预期。某些工作岗位如司机、建筑工人等，工作地点可能不会固定。（2）业务需要。如用人单位基于正常开展工作的需要而调整员工工作地点的，应属正当行为。本案中，某北京分公司的业务范围为技术外包，而王某的工作内容系在外包服务单位提供技术服务，且双方约定工作地点为“北京及乙方（王某）参与的项目或工作任务所涉及的区域”。也即王某对于其工作地点随着项目变动应有明确的预期，某北京分公司安排其进入新项目工作也是正常业务开展，具有合理性。

实践中，裁判时把握合理尺度，限制用人单位的单方调整工作地点，应从劳动合同目的的实现为基本出发点，兼顾用人单位经营需要的角度综合考虑。如在合理限度内，用人单位单方调整员工工作地点的行为可对劳动者发生约束力，劳动者应服从安排。

【裁判依据】

《劳动合同法》第35条

（撰稿人　张江南）

18

用人单位合并，劳动合同由承继其义务的单位继续履行

——李某诉北京某超硬材料制品公司劳动争议案

裁判规则

劳动者所在的用人单位发生吸收合并的，按照《劳动合同法》第34条的规定，用人单位发生合并或者分立等情况，原劳动合同继续有效，劳动合同由承继其权利义务的用人单位继续履行。劳动者的工作年限应当连续计算。

案　情[1]

1998年3月1日，李某入职北京某金刚石制品公司，才某曾为该公司法定代表人。1999年8月19日，北京某金刚石制品公司出具《通知》，内容有“鉴于目前市场竞争日趋激烈，公司市场萎缩，生产任务不饱和。为提高公司产品的市场竞争力，保证公司低成本运行和全局利益，公司必须进一步提高生产率，降低人工成本挖潜增效。为此，公司决定自即日起，凉水河分厂下列残疾人员一律放假，每月按北京市最低工资标准发放生活费，请大家予以理解和支持。放假人员名单：……李某……”此后，李某未到单位工作。李某提交的银行卡明细、存折显示自2007年9月24日至2018年4月26日，每月会有310元收入，名目为“工资”。

2008年12月24日，北京市工商行政管理局出具《注销核准通知书》，内容

[1] (2019)京01民终4769号。

为“北京某金刚石制品公司因股东会决议解散申请注销登记，经我局核定，准予注销。其营业执照已收缴”。结合李某提交的银行卡明细和北京某超硬材料制品公司提交的银行凭证，可认定北京某金刚石制品公司支付李某工资至2009年4月28日。

2000年12月28日，安泰科技股份有限公司（签字人为才某）与北京兴昌高科技发展总公司签订《关于设立北京某超硬材料制品公司的协议书》。2001年1月18日，北京某超硬材料制品公司注册成立，才某为法定代表人。2008年8月28日，法定代表人变更为赵某。依据一审法院依法到中国建设银行股份有限公司北京昌平支行调取北京某超硬材料制品公司的账户明细，结合李某提交的银行卡明细，可认定北京某超硬材料制品公司自2009年5月26日起每月支付李某310元至2018年4月。

李某于2018年6月20日向北京市昌平区劳动人事争议仲裁委员会提出仲裁申请，请求：确认1998年3月1日至2018年6月20日双方存在劳动关系。该委于2018年8月20日出具京昌劳人仲字〔2018〕第2847号裁决书，裁决：确认李某与北京某超硬材料制品公司2001年1月18日至2018年6月20日存在劳动关系。双方对裁决书均不服，提起本案诉讼。

李某起诉请求：确认双方于1998年3月1日至2018年6月20日存在劳动关系。

北京某超硬材料制品公司起诉请求：判决李某与北京某超硬材料制品公司2001年1月18日至2018年6月20日不存在劳动关系。

一审法院依据《劳动法》第2条、《民事诉讼法》第64条规定，判决：(1)李某与北京某超硬材料制品公司自2008年12月25日至2018年6月20日存在劳动合同关系；(2)驳回李某的其他诉讼请求；(3)驳回北京某超硬材料制品公司的其他诉讼请求。宣判后，双方均不服，向北京市第一中级人民法院提起了上诉。

李某上诉请求：撤销一审判决，改判确认李某与北京某超硬材料制品公司于1998年3月1日至2018年6月20日存在劳动关系。事实和理由：1998年3月1日，李某入职北京某金刚石制品公司，该公司与北京某超硬材料制品公司系关联公司。北京某金刚石制品公司注销时被北京某超硬材料制品公司吸收，故北京某金刚石制品公司的员工应并入北京某超硬材料制品公司，工龄应当连续计算。

在本案二审期间,李某提交的证据为:(1)北京市企业信用信息网查询的北京某金刚石制品公司基本信息,显示其公司法人为才某,证明才某担任过北京某金刚石制品公司的法定代表人,也担任过北京某超硬材料制品公司的法定代表人,两公司存在关联;(2)从北京市工商行政管理局调取的北京某金刚石制品公司企业注销登记申请表、第一届股东会第八次会议决议、北京某超硬材料制品公司与北京某金刚石制品公司吸收合并协议书、北京某金刚石制品公司已作废的营业执照,用以证明北京某金刚石制品公司被北京某超硬材料制品公司吸收合并,北京某金刚石制品公司的员工、债权债务、固定资产均被北京某超硬材料制品公司接收。北京某超硬材料制品公司认可上述证据的真实性,不认可证明目的。

另查明,2008 年 8 月 28 日,北京某金刚石制品公司作出第一届股东会第八次会议决议,内容为:在 2008 年年底之前,公司成立清算组,由北京某超硬材料制品公司将北京某金刚石制品公司吸收合并,同时对北京某金刚石制品公司予以注销。2008 年 8 月 28 日,北京某超硬材料制品公司作为甲方与乙方北京某金刚石制品公司签订《吸收合并协议书》,约定:1.1 甲、乙双方实行吸收合并,甲方吸收合并乙方后继续存在,乙方解散……6.1 乙方全体管理人员及职工,于合并后当然成为甲方管理人员及职工,其工资年限、工资及其他劳动条件不变……

【裁判结论】

北京市第一中级人民法院依照《劳动合同法》第 34 条、《民事诉讼法》第 170 条第 1 款第 2 项规定,判决:(1)撤销北京市昌平区人民法院(2018)京 0114 民初 16461 号民事判决;(2)李某与北京某超硬材料制品公司自 1998 年 3 月 1 日至 2018 年 6 月 20 日存在劳动关系;(3)驳回北京某超硬材料制品公司的诉讼请求。

【裁判观点】

一审法院认为,在劳动关系争议案件中,主张劳动关系成立并生效的一方当事人,对劳动关系成立和生效的事实承担举证责任。本案争议的焦点为李某与北京某超硬材料制品公司之间是否存在劳动关系。李某提交的证据显示其最初在北京某金刚石制品公司工作,北京某金刚石制品公司于 2008 年 12 月 24 日撤销，之后北京某金刚石制品公司虽继续发放工资至2009年4月28日，但公司已不存在，北京某超硬材料制品公司作为北京某金刚石制品公司的关联公司于2009年5月26日始继续发放李某工资，视为其在北京某金刚石制品公司注销后，接收李某为其公司员工。用人单位对用工期间负举证责任。现北京某超硬材料制品公司未举证其与李某合同解除时间，故一审法院认定李某与北京某超硬材料制品公司存在劳动关系时间为2008年12月25日至2018年6月20日。北京某超硬材料制品公司陈述双方不存在劳动关系，系基于政府和社会公众的监督，承担社会责任，未提交充足证据予以证明，且在发放李某款项时，明确注明“工资”，故对其辩称，一审法院不予采信。

二审法院认为，《劳动合同法》第34条规定，用人单位发生合并或者分立等情况，原劳动合同继续有效，劳动合同由承继其权利义务的用人单位继续履行。本案中，其一，根据北京某金刚石制品公司的工商档案材料，显示其公司于2008年8月28日被北京某超硬材料制品公司吸收合并，根据前述法律规定，北京某金刚石制品公司的原劳动关系继续有效，劳动关系应由承继其权利义务的北京某超硬材料制品公司继续履行；其二，根据银行卡明细、存折等证据，显示作为北京某金刚石制品公司的承继主体北京某超硬材料制品公司按月向李某支付310元“工资”。二审法院认为，根据法律规定，李某的劳动关系应由北京某超硬材料制品公司继续履行。作为用人单位，北京某超硬材料制品公司应当对李某的入职时间负有举证责任，现其公司未举证，应当承担不利后果。李某以工资条为证据，证明其于1998年3月1日入职，在北京某超硬材料制品公司未举证的情况下，二审法院采纳李某所持的入职时间。进而，对李某要求确认其与北京某超硬材料制品公司自1998年3月1日至2018年6月20日存在劳动关系的上诉请求，二审法院予以支持。北京某超硬材料制品公司否认双方之间存在劳动关系，缺乏事实依据，否认其公司与北京某金刚石制品公司存在承继关系的主张缺乏依据，二审法院不予采纳，其相应上诉请求，缺乏事实及法律依据，二审法院不予支持。一审法院仅认定北京某金刚石制品公司注销后，李某与北京某超硬材料制品公司存在劳动关系，属于适用法律错误，二审法院依法予以纠正。

法官评析

本案的难点在于对北京某金刚石制品公司与北京某超硬材料制品公司之间关系的认定。通常情况下,在用人单位未向劳动者说明或刻意隐瞒公司分立、合并等相关情况时,劳动者自身一般难以证明前用人单位与后用人单位之间的关系。在此情形下,人民法院为查明事实,应依职权调查取证,向工商管理部门调取劳动者前用人单位申请注销登记相关材料,查清前用人单位注销后的权利和义务承继主体,前用人单位和后用人单位之间是否属于合并或者分立。

根据《劳动合同法》第 34 条的规定,用人单位发生合并或者分立等情况,原劳动合同继续有效,劳动合同由承继其权利和义务的用人单位继续履行。用人单位的合并一般分两种:一种是用人单位与其他法人或者组织联合成立一个新的法人承担被合并的用人单位的权利和义务,这是新设合并;另一种是用人单位被撤销,将其权利和义务一并转给另一个法人或者其他组织,这是吸收合并。这两种情况下原用人单位在合并后均不再存在。用人单位发生分立,是指在订立劳动合同后,用人单位由一个法人或者其他组织分裂为两个或者两个以上的法人或者其他组织。用人单位分立分为两种情况:一种情况是原用人单位只是分出一部分财产设立了新的用人单位,原用人单位不因分出财产而终止;另一种情况是原用人单位分解为两个以上的用人单位,原用人单位随之解体终止。用人单位发生合并或者分立等情况,为了防止用人单位以分立或合并为由,主张原用人单位不存在或者劳动者权利义务已经转移到新的用人单位为由损害劳动者的合法权益。《劳动合同法》第 34 条首先规定了用人单位发生合并或者分立等情况,原劳动合同继续有效,防止原用人单位不存在或者劳动者权利和义务已经转移到新的用人单位为由损害劳动者的合法权益。其次还规定,劳动合同由承继其权利和义务的用人单位继续履行。

在实务中,用人单位的合并和分立是现实中经常出现的情况,也是容易产生劳动争议的问题。为了防止一些用人单位采取“金蝉脱壳”的办法逃避债务或逃避对其劳动者的其他义务,把资金转移到新设立的法人或者其他组织上,使原来的用人单位丧失承担义务的能力而拒绝履行劳动合同或者对劳动者负责,逃避其应当承担的各种法律和社会责任,《劳动合同法》

第34条的规定,就是在法人或者其他组织合并或者分立时,尽最大可能地保护劳动者的合法权益。本案二审中,李某提交的从北京市工商行政管理局调取的北京某金刚石制品公司第一届股东会第八次会议决议、北京某超硬材料制品公司与北京某金刚石制品公司吸收合并协议书显示,北京某金刚石制品公司被北京某超硬材料制品公司吸收合并,北京某金刚石制品公司的员工、债权债务、固定资产均被北京某超硬材料制品公司接收。鉴此可知,李某与北京某金刚石制品公司之间的劳动合同应由吸收合并后的北京某超硬材料制品公司继续履行。李某主张其与北京某超硬材料制品公司自1998年3月1日至2018年6月20日存在劳动关系的请求,法院予以支持。

【裁判依据】

《劳动合同法》第34条

（撰稿人　赵振波）

3

CHAPTER

第三章

劳动合同的解除和终止

01

离职证明的法律性质及其约束力

——王某与某体育公司劳动争议案

裁判规则

实务中，因为对离职证明的法律性质思考不足，导致对离职证明的法律约束力存在不同的认识，进而滋生适用法律不统一的现象。就此，笔者依据法律、行政法规的规定对离职证明的法律性质作出分析，并进一步阐明劳动者在离职证明上的签字的法律效力，以及离职证明上记载的内容对劳资双方具有何种约束力。

案　情[1]

2018年3月5日，某体育公司与王某签订《劳动关系解除/终止确认书》，内容为："乙方原为甲方球队事务，因个人原因提出辞职，双方于2018年3月5日解除劳动关系。乙方工资已结清，无其他经济纠纷或劳动争议。"

之后王某向北京市石景山区劳动人事争议仲裁委员会申请仲裁，该仲裁委裁决：(1)某体育公司支付王某基本工资954.55元；(2)某体育公司支付王某未签订劳动合同二倍工资差额33,561.29元；(3)驳回王某其他仲裁申请。某体育公司不服仲裁裁决，向北京市石景山区人民法院(以下简称一审法院)起诉，请求判决其不予支付王某基本工资954.55元及未签订劳动合同二倍工资差额33,561.29元。

某体育公司认可双方自2017年5月27日至2018年2月28日存在劳动关

〔1〕 (2019)京01民终385号。

系，认可在劳动关系存续期间未签订劳动合同、认可2018年2月及3月未发放王某工资。但主张王某在离职时与公司签订了《劳动关系解除/终止确认书》，注明双方工资已结清，无其他经济纠纷或劳动争议，因此，其公司不应再支付王某工资及未订立书面劳动合同的二倍工资差额。

一审法院认为：

劳动者提供劳动，用人单位应支付工资，某体育公司认可2018年2月、3月未发放王某工资，但双方劳动关系存续至2018年3月5日，故某体育公司应发放王某2月、3月工资。《劳动合同法》第82条第1款规定，用人单位自用工之日起超过一个月不满一年未与劳动者订立书面劳动合同的，应当向劳动者每月支付二倍的工资。某体育公司未与王某签订劳动合同，故应支付未签订劳动合同二倍工资差额。

《北京市高级人民法院、北京市劳动争议仲裁委员会关于劳动争议案件法律适用问题研讨会会议纪要》第30条第1款规定：用人单位与劳动者解除或终止劳动合同时，自愿签订的和解协议，不违反法律和行政法规的强制性规定，在履行完毕后，一方当事人反悔，主张双方约定无效的，一般不予支持。但协议中双方的权利义务明显失衡，仲裁委或人民法院可予以适当调整。本案中，双方虽签订《劳动关系解除/终止确认书》，但某体育公司认可2018年2月、3月未发放工资、和解协议未实际履行完毕，且某体育公司违反了法律和行政法规的强制性规定。故其主张因双方已签订《劳动关系解除/终止确认书》，不应再另行支付工资及未签劳动合同二倍工资差额的主张，缺乏事实和法律依据，不予支持。

一审法院判决：(1)某体育公司支付王某2018年2月1日至2月28日基本工资954.55元；(2)某体育公司支付王某未签订劳动合同二倍工资差额33,561.29元；(3)驳回某体育公司的全部诉讼请求。

某体育公司不服一审判决，向北京市第一中级人民法院(以下简称二审法院)提起上诉。其主要上诉理由是，王某入职后，公司曾多次找其订立劳动合同，但均被其拒绝，因此，未订立书面劳动合同的责任在王某；王某在离职时与公司签订了《劳动关系解除/终止确认书》，注明双方工资已结清，无其他经济纠纷或劳动争议，因此，其公司不应再支付工资及未订立书面劳动合同的二倍工资差额。

【裁判结论】

二审法院判决:驳回上诉,维持原判。

【裁判观点】

二审法院认为,劳动者提供劳动,用人单位应支付工资,某体育公司认可2018年2月未发放王某工资,又没有证据证明其2月未提供劳动,故公司应支付相应的工资。

《劳动合同法》第82条第1款规定,用人单位自用工之日起超过一个月不满一年未与劳动者订立书面劳动合同的,应当向劳动者每月支付二倍的工资。某体育公司未与王某订立书面劳动合同,其虽主张原因在于王某拒绝订立书面合同,但并未提供证据证明该主张,故其应支付相应的未订立书面劳动合同二倍工资的差额。

某体育公司辩称,王某在离职时与公司签订了《劳动关系解除/终止确认书》,注明双方工资已结清,无其他经济纠纷或劳动争议,因此,其公司不应再支付其工资及未订立书面劳动合同的二倍工资差额。但其一,上述《劳动关系解除/终止确认书》,其法律效力只是某体育公司制作的证明劳动关系解除的书面格式化材料,它既非双方间处分债权债务的协议,亦不应被理解为王某放弃权利的单方承诺。王某虽然在该确认书上签字,但该签字只能起到确认双方劳动关系解除的证明效力,而不能由此推定王某作出了放弃向公司主张债权的意思表示。其二,根据查明的事实,某体育公司既未与王某结清工资,亦未向其支付未订立书面劳动合同的二倍工资,因此,上述《劳动关系解除/终止确认书》中载明的"乙方工资已结清,无其他经济纠纷或劳动争议"与事实不符,对王某显失公平。因此,本院对某体育公司的上述抗辩不予采纳,其仍应向王某支付相应的工资和二倍工资差额。

法官评析

本案牵涉实务中常见的《劳动关系解除/终止确认书》的法律性质及其约束力,值得探讨。

首先需明确的是,本案所涉《劳动关系解除/终止确认书》的法律性质到底为何?一审似乎认为其属于"用人单位与劳动者解除或终止劳动合同时，自愿签订的和解协议”。就该观点，笔者认为可以商榷。因为从本案查明的事实来看，没有证据显示双方在劳动合同解除之前发生过纠纷，进而诉诸和解；双方当事人也均未主张该确认书系一份和解协议。而从其内容看，其首先是载明王某在某体育公司的工作内容，其次写明双方劳动关系解除的原因和时间，最后声明王某工资已结清，双方再无争议。显然，该确认书是《劳动合同法》第50条第1款提到的“解除或者终止劳动合同的证明”，也就是俗称的“离职证明”。

根据《劳动合同法》第50条第1款的规定，用人单位应当在解除或者终止劳动合同时出具“解除或者终止劳动合同的证明”；根据该法第89条的规定，用人单位未向劳动者出具该证明的，不仅可能会被劳动行政部门责令改正，给劳动者造成损失的，还应当赔偿损失。《劳动合同法实施条例》第24条规定，用人单位出具的解除、终止劳动合同的证明，应当写明劳动合同的期限、解除或终止劳动合同的日期、工作岗位、在本单位的工作年限。由上述规定可见，首先，离职证明是一份证明，是用人单位依法应当向劳动者出具的书面证明，其功能是证明劳动者与原用人单位劳动合同的履行、解除或者终止情况，从而有利于劳动者与新的用人单位建立劳动关系。其次，用人单位为劳动者及时出具离职证明，是《劳动合同法》为促进和保障劳动者的就业而负以用人单位的法定义务，用人单位违反该义务，可能会导致被责令改正、损害赔偿等法律责任的产生。

那么，鉴于实务中常见离职证明上落款处有劳动者签名确认，能否认为离职证明兼具处分权利的协议之性质，甚至是劳动者放弃权利的单方承诺呢？笔者认为，不能作这样的认定，理由如下：

其一，正因为向劳动者出具离职证明被规定为用人单位的一项法定义务，所以离职证明原则上由用人单位单方制作，其具体内容并非经与劳动者协商一致达成，实质上是一种格式条款。因此，出于对自身利益的维护，用人单位在离职证明的内容上超出《劳动合同法实施条例》的规定，多列明诸如本案中“王某工资已结清，无其他经济纠纷或劳动争议”这样隐含减轻或免除自身责任、替劳动者处分权利的条款，实属人之常情。而劳动者为了及时、顺利地与新用人单位建立劳动关系（现实中出于自我保护，绝大多数用人单位都要求劳动者携原用人单位出具的离职证明方能入职)，在离职证明的内容上，基本没有与用人单位协商、讨价还价的现实可能。因此，如果没有其他证据证明离职证明是劳资双方协商或者是劳动者主动承诺的产物，而裁判者仅因劳动者的签字，就认定劳动者认可对其不利的、有处分权利性质的内容，将其理解成双方的合意甚至是劳动者的单方承诺，那么负面效果就是：用人单位只要让劳动者在离职证明上签字，就轻松地将本属于其法定义务的出具证明的行为，变成对其有利、可能对劳动者不利的手段了。这显然与《劳动合同法》第 50 条第 1 款和第 89 条的立法本意背道而驰，也等于变相引诱用人单位制作出有违诚实信用、与事实不符的离职证明。

其二，既然为劳动者出具离职证明被规定为用人单位的一项法定义务，那么出具离职证明的首要目的就只能是促进和保障劳动者的劳动权益，而不是保护原用人单位的利益。且《劳动合同法》也没有规定劳动者需要在离职证明上签字确认，之所以实务中常见离职证明上有劳动者签字，很大可能是应用人单位的要求所签，劳动者如果不签字，可能就无法从用人单位处领取离职证明。因此，对于劳动者签名的法律效果，原则上应解释为对其收到离职证明的一种确认，也就是签收的效果，而不能解释为劳动者就证明上载明的内容与用人单位达成了协议。否则，对劳动者而言，本来是权利，却变成了负担。例外就是有其他证据证明离职证明是劳动者与用人单位协商的产物，或者是劳动者主动作出的承诺。

如上所述，基于《劳动合同法》的立法本意，原则上，离职证明应是一份解除或者终止劳动合同的书面证明，而不是用人单位与劳动者达成的权利处分协议，更不是劳动者放弃权利的单方承诺。如果双方在之后发生的劳动争议中提举离职证明作为证据，对其上记载的相关内容，应作何认定？

笔者认为，正因为向劳动者出具离职证明是用人单位的一项法定义务，所以裁判者应当推定离职证明系由用人单位单方制作，除非用人单位提出反证推翻该推定。如果没有其他证据能证明离职证明是劳动者与用人单位协商的产物，或者是劳动者主动作出的承诺，则其属于一种用人单位在诉讼外的自认。如果之后发生纠纷，劳动者以其佐证对自己有利、对单位不利的主张，则用人单位可以提举反证推翻该自认；用人单位以其佐证对劳动者不利的主张时，如果劳动者否认，则用人单位仍需进一步举证来证明自己的主张。

反之，如果有其他证据证明离职证明是劳动者与用人单位协商的产物，或者是劳动者主动作出的承诺，则离职证明兼具了权利处分协议的性质，用人单位据以主张对其有利、对劳动者不利的请求，自然应予支持。

【裁判依据】

1.《劳动合同法》第 50 条第 1 款、第 82 条、第 89 条

2.《劳动合同法实施条例》第 24 条

（撰稿人　吴博文）

02

劳动关系中的后合同义务

——于某诉北京某科技有限公司劳动争议案

裁判规则

劳动关系解除后,劳动者正常出勤进行工作交接,并非履行劳动合同的给付义务,而是劳动者依据诚实信用原则应付的义务,协助用人单位处理劳动合同终了的善后事务,用人单位无须就该期间劳动者进行工作交接的内容提供劳动报酬。

案　情[1]

于某于2017年7月31日入职北京某科技有限公司,担任Unity工程师,双方于当日签订期限至2020年7月30日的书面劳动合同,其中试用期为2017年7月31日至2018年1月30日,约定于某的试用期的基本工资和基本工资详见录用函中的基本工资。于某正常出勤至2018年5月10日,北京某科技有限公司为于某缴纳社会保险至2018年5月。

双方均认可的录音显示,2018年5月7日于某与庄某之间的谈话录音载有如下内容:"……庄:你补偿什么呢? 你告诉我。于:首先六个月的薪水你就得给我。于:怎么着六个月的薪水呢? 你试用期。于:我们当时说的是20K,你后来不是按这个价格给我的。庄:你不是试用期吗? ……于:试用期薪水一开始是20啊,为什么会降了呢。……庄:我说头两个月给你20,是这个意思吧……于:什么东西我没有做,什么东西我没有完成呢。没有完成的话,你可以把我辞退,

〔1〕 (2019)京01民终2026号。

也不用等六个月吧。”……“庄:根据你前一段时间的工作情况吧,要不你可以去看看其他的工作。于:可以啊。庄:那你提一下离职申请吧,行不行。于:补偿呢,国家规定 n+1。庄:补偿是这样的,如果是开除的话,我们会在离职证明上写开除,我希望你自己提离职,或许情况会好一点……因为你工作根本就没有达到我们的要求。……于:那不管多少钱,反正辞退这件事是必须得有离职薪水的。庄:可以啊,我们要辞退你我会给你补偿,对吧,你要是愿意接受辞退,我们会给你补偿,没问题。于:那就按国家规定来吧。庄:行。于:那就 2 个月薪水,然后还有那个六个月的,就是补差价就完了。庄:不可能的事,你这个要求太过分了,2 个月的薪水我会补给你,你走吧。于:那就算辞退喽。庄:对呀,算辞退啊。”

出勤情况统计。其上载明于某 2018 年 5 月、6 月的出勤情况,综合载明于某 2018 年 5 月 2 日至 10 日、16 日、17 日(半天)、18 日正常出勤,其余时间旷工,另注明 8 日至 10 日总出勤时间不足 8 小时,其上并未载有于某的确认。北京某科技有限公司主张,该公司不对员工进行考勤,于某工作时间相对弹性,上述出勤情况系询问于某同屋同事得知。

于某对上述证据的真实性不予认可,主张双方劳动关系于 2018 年 5 月 7 日解除,此后办理工作交接,2018 年 5 月 11 日提起仲裁后再未到岗工作。

就劳动关系解除一节。于某主张,2018 年 5 月 7 日北京某科技有限公司法定代表人庄某口头以其不胜任工作为由解除双方劳动合同,系违法解除。北京某科技有限公司则主张 2018 年 5 月 7 日双方劳动关系并未解除,此后双方多次沟通已告知于某系与其就工作状态进行协商,故双方劳动关系仍存续,但于某自 2018 年 5 月 11 日起旷工,在公司多次催促下未到岗工作,已经严重违反公司管理制度,该公司主张于某以行为作出离职的意思表示,故于 2018 年 6 月对其社保进行减员。

一审法院认为,就工资标准与工资差额一节。现录用通知函、劳动合同中载有关于劳动报酬的约定,与北京某科技有限公司所持于某的工资构成为基本工资 4000 元加绩效工资之主张相符,故法院对其主张予以采信,但绩效工资亦属于于某的工资组成部分,用人单位不得随意降低标准或扣除,现北京某科技有限公司主张因于某业务能力不足故对其绩效参考等级由 16,000 元下调至 12,000 元,但该公司提交的关于于某绩效能力的证据并未载有于某的确认,双方多次录音中显示于某亦对北京某科技有限公司的评价不予认可，综上法院认为北京某科技有限公司所提交的证据既不足以证明该公司与于某就绩效档位下调达成一致，又不足以证明于某的绩效考核情况，应承担不利后果。综上北京某科技有限公司应支付于某2017年11月1日至2018年4月30日工资差额24,000元、2018年5月1日至10日工资差额6328.77元。

就于某2018年5月工资一节，北京市海淀区人民法院判决：北京某科技有限公司于判决生效后七日内向于某支付2018年5月1日至10日工资差额6328.77元。

【裁判结论】

北京市第一中级人民法院判决：北京某科技有限公司于本判决生效后七日内向于某支付2018年5月1日至7日的工资差额3570.15元。

法院认为：北京某科技有限公司主张其未作出与于某解除劳动合同的意思表示，系于某主动离职。但根据双方均认可真实性的2018年5月7日的录音证据，北京某科技有限公司的法定代表人明确表示于某未达到公司要求，算辞退，故应认定系北京某科技有限公司解除其与于某的劳动合同。双方劳动关系已于2018年5月7日解除，且于某亦自述其正常工作至2018年5月7日，8日至10日正常出勤进行工作交接。而进行工作交接系双方劳动关系解除后的后合同义务，该交接期间北京某科技有限公司无须支付于某工资。一审判决北京某科技有限公司支付于某进行工作交接期间的工资显属不当，本院予以纠正。

法官评析

后合同义务是合同法上的一个概念，是指在合同关系终止后，基于诚实信用原则，当事人仍负有某种作为或者不作为的义务。我国《合同法》第92条明确规定了合同的后合同义务。尽管劳动合同与民法意义上的合同存在质的不同，但是也存在合同义务。劳动合同的后合同义务来源主要是基于诚实信用原则，在劳动合同解除或终止后，双方均负担又某种作为或者不作为义务，以维护对方处理合同终了的善后事宜。《劳动合同法》第50条、第89条、第90条等就是上述的要求。对用人单位而言，主要是出具解除或者终止劳动合同证明书，办理档案和社会保险关系转移手续，保存劳动合同文本两年以上。

虽然劳动关系中，更强调对劳动者权益的保护，但是也不能忽视对用人单位正当利益进行保护。劳动者也应履行自己的后合同义务，主要是办理工作交接，妥善处理自己在劳动合同解除或者终止前经手的事务。有观点认为，劳动者在处理这些事务时，依然在提供劳动，用人单位应向劳动者及时足额支付劳动报酬。因为双方劳动关系虽然解除后，但是劳动者提供劳动，双方之间又建立了一种以完成工作交接为目的的事实劳动关系。但是本文的观点是双方并不存在再次建立劳动关系的合意，而且劳动者提供劳动是诚实信用原则的基本要求。

本案中，通过录音证据，可以确定双方劳动关系于2018年5月7日解除，虽然北京某科技有限公司主张双方依然存在劳动关系，并且于某亦正常出勤进行工作交接，但是于某并未在解除劳动关系后，有与北京某科技有限公司重新建立劳动关系的合意，其出勤行为是对之前工作内容进行交接，并未开展新的工作，亦不构成默示的方式作出建立劳动关系的意思表示。所以，解除或终止劳动合同后，工作交接期间无须向于某支付劳动报酬。

实践中，工作交接根据双方当事人的合意，可以在劳动关系解除或终止之前进行，亦可以在劳动关系解除或终止之后继续，并且根据诚实信用原则，即使双方不存在劳动关系，劳动者亦负有进行工作交接的义务，这种义务属于协助用人单位处理合同终了善后事务，劳动者违反后合同义务，与违反一般合同义务相同，产生债务不履行的责任。

【裁判依据】

《劳动合同法》第30条

（撰稿人　王　飞）

03

劳动者承担未出具离职证明造成损失的举证责任

——杨某诉北京某教育公司劳动争议案

裁判规则

用人单位未及时给劳动者出具离职证明的，劳动者主张损失的，应就未出具离职证明与损失之间存在因果关系提供证据证明，举证不能的，承担不利后果。

案　情[1]

杨某与北京某教育公司签订有期限自2018年3月7日至2021年3月6日的劳动合同，约定试用期至2018年6月6日，试用期工资标准10,000元，担任人事行政经理一职。2018年5月30日，北京某教育公司与杨某解除劳动关系。

杨某主张，因北京某教育公司未出具离职证明，导致其无法入职新公司并产生损失。杨某提交某北京分公司人力资源部向其出具的录用通知书，出具时间为2018年6月8日，内容显示："我们邀请您担任的初始职位为人力资源部招聘经理，公司将与您签订2年的劳动合同，试用期2个月，试用期工资12,000元，转正后工资由基本工资＋岗位工资＋级别工资＋月绩效奖＋季度奖金，其中每个月固定13,000元，月绩效考核2000元，季度奖金3000元（需考核），每3个月发放一次，转正后享受每月80%的通讯报销补贴。请您于2018年6月11日上午8:00到公司北京市昌平区某地报到，在入职时提供身份证、学历证书和其他

[1]　(2019)京01民终969号。

资格证书的复印件和原单位的离职证明原件。请务必于本通知规定的日期并携带相关资料来公司报到,如若过期,我公司将视为您放弃来我公司工作的机会,一切不良影响您个人承担。”北京某教育公司对该录用通知书的真实性予以认可,证明目的不认可。

北京某教育公司主张,杨某离职时其公司就向杨某出具了离职证明,但对此没有证据,海淀区劳动监察大队于2018年7月13日左右告知其公司杨某投诉,故其公司将盖章后的离职证明交给了劳动监察部门,委托劳动监察部门将离职证明代发给杨某,再将回执转交给其公司,后劳动监察大队告知我公司联系了杨某本人,但杨某未领取。杨某则主张,2018年7月16日劳动监察大队让其去领取离职证明,但因为当时其回老家了,且离职证明应当由用人单位在其离职之时出具,由劳动监察大队通知其领取没有合法性,故其没有去领取。

北京市海淀区人民法院认为,《劳动合同法》第50条第1款规定,用人单位应当在解除或者终止劳动合同时出具解除或者终止劳动合同证明。杨某提交了某北京分公司人力资源部向其出具的录用通知书,该通知书明确载明了杨某的薪酬,并载明要求杨某携带离职证明原件于2018年6月11日至该公司报到入职。现根据杨某的陈述,其于2018年7月16日接到海淀区劳动监察大队的通知要求其领取离职证明,其未予领取,杨某主张由劳动监察部门向其出具离职证明不具有合法性,该主张于法无据,法院不予采信,认定北京某教育公司系2018年7月16日向杨某送达了离职证明。杨某未能入职新的用人单位系因其无法提供北京某教育公司的离职证明,故北京某教育公司应当向杨某支付未出具离职证明的损失。法院根据录用通知书中的薪酬标准核算,北京某教育公司应当向杨某支付2018年6月11日至7月16日未出具离职证明的损失14,207元。杨某主张2018年7月17日至8月22日的损失的诉讼请求于法无据,法院不予支持。

北京市海淀区人民法院判决:(1)北京某教育公司于判决生效之日起七日内支付杨某2018年6月11日至7月16日未出具离职证明造成的损失14,207元;(2)驳回杨某其他诉讼请求。

二审法院另查明,经北京市第一中级人民法院询问,杨某表示不知道面试人员姓名。经本院向杨某释名其应证明其主张的损失与北京某教育公司未出具离职证明的因果关系以及根据《民事诉讼法司法解释》的相关规定,单位向人民法院提出的证明材料的，应当由单位负责人及制作证明材料的人员签名或者盖章并加盖单位印章。杨某提交了《证明》一份，其中载明：“……杨某……于2018年6月11日来我单位报到入职，因未能出具离职证明，故延后三日携带离职证明，办入职手续，否则不予录用。”落款单位为某北京分公司，落款日期为2019年2月15日，加盖有公司印文印章。但该份证据材料并无单位负责人及制作材料人员的签名或者盖章。经询问杨某表示不能提供出具该份证明材料的人员姓名、联系方式、出具单位的联系方式；就其在何具体地点取得该份材料等问题，其答复为不清楚。

【裁判结论】

北京市第一中级人民法院判决：(1)撤销北京市海淀区人民法院(2018)京0108民初36407号民事判决；(2)驳回杨某的全部诉讼请求。

【裁判观点】

北京市第一中级人民法院认为，杨某主张北京某教育公司应向其支付未出具离职证明造成的损失，其应就北京某教育公司未出具离职证明与其不能入职新的用人单位之间具有因果关系提供证据证明，未能提供证据或者证据不足以证明的，应承担不利后果。现杨某提供的《证明》并不符合《民事诉讼法司法解释》第115条规定的要求，故该材料不能作为认定案件事实的根据。鉴于杨某未能就上述因果关系提供证据加以证实，应承担举证不能的不利后果。杨某要求北京某教育公司支付未出具离职证明所造成损失的诉讼请求，不应获得支持。

法官评析

该案涉及用人单位未及时出具离职证明，用人单位是否应当赔偿损失的问题。根据《劳动合同法》第50条第1款、第89条的规定，用人单位应当在解除或者终止劳动合同时出具解除或者终止劳动合同的证明，违反法律规定未向劳动者出具解除或者终止劳动合同的书面证明，给劳动者造成损害的，应当承担赔偿责任。从上述规定来看，用人单位应当给劳动者出具离职证明，且不得晚于解除或者终止劳动合同时。但用人单位未按照规定履行其义务，给劳动者造成损害的，应当赔偿。劳动者应当举证证明其遭受损害，且其损害与用人单位未及时出具离职证明具有因果关系。

本案中，一审法院仅仅查明用人单位未给劳动者出具离职证明，以及录取通知书中要求个人报到时应该提供离职证明。但是这不意味着劳动者未入职新的用人单位系因原用人单位未出具离职证明的原因导致。关于因果关系问题，虽然在法学理论与实践中，一直是最具有争议且悬而未决的问题，但是毫无疑问，行为人的行为与劳动者遭受损害的结果应具有因果关系，这是必须存在的。至于行为与结果之间的关联性的紧密程度，可能存在不同见解。劳动者应就因果关系存在提供证据予以证明。

一审中，劳动者提供录取通知书中虽然要求个人报到时提供离职证明，但不能证明其未能入职与没有提供离职证明之间具有任何的原因力。因为该要求究竟属于或有或无的要求，还是属于必备性要求，尚不明确。一审中个人并未提供证据证明其未能入职新单位是由于原单位未出具离职证明所致。二审法官告知其应就此提供证据，不能提供证据的，应当承担不利后果。二审中劳动者提供了新用人单位出具的《证明》，但是庭审中通过询问其获得的过程，对其真实性不能形成内心确认，并且该份证据不符合《民事诉讼法司法解释》第115条规定的要求。所以该份材料不能作为证明适用，因劳动者未提供任何证据证明用人单位未出具离职证明与其未能入职之间具有原因力，应当承担不利后果。

【裁判依据】

1.《劳动合同法》第50条、第89条
2.《民事诉讼法司法解释》第115条
3.《关于工资总额组成的规定》第4条

（撰稿人　王　飞）

04

用人单位主张劳动者支付“猎头费”的处理方法

——北京某科技股份有限公司诉宁某劳动争议案

裁判规则

在认定用人单位向猎头公司支出的猎头费是否属于劳动者离职给用人单位造成的损失时，应当考虑猎头费的性质以及劳动者与用人单位之间对此是否达成合意。猎头费为客户公司基于与猎头公司签订的服务合同向猎头公司的劳动支付的对价，根据合同相对性原理，在用人单位与劳动者没有特殊约定的情况下，用人单位为其单位的利益而支出的猎头费，不应转嫁在劳动者身上。

案　情[1]

宁某于2016年6月2日入职某公司，双方订立了固定期限劳动合同。2017年7月10日，宁某因个人原因以电子邮件形式向某公司提交了离职申请，此后未再出勤。

某公司主张，其公司收到宁某的离职申请后，于2017年7月11日起多次通过电子邮件的方式告知宁某应办理工作交接，但宁某提出离职后便离开工作岗位未再出勤，未提前30日向其公司提出离职申请，未办理离职工作交接。此外，宁某等12人还串通同时离职，入职到竞争对手的公司，对销售工作造成不良影响，导致其公司重新招录员工，重新培训、试用，开展研发，产生了费用，给其公司

〔1〕（2018）京01民终8065号。

造成经济损失。同时，宁某等12人的离职打断了其公司正常的研发、经营工作，导致研发的产品停滞，无法按期交付，给其公司造成巨大经济损失。宁某应当对上述损失承担赔偿责任。为证明其主张，某公司提交电子邮件打印件、付款通知书、支出凭单、增值税发票予以证明。其中付款通知书显示出具方为某人力资源公司，付款详情为咨询费，并载有"宁某"，金额共计40,000元。支出凭单中手写载明猎头费（宁某）、增值税发票显示付款方为某公司，收款方为某人力资源公司，名称为咨询服务。宁某称其已经办理了离职交接，交接给部门经理马某，某公司提交的增值税发票中并未见其个人信息，其并不知晓存在招聘费用。即使某公司确实发生了与招聘相关的费用，也是其公司自愿支出，并非法律规定其公司必须支出，也并非其本人要求某公司所支出，此类费用为某公司的经营成本，与其无关。

北京市海淀区人民法院认为：宁某因个人原因于2017年7月10日向某公司提出离职，此后便停止工作未再出勤，该行为确实存在不当之处。某公司主张宁某赔偿因违反法律规定解除劳动关系造成的损失，某公司应当举证证明损失的客观存在，以及损失系因宁某未提前30日通知解除劳动关系的行为所致。现某公司主张诉讼请求的金额包括招聘宁某的费用以及其公司依据宁某工作内容的重要程度估算得出的损失，某公司并未提交证据证明宁某所造成损失的客观存在以及损失与宁某的辞职行为存在因果关系，某公司应当承担举证不能的法律后果。综上，某公司的诉讼请求，缺乏事实依据，法院不予支持。

北京市海淀区人民法院判决：驳回某公司的诉讼请求。

某公司不服一审判决，提出上诉，请求撤销一审判决，改判支持某公司一审的诉讼请求。上诉理由是：（1）因宁某不当离职导致某公司的损失是客观存在的，但其公司无法对经营的损失和劳动者不当离职之间的因果关系以及作用力的大小作出鉴定和计算，法院应当以酌定的方式确定损失金额；（2）劳动者应当赔偿用人单位招收录用其所支付的费用，某公司为招收录用宁某支付了猎头费40,000元，宁某应当赔偿。

【裁判结论】

北京市第一中级人民法院判决：驳回上诉，维持原判。

【裁判观点】

北京市第一中级人民法院认为：某公司主张宁某应赔偿的损失包括其公司招收录用宁某所支付的费用和因违法解除劳动关系造成的经济损失，招录费具体指其公司向某人力资源公司支付的猎头费40,000元。现某公司提交的证据不足以证明该40,000元为其公司招录宁某所产生的费用，且某公司与宁某亦未在劳动合同中对猎头费的承担予以约定，故法院对某公司的该主张不予支持。某公司主张宁某赔偿因其违法解除劳动关系造成的损失，应举证证明损失的客观存在以及损失系因宁某未提前30日通知解除劳动关系所致。现某公司未能提交证据予以证明，应承担举证不能的法律后果。对某公司要求宁某赔偿违法解除劳动关系对其公司造成的经济损失的上诉请求，法院不予支持。

法官评析

用人单位主张劳动者赔偿违法离职给用人单位造成的损失的传统案件中，损失一般指因劳动者未提前30日通知用人单位，而给用人单位造成的直接的经济损失。而在现代经济体多元化发展的背景下，用人单位不再单纯地依靠人事部门招聘员工，为了更好更快地寻找到符合需求的人才，往往要借助猎头公司的力量，支出一笔不菲的猎头费，在互联网行业、科技行业、设计行业等新兴行业尤为盛行，而此类行业跳槽率居高不下，也就意味着涉及猎头费的劳动争议案件有极大增加的可能性，而该争议在司法实践中尚属空白，观点也并不一致。当通过猎头公司招募进来的劳动者选择主动离职时，用人单位往往将猎头费计算进用人成本或劳动者离职导致的损失，向劳动者主张，由劳动者承担全部或一定比例的猎头费。本案用人单位主张的损失便包括了猎头费，虽然根据全案的事实情况，未支持用人单位的主张，但具有拓展研究意义。

一、猎头费的性质

（一）内涵

"猎头"（headhunting）一词是欧美国家的舶来品，行业历史不过50年左右。猎头公司是"高级管理人员代理招募机构"的俗称，是为用人单位搜寻高层管理人才和关键技术岗位人才的招募服务的组织，由用人单位支付搜寻和推荐候选人所需的相应的佣金即猎头费，收费类型多为“服务费”“咨询费”，数额按招募岗位的年薪的一定比例计算，价格不菲。优点是能够提供专业性、针对性的服务，保密性高，节约时间，已成为现代经济体下的重要组成部分。

（二）相关案例

通过在中国裁判文书网上搜索，笔者发现包含“猎头费”关键词的劳动争议案件寥寥可数，多集中于居间合同纠纷、服务合同纠纷和委托合同纠纷，案情多为猎头公司主张对方当事人按双方约定支付服务费及违约金。用人单位与猎头公司签订《猎头服务合同》，对拟招聘的岗位名称、薪资、付款时间、付款条件、付款方式等作出约定，由猎头公司寻找合适目标员工，进行推荐。《猎头服务合同》中通常只对岗位的条件进行描述和要求，不针对具体的某个个人。

（三）结论

通过对案例的搜寻和对猎头行业业务流程的考察发现，猎头与中介不同，中介是连接需求双方的桥梁，处于中间立场，而猎头的服务对象是客户公司，关注的是客户公司的想法，满足的是客户公司的岗位需求。从《猎头服务合同》的格式和内容也可以看出，该合同仅约束客户公司和猎头公司双方，客户公司、猎头公司与劳动者三者之间并不因该合同产生法律关系。猎头费的收费模式大致分为按过程收费、按结果收费和打包收费，但无论是哪种收费模式，付款方均为客户公司，因此，猎头费为客户公司基于与猎头公司签订的服务合同向猎头公司的劳动支付的对价。而现实中，通过猎头公司寻找的目标岗位，多为技术岗或管理岗，符合岗位需求的劳动者可以通过劳动为用人单位创造较高的价值，而客户公司也往往会与猎头公司约定保证期限，在该保证期限内推荐的劳动者无法为公司提供劳动的，猎头公司重新为客户公司搜寻下一个合适的人选，在一定程度上减少客户公司承担的风险。将猎头费视为用人单位自主选择的运营方式产生的成本较为适宜。

二、本案猎头费未得到支持的理由

（一）某公司未能证明招用宁某支出了40，000元猎头费

本案中，某公司主张其公司通过猎头公司招用的宁某，支出了猎头费用40，000元，并提交了付款通知书，显示出具方为某人力资源公司，付款详情

为咨询费，并载有“宁某”，金额共计40,000元；提交的支出凭单中手写载明猎头费（宁某）、增值税发票显示付款方为某公司，收款方为某人力资源公司，名称为咨询服务。但上述证据仅载有宁某名字，无其他信息，无法证明是某公司招用宁某支出的费用。

（二）某公司与宁某的劳动合同中未对猎头费进行约定

1. 合同相对性原理

如上所述，猎头公司与客户公司之间的合同效力，不及于第三人；猎头费是客户公司基于与猎头公司签订的服务合同向猎头公司的劳动支付的对价。根据合同相对性原理，在用人单位与劳动者没有特殊约定的情况下，用人单位为其单位的利益而支出的猎头费，不应转嫁在劳动者身上。

2. 缺乏“期待可能性”

本案中，某公司与宁某签订的劳动合同中，对猎头费没有进行约定，该公司也未提举证据证明与宁某以其他方式有过该约定。在此情况下，从法律上讲，宁某对此并没有产生预期，即宁某不知自己的离职会产生赔付40,000元猎头费的法律后果。

三、若双方在劳动合同约定了猎头费，是否能得到支持？

首先，需判断用人单位提交的证据是否能证明该劳动者是通过该猎头公司的推荐入职公司，以及用人单位实际支付猎头公司的猎头费数额。

其次，若用人单位与劳动者在劳动合同中约定了劳动者违反法律规定或劳动合同约定离职，赔付用人单位支出的全部或者一定比例的猎头费，则需查明劳动合同中将该项约定为什么性质。通过司法实践来看，用人单位多将该项约定在违约金项下。但2008年《劳动合同法》施行后，法律禁止在法定情形之外为劳动者约定违约金，也不得在法律规定之外限制劳动者解除合同的权利。用人单位与劳动者约定由劳动者承担违约金的情形只有两种：一种是用人单位为劳动者提供专项培训费用，对其进行专业技术培训的，可以与该劳动者订立协议，约定服务期。劳动者违反服务期约定的，应当按照约定向用人单位支付违约金。另一种是对负有保密义务的劳动者，用人单位可以在劳动合同或者保密协议中与劳动者约定竞业限制条款，劳动者违反竞业限制约定的，应当按照约定向用人单位支付违约金。除以上两种情况外，约定违约金条款都为无效条款。

最后，若双方在劳动合同中单独约定该项，如何处理？虽然司法实践中暂未出现该情形的案例，但在日后该类案件的处理上，法院应在尊重双方平等自愿、协商一致的基础上，以利益衡量和个案分析为原则，结合猎头费的性质，综合考虑全案事实，行使自由裁量权。

【裁判依据】

《劳动合同法》第 90 条

（撰稿人　高天琪）

05

“严重违反规章制度”的理解与认定

——某通信技术公司诉郜某劳动争议案

裁判规则

劳动合同的履行应当遵循依法、诚实信用的原则，劳动者履行劳动合同的过程中，除了遵守用人单位的规章制度，还应当遵守劳动纪律和职业道德。在用人单位的规章制度规定不明确的情况下，劳动者违反与其工作性质和岗位职责密切相关的劳动纪律或职业道德时，法官可以综合考虑行业惯例、劳动者的岗位特点、劳动者行为对用人单位的影响程度或造成损失的情况来认定劳动者是否构成“严重违反用人单位的规章制度”，并据此判定用人单位的单方解除行为是否违法。

案　情[1]

郜某于2008年12月4日入职某通信技术公司，担任财务总监，系该公司总经办成员，属于公司高管。2013年6月28日，某通信技术公司向郜某送达《解除劳动合同通知书》，以郜某任职期间多次迟到、早退、旷工，严重违反劳动合同相关条款约定及公司员工手册、考勤管理办法等制度规定，构成严重违纪为由将其辞退。

某通信技术公司《员工手册》规定，“员工请病假一天以内由部门经理批准，超过一天由本部门经理报主管总经理批准。请病假一天以上须有医院（不含康复医院和私人诊所）出具的病假证明”；《员工手册》之附件《考勤管理办法（初

[1] （2015）一中民终字第673号。

版)》规定,“当月累计旷工三日以上者,或全年累计旷工五日者视作自动放弃劳动权利,按违反劳动纪律处理,解除劳动合同、劳务协议书”。

某通信技术公司主张郜某存在迟到、早退、旷工情形,且请假手续不符合公司制度规定流程,其公司系合法解除劳动合同,无须支付违法解除劳动合同的赔偿金。某通信技术公司一审提交了下列证据:(1)2013 年 6 月所有总经办成员的打卡记录,其上没有郜某的打卡记录。(2)申请一审法院调取存放于某通信技术公司办公地址新华联大厦物业管理处 2013 年 6 月的监控录像,显示郜某存在迟到、早退、旷工情形。(3)《关于加强考勤管理严格考勤纪律的通知》,显示某通信技术公司于 2013 年 6 月 24 日作出通知要求公司所有在职员工,必须严格请销假及上下班考勤管理,在职员工必须打卡考勤。郜某不认可打卡记录的真实性,并主张在 2013 年 6 月 24 日某通信技术公司方要求员工打卡记录考勤,主张录像不能客观真实反映出其考勤情况。

郜某主张其不存在迟到、早退、旷工行为,一审提交下列证据:(1)病历手册、门诊诊断证明书(以下称病假证明书),出具时间为 2013 年 6 月 24 日,处理意见为:“建议全休壹周”。(2)电子邮件,显示向公司人力资源请假。某通信技术公司认为病假证明书系伪造,认可收到电子邮件但因不符合请假手续,回复电子邮件不予批准。

北京市海淀区人民法院认为:本案的争议焦点为某通信技术公司以郜某于 2013 年 6 月存在多次迟到、早退及旷工为由解除劳动合同是否合法。第一,作为负有管理责任的用人单位,某通信技术公司应当对劳动者进行考勤管理,但必须以确定的、事先告知的考勤方式作为依据。本案中,某通信技术公司主张郜某在职期间实行打卡记录考勤,并未提交证据证明考勤方式系通过监控方式进行,故而在某通信技术公司未能提交打卡记录或者其他郜某签字确认的考勤记录以证明郜某存在迟到、早退及旷工情形之时,某通信技术公司应当承担相应法律后果。第二,郜某原系某通信技术公司财务总监、系公司高管,其享受相当范围内自主安排工作的权限,此种工作权限必然包括能够自主安排工作场所在办公场所还是办公场所以外;此时,某通信技术公司单凭监控录像中郜某进出办公场所的场景而判断郜某的出勤情形显有不妥。第三,根据郜某提交的病假证明书及病历手册等证据材料,可以证明其于 2013 年 6 月 24 日之后生病并被建议病休一周的事实,另鉴于某通信技术公司亦自认郜某曾经以电子邮件方式欲申请病假,考虑病假的特殊性及紧迫性,一审法院认为郜某已就病假完成合适的请假手续。综上,该院认为某通信技术公司以郜某于 2013 年 6 月多次存在迟到、早退及旷工为由将其辞退缺乏事实依据,属于违法解除劳动合同。鉴于郜某离职前的平均工资水平高于北京市 2012 年社会平均工资水平(5223 元)的三倍,故某通信技术公司应支付郜某违法解除劳动合同赔偿金的具体数额为 156,690 元。

北京市海淀区人民法院判决:(1)某通信技术公司于本判决生效后七日内支付郜某 2013 年 6 月 1 日至 28 日工资 14,334.53 元;(2)某通信技术公司于本判决生效后七日内支付郜某违法解除劳动合同赔偿金 156,690 元;(3)某通信技术公司于本判决生效后七日内支付郜某 2012 年 1 月至 2012 年 12 月未休年休假工资 7808 元;(4)确认某通信技术公司无须支付郜某拖欠 2013 年 6 月工资的 25% 的经济补偿金 3583.63 元。

某通信技术公司提起上诉,请求改判:(1)无须支付违法解除劳动合同赔偿金 156,690 元;(2)无须支付 2013 年 6 月 1 日至 28 日工资 14,334.53 元;(3)无须支付 2012 年 1 月至 2012 年 12 月未休年休假工资 7808 元。

二审诉讼中,某通信技术公司主张郜某虽然提交病假证明书,但该证明书有明显瑕疵,且没有附化验单等手续,不是完整的医疗过程。某通信技术公司及郜某均申请二审法院对病假证明书的真实性调查取证。经二审法院调查取证查明,郜某在一审诉讼期间提交的用以证明其 2013 年 6 月 24 日到中国人民解放军总医院看病被诊断为需要休息一周的病假证明书记载的门诊号码为另一患者之门诊号码,该证明书并非接诊医生书写出具,亦非中国人民解放军总医院出具。

【裁判结论】

北京市第一中级人民法院判决:(1)撤销北京市海淀区人民法院(2014)海民初字第 03245 号民事判决书第 1 项、第 2 项;(2)维持北京市海淀区人民法院(2014)海民初字第 03245 号民事判决书第 3 项、第 4 项;(3)某通信技术公司于本判决生效后七日内支付郜某 2013 年 6 月 1 日至 2013 年 6 月 24 日工资 14,128.55 元;(4)驳回郜某的其他申请请求。

【裁判观点】

北京市第一中级人民法院认为：本案核心争议焦点在于某通信技术公司以郜某严重违反劳动合同及公司规章制度为由解除劳动合同是否违法。

某通信技术公司提交的《员工手册》对员工请假程序、旷工的后果均进行了规定，郜某虽否认收到《员工手册》，但该手册作为双方签订劳动合同的附件，在双方续订劳动合同时再次对《员工手册》有所指向，郜某亦认可某通信技术公司有严格的考勤制度管理，据此法院对郜某否认收到《员工手册》的主张不予采信，认为某通信技术公司已向郜某公示了上述制度，郜某应当遵守某通信技术公司的规章制度。

郜某主张其于2013年6月24日赴医院就诊并取得病假证明书。其一，医院病假证明书上记载的门诊号与郜某不能对应，且病假证明书与门诊病历手册字迹明显不同，接诊医生亦否认该证明书系其书写及出具，该证据具有明显形式瑕疵。其二，经过现场勘验，医院计算机后台数据中没有任何关于郜某于当日就诊的相关挂号或缴费记录。其三，医院出具证明，明确表示郜某提交的病假证明书并非其医院出具。虽然医生认可病历手册系其本人书写，结合法院现场勘察情况及医院出具的证明，以及郜某本人的模糊陈述，无法得出郜某通过正常诊疗程序就诊、合法取得病假证明书的结论。据此，法院认为郜某向某通信技术公司请假的病假证明书并非医院出具，不能作为请假依据。

2013年6月24日郜某通过电子邮件向某通信技术公司请假但并未得到批准，经某通信技术公司人员明确通知后仍未按要求履行当面请假手续，违反公司考勤管理制度；其擅自于当月25日至27日不到岗工作，构成连续旷工3天。此外，郜某请假所依据的病假证明书不符合医院正常诊疗流程且来源不明。上述一系列行为已构成《劳动合同法》第39条第2项规定的严重违反用人单位规章制度的情形。故法院认定某通信技术公司解除劳动合同系属合法。

法官评析

劳动合同解除，是指劳动合同当事人提前消灭劳动合同关系的法律行为，亦即劳动合同当事人阻却劳动合同存续的意志行为。[1] 从司法实践层

---

〔1〕 参见王全兴：《劳动法》，法律出版社2008年版，第171页。

面来看,劳动合同解除可以说是引发各类劳动争议的根源。

本案中涉及的核心问题系用人单位以劳动者严重违反规章制度为由单方解除劳动合同是否违法。《劳动合同法》第 39 条规定了用人单位即时辞退无须支付经济补偿金的六种情形,其中,用人单位以劳动者"严重违反用人单位规章制度的"为由提出解除或作为答辩意见的情形最为常见。如何理解该条规定"严重违反规章制度"实践中出现分歧。有观点认为,《劳动合同法》对该条的规定仅指用人单位规章制度有明确规定的情形,即用人单位在规章制度中明确了何为违反规章制度的具体行为以及后果的情况下,劳动者的行为如果确实违反了规章制度的规定,用人单位可以行使单方解除权而无须支付经济补偿金。在规章制度规定不明确或比较概括的情况下,用人单位不能以劳动者违反规章制度为由单方解除劳动合同。还有观点认为用人单位的规章制度不可能完善到规范劳动者行为的方方面面,在规章制度有概括规定的情况下,如果劳动者确实存在性骚扰、殴打他人等严重不当行为时,人民法院可以行使自由裁量权,根据事实和证据情况判断劳动者的行为是否构成"严重"违反规章制度,从而认定用人单位的解除行为是否违法。

笔者认为:劳动合同的履行应当遵循依法、诚实信用的原则,对于劳动者而言,在履行劳动合同的过程中,除了遵守用人单位的规章制度,还应当遵守劳动纪律和职业道德,这是劳动法对劳动者的基本要求,也是社会基本公共准则。在用人单位的规章制度没有明文规定的情况下,劳动者严重违反与其工作性质和岗位职责密切相关的劳动纪律或职业道德时,用人单位有权单方解除,不宜以规章制度没有明文规定为由认定用人单位违法解除。

《劳动合同法》第 39 条第 2 项规定的"严重违反用人单位的规章制度的"系法定标准,在用人单位规章制度没有规定后果的情况下,法官对劳动者是否构成"严重"违反规章制度有自由裁量权,可以综合考虑行业惯例、劳动者的岗位特点、劳动者行为对用人单位的影响程度或造成损失的情况来认定。

如本案中,综合考虑劳动者存在出具不符合医院正常诊疗流程的病假证明向用人单位请假、请假手续不合规、连续三天未到岗工作的情形,法院认为劳动者的一系列行为已经构成严重违反用人单位的规章制度，最终认定用人单位单方解除劳动合同合法。

【裁判依据】

《劳动合同法》第39条

（撰稿人　刘佳洁）

06

用人单位“未及时足额支付劳动报酬”的认定因素

——某技术有限公司诉朱某劳动争议案

裁判规则

是否构成“未及时足额支付劳动报酬”进而符合获得解除劳动合同经济补偿金的条件,应当从“防止用人单位恶意拖欠劳动者劳动报酬”的立法目的出发,对“未及时足额支付劳动报酬”作目的性限缩解释,结合用人单位未及时足额支付劳动报酬的情节及对劳动者造成的影响等情况综合认定,用人单位是否无故拖欠劳动者劳动报酬。

案 情[1]

朱某于2011年3月3日入职某技术有限公司(以下简称某公司),担任销售岗位;双方签订期限自2011年3月3日起至2014年3月2日止的劳动合同,2014年1月20日,双方续订劳动合同至2017年3月1日;朱某每月实发工资由工资及销售提成等构成,某公司每月20日之前向朱某支付上一自然月工资及提成;2016年1月19日向朱某转账支付26,637元,该部分款项包括2015年11月提成、2015年12月工资及提成。

2015年12月22日朱某通过电子邮件方式向某公司发出解除劳动合同通知,载明朱某因11月提成未在11月工资里及时发放,依据劳动合同约定及《劳

[1] (2016)京01民终7109号。

动合同法》第38条的有关规定,提出解除劳动关系,最迟工作到2016年1月20日。2016年1月22日某公司向朱某发送电子邮件,载明同意解除合同,并表示2015年11月工资已经发放,某公司已于2016年1月19日结清朱某2015年所有的工资及绩效奖金,2016年1月1日至22日的工资将于公司发薪日(2016年2月20日)支付至朱某工资账户。双方均认可劳动关系于2016年1月22日解除。

就2015年11月提成的发放时间,某公司做出如下解释:提成系按照与客户签订书面合同后客户所支付的款项进行计提,每月20日发工资之前会对员工上个月的提成情况进行核算,但特殊情况下可能会晚。2015年11月的提成本应于12月20日进行发放,但是当月由于朱某所在的部门更换负责人,新的负责人接任后需要对整个部门的提成情况进行重新核算,当时新的负责人要求员工提交相应提成明细以供核对,但朱某未及时提交,故2015年11月的提成延迟发放了。朱某不予认可,称工资及提成均应当于次月20日之前发放。

另查,根据某公司提交的朱某认可真实性的工资明细表,朱某离职前12个月平均工资为7743.05元。再查,双方均认可除2015年11月提成之外的其他月份工资某公司均正常发放。

朱某以要求某公司支付解除劳动合同经济补偿金为由向北京市海淀区劳动人事争议仲裁委员会申请仲裁,仲裁委裁决:(1)某公司向朱某支付解除劳动合同经济补偿金42,586.78元;(2)驳回朱某的其他仲裁请求。某公司不服该裁决,向法院起诉。

一审法院认为,是否构成"未及时足额支付劳动报酬"进而符合获得解除劳动合同经济补偿金的条件,应当基于劳资双方权利义务相当的原则,结合未及时足额支付劳动报酬的情节及对劳动者造成的影响等情况综合认定。本案中,双方均认可某公司发薪日为每月20日,2015年12月20日之前某公司未向朱某支付2015年11月提成,而2015年12月22日朱某即以此为由提出解除劳动合同,法院认为朱某提出解除劳动合同之时某公司已经向其支付2015年11月工资,该公司虽尚未向朱某支付2015年11月提成,但此情节并未构成恶意拖欠工资情形,亦未对朱某的基本生活造成严重影响。另外,某公司已经在双方劳动关系解除之前将2015年11月提成发放给朱某。综上,朱某提出解除劳动合同所持的理由不符合应当获得解除劳动合同经济补偿金的条件,法院依法确认某公司无须向朱某支付解除劳动合同经济补偿金42,586.78元。朱某不服一审判决,提起上诉,请求改判支持其解除劳动关系经济补偿金42,586.78元。理由为某公司每月20日发放上自然月提成工资,其2015年11月提成工资在12月22日仍未发放,且不存在顺延情形,某公司的恶意欠薪行为造成其生活窘迫,其被迫于2015年12月22日提出与某公司解除劳动关系。

【裁判结论】

北京市第一中级人民法院判决:驳回上诉,维持原判。

【裁判观点】

北京市第一中级人民法院认为:本案争议的焦点是某公司应否向朱某支付解除劳动合同经济补偿金。本案中,根据查明的事实、证据及双方当事人的陈述,某公司本应于12月20日发放朱某2015年11月的提成工资,但由于当月朱某所在部门更换新的负责人,需要对提成情况进行重新核算,要求员工提交相应提成明细以供核对,故延迟发放2015年11月提成工资。2015年12月22日朱某以电子邮件的方式向某公司发送解除劳动合同通知,理由是某公司未及时支付其2015年11月提成工资,其最迟工作至2016年1月20日。首先,某公司不属于无故拖欠工资;其次,某公司在双方劳动关系解除前已将朱某2015年工资、绩效奖金全部结清。故法院对朱某要求某公司支付解除劳动合同经济补偿金请求不予支持。

法官评析

《劳动合同法》第38条规定用人单位未及时足额支付劳动者劳动报酬,劳动者可随时解除合同并可要求用人单位支付经济补偿金,其立法意图应是防止用人单位恶意拖欠劳动者劳动报酬。从该立法目的出发,对《劳动合同法》第38条第1款第2项中"未及时足额支付劳动报酬的"应作目的性限缩解释,即用人单位恶意拖欠劳动者劳动报酬的,应当支付经济补偿金。原劳动部关于印发《对〈工资支付暂行规定〉有关问题的补充规定》的通知(劳部发〔1995〕226号)第4条规定,"无故拖欠"系指用人单位无正当理由超过规定付薪时间未支付劳动者工资,该规定亦可佐证上述立法意图。当用人单位面临经济形势不景气,大环境遇到经营困难,若并不存在拖欠劳动报酬的故意，且努力争取资金支付劳动报酬，在此情形下仍要求用人单位支付经济补偿金，不利于保护用人单位的合法权益，违反了《劳动合同法》既保护劳动者也保护用人单位合法权益的立法目的。

本案中，虽然某公司本应于12月20日发放朱某2015年11月的提成工资而未发，但某公司延迟发放系因当月朱某所在部门更换新的负责人，需要对提成情况进行重新核算，要求员工提交相应提成明细以供核对，且某公司在双方劳动关系解除前已将朱某2015年工资、绩效奖金全部结清，并无无故或恶意拖欠之意。一审、二审法院基于劳资双方权利义务相当的原则，结合未及时足额支付劳动报酬的情节及对劳动者造成的影响等情况，综合认定朱某提出解除劳动合同所持的理由不符合应当获得解除劳动合同经济补偿金的条件，符合立法本意及公平原则。

"未及时足额支付劳动报酬"作为劳动者提出解除劳动合同的"高频"理由，除本案涉及的情形外，司法实践中，以下情形亦不应认定符合《劳动合同法》第38条第1款第2项规定的情形：(1)用人单位因客观原因无法支付劳动报酬并履行了延期支付劳动报酬法定程序的情形。《北京市工资支付规定》第26条规定，用人单位因生产经营困难暂时无法按时支付工资的，应当向劳动者说明情况，并经与工会或者职工代表协商一致后，可以延期支付工资，但最长不得超过30日。需要注意的是，用人单位若以此进行抗辩，法院应审查用人单位是否有证据证明已向劳动者说明具体情况以及经工会同意或与职工代表协商一致，并查明延期是否超过30日。若用人单位未能举证证明，则法院应认定用人单位该抗辩事由不成立，应当支付劳动者经济补偿金。(2)双方因劳动报酬的构成或者加班工资计算基数等问题存在分歧，致使引发用人单位未足额支付劳动报酬争议的情形。该情形中，如果用人单位不存在"克扣"、"无故拖欠"或"拒不支付"的主观恶意，则劳动者援引《劳动合同法》第38条要求用人单位支付经济补偿金的请求，法院不应支持。

【裁判依据】

《劳动合同法》第38条

（撰稿人　高天琪）

07

用人单位承担怠工事实的举证责任

——沈某诉某北京分公司劳动争议案

裁判规则

用人单位解除劳动关系，应就解除事由提供证据证明。用人单位主张劳动者在职期间不完成工作任务，应收集相关证据予以证明。用人单位在用工过程中，在解除劳资双方矛盾时，应将解除作为最后手段，这不仅是对劳动者的保护，也是用人单位免除自己证明责任的一个手段。

案　情[1]

沈某于2008年6月16日入职某北京分公司，担任软件测试工程师。双方签订的最后一份劳动合同是无固定期限劳动合同，其中第9条约定“乙方（沈某）应按时完成甲方（某北京分公司）规定的工作任务……乙方违反以上规定的，甲方除进行相关违纪和解除劳动合同处理外，还将依据乙方行为对甲方造成的损失，依法追究乙方的行政责任、经济责任和法律责任”。2018年5月14日，某北京分公司以“自2018年2月以来，不能按时完成公司规定的工作任务，已经违反双方签订的《劳动合同书》的约定”为由，向沈某提出解除劳动合同。

某北京分公司主张沈某未能完成工作任务具体指：其一，2018年2月沈某与该公司发生劳动争议纠纷，进入仲裁和诉讼程序，其只是到该公司上班，不再正常提供劳动，自2018年2月17日之后在该公司redmine系统（办公系统）中未领取任何任务，也未完成任何任务；其二，2018年4月该公司管理人员宋某通

---

〔1〕（2019）京01民终275号。

过电子邮件两次向沈某布置工作任务(需登录服务器完成工作,但是未见有登录记录),沈某均未完成。某北京分公司提交了 redmine 系统截屏、2018 年 4 月至 5 月电子邮件往来记录、服务器登录记录截屏予以佐证,其中 redmine 系统截屏显示最后更新时间为 2018 年 2 月 17 日;2018 年 4 月至 5 月电子邮件往来记录显示 2018 年 4 月 11 日某北京分公司曾安排沈某配合"Min"开展工作,2018 年 4 月 16 日某北京分公司向沈某提出其未向"Min"了解任何有关工作的事情,同时要求沈某"本周可以完成前个 TOT 的配置和调试(LFFS 和 SRL)",当日沈某回复"至今,Min 并没有需要我去做的地方"。2018 年 5 月 3 日某北京分公司向沈某提出其未能如期完成工作,并安排了下阶段的测试工作,对此沈某回复称需要在 redmine 系统中建立任务,与开发工程师沟通,并提出在公司要求时间内无法完成任务,如需完成只能加班;服务器登录记录截屏系打印件,记录信息为主机名为"BJH－4X330K2"在服务器中登录的记录。沈某对电子邮件往来记录的真实性不持异议,对其他证据的真实性不予认可。沈某主张 2018 年 2 月 17 日之后没有接收到 redmine 系统的工作安排,同时主张 2018 年 4 月 11 日安排的工作任务,不符合劳动合同约定的工作内容并非其工作范围且相关工作人员没有要求其配合即自行完成工作任务,2018 年 5 月 3 日的工作任务并未在 redmine 系统中建立任务,其已完成相关工作,包括修改测试脚本,都在其本人的工作电脑中,现在其未保存没有相关记录。

北京市海淀区人民法院认为:依据《劳动合同法》第 29 条之规定,用人单位与劳动者应当按照劳动合同的约定,全面履行各自的义务。在劳动合同履行过程中,劳动者负有正常提供劳动的义务。本案中,某北京分公司主张沈某自 2018 年 2 月 17 日之后未再登录该公司办公系统即 redmine 系统,虽沈某对于 redmine 系统截屏的真实性不予认可,但沈某自述自 2018 年 2 月 17 日之后未接收到 redmine 系统的工作任务。然而,依据 2018 年 4 月至 5 月电子邮件往来记录可知,沈某对于某北京分公司通过电子邮件安排工作任务的方式提出异议,要求通过 redmine 系统进行工作任务分配,由此可知,redmine 系统系某北京分公司对沈某进行工作安排的重要方式,进而,沈某所述自 2018 年 2 月 17 日之后未再接收到 redmine 系统工作安排明显有违常理。此外,即使 redmine 系统系某北京分公司对沈某进行工作安排的重要方式,但依据现有证据无法认定通过 redmine 系统分配工作任务系某北京分公司对沈某进行工作安排的唯一方式,因此某北京分公司通过电子邮件向沈某安排工作并无不当之处。对于2018年4月某北京分公司要求沈某配合“Min”的工作,然而沈某答复为“Min”从未提出要求其配合,故法院有理由认为沈某并未履行相应配合义务;对于2018年5月工作安排,虽沈某提出工作任务需加班才可按时完成,但未能举证证明某北京分公司的工作安排超出了符合一般实践中同类型工作的工作量范围。最后,在沈某已与某北京分公司发生劳动争议纠纷且尚在诉讼过程中,其应就仍持续提供劳动之主张提交相应证据。虽沈某主张已完成2018年5月某北京分公司安排的工作任务包括修改测试脚本等,但未能就此提交相应证据予以证明,理应承担相应不利后果。综上,某北京分公司依据双方劳动合同约定以沈某不能按时完成公司规定的工作任务为由解除劳动合同,系合法解除,无须向沈某支付违法解除劳动合同赔偿金。

北京市海淀区法院判决:驳回沈某的该项诉讼请求。

【裁判结论】

北京市第一中级人民法院判决:某北京分公司于本判决生效之日起七日内支付沈某违法解除劳动合同赔偿金388,113.4元。

【裁判观点】

北京市第一中级人民法院认为:关于违法解除一节。因用人单位解除劳动合同而发生的劳动争议,用人单位负举证责任。某北京分公司主张沈某自2018年2月之后,不再正常提供劳动,并以沈某不能按时完成公司规定的工作任务,违反了双方签订的劳动合同的约定,向其提出解除劳动合同,进而主张该解除行为属于合法解除,某北京分公司应就该主张所依据的事实提供充分证据加以证明。某北京分公司提交redmine系统截屏以证明沈某2018年2月17日之后未再登录该公司办公系统。本院认为,redmine系统由某北京分公司掌握,并非是对沈某进行工作安排的唯一方式,沈某对于redmine系统截屏的真实性不予认可,故redmine系统截屏不能证明沈某2018年2月之后未再正常提供劳动的情况。某北京分公司同时提交邮件以证明在2018年4月曾要求沈某配合“Min”工作,以及2018年5月亦要求沈某完成相应的工作,但针对这两次工作安排,一方面,某北京分公司提供的证据仅是其发送给沈某的电子邮件;另一方面,沈某在邮件回复中对未提供劳动的原因进行了一定的解释说明。另外,某北京分公司主张除了上述两次工作安排,在2018年2月之后多次安排沈某工作,以及沈某经常缺席部门例会,但并未提供足以证明该事实存在的证据。某北京分公司作为用人单位,尤其是在其与沈某已发生劳动争议且尚在诉讼过程中,更应注重收集、保存相关证据。更为重要的是,某北京分公司主张沈某在长达近3个月期间,未再正常提供劳动,但某北京分公司未提供相应有效证据证明在这3个月内,其除了邮件中所提工作事项,还为沈某安排了其他工作,并就其所称沈某不完成工作的情况与沈某有过沟通、对其进行相应管理,而是在2018年5月14日直接采取与沈某解除劳动合同的方式解决双方矛盾,本院认为,沈某在某北京分公司工作长达十年之久,某北京分公司采用这种简单的处理方式极为不妥。综上,因某北京分公司提交的上述证据不能有效达到证明目的,且作为用人单位,并未提供充分有效证据证明其解除行为系合法解除,应承担举证不能的不利后果。故一审法院判决某北京分公司的解除行为系合法解除,显属不当,本院予以纠正。本院认定某北京分公司的解除行为系违法解除,应支付沈某违法解除劳动合同赔偿金388,113.4元。

法官评析

该案涉及用人单位单方解除行为是否合法的问题。某北京分公司以"自2018年2月以来,不能按时完成公司规定的工作任务,已经违反双方签订的《劳动合同书》的约定"向沈某提出解除劳动合同。该案件涉及两个问题:(1)不能按时完成公司规定的工作任务,可否构成用人单位单方解除劳动合同的事由;(2)用人单位承担单方解除行为合法性的举证责任,应负担何种证明程度。

本案中虽然双方劳动合同明确约定,沈某不能按时完成某北京分公司规定的工作任务,某北京分公司可以进行解除劳动合同的处理。关于双方能否约定在劳动者未能按时完成公司规定的工作任务,用人单位享有单方解除权的问题。根据《劳动合同法》第39条的规定,立法者明确列举了在六种情形下,用人单位享有单方解除劳动合同的权利,除此之外,用人单位不享有单方解除权。未能按时完成公司规定的工作任务并不构成《劳动合同法》第39条规定的任何一种情形。另外,工作任务由用人单位单方分配,工作难度、工作量、工作环境、其他成员的配合等因素都会影响到劳动者的工作任务能否完成,若一概由劳动者承担未完成工作任务的不利后果,未免不当。即使因劳动者的原因导致不能完成工作任务的,应该属于劳动者不能胜任工作的情形,用人单位应当对劳动者进行培训或者调岗,仍不能胜任工作的,依据《劳动合同法》第 40 条的规定,用人单位享有无过失性辞退的权利,当然这里不包括用人单位恶意分配不可能完成的工作任务以及劳动者恶意不完成工作的情形。所以未能按时完成用人单位规定的工作任务,既不构成用人单位无过失性辞退的事由,更不构成用人单位单方解除劳动合同的依据。

对于解除行为效力的判断,原则上不仅仅根据书面通知的内容去判断,更要根据解除劳动关系客观依据的情况进行判断。本案中,虽然某北京分公司的解除通知书上是以沈某未能按时完成工作任务为由解除劳动关系,但是其实际上针对的是沈某不服从单位管理、不正常提供劳动、只打卡不实际工作(怠工),法院审查时应该不拘于形式,而要根据解除通知送达被通知人时的客观情况来判断。

针对怠工行为,应包括两个要件:客观要件,未实际提供劳动或提供的劳动远低于正常劳动;主观要件,故意为之。用人单位应该提供证据证明劳动者存在这些行为以及劳动者存在主观上的故意。未提供劳动虽然属于消极事实,但是用人单位作为管理方,工作任务由其分配,该举证责任理应归于用人单位,方得谓公平。从本案中来看,从 2018 年 2 月到解除劳动合同的 3 个月,某北京分公司虽主张多次安排沈某工作任务,其不服从安排、未提供劳动,但是现有证据仅是通过邮件的两次工作安排。虽然这两次工作安排,沈某未提供劳动,但其均做了一定的解释说明。针对沈某的解释,某北京分公司既未调查核实,也未明确予以否认,完全处于一种不予理会的状态。更为重要的是,某北京分公司与沈某在本案之前,已发生劳动争议且尚在诉讼过程中,更应注重收集、保存相关证据。在这长达近 3 个月期间,某北京分公司除了邮件中所提工作事项,还为沈某安排了其他工作,但是未有过与其沟通不正常提供劳动的问题、未对其进行相应管理,很难说服裁判者沈某确实存在恶意的怠工行为。劳动者的恶意需要通过客观化要件来判断,如屡教不改、多次不服从安排管理等,科技北京分公司主张沈某存在怠工的故意，但未能提供证据。

用人单位对劳动者怠工的行为提供的证据应达成高度盖然性的证明程度。本案中虽然不排除沈某具有怠工的嫌疑，但是尚不足以使法官形成内心确信，毕竟沈某已经在某北京分公司工作长达十年之久，在用人单位主张其有多次的怠工行为时，用人单位却从未采取与其沟通、警告等相对温和的管理手段，使沈某明白其现在的所作所为属于用人单位不能忍受的行为，亦难以说服审判者沈某存在不服从管理、不正常提供劳动的主观故意。

综上，劳动者未能按时完成工作任务并不构成用人单位单方解除劳动合同的正当事由，当用人单位以劳动者怠工为由解除劳动合同，属于消极事实的举证，用人单位更应注重收集相关证据，证明劳动者存在怠工行为以及主观故意达到高度盖然性。

【裁判依据】

《劳动合同法》第 39 条、第 40 条

（撰稿人　王　飞）

08

用人单位规章制度解除劳动合同的适用准则

——北京某制药公司诉李某劳动争议案

裁判规则

劳动者严重违反用人单位规章制度的,用人单位可以解除劳动合同。此为用人单位合法解除劳动合同的法定理由之一。为妥善平衡劳动者的合法权益与用人单位的生存发展,司法审查中应遵循紧密性原则来判断用人单位以此为由解除劳动合同是否适当,具体而言考量三个要素,规章制度应与劳动者提供的劳动内容紧密相关、与劳动者的岗位紧密相关、与劳动者的职责要求紧密相关。

案 情[1]

李某于1995年7月21日入职北京某制药公司,担任生产流水部门的包装操作员。双方共签订三次劳动合同,自2007年1月1日起,劳动合同期限变更为无固定期限合同。双方于2016年1月15日解除劳动关系。北京某制药公司不服仲裁裁决起诉请求其公司无须向李某支付1995年7月21日至2016年1月15日解除劳动关系经济补偿金。

一审期间,关于解除劳动合同的原因,北京某制药公司称:解除原因是李某严重违反了公司的规章制度,给公司造成巨大损失。李某对此不予认可,主张其借用说明书的行为不属于严重违反公司规章制度,且未对公司造成损失,北京某制药公司解除劳动关系的行为是违法的。

为证明其主张当事人提交了证据。北京某制药公司提交了《X0190批文件

[1] (2017)京01民终4436号。

记录》、《事件说明》、《违纪处理函》、《员工手册》、《员工培训签到表/培训记录》及《员工手册收讫函》，用以证明李某于2015年12月16日，在A－730包装操作间进行LAM X0191的批文件结算过程中，没有按照批文件的要求计算说明书物料平衡相关数据，而是伪造说明说废品数量，以保证物料平衡计算结果满足批文件设置的最低限度要求，进而影响到后续批次LAM X0191说明书物料平衡计算结果异常。该行为违反了良好文件记录以数据完整性的要求。北京某制药公司根据《员工劳动纪律管理细则》以及《员工手册》4.1.1的规定，与李某解除劳动关系。李某对《X0190批文件记录》《事件说明》《违纪处理函》的真实性没有异议，但称其借用说明书的行为只是违反了批次药品整体中的一个操作流程，是符合员工守则所规定的警告的一个行为。一审法院判决北京某制药公司支付李某解除劳动合同经济补偿金。

一审判决作出后，北京某制药公司不服，提起上诉。北京某制药公司上诉主张李某的行为属于《员工手册》4.1.1规定的“直接或间接篡改公司文件或记录”，且该行为导致所涉批次产品延误放行，已经给北京某制药公司造成重大影响，其无须支付解除劳动合同经济补偿金。李某则辩称，其系因同组人员所报数据存在偏差而导致计算错误，其不存在故意欺骗或者篡改公司文件的行为，其行为属于违反工厂相关标准操作流程及安全行为，未达到解除劳动合同的程度，借用说明书的数量只体现在废品中，对北京某制药公司未产生实际损失。

北京某制药公司、李某为证明各自的主张于二审期间提交了证据。北京某制药公司提交的证据为废品日志，用以证明李某未按照废品日志如实记录说明书废品数，故意伪造说明书废品数。李某提交的证据为2017年6月6日14:30李某向黄某某调查从X0191批次借用2500张说明书的情况说明视听资料，用以证明黄某某承认因为时间紧忘记在单子上记录借用说明书的相关内容。二审法院认为，废品日志可以证明相关人员已经如实记录废品数量。视听资料可以证明黄某某从X0191批次借用了2500张说明书。

二审法院另查明，《员工劳动纪律管理细则》第3条内容为：“纪律处分类别。对违反劳动纪律的处分分为下列四种：口头警告、书面警告、最后书面警告、解除劳动关系。违反本细则未明示的其他纪律，经调查核实，并经工厂管委会讨论决定，依情节轻重，给予相应处罚。1）口头警告。有下列情况之一，经调查核实，给予口头警告：……违反工厂相关标准操作流程及安全行为规定，但尚未对公司造成损失的行为……2)书面警告。有下列情况之一,经调查核实,给予书面警告:……违反工厂相关标准操作流程及安全行为规定,造成实际损失,但情节较轻……3)最后书面警告。有下列情况之一,经调查核实,给予最后书面警告:……违反工厂相关标准操作流程及安全行为规定,造成实际损失,情节较重……4)解除劳动关系。有下列情况之一,经调查核实,属严重违纪行为并构成严重违反工厂规章制度,公司有权依照劳动合同法第三十九条的规定解除劳动关系:……玩忽职守、违反工厂相关标准操作流程,且给公司业务造成严重影响或损失,或对他人造成严重人身、财产损失的……篡改公司文件记录;虚报工作、个人资料(如雇佣申请表、考勤记录、病假证明、学历证明等)……"

【裁判结论】

北京市第一中级人民法院于2017年8月4日作出(2017)京01民终4436号民事判决,判决驳回上诉,维持原判。

【裁判观点】

法院生效裁判认为:结合双方的诉辩主张,本案的争议焦点为李某未如实记录LAM X0190批文件中说明书废品数量、其自行按照物料平衡计算要求填写说明书废品数量的行为是否属于篡改公司文件记录,并达到解除劳动合同的程度。

《劳动法》第3条第2款规定,劳动者应当遵守劳动纪律。《劳动争议司法解释(一)》第19条规定,用人单位根据《劳动法》第4条之规定,通过民主程序制定的规章制度,不违反国家法律、行政法规及政策规定,并已向劳动者公示的,可以作为人民法院审理劳动争议案件的依据。本案中,北京某制药公司的《员工手册》和《员工劳动纪律管理细则》经过民主程序且已告知李某,故可以作为本案审理依据。根据北京某制药公司提交的培训记录,北京某制药公司亦对李某进行了良好文件规范培训,可见李某知悉正确、及时记录批文件的工作要求。根据庭审中当事人陈述,李某认可其应当遵守《药品生产质量管理规范》的相关要求。其中《药品生产质量管理规范》第184条规定,所有药品的生产和包装均应当按照批准的工艺规程和操作规程进行操作并有相关记录,以确保药品达到规定的质量标准,并符合药品生产许可和注册批准的要求。对员工违反劳动纪律的行为北京某制药公司制定的规章制度区分严重程度设定了口头警告、书面警告、最后书面警告、解除劳动关系四种处分形式，在四种形式下均规定了不同程度违反工厂相关标准操作流程导致的后果。

本案中，要判断李某的行为属于北京某制药公司规章制度中的哪一具体情形及其行为后果，必须考量李某的工作岗位和职责要求。首先，李某的行为属于北京某制药公司规章制度中的哪一具体情形。李某为包装操作员，根据北京某制药公司提供的工作描述，李某的主要职责要求包括产品知识、工艺知识、操作技能、生产协调、设备维护、设备故障处理、质量合规、偏差处理、工艺/清洁/设备验证、安全等方面的内容。根据李某的工作岗位及工作职责要求，结合《药品生产质量管理规范》第184条的规定，法院认为，李某作为包装操作员应当按照操作规程进行操作并如实记录，其如实记录义务应属于操作规程的必然要求。故其未如实记录废品说明书数量、自行按照物料平衡计算要求填写说明书废品数量的行为应当属于违反工厂相关标准操作流程，而不属于直接或间接篡改公司文件记录。其次，李某的行为造成的后果是否达到解除劳动关系的程度。法院认为，《员工劳动纪律管理细则》规定违反工厂相关标准操作流程，且给公司业务造成严重影响或损失，或对他人造成严重人身、财产损失的，北京某制药公司有权解除劳动合同。根据《药品生产质量管理规范》第215条的规定，在物料平衡检查中，发现待包装产品、印刷包装材料以及成品数量有显著差异时，应当进行调查，未得出结论前，成品不得放行。北京某制药公司主张因李某未如实记录废品说明书数量的行为导致本案所涉批次产品迟延放行，对此，本院予以采信。但李某的行为所造成的产品迟延放行并未达到给公司业务造成严重影响或损失，或对他人造成严重人身、财产损失的程度。

法官评析

本案涉及用人单位规章制度和劳动纪律的适用问题。

一、用人单位的规章制度作为定案依据

工业社会，为促进劳动组织和管理，维护企业秩序，需要加强对集体劳动的组织和管理，由企业制定劳动规章制度来规范劳动行为成为惯例。劳动规章制度与劳动者的权益密切相关，是劳动条件的重要内容。在用人单位的规章制度中，最为重要的是关于劳动者的劳动纪律规范。实务中，劳动纪律的处分形式甚至包括了解除劳动合同。严重违反用人单位的规章制度亦是导致劳动合同解除的正当理由。一般而言,劳动纪律包括严格履行劳动合同;考勤纪律;根据生产、工作岗位职责,按质按量完成工作任务;严格遵守技术操作规程和安全卫生规程;节约原材料、爱护用人单位的财物;保守用人单位的商业秘密和技术秘密;奖惩制度;与劳动和工作相关的其他纪律或规则。用人单位虽有权制定规章制度,但亦非不受限制。一般认为,用人单位的规章制度应受两个方面的约束,一是合法性约束,即不得违反国家、行政法规规定;二是适当性约束,即用人单位不得利用其优势地位恣意而为,排除劳动者的意志。在我国,用人单位的规章制度也是劳动争议案件的司法裁判依据。《劳动争议司法解释(一)》第 19 条规定,用人单位根据《劳动法》第 4 条之规定,通过民主程序制定的规章制度,不违反国家法律、行政法规及政策规定,并已向劳动者公示的,可以作为人民法院审理劳动争议案件的依据。司法实践中,对用人单位劳动规章制度的审查一般侧重于四个方面,一是内容的合法性,即不得违反国家、行政法规及政策规定;二是程序的民主性,即要经过民主程序而制定;三是制度的公开性,即向劳动者公示内部劳动规则;四是规定的合理性,即用人单位不能滥用单方面的规制权,规章制度的内容要合情合理。

二、适用用人单位规章制度需要把握的原则

随着社会生产的日益发展,企业组织也变得日益复杂,与之相适应,现代企业所制定的规章制度越来越繁杂,这对法院适用规章制度审理劳动争议案件带来挑战。

本案,用人单位北京某制药公司的规章制度经过民主程序且已告知劳动者李某,因此可以作为审理案件的依据。经过审查证据,也可以确定李某确实存在未如实记录批文件的行为,但对其行为如何定性及行为所导致的处罚后果,双方当事人存在争议。用人单位主张李某的行为构成篡改公司文件,达到解除劳动合同的程度,而李某则认为其违反了工厂相关标准操作流程及安全行为,未达到解除劳动合同的程度。合议庭在详细了解北京某制药公司的规章制度后,认为适用用人单位规章制度审查解除劳动合同是否合法适当时应当遵循紧密性原则,即着重考虑三个要素:规章制度应与劳动者提供的劳动内容紧密相关、与劳动者的岗位紧密相关、与劳动者的职责要求紧密相关。本案中，李某系药品生产线上的包装员，从事的是药品包装工作，其主要职责要求包括产品知识、工艺知识、操作技能、生产协调、设备维护、设备故障处理、质量合规、偏差处理、工艺/清洁/设备验证、安全等方面的内容，可以看出李某的工作职责主要集中在工艺规程和操作规程方面。同时，根据我国《药品生产质量管理规范》的规定，所有药品的包装均应当按照批准的工艺规程和操作规程进行操作并有相关记录，因此，可以认定李某的行为应当属于违反工厂相关标准操作流程。针对药品包装环节的操作记录形成的文件是否属于公司文件，合议庭认为，应当根据劳动者的工作岗位和职责来进行严格解释，药品包装环节的操作记录应当视为操作规程要求的一部分，而不宜作扩大解释，除非用人单位对此与劳动者有明确的事先约定或告知。在判定李某行为性质的基础上，再根据李某行为的严重程度，对其进行处罚。合议庭认为，李某的行为未达到解除劳动合同的程度，依法支持了李某要求解除劳动合同补偿金的请求。

《劳动合同法》第39条第2项规定，劳动者严重违反用人单位的规章制度，用人单位可以解除劳动合同。解除劳动合同既是对劳动者最为严厉的纪律处罚措施，也是用人单位合法解除劳动合同的法定理由。因此，在司法实践中，审理此类案件要注重平衡好劳动者合法权益与用人单位自主经营权的关系。在审查用人单位解除劳动合同是否合法适当时，应当根据劳动者提供劳动的实际情况，按照紧密性原则的三个要素来进行判定。这不仅有利于有效保障劳动者的合法权益，防止用人单位滥用劳动合同解除权，同时又充分尊重了用人单位的经营自主权，防止加重用人单位的负担，充分贯彻和体现了最高人民法院依法保护劳动者合法权益和维护用人单位生存发展并重的原则。

【裁判依据】

1.《劳动法》第3条

2.《劳动争议司法解释(一)》第19条

（撰稿人　张建清）

09

用人单位解除劳动合同是否合法的认定

——某客运公司诉朱某劳动争议案

裁判规则

审理劳动合同的解除或者终止纠纷,首先应当厘清案件中劳动合同解除或者终止的原因,严格限制"视为双方协商一致解除劳动合同"的适用,在此基础上,按照《劳动合同法》的规定,判断用人单位是否应支付劳动者经济补偿金或者赔偿金。

案　情[1]

朱某于2004年8月20日到某客运公司担任驾驶员。2016年6月21日,某客运公司发放《职工岗位调动通知单》(万调字第0002号存根),内容为"四车队:今将朱某同志调入九车队驾驶员岗位工作"。朱某在该通知单手书"收到,不同意"。同日,某客运公司向朱某邮寄《通知》,内容为"朱某同志:公司于2016年6月21日起已将你从四车队调入九车队,按公司《劳动管理制度》规定,现公司正式通知你于2016年6月23日之前必须到九车队上班,逾期不上班,将视你为自动离职"。

2016年6月22日,某客运公司又作出《通报》,内容为"全体员工:近期公司组织人力针对车队票款回收及相关设备日常使用监管情况进行检查。在工作过程中发现部分车队存在监管不严,车队管理组管理松懈,给公司造成财产损失及不良工作风气。经公司经理会研究决定,对此次检查过程中存在违纪的个人及

〔1〕 (2017)京01民终1941号。

车队管理组进行处理，处理决定如下：第四车队驾驶员朱某、尹某存在违规操作，调往第九车队。……”朱某于2016年6月23日向某客运公司邮寄《说明》，内容为“公司将我从原工作地崔村镇香堂村四车队调入流村镇九车队，本人不同意”。

2016年6月28日，某客运公司向朱某发出《通知》，内容为“朱某同志：公司因工作需要于2016年6月22日将你调入九车队昌11号运营线路工作。但你至今没到岗上班，也未办理任何休假手续和提交任何休假证明，现你已连续旷工7天，按照劳动合同相关约定及公司《劳动管理制度》规定公司视你为自动离职，根据相关法律规定现双方之间已不存在劳动关系。特通知你接到此通知七个工作日内，到公司人事部办理离职手续”。

2016年7月4日，朱某向北京市昌平区劳动人事争议仲裁委员会提起劳动仲裁申请，该委于2016年10月21日作出裁决：某客运公司于裁决生效之日起十日内，支付朱某违法解除劳动合同的赔偿金108,000元。某客运公司对该裁决不服，诉至法院。

北京市昌平区人民法院认为：双方劳动合同第5条约定“根据甲方的岗位（工种）作业特点，乙方（朱某）的工作区域或工作地点为某客运公司运营线路”，朱某作为完全民事行为能力人，在签订该合同时理应对工作地点安排有所预见，其不同意某客运公司工作线路调动，某客运公司发出解除劳动合同通知后，朱某不要求继续履行合同，双方均不愿意保持劳动关系，应视为双方协商一致解除劳动合同，某客运公司应向朱某支付解除劳动合同经济补偿金。

据此，北京市昌平区人民法院判决：某客运公司于判决生效后十日内，支付朱某解除劳动合同经济补偿金54,000元。

宣判后，某客运公司、朱某均提起上诉。某客运公司在二审时陈述，“公司对朱某发出的解除通知是依照双方的劳动合同的条款约定及向朱某送达的规章制度中的相关规定作出的，是符合法律规定的，工会并不是必经的程序。公司是依法解除，不用经过工会”。后某客运公司又变更陈述为，“第一次发通知调动，朱某没有上班，（某客运公司）劳资就向工会汇报了，但没有书面证据”。

【裁判结论】

北京市第一中级人民法院判决：改判：某客运公司于本判决生效后十日内，

支付朱某违法解除劳动合同的赔偿金108,000元。

【裁判观点】

北京市第一中级人民法院法院认为:根据2016年6月28日某客运公司向朱某发出的《通知》,解除原因为某客运公司以朱某连续旷工7天为由,视为朱某自动离职,其行为实质为某客运公司以朱某连续旷工7天为由,单方解除与朱某的劳动合同。某客运公司虽主张其是依法解除,但法院认为,某客运公司的主张不能成立,理由如下:第一,本案中,朱某长期担任昌21路驾驶员,其居住在崔村镇香堂村,昌21路的始发站亦在香堂附近,而昌11路的始发站点位于流村镇,该调整客观上给朱某工作造成不便,同时,根据某客运公司2016年6月22日作出的《通报》可知,某客运公司因朱某存在违规操作而调往第九车队,但某客运公司并未提供证据证明朱某存在违规操作的情形,综上,某客运公司对朱某进行线路调整的依据并不充分,朱某直至2016年6月29日仍到四车队报到不能认定为旷工,故某客运公司以朱某连续旷工7天为由,单方解除与朱某的劳动合同处理不当;第二,某客运公司未提供证据证明,其与朱某解除劳动合同已事先通知工会,故对朱某要求某客运公司支付其违法解除劳动合同赔偿金108,000元的上诉请求,法院予以支持。

法官评析

劳动者与用人单位发生纠纷的起因往往是因为劳动关系无法再继续存续,因此,劳动合同的解除或者终止纠纷就成为劳动争议案件最主要的一类纠纷。为正确处理劳动合同的解除或者终止纠纷,实践中应把握以下几个问题:

一、辨析劳动合同解除或者终止的原因

《劳动法》的制定,标志着我国劳动合同制度的正式建立。劳动关系本质上是一种合同关系,从建立到消灭体现为一个过程,而劳动合同的解除或者终止就意味着劳动法律关系的消灭。应当注意的是,劳动合同解除或者终止的原因多种多样,不同的原因会产生不同的法律效果,在审判实务中,首先应当明确劳动合同解除或者终止的原因。

在《合同法》中,合同解除是合同终止的情形之一,即合同解除是合同终止的下位概念，而在劳动法律制度中，劳动合同的解除与终止是两个并列的概念。劳动合同解除，是指劳动合同在订立后，尚未履行完毕或者未全部履行以前，由于合同双方或者单方的法律行为导致双方当事人提前消灭劳动关系的法律行为。可分为协商解除和单方解除。劳动合同终止，则是指劳动合同的法律效力依法被消灭，即劳动关系由于一定法律事实的出现而终结。比较劳动合同的解除与终止，两者最大的区别在于，解除是主观所致，即基于用人单位与劳动者一方或双方的主观意志而使存续中的劳动关系消灭；终止则是客观所致，即基于某些客观情况的出现而使存续中的劳动关系消灭。根据《劳动合同法》，不同的劳动合同解除或者终止原因，将决定用人单位是否需要支付劳动者经济补偿金，而如果用人单位未按照《劳动合同法》的规定解除或者终止劳动合同，则要支付劳动者违法解除或者终止劳动合同的赔偿金，赔偿金的数额为经济补偿标准的二倍。（见下表）

劳动合同解除或者终止原因			经济补偿金
劳动合同解除	协商解除	用人单位提出解除	有
		劳动者提出解除	无
	用人单位单方解除	即时通知解除（过失性解除）	无
		预告通知解除（非过失性解除）	有
		经济性裁员	有
	劳动者单方解除	预告通知解除	无
		即时通知解除（用人单位有过错）	有
劳动合同终止	劳动合同期满，用人单位维持或者提高劳动条件，劳动者不同意续订		无
	劳动合同期满的其他情形		有
	劳动者开始依法享受基本养老保险待遇、死亡、被宣告死亡或者宣告失踪		无
	用人单位被依法宣告破产、被吊销营业执照、责令关闭、撤销或者用人单位决定提前解散		有

本案中，从案件事实发展的脉络看，无论是某客运公司于 2016 年 6 月 21 日向朱某发送的通知，还是朱某于 2016 年 6 月 23 日向某客运公司邮寄的《说明》，均未体现双方实际解除劳动合同的行为，上述行为均是解除的“前奏”，本案的关键事实在于 2016 年 6 月 28 日，某客运公司向朱某发出的

《通知》,从该《通知》内容看,某客运公司已认定朱某连续旷工 7 天,视为自动离职,要求朱某办理离职手续。虽然《通知》使用的措辞是"视为自动离职",但结合上下文,该《通知》应认定为某客运公司以朱某旷工为由,单方解除劳动合同。因此,本案的争议焦点为某客运公司单方解除劳动合同是否合法,如合法,某客运公司无须支付朱某违法解除劳动合同的赔偿金;如违法,则某客运公司应支付朱某违法解除劳动合同的赔偿金。这是处理本案必然的思路。而一审法院认定,"某客运公司发出解除劳动合同通知后,朱某不要求继续履行合同,双方均不愿意保持劳动关系,应视为双方协商一致解除劳动合同,某客运公司应向朱某支付解除劳动合同经济补偿金",一是错误认定了劳动合同解除或者终止的原因;二是错误理解了"视为双方协商一致解除劳动合同"的适用条件。

二、"视为双方协商一致解除劳动合同"的适用条件

前已述及,对于劳动合同的解除或者终止纠纷,首先应当按照《劳动合同法》的规定,厘清劳动合同解除或者终止的原因。但在审判实务中,还存在一种常见的处理方法,即"视为双方协商一致解除劳动合同",且通常视为由用人单位提出,据此适用《劳动合同法》第 46 条第 2 项规定,由用人单位向劳动者支付经济补偿。

这一处理方法出现的原因在于,审判实践中经常出现这样一种情况,即劳动者主张用人单位提出解除劳动合同,但劳动者无法提供证据证明,例如,劳动者仅能陈述人事经理让其离职回家,同时,用人单位则主张系劳动者自行离职、不辞而别,但用人单位对此亦无法提供证据证明。在该情形,如果采信劳动者的主张,则应由用人单位支付违法解除劳动合同赔偿金;如果采信用人单位的主张,则劳动者不能获得任何补偿或者赔偿。考虑到在现有证据情况下,无法查明劳动合同解除或者终止的原因,从《劳动合同法》的立法精神出发,审判实践中采取了"视为由用人单位提出,双方协商一致解除劳动合同"的处理方法,以平衡劳动者和用人单位之间的利益。应当说,这种处理方式在目前的审判实践中还是发挥了一定的作用,但不可否认,这种做法有些"和稀泥",甚至有时还会受到劳动者和用人单位双方的指责,因此,对这种处理方式应当严格限制,在能够查清劳动合同解除或者终止的原因的情况下,绝对没有"视为双方协商一致解除劳动合同"的适用

余地。

笔者发现，在审判实践中，“视为双方协商一致解除劳动合同”有被滥用的趋势。例如本案，虽然某客运公司发出了解除劳动合同通知，朱某也不要求继续履行合同，双方均不愿意保持劳动关系，但这只是在某客运公司单方解除劳动合同后双方的态度，并不能据此认定本案为双方协商一致解除劳动合同，本案劳动合同解除的原因只能是某客运公司单方解除劳动合同。

三、对用人单位解除劳动合同的司法审查

本案还涉及一个争议焦点问题，即对用人单位解除劳动合同的司法审查。主要体现在两个方面：

1. 实体要件审查。例如，用人单位以劳动者严重违反用人单位规章制度为由解除劳动合同，首先，用人单位的规章制度应合法有效，内容符合法律、法规的规定，经过民主程序，且公示或者告知劳动者；其次，劳动者的行为客观存在，并且是属于“严重”违反用人单位的规章制度。如果不具备上述实体要件，用人单位解除劳动合同的行为即属违法。本案中，实体要件审查的焦点为朱某是否存在连续旷工 7 天的行为。合议庭认为，某客运公司对朱某进行线路调整的依据并不充分，朱某直至 2016 年 6 月 29 日仍到四车队报到不能认定为旷工，可见，某客运公司解除劳动合同的实体要件并不具备。

2. 程序要件审查。除实体要件外，用人单位解除劳动合同还需满足程序方面的法律要求，如工会监督程序。《劳动合同法》第 43 条规定，用人单位单方解除劳动合同，应当事先将理由通知工会。用人单位违反法律、行政法规规定或者劳动合同约定的，工会有权要求用人单位纠正。用人单位应当研究工会的意见，并将处理结果书面通知工会。《劳动争议司法解释（四）》第 12 条进一步明确规定，建立了工会组织的用人单位解除劳动合同符合《劳动合同法》第 39 条、第 40 条规定，但未按照《劳动合同法》第 43 条规定事先通知工会，劳动者以用人单位违法解除劳动合同为由请求用人单位支付赔偿金的，人民法院应予支持，但起诉前用人单位已经补正有关程序的除外。上述规定，充分体现了工会的宗旨，体现了法律对工会的尊重，有利于维护工会的权威，也有利于劳动者合法权益的保护。本案中，某客运公司在二审期间明确表示工会并不是解除劳动合同必经的程序，显然是不了解相关法律规定,未履行必要的程序,必然要承担败诉的后果。

【裁判依据】

1.《劳动合同法》第 39 条

2.《劳动争议司法解释(四)》第 12 条

(撰稿人　何　锐)

10

用人单位未支付未休年休假工资不宜认定为未及时足额支付劳动报酬

——李某诉某电缆公司劳动争议案

裁判规则

未休年休假工资不宜认定为《劳动合同法》第38条第1款第2项规定的用人单位“未及时足额支付劳动报酬的”情形，劳动者以此主张解除劳动合同经济补偿金，不予支持。

案　情〔1〕

李某于2013年8月28日入职某电缆公司，岗位为叉车司机，工作地点位于室外，月平均工资4627.6元。李某提交北京市社会保险个人权益记录，证明某电缆公司自2018年4月开始为其缴纳社会保险。某电缆公司对该证据没有异议。李某以某电缆公司未依法缴纳社会保险，未支付高温补贴、年休假工资、加班工资为由，提出解除劳动关系，要求支付经济补偿金。

北京市大兴区劳动人事争议仲裁委员会作出京兴劳人仲字〔2018〕第4379号裁决书，裁决：(1)李某与某电缆公司自2013年8月28日至2018年8月3日存在劳动关系；(2)某电缆公司向李某支付2016年8月3日至2018年8月3日未休年休假工资3829.74元；(3)某电缆公司向李某支付2017年8月3日至2018年8月3日高温补贴540元；(4)驳回李某的其他仲裁请求。李某不服该

〔1〕(2019)京02民终1270号。

裁决,诉至法院,请求确认与某电缆公司2013年8月28日至2018年8月3日存在劳动关系,并请求某电缆公司支付其解除劳动关系经济补偿金、延时加班工资、双休日加班工资、法定休假日加班工资、未休年假工资、高温补贴等。

北京市大兴区人民法院认为,某电缆公司未举证证明2016年8月3日至2018年8月3日已安排李某休带薪年休假,应承担举证不能的不利后果,支付李某上述期间未休年休假工资,具体数额以法院核算为准。劳动者从事高温作业的,依法享受岗位津贴。李某工作地点位于室外,某电缆公司应支付李某高温津贴。因某电缆公司已自2018年4月起为李某缴纳社会保险,李某未提交证据证明某电缆公司拖欠其加班工资,而未支付高温补贴、未休年休假工资不宜认定为未及时足额支付劳动报酬,故李某以某电缆公司未依法缴纳社会保险,未支付高温补贴、年休假工资、加班工资为由,提出解除劳动关系,不属于用人单位支付经济补偿金的情形,对李某要求某电缆公司支付解除劳动关系经济补偿金的诉讼请求,法院不予支持。

北京市大兴区人民法院判决:(1)李某与某电缆公司自2013年8月28日至2018年8月3日存在劳动关系;(2)某电缆公司于判决生效之日起十日内支付李某2016年8月3日至2018年8月3日的未休年休假工资3829.74元;(3)某电缆公司于判决生效之日起十日内支付李某高温津贴1080元;(4)驳回李某的其他诉讼请求。

李某不服一审判决,提起上诉,请求撤销一审判决第4项,改判某电缆公司支付解除劳动关系经济补偿金24,000元。上诉理由为:(1)其2013年8月28日入职某电缆公司,双方建立劳动关系,某电缆公司未给其依法缴纳社会保险,直至2018年4月某电缆公司才为其缴纳了2018年4月至2018年6月三个月的社会保险。某电缆公司违反了社会保险法强制性规定。(2)未休年休假工资属于劳动报酬,某电缆公司未安排其休年休假且未支付未休年休假工资,构成未及时足额支付劳动报酬。高温津贴也属于劳动报酬,其以某电缆公司未依法缴纳社会保险、未及时足额支付劳动报酬为由解除劳动关系并请求支付经济补偿,符合《劳动合同法》第38条规定。

【裁判结论】

北京市第二中级人民法院判决:驳回上诉,维持原判。

【裁判观点】

北京市第二中级人民法院认为：用人单位已为劳动者建立社保账户且险种齐全，但存在缴纳年限不足、缴费基数低等问题的，劳动者的社保权益可通过用人单位补缴或社保管理部门强制征缴的方式实现，在此情形下，劳动者以此为由主张解除劳动合同经济补偿的，一般不予支持。因某电缆公司已自2018年4月起为李某缴纳社会保险且险种齐全，故李某以某电缆公司未依法缴纳社会保险为由解除劳动合同，要求支付经济补偿金的理由不成立。未支付高温补贴、未休年休假工资不宜认定为《劳动合同法》第38条第1款第2项规定的用人单位"未及时足额支付劳动报酬的"情形，故李某以某电缆公司未支付高温补贴、未休年休假工资为由提出解除劳动关系，要求某电缆公司支付经济补偿金的理由亦不成立。综上，一审法院对李某要求某电缆公司支付解除劳动关系经济补偿金的诉讼请求未予支持，并无不当。

法官评析

本案争议的问题实质为未休年休假工资（200%部分）的法律性质。学界对此有多种观点：一种是福利待遇说，主要认为年休假在一定程度上可以理解为法律对于劳动者连续工作满一定时间劳动贡献的认可，是法律要求用人单位依法给予劳动者的一种福利待遇，所以未休年休假工资属于用人单位应当安排劳动者享受年休假待遇而未安排情况下支付的福利待遇。另一种是劳动报酬说，主要认为与加班工资一样，劳动者在未休年休假期间工作同正常工作一样均是在向用人单位提供劳动，故相应的未休年休假工资属于劳动报酬。[1] 此外，国外还存在一种经济补偿说，即将未休年休假工资定义为合法情形下劳动者无法享受部分或全部年休假时，用人单位有义务支付经济补偿，这种补偿不属于工资范畴，亦不属于福利范畴，是年休假

〔1〕 未休年休假工资属于劳动报酬，若用人单位未足额支付未休年休假工资的事实成立，劳动者以此为由提出解除劳动合同，用人单位应向劳动者依法支付解除劳动合同经济补偿金。例如，重庆市第一中级人民法院在陈某与某公司劳动争议一案[（2017）渝01民终7346号]中认为，某公司未有证据证明其有安排陈某休2015年年休假或支付未休年休假工资，故某公司应当发放陈某2015年未休年休假工资及2016年未休年休假工资差额。因某公司其未按规定向陈某发放未休年休假工资的事实成立，陈某以此为由向某公司提出解除劳动关系，符合《劳动合同法》第38条和第46条之规定，应当支付陈某解除劳动合同经济补偿金。

这一独立制度中所规定的劳动者的一种权利救济方式。

对于上述学理之争，目前国家立法层面尚未有明确的态度，各地出台的规范性文件对此也莫衷一是。[1] 但结合年休假制度的制度目的，可以推知经济补偿说更符合其本意。带薪年休假制度区别于8小时工作制和休息日等休息权制度的特点，决定其主要制度价值是为劳动者提供相对较长期限的休假，以便其恢复劳动能力。要实现该目的，就是要尽可能让劳动者现实地享受该项权利，其中最关键的就在于对是否允许劳动者以放弃休假权为代价获取较多劳动报酬或者用人单位以支付较高报酬为代价换取劳动者放弃休假权所秉持的态度如何。而无论是福利待遇说还是劳动报酬说，其背后对年休假是劳动者的法定权利且应尽可能避免劳动者或用人单位以不休假换取劳动的价值取向均存在认识偏差或易产生不好导向，有悖于年休假制度设计的初衷，导致年休假制度的落空。而经济补偿说所定义的法定救济补偿这一观点是立足于年休假独立制度目的设计的，且从我国现实来看，采取该学说，也能产生驱动劳动者年休假权利切实实现，年休假制度往更好、更完善方向发展的作用。在此前提下，劳动者以未支付未休年休假工资为依据，主张用人单位构成未足额支付劳动报酬，要求支付解除劳动合同经济补偿金的请求，不应支持。

【裁判依据】

《职工带薪年休假条例》第1条

（撰稿人　李　湉）

---

〔1〕《北京市高级人民法院、北京市劳动人事争议仲裁委员会关于审理劳动争议案件法律适用问题的解答》认为劳动者未休年休假，与正常劳动工资报酬、加班工资报酬的性质不同，其中包含用人单位支付职工正常工作期间的工资收入（100%部分）及法定补偿（200%部分）。《职工带薪年休假条例》在于维护劳动者休息休假权利，劳动者以用人单位未支付其未休带薪年休假工资中法定补偿（仅200%部分）而提出解除劳动合同时，不宜认定属于用人单位“未及时足额支付劳动报酬的”情形。重庆市以裁判案例的形式认定未休年休假工资（200%部分）为劳动报酬，参见关联案例（2018）渝民申10号。《厦门市中级人民法院、厦门市劳动人事争议仲裁委员会关于审理劳动争议案件若干疑难问题的解答》将未休年休假工资200%部分认定为加班报酬。

11

劳动合同履行中客观情况发生重大变化的认定

——于某诉某软件北京公司劳动争议案

裁判规则

用人单位做出某一业务调整,并依据《劳动合同法》第40条第3项,与业务调整所涉及的员工单方解除劳动合同时,认定该业务调整是否属于客观情况发生重大变化,应当结合案件的具体情况进行综合考量。用人单位为追求利润而主动做出的趋利性调整不应认定为客观情况发生重大变化。

案 情[1]

于某入职时间为2006年4月3日;于某在职期间为工程师,负责软件本地化开发工作,离职前十二个月平均工资高于社会平均工资的三倍,某软件北京公司业已于2016年2月向于某支付离职补偿金193,491元、代通知金16,222元;但双方就2016年1月18日某软件北京公司所作出解除决定是否合法有效各执一词。

某软件北京公司主张解除决定合法,称于某所在部门是为存储软件业务提供软件本土化服务的部门,因公司将存储软件业务出售,于某所在部门不复存在,因此双方订立劳动合同时所依据的客观情况发生重大变化。受此影响,于某所在部门被削减而涉及的员工有30名,绝大多数员工或转移到了接受业务的新

[1] (2018)京01民终6869号。

公司,或协商解除了劳动关系,公司的行为不属于裁员。对于于某,公司曾先后两次提供协商变更方案,明确提供了大连岗位及薪资,协商过程中于某曾经同意该方案,但最终并未接受调岗。因此,在双方协商未能达成一致的情况下,公司依据《劳动合同法》第40条第3项解除双方劳动合同关系。

于某主张解除决定违法,要求某软件北京公司支付违法解除赔偿金,称2016年1月11日在与公司人事工作人员李某谈话时,公司承认拟变更岗位是虚设职位;在此后的第二轮协商中,虽2016年1月14日公司提出大连的工作岗位并发出了变更协议书,工资降低了30%,但经个人调查,公司在大连并无办公地点,故而没有最终接受大连的调岗安排。因此,公司单方解除劳动关系构成违法解除,应支付违法解除赔偿金。

经询问,某软件北京公司曾表示公司业务主要由存储软件业务和安全软件产品两部分组成;于某所在部门系为公司所有产品提供本土化服务的部门。

北京市海淀区人民法院判决:(1)赛门铁克软件(北京)有限公司向于某支付违法解除劳动合同赔偿金215,447元;(2)驳回于某其余诉讼请求。

某软件北京公司不服提起上诉,请求撤销一审判决,改判某软件北京公司无需向于某支付违法解除劳动合同赔偿金215,447元。上诉理由是由于存储软件业务的出售,某软件北京公司发生重大重组,于某所在部门已被裁撤,于某的职位也因此被裁撤,该情形可以作为某软件北京公司与于某劳动合同订立时所依据的客观情况发生重大变化。

【裁判结论】

北京市第一中级人民法院判决:驳回上诉,维持原判。

【裁判观点】

北京市第一中级人民法院认为:某软件北京公司上诉主张系因其存储软件业务出售、公司发生重大重组导致于某所在部门被取消及于某所在岗位被裁撤,属于“劳动合同订立时所依据的客观情况发生重大变化,致使劳动合同无法履行,经用人单位与劳动者协商,未能就变更劳动合同内容达成协议”的情形。对此,法院认为:

首先,根据相关规定,“劳动合同订立时所依据的客观情况发生重大变化”

是指劳动合同订立后发生了用人单位和劳动者订立合同时无法预见的变化，致使双方订立的劳动合同全部或者主要条款无法履行，或者继续履行将出现成本过高等显失公平的状况，致使劳动合同目的难以实现，其中包括受法律、法规、政策变化导致用人单位迁移、资产转移或者停产、转产、转（改）制等重大变化的。通过某软件北京公司所提交的证据可见，某软件北京公司的业务出售以及所伴随的办公场地租赁使用权转移、部门裁减等，并非是因“法律、法规、政策变化”引起的，而是某软件北京公司为实现其商业利益最大化主动发起的，且某软件北京公司从中获得了收益及远期的商业发展机会。因此，某软件北京公司的内部优化调整并非外因性的、不可预见的“客观情况发生重大变化”。

其次，关于是否达到“致使劳动合同无法继续履行”的程度。某软件北京公司认可其公司业务主要由存储软件业务和安全软件产品两部分组成，于某所在部门系为公司所有产品提供本土化服务的部门。由此可见，于某所在部门并非只为存储软件业务进行本土化服务。故某软件北京公司以存储软件业务出售为由主张于某所在部门已整体裁撤，其与于某劳动合同无法继续履行，证据不足。

最后，从某软件北京公司与于某的电子邮件往来、录音证据等内容上看，双方就于某的或调岗或解除劳动合同问题进行过协商，但未能最终就劳动关系解除事宜达成一致。某软件北京公司在双方协商未果的情况下，单方作出解除劳动关系的决定，属于违法解除。故一审法院根据于某离职前十二个月平均工资及某软件北京公司业已支付的解除劳动关系赔补款核算某软件北京公司应向于某支付违法解除劳动合同赔偿金并无不当。对某软件北京公司上诉请求不予支付于某违法解除劳动合同赔偿金，法院不予支持。

法官评析

本案争议焦点为某软件北京公司以劳动合同订立时所依据的客观情况发生重大变化致使劳动合同无法继续履行为由与于某解除劳动合同是否合法。

《劳动合同法》第40条第3项规定，劳动合同订立时所依据的客观情况发生重大变化，致使劳动合同无法履行，经用人单位与劳动者协商，未能就变更劳动合同内容达成协议的，用人单位提前三十日以书面形式通知劳动者本人或者额外支付劳动者一个月工资后，可以解除劳动合同。通常而言，用人单位适用上述法律规定单方解除劳动合同，应当满足两个条件，(1)劳动合同订立时所依据的客观情况发生重大变化导致劳动合同无法继续履行；(2)经过合理、有效的协商沟通后，未能就变更劳动合同达成协议。上述两个条件应当依次、有序地形成一个完整逻辑链条。鉴于第一个条件在劳动争议司法实践中争议颇多，亦是本案中某软件北京公司实施解除行为时未能满足的条件，故本案例分析只探讨第一个条件，即劳动合同订立时所依据的客观情况发生重大变化导致劳动合同无法继续履行。

根据劳动部办公厅印发《关于〈劳动法〉若干条文的说明》，"客观情况"是指发生不可抗力或出现致使劳动合同全部或部分条款无法履行的其他情况，如企业迁移、被兼并、企业资产转移等。但除上述三种情形之外，是否还存在其他客观情况，目前劳动争议司法实践尚无统一标准。在《北京市高级人民法院、北京市劳动争议仲裁委员会关于审理劳动争议案件法律适用问题的解答》(以下简称《北京市高院劳动争议会议纪要三》)中，对于客观情况发生重大变化，列举了相关情况。该解答第12条规定，"劳动合同订立时所依据的客观情况发生重大变化"是指劳动合同订立之后发生了用人单位和劳动者订立合同时无法预见的变化，致使双方订立的劳动合同全部或者主要条款无法履行，或者若继续履行将出现成本过高等显失公平的状况，致使劳动合同目的难以实现。下列情况一般属于"劳动合同订立时所依据的客观情况发生重大变化"：(1)地震、火灾、水灾等自然灾害形成的不可抗力；(2)受法律、法规、政策变化导致用人单位迁移、资产转移或者停产、转产、转(改)制等重大变化的；(3)特许经营的用人单位经营范围等发生变化的。

结合上述规范性意见和审判经验，我们认为，"劳动合同订立时所依据的客观情况发生重大变化"应当具备以下三个要件：

一是该客观情况变化应当具有普适性。通俗而言就是指公司所主张的因"变化而引起的调整"应确是对于整体公司或部门整体而非针对某一岗位特设。这里的"普适性"无关调整涉及的人数多少，而是该调整将影响特定部门的全体员工或相当一部分员工。本案中，某软件北京公司因业务出售，于某所在部门被削减，该部门员工或是协商解除，或是协商，该决定具有普适性。

二是该客观情况变化应当是基于客观影响而作出。用人单位作为自负盈亏的独立经营主体，往往需要面对多方面的风险，如《北京市高院劳动争议会议纪要三》第 12 条第 2 款列举的“（1）地震、火灾、水灾等自然灾害形成的不可抗力；（2）受法律、法规、政策变化导致用人单位迁移、资产转移或者停产、转产、转（改）制等重大变化的；（3）特许经营性质的用人单位经营范围等发生变化的”等情况，需要作出不同的变化、决定来应对，该类调整通常具有客观避险性，可称为“客观调整”；相反的就会有一部分变化、决定是用人单位基于追求更多利益、更高利润的动机而采取的，该类调整通常具有主观趋利性，可称为“主观调整”。因此，我们在认定用人单位的某一变化、调整是否属于“客观情况发生重大变化”的情形时，需要考虑到该调整是否属于“客观性调整”。

就本案而言，根据某软件北京公司提交的相关证据，该公司的业务出售是为“全力专注全球网络安全领导者这一角色”，即取得更直观的商业对价以及更长远的发展机会而主动采取的调整。因此，就发起原因而言，存储软件业务出售以及所伴随的办公场地租赁使用权转移、部门裁减等，并非是用人单位出于“无法预见”的市场风险而做出的避险性“客观调整”，而是基于追求更多利益、更高利润的动机而主动采取的、由内而发的趋利性“主观调整”，故不属于“客观情况发生重大变化”。

三是该客观情况变化应当足以致使劳动合同无法继续履行。客观情况发生的变化可以是多方面的，并非所有客观情况变化产生的影响均足以致使劳动合同无法继续履行。只有客观情况变化致使双方订立的劳动合同全部或者主要条款无法履行，或者若继续履行将出现成本过高等显失公平的状况，致使劳动合同目的难以实现，才能依据《劳动合同法》第 40 条第 3 项解除劳动合同。因此，在司法实践中我们应当综合考量客观条件变化对劳动合同履行的影响程度。本案中，虽然某软件北京公司出售存储软件业务导致于某所在部门被削减，但经查证，于某所在部门系为公司所有产品提供本土化服务，存储软件业务本土化服务并非是于某所在部门的唯一工作内容，故该业务出售并不必然导致公司与于某的劳动合同无法继续履行。

综上所述，某软件北京公司以劳动合同订立时所依据的客观情况发生重大变化为由单方解除劳动关系，但其业务出售、公司发生重大重组的决定是基于趋利性的主动决定，并非客观情况发生重大变化，且未能达到“致使劳动合同无法继续履行”的程度。因此，某软件北京公司应当向于某支付违法解除劳动合同赔偿金应属正确。

【裁判依据】

《劳动合同法》第40条第3项

【规范性意见链接】

《北京市高级人民法院、北京市劳动人事争议仲裁委员会关于审理劳动争议案件法律适用问题的解答》第12条

（撰稿人　刘　芳）

12

固定期限劳动合同期满后的事实劳动关系期间双方在一定条件下具有对劳动合同的终止权

——戴某诉Z公司劳动争议案

裁判规则

1. 考察"连续订立二次固定期限劳动合同"的标准有三点:时间上前后相继的连续性、两次签订行为的独立性和合同期限的更新性、符合固定期限劳动合同的形式。

2. 对于劳动合同期满后劳动者仍在原用人单位工作而形成的新的事实劳动关系,第一年双方均享有无理由的合法终止劳动合同的权利,但符合《劳动合同法》第14条情形的,按无固定期限劳动合同处理;自第二年起双方不再享有终止劳动合同的权利,双方视为无固定期限劳动合同关系。上述终止劳动合同,与固定期限劳动合同到期终止的法律后果相同,符合《劳动合同法》第46条第5项情形的,劳动者可以主张终止劳动合同经济补偿金。

案　情[1]

2010年9月10日,戴某与Z公司签订了期限自当日起至2013年9月9日止的劳动合同书。2011年1月24日,戴某与Z公司签订了期限自2011年1月25日起至2014年1月24日止的劳动合同书。2012年8月30日,戴某与Z公

[1] (2017)京01民终6993号。

司签订了期限自2012年8月1日起至2015年7月31日止的劳动合同书。2013年5月22日,戴某(乙方)与Z公司(甲方)签订了期限自当日起至2015年5月21日止的劳动合同书。2013年,戴某(乙方)与Z公司(甲方)签订聘用协议书一份,约定甲方因业务需要,聘用乙方为工程师,聘用期限2年。

2013年7月19日,戴某出具付款说明一份,载明:“Z公司根据建设部人员注册查询结果查询,本人成功注册在本公司时间为2013.7.16日,依照聘用协议要求需一次性支付本人二年(聘用期限2013年7月16日至2015年7月15日)聘用工资共计20万元整大写:贰拾万元整,请将款汇至以下账户:户名:戴某……”

2015年8月25日,Z公司出具通知一份,载明:“戴某:你与我公司之间的合同几月前已到期。公司执行董事费某已多次与你联系,你一直没有同意续签,也没有来签订合同。合同因到期而终止,公司决定不再与你续签协议,你的社保档案本月将转出。特此通知。”戴某于当日收到通知。Z公司主张双方劳动合同到期终止,戴某主张根据通知Z公司系违法解除劳动合同,要求Z公司支付违法解除劳动合同赔偿金。

2016年5月5日,戴某以要求Z公司支付工资及25%经济补偿金、违法解除劳动合同赔偿金为由向北京市海淀区劳动人事争议仲裁委员会提出申请,由于戴某在收到书面出庭通知书后,无正当理由拒不到庭,故按撤回仲裁申请处理,后戴某重新申请仲裁,仲裁委员会决定不予受理,并出具不予受理案件通知书。戴某于法定期限内向北京市海淀区人民法院提起诉讼。

北京市海淀区人民法院认为:戴某与Z公司多次签订劳动合同,双方最后一份劳动合同于2015年5月21日到期,此后双方未再续签,Z公司于2015年8月25日以双方劳动合同到期不再续签为由终止劳动合同显属违法,故应支付戴某违法终止劳动合同赔偿金83,330元。

北京市海淀区人民法院判决:Z公司于判决生效后七日内支付戴某违法终止劳动合同赔偿金83,330元。

Z公司不服一审判决提起上诉,请求撤销一审判决,改判Z公司无须支付戴某2015年7月16日至8月25日的工资11,398元及25%经济补偿金2849.5元、违法终止劳动合同赔偿金83,330元。上诉理由:争议期间戴某曾将其一级注册建筑师资格变更为案外单位,故双方劳动关系曾中断。且双方《聘用协议书》约定，该聘用协议到期后，如果再次续聘双方未能协商一致，合同到期后自动终止，Z公司并非违法终止劳动合同。戴某亦提起上诉。

二审期间法院查明以下事实：北京市海淀区劳动人事争议仲裁委员会作出的已经发生法律效力的京海劳仲字〔2014〕第4125号裁决书查明以下事实：戴某具有中华人民共和国一级注册建筑师资格。2011年1月24日前，戴某将其一级注册建筑师资格注册在H公司；2011年1月24日戴某将其一级注册建筑师资格注册变更为Z公司；2011年6月9日戴某将其一级注册建筑师资格注册变更为M公司；2013年5月28日戴某又将其一级注册建筑师资格注册变更为Z公司。戴某与Z公司分别于2011年1月24日至6月8日及2013年5月28日至该裁决书作出之日即2014年5月13日存在劳动关系。

另查明，戴某与案外人B公司劳动争议一案，北京市西城区人民法院作出(2014)西民初字第23600号民事判决书，判决B公司支付戴某违法解除劳动合同赔偿金、2012年10月29日至12月14日的工资差额等。后北京市第二中级人民法院作出(2015)二中民终字第10338号民事判决书，驳回上诉，维持原判。

【裁判结论】

北京市第一中级人民法院判决撤销北京市海淀区人民法院(2016)京0108民初17710号民事判决关于违法终止劳动合同赔偿金的判项，改判Z公司于判决生效后七日内支付戴某终止劳动合同经济补偿金20,833元。

【裁判观点】

北京市第一中级人民法院认为：关于双方劳动关系存续一节，戴某与Z公司先后签订了四次劳动合同，期限分别为2010年9月10日至2013年9月9日、2011年1月25日至2014年1月24日、2012年8月1日至2015年7月31日、2013年5月22日至2015年5月21日；双方另签订了一份聘用协议书，该协议书载明2013年签署，聘用期限为两年，结合2013年7月19日戴某出具的付款说明所载明的聘用期限，可以认定聘用协议书的期限为2013年7月16日至2015年7月15日。戴某主张双方于2010年9月10日至2015年9月29日连续存在劳动关系，但已经生效的京海劳仲字〔2014〕第4125号裁决书查明戴某与

Z公司分别于2011年1月24日至2011年6月8日及2013年5月28日至该裁决书作出之日即2014年5月13日存在劳动关系,已经生效的(2015)二中民终字第10338号民事判决书也能够证明2012年10月29日至12月14日戴某与B公司存在劳动关系。现戴某未能提交充分证据推翻上述生效法律文书查明的事实,亦未能提交证据证明诉争期间存在双重劳动关系,故本院对戴某所持其与Z公司于2010年9月10日至2015年9月29日连续存在劳动关系的主张不予采信。现有证据至少能够证明2012年10月29日至12月14日戴某与Z公司的劳动关系发生中断,在此之前双方劳动关系的存续状态对本案争议焦点的认定无关,法院对此不予审查。

对于期间分别为2012年8月1日至2015年7月31日、2013年5月22日至2015年5月21日的两份劳动合同书及期限为2013年7月16日至2015年7月15日的聘用协议书,法院认为,2013年签订的劳动合同书和聘用协议书的期限大部分重合,且完全包含2012年签订的劳动合同书,应视为后一份合同(协议)系对前一份合同部分条款(包括合同期限和工资数额)的变更;结合2012年10月29日至12月14日戴某与B公司存在劳动关系的事实,亦能够佐证在上述期间戴某与Z公司的劳动合同并未实际履行。鉴于此,法院认为,上述劳动合同书及聘用协议书不属于《劳动合同法》第14条第1款第3项中“连续订立二次固定期限劳动合同”的情形,戴某主张双方应当订立无固定期限劳动合同,于法无据。但Z公司于2015年8月25日方向戴某出具终止双方劳动合同的通知,应当认定2015年7月16日至2015年8月25日,双方形成了新的事实劳动关系。戴某主张双方劳动关系存续至2015年9月29日,但其未提交充分证据予以证明,法院对该主张不予采信。《劳动争议司法解释(一)》第16条第1款规定,劳动合同期满后,劳动者仍在原用人单位工作,原用人单位未表异议的,视为双方同意以原条件继续履行劳动合同。一方提出终止劳动关系的,人民法院应当支持。据此,Z公司主张终止与戴某的劳动关系,法院予以支持。《劳动合同法》第46条第5项规定,除用人单位维持或者提高劳动合同约定条件续订劳动合同,劳动者不同意续订的情形外,因劳动合同期满终止固定期限劳动合同的,用人单位应当向劳动者支付经济补偿。本案中,系因双方协商续订劳动合同导致事实劳动关系的发生,劳动关系存续的法律基础具有同一性,故因未达成续订合意而终止劳动关系的行为应视为上述法律规定中终止固定期限劳动合同的情形,现 Z 公司未提交充分证据证明存在该公司维持或者提高劳动合同约定条件续订劳动合同而戴某不同意续订的情形,应当向戴某支付经济补偿金 20,833 元。

法官评析

本案的主要争议焦点在于 Z 公司于 2015 年 8 月 25 日出具的核心内容为“合同因到期而终止”的通知之法律性质的认定问题,以及戴某能否因此主张补偿金或者赔偿金,以下裁判解析围绕上述问题展开,对于该案涉及的其他诉讼请求和争议焦点,本文不予赘述。

一、连续订立二次固定期限劳动合同的认定

《劳动合同法》第 14 条第 2 款第 3 项规定,连续订立二次固定期限劳动合同,且劳动者没有本法第 39 条和第 40 条第 1 项、第 2 项规定的情形,续订劳动合同的,劳动者提出或者同意续订、订立劳动合同的,除劳动者提出订立固定期限劳动合同外,应当订立无固定期限劳动合同。用人单位自用工之日起满一年不与劳动者订立书面劳动合同的,视为用人单位与劳动者已订立无固定期限劳动合同。

本案中双方当事人之间签订了四份劳动合同和一份聘用协议书,戴某据此主张双方符合《劳动合同法》第 14 条第 2 款第 3 项规定的“连续订立二次固定期限劳动合同”的情形,并主张双方应当订立无固定期限劳动合同的情形,一审法院对此予以确认。二审的改判意见,首先基于二审期间查明的新的事实,根据具有既判力的生效法律文书,对戴某涉诉期间的劳动关系情况进行了梳理,排除了对 2012 年 12 月 14 日之前劳动合同的审查。

对于 2012 年 12 月 14 日之后的两份劳动合同和一份聘用协议(均被认定属于书面劳动合同),法院认为其中两份劳动合同期限大部分重合,且期限完全包含另一份劳动合同期限,故应视为后一份合同系对前一份合同部分条款的变更,而不构成“连续订立二次固定期限劳动合同”的情形。对此,笔者认为“连续订立二次固定期限劳动合同”的审查标准有三点:第一,“连续”:二次劳动合同在时间上应当有先后相继的连续性,劳动合同期限之间不得有所中断。第二,“二次”:一方面指两次签订行为的独立性,形成两份互异的书面劳动合同;另一方面指合同期限的更新性,两份劳动各自有独立涵盖的合同期限。第三,"固定":两次签订的劳动合同应为固定期限劳动合同。本案中的三份劳动合同,其中两份劳动合同期限完全包含另一份劳动合同书期限之内,故法院认定为不符合合同期限更新性的标准,认定不属于"连续订立二次固定期限劳动合同"的情形。

二、固定期限劳动合同的延期终止权

《劳动争议司法解释(一)》第 16 条第 1 款规定,劳动合同期满后,劳动者仍在原用人单位工作,原用人单位未表异议的,视为双方同意以原条件继续履行劳动合同。一方提出终止劳动关系的,人民法院应当支持。根据《劳动法》第 20 条的规定,用人单位应当与劳动者签订无固定期限劳动合同而未签订的,人民法院可以视为双方之间存在无固定期限劳动合同关系,并以原劳动合同确定双方的权利义务关系。

上述讨论的是用人单位与劳动者第一次签订固定期限劳动合同期满之后产生的法律后果。若为第二次签订固定期限劳动合同,则依《劳动合同法》第 14 条第 2 款第 3 项处理,视为用人单位与劳动者已订立无固定期限劳动合同。

(一)固定期限劳动合同未及时终止产生新的事实劳动关系

根据《劳动争议司法解释(一)》第 16 条第 1 款的规定,固定期限劳动合同期满后发生的用工状态继续存续,将产生新的事实劳动关系,劳动关系的权利义务依原劳动合同界定。本案中,Z 公司与戴某之间的书面劳动合同截至 2015 年 7 月 15 日,Z 公司于 2015 年 8 月 25 日向戴某出具终止双方劳动合同的通知,应当认定 2015 年 7 月 16 日至 8 月 25 日,双方形成了新的事实劳动关系。

(二)合法的延期终止权与无固定期限劳动关系保护

对于劳动合同期满后,劳动者仍在原用人单位工作而形成的新的事实劳动关系期间,双方(特别是用人单位一方)是否享有无理由单方终止劳动关系的权利,司法实务界有不同的看法。一种观点认为,根据上述《劳动争议司法解释(一)》第 16 条第 1 款规定,"一方提出终止劳动关系的,人民法院应当支持。"也就是说,双方均享有无理由的合法终止劳动关系的权利。另一种观点认为,该司法解释制定于《劳动合同法》颁布之前,其规定的劳动合同终止的情形在《劳动合同法》施行之后已不再适用。笔者同意第一种观点。首先,《劳动合同法》第44条第6项规定,法律、行政法规规定的其他情形的,劳动合同终止。《劳动争议司法解释(一)》第16条未被废止,故该条规定的情形符合《劳动合同法》第44条第6项的规定。其次,现实的用工环境中,存在大量因为各种原因在劳动合同期满后劳动者仍在原用人单位工作而形成的新的事实劳动关系的情形,而其中亦有很大比例,双方系因磋商新的劳动合同、解决终止原劳动合同的相关事宜等,导致未及时终止劳动合同,双方不具有建立新的劳动关系的明确合意,劳动关系的延续完全基于原有劳动关系期间对双方权利义务关系的认知。笔者认为,新的事实劳动关系存续的法律基础与原有劳动关系具有同一性,应当享有基于原劳动合同所产生的终止劳动合同的权利。另外,若不赋予这种延期终止的权利,可能造成显失公平的结果,这一点对用人单位尤其明显。因一旦未及时终止劳动合同,用人单位即使未抱有继续聘用劳动者的意愿,或双方未能磋商达成新的劳动合同,用人单位仍丧失了"终止"劳动合同的可能,而在此情况下往往不符合合法"解除"劳动关系的条件,用人单位面临承担违法解除劳动合同赔偿金的责任,且不及时解除双方劳动关系超过一年,又面临着形成无固定期限劳动合同关系的后果。这种额外形成的权利义务关系与双方业已达成的固定期限劳动合同的合意不相一致,亦与双方未及时终止劳动合同的过错程度不相适应。

但是,延期终止劳动合同之权利的无限扩大势必侵犯劳动者的权利。故特别需要强调,《劳动争议司法解释(一)》第16条第2款规定,根据《劳动法》第20条之规定,用人单位应当与劳动者签订无固定期限劳动合同而未签订的,人民法院可以视为双方之间存在无固定期限劳动合同关系,并以原劳动合同确定双方的权利义务关系。对此,笔者理解,《劳动合同法》第14条已经对《劳动法》第20条进行了修订,故对于符合《劳动合同法》第14条情形的,均应按无固定期限劳动合同关系处理。另外,《劳动合同法实施条例》第7条规定,用人单位自用工之日起满一年未与劳动者订立书面劳动合同的,自用工之日起满一个月的次日至满一年的前一日应当依照《劳动合同法》第82条的规定向劳动者每月支付两倍的工资,并视为自用工之日起满一年的当日已经与劳动者订立无固定期限劳动合同,应当立即与劳动者补订书面劳动合同。据此,在劳动合同期满后劳动者仍在原用人单位工作的第一年，双方享有无理由的合法解除劳动合同的权利；但自第一年期满后，即视为双方形成了无固定期限劳动合同关系，不再享有劳动合同终止权。

（三）终止劳动合同经济补偿金的认定

基于新形成的事实劳动关系与原劳动关系在法律基础上具有同一性的原理，笔者认为对于新的事实劳动关系的终止与因劳动合同期满而导致的劳动合同终止应具有相同的法律后果，符合《劳动合同法》第46条第5项情形的，劳动者可以主张终止劳动合同经济补偿金。

【裁判依据】

1.《民事诉讼法司法解释》第93条
2.《劳动合同法》第14条、第46条
3.《劳动争议司法解释（一）》第16条

（撰稿人　王丽蕊）

13

用人单位对依据内部规章制度解除劳动合同的合法性承担举证责任

——陈某诉北京M信息科技有限公司劳动争议案

裁判规则

劳动合同是确定双方权利义务的重要依据，也是防止发生劳动纠纷和劳动争议的重要措施。《劳动合同法》规定了用人单位的法定解除权。劳动者严重违反用人单位规章制度的，用人单位可以解除劳动合同。但用人单位行使解除权必须符合法律规定的条件和程序。本案根据相关证据确认了劳动者存在违反用人单位规章制度的行为，并根据相关规定论述了用人单位根据内部规章制度解除劳动合同的，无须支付劳动者违法解除劳动合同赔偿金。

案　情[1]

陈某于2014年10月23日入职M公司，担任运行维护工程师一职。M公司（甲方）与陈某（乙方）签有期限自2014年10月23日至2016年10月22日的劳动合同，约定陈某试用期月工资为9600元，其中基本工资2800元，其余为岗位工资、绩效工资等；陈某转正后月工资为12,000元，其中包括基本工资3600元、岗位工资3600元、绩效工资4800元，绩效工资根据绩效考核结果发放。M公司每月10日左右支付陈某上个自然月工资。陈某在岗工作至2015年2月10日，M公司向陈某支付工资及缴纳社会保险、住房公积金至2015年1月底。陈

〔1〕（2015）一中民终字第9406号。

某确认M公司已足额向其支付了2014年10月至12月的工资。双方在劳动合同中约定甲方可以解除劳动合同的条件之一为:乙方严重违反甲方规章制度、严重失职、营私舞弊,给甲方造成重大损害(损失在10,000元以上)。另M公司在其《奖惩管理制度》中规定:因存在违反公司制度、守则、操作规范、作业流程或相关安全规定等违纪行为或其他主观原因给公司造成超过1000元(含)的直接经济损失者,公司可以解除劳动合同,并依法追究违纪人员相应法律责任。对于公司的任何处罚,员工均有申诉的权利。另,M公司在其《绩效考核办法》中规定:考核等级D(不合格),对应的考核分数为0~4.9分,考核系数为0,当月旷工超过3天绩效考核为不合格,单月出勤不超过半月的人员不参加绩效考核且不发放绩效工资。上述《奖惩管理制度》《绩效考核办法》均为劳动合同附件。

2015年1月30日陈某在工作中操作失误,将M公司重要用户数据库删除。事后,陈某书写《说明》一份,主要内容为:因陈某在工作中错误操作,误删数据库,删完后没在意,后恢复文件失败;因工作失误给公司造成1个多小时的数据中断。

2015年2月9日,M公司以陈某在2015年1月30日工作中存在失误,将公司重要用户数据库删除,陈某这一行为给公司造成较为严重损失为由,根据公司《奖惩管理制度》规定向陈某送达辞退通知书,决定即日起与陈某解除劳动关系。

2015年2月4日,陈某请事假3小时。2015年2月9日,陈某请事假4小时。M公司未向陈某支付2015年2月1日至10日工资,另因陈某2015年2月出勤天数不足半月,M公司认为陈某不能参与绩效考核,其公司无须支付陈某当月绩效工资。陈某认为M公司应按月工资12,000元的标准支付其2015年2月1日至10日工资。

陈某以要求M公司向其支付违法解除劳动合同赔偿金、未提前30日以书面形式通知解除劳动合同的一个月工资补偿,以及2015年1月1日至2月10日工资差额为由向北京市海淀区劳动人事争议仲裁委员会(以下简称海淀仲裁委)提出申诉,海淀仲裁委裁决M公司向陈某支付2014年10月23日至2015年2月10日期间工资差额5500元,驳回陈某其他仲裁请求。

陈某不服海淀仲裁委的裁决,向一审法院提起诉讼。陈某诉讼主张:2015

年1月30日,M公司以其删除数据库为由与其解除劳动合同,M公司解除劳动合同的行为违法,应向其支付违法解除劳动合同的赔偿金。现其不服仲裁裁决,诉讼请求判令M公司向其支付:(1)2015年1月1日至2月10日工资差额11,000元;(2)违法解除劳动合同赔偿金12,000元;(3)未提前30日以书面形式通知解除劳动合同的一个月工资补偿12,000元;(4)误工费3000元;(5)2014年2月11日至2015年2月10日竞业限制补偿金20,640元。M公司辩称:陈某的第4项、第5项诉讼请求未经仲裁前置程序处理,法院不应径行处理。M公司系合法与陈某解除劳动关系,不同意陈某的全部诉讼请求。

M公司为证明其解除行为的合法性,在海淀仲裁委及一审法院审理期间提交了《奖惩管理制度》、《说明》、《事故说明》、考勤记录、加班费确认单及证人于某的证言。其中《奖惩管理制度》《绩效考核办法》为劳动合同的附件;《说明》为陈某本人书写;《事故说明》上有公司员工于某、叶某等12人的签字,主要内容为,因陈某于2015年1月30日操作失误,误删了正式版服务器生产库以及计划任务备份主目录下所有文件,导致生产数据库服务器不能提供对外服务,为降低损失,公司启动应急方案,调用于某等12人加班至晚22点,挽回部分损失;考勤记录显示,2015年1月30日于某等12人最后打卡时间为19点47分至22点5分不等;加班费确认单显示,M公司因安排于某等十余名员工于2015年1月30日延时加班支出加班工资2691.72元;于某出具证言一份,证实于某为陈某在M公司工作期间的直属领导,并证实因陈某错误的将生产服务器上的数据库删除,导致公司暂停向在线用户提供服务超过8小时,并且公司为此安排包括其在内的开发、运行维护部门的多名员工加班至当晚10点,公司未向其支付2015年1月30日的加班工资,其不清楚公司是否向其他加班员工支付加班工资。陈某在海淀仲裁委审理本案时,认可公司提交的《奖惩管理制度》、《说明》、考勤记录、加班费确认单的真实性。但其主张,其虽误删数据库导致公司无法对外提供服务,但未影响公司服务器对外提供服务,且2小时后删除的数据库即被恢复,测试版的数据库可以任意删除,其不存在工作失误,M公司系违法与其解除劳动关系。另查,陈某向法院提交其2014年10月至2014年12月工资单截图,显示陈某的月工资由基本工资、岗位工资、绩效工资构成,其中2014年10月、11月基本工资2880元、岗位工资2800元、绩效工资标准3840元;2014年12月基本工资3600元、岗位工资3600元、绩效工资标准4800元,2014年10月、11月陈某每月实得绩效奖金3840元,2014年12月陈某实得绩效奖金4800元。2015年1月,M公司以陈某考核结果不合格为由扣发陈某当月绩效工资4800元,M公司向法院提交绩效考核表予以证明。绩效考核表"被考核人签字"处为空白,其上显示,考核最终得分为0~4.9分为不合格,陈某考核最终得分4.5分。

北京市海淀区人民法院判决认定,根据《事故说明》所载内容,并结合案件中其他证据,法院确认陈某于2015年1月30日错误删除公司生产服务器上的数据库,导致公司暂停向在线用户提供服务超过8小时,且M公司为降低损失安排十余名员工加班。M公司应向其他加班人员支付的加班费亦已超过2000元。故M公司根据公司管理规定与陈某解除劳动关系并无不当,故对陈某要求M公司支付其违法解除劳动关系赔偿金及未提前30日以书面形式通知解除劳动合同一个月工资补偿的诉讼请求均不予支持。

一审法院判决:(1)北京M信息科技有限公司于本判决生效后七日内向陈某支付2014年10月23日至2015年2月10日工资差额5500元;(2)驳回陈某的其他诉讼请求。

一审法院判决后,陈某与M公司均不服,分别向二审法院提起上诉。

陈某的上诉请求:二审法院撤销一审法院判决,改判支持其一审的全部诉讼请求。陈某的上诉理由:M公司未提交证据证明陈某的考核等级,M公司也并未支付过员工加班费,M公司出示的加班费单子与证人证言相冲突,系伪造的证据,陈某亦不知道M公司的规章制度,陈某更未给公司造成损失,M公司与陈某解除劳动合同关系属于违法解除,应当支付其违法解除劳动合同的赔偿金。

M公司的上诉请求是:撤销一审法院判决的第1项。M公司的上诉理由:其公司已足额支付陈某2015年1月工资;公司在一审中提交的证据已经足以证明陈某工作中出现严重过错,陈某给公司造成了实际损失,不应取得绩效工资,现不同意支付陈某2014年10月23日至2015年2月10日的工资差额5500元,且一审法院判定的数额有误。

【裁判结论】

北京市第一中级人民法院判决:(1)撤销北京市海淀区人民法院(2015)海民初字第25275号民事判决;(2)北京M信息科技有限公司于本判决生效后七日内向陈某支付2015年1月1日至2月10日工资差额2027.59元;(3)驳回陈

某的其他诉讼请求。

【裁判观点】

劳动者严重违反用人单位的规章制度的,用人单位可以解除劳动合同。因陈某错误地将M公司生产服务器上的数据库删除,导致M公司暂停向在线用户提供服务超过8小时,M公司为此安排多名员工加班,M公司向法院提交了《说明》、《事故说明》、考勤记录、加班费确认单及于某的证言,且陈某在仲裁庭审时认可事故说明的真实性,现亦未提交充分有效的证据推翻事故说明所载内容,故一审法院确认陈某错误删除公司生产服务器上的数据库,导致公司暂停向在线用户提供服务超过8小时,且M公司为降低损失安排十余名员工加班的事实,并无不当。虽证人于某称M公司未曾向其支付2015年1月30日的加班工资,但M公司安排员工加班应向员工支付加班工资,且陈某在仲裁时亦认可考勤记录、加班费确认单的真实性,故对于支付加班工资损失的事实应当予以确认。故现M公司根据公司《奖惩管理制度》规定与陈某解除劳动关系并无不当,故一审法院未予支持陈某要求M公司支付其违法解除劳动关系的赔偿金。陈某虽主张其工资仅由固定工资构成,但其提交的工资单截图证实其月工资由基本工资、岗位工资、绩效工资构成,故应当按照该工资构成发放工资。故应当结合陈某的出勤情况及考核成绩给付陈某工资差额,一审法院对此计算有误,二审法院予以改判。陈某关于误工费及竞业限制补偿金的请求未经仲裁前置程序,一审法院不予处理正确。M公司关于一审法院判定2015年2月1日至10日的工资数额错误的主张成立,本院依法予以改判。

法官评析

一、用人单位规章制度具有法律效力

《劳动合同法》第4条及第39条均规定,用人单位享有劳动合同的解除权,劳动者严重违反用人单位规章制度的,用人单位可以解除劳动合同。这包含三层含义,其一,用人单位的规章制度要符合法律规定。用人单位的规章制度不能违反国家的法律法规及政策规定。其二,用人单位的规章制度制定程序合法。用人单位的规章制度应当是经过民主程序制定的。其三,用人单位的规章制度制定之后要经过公示程序。用人单位的规章制度必须向劳动者明示,可以采用的方式包括但不限于以发放员工手册的方式告知劳动者,或者召开会议的方式向劳动者宣读,举办规章制度的学习,或者直接在公开场所刊登公布。在用人单位的规章制度符合上述三层含义的情况下,规章制度即具有法律效力。根据《劳动争议司法解释(一)》第 19 条的规定,人民法院在审理劳动争议案件时,可以将用人单位依法制定的,并已向劳动者公示的规章制度作为判案依据。这就进一步明确了规章制度的法律效力。那么,规章制度作为劳动合同附件的,法院是否还需要审查该规章制度的合法性呢?事实上,即使规章制度作为劳动合同的附件,对于其合法性法院仍旧需要审查,当然首先要审查劳动合同的效力,其次要审查规章制度的合法性。只有符合法律规定的规章制度,才能具有法律效力。

二、用人单位应对符合法定的解除劳动合同的情形承担举证责任

公司作为用人单位,应就其作出解除劳动合同行为的依据承担举证责任。这种举证责任包含三个方面的含义,其一,用人单位首先要证明的是其内部规章制度的合法性,包括内部规章制度的内容符合法律规定、制定程序符合法律规定等合法性进行举证。用人单位作为用工方,享有对劳动者的用工管理权,应当就其制定的《员工手册》或《奖惩管理制度》等内部规定的合法性承担举证责任。这是在劳动者违反相关规定时,用人单位享有解除权的合同依据。如本案中,M 公司既应当承担其内部考核制度的合法性的举证责任,还要承担陈某操作失误给公司造成损失构成公司内部规定的解除条件的举证责任。M 公司内部的规章制度与奖惩办法是劳动合同的附件,陈某在仲裁程序中,对其合法性未提出异议,并且对其真实性予以认可,应当视为其对 M 公司的《奖惩管理制度》《绩效考核办法》合法性的确认。其二,用人单位应当就其履行了规章制度的公示或告知义务承担举证说明责任。规章制度作为劳动合同的附件等于规章制度的内容就是劳动合同双方约定的内容,等于用人单位已经履行了向劳动者的告知义务。如本案中,《奖惩管理制度》是劳动合同的附件,应当视为陈某对其知晓。在二审法院审理期间,陈某以不知道规章制度的内容为由进行的抗辩,法院不应采信。其三,作为用人单位应当就劳动者违反了用人单位的规章制度,存在严重违纪行为承担举证责任。对于解除劳动合同的理由,用人单位应当承担举证责任。用人单位应当有充足的证据证明劳动者违反规章制度。如在本案

中，陈某在事发后，自己书写了《说明》，该《说明》是对事件经过的描述，也是用人单位对劳动者严重违反规章制度的行为进行的证据固定。需要说明的是，陈某在海淀仲裁委及一审法院审理期间，对于用人单位提交的《奖惩管理制度》和《说明》等证据的真实性与合法性均予以认可，这种自认行为是对事实的确认，此后陈某在诉讼中对此反悔，不再承认操作失误，以及给公司造成损失，并且否认《奖惩管理制度》和《说明》等证据的真实性，而法院根据“禁反言”原则，对于其作出的相反陈述未予采信。

三、劳动者所作用人单位损失未实际发生的抗辩不应当作为用人单位能否解除劳动合同的必要条件

本案中，陈某上诉的主要原因之一是认为公司并未实际支出加班费，故不应当判决认定其给公司造成了损失；在其未造成实际损失的情况下，公司无权解除劳动合同。《劳动法》第25条规定，劳动者有下列情形之一的，用人单位可以解除劳动合同……（二）严重违反劳动纪律或用人单位规章制度的。劳动规章制度是用人单位依照法律规定的内容和程序制定的，并由用人单位最终决定和公布的；劳动规章制度所规定的是本单位范围内全体职工的共同权利和义务，主要侧重于对劳动者的管理和使用。根据《劳动法》和《劳动合同法》的规定，一旦劳动者违反用人单位的规章制度达到严重程度，用人单位就可以解除劳动合同，虽然对“严重”没有明确的界定，但如本案中，陈某删除数据库的行为虽然属于无意之失，但给公司造成了严重后果，用人单位为此组织多人次加班弥补陈某的删除行为给公司造成的损失，而劳动者加班用人单位必须要向劳动者支付加班费，故无论这笔费用是否已经实际支付给劳动者，均应当列为用人单位的损失，在这项损失达到用人单位内部的规定的情况下，就可以认定为严重，用人单位依据规章制度享有劳动合同的法定解除权。当然，应当从立法上进一步明确“严重”的程度。

【裁判依据】

1.《劳动合同法》第4条、第39条

2.《劳动法》第50条

（撰稿人　王　磊）

4

CHAPTER

第四章

特别规定

01

劳务派遣关系形式下的劳动关系认定

——苗某诉北京 A 信息咨询公司、北京 B 信息咨询公司劳动争议案

裁判规则

被派遣劳动者对派遣事实不知情，派遣单位、被派遣单位未告知劳动者劳务派遣协议内容，应当根据劳动者实际提供劳动的情况以及单位对劳动者的实际管理、支付报酬等方面确定与劳动者存在劳动关系的单位。

案　情[1]

苗某 1 系苗某之父。2011 年 3 月至 2015 年 11 月 21 日苗某 1 在北京 A 信息咨询公司工作，北京 A 信息咨询公司通过银行打卡按月向苗某 1 发放工资。2015 年 11 月 21 日苗某 1 突发心源性猝死。

北京 A 信息咨询公司主张苗某 1 是北京 B 信息咨询公司派遣到其公司工作的，其公司仅为用工单位，苗某 1 系与派遣单位北京 B 信息咨询公司存在劳动关系，其公司根据《劳务派遣协议书》的约定代北京 B 信息咨询公司向苗某 1 发放工资。为证明上述主张，北京 A 信息咨询公司提交了《劳务派遣协议书》三份、劳务派遣职工花名册、2011 年 4 月至 2016 年 4 月的支出凭单及发票、2012 年 4 月及 2013 年 4 月的劳务派遣员工劳务费明细表。其中，三份《劳务派遣协议书》显示均为北京 A 信息咨询公司与北京 B 信息咨询公司签订，涵盖期限为

〔1〕 (2016)京 01 民终 7294 号。

2011 年 3 月 1 日起至 2018 年 2 月 25 日止。劳务派遣职工花名册显示日期为 2015 年 11 月,加盖有北京 B 信息咨询公司的印章,列明了包括苗某 2 在内的 173 名人员。支出凭单及发票显示 2011 年 4 月至 2016 年 4 月北京 B 信息咨询公司按月向北京 A 信息咨询公司开具劳务派遣人员的劳务费发票,北京 A 信息咨询公司向北京 B 信息咨询公司支付相应的费用,但其中只有 2012 年 4 月和 2013 年 4 月有劳务派遣人员劳务费明细表,这两个月的明细表中有苗某 1,但上面并无苗某 1 的签字。对此,苗某仅认可支出凭单及发票的真实性,其余证据的真实性均不予认可,主张其苗某 1 不是北京 B 信息咨询公司派遣到北京 A 信息咨询公司的,与北京 B 信息咨询公司无关。北京 B 信息咨询公司不认可劳务费用明细表的真实性,其余证据的真实性均认可,但主张其公司只是在劳务派遣职工花名册上加盖印章,并未实际派遣所列明的包括苗某 1 在内的 173 名人员,苗某 1 与其公司无关。

另,并无证据显示苗某 1 与北京 B 信息咨询公司签订过劳动合同,北京 B 信息咨询公司向苗某 1 支付过工资,缴纳过社会保险、住房公积金或个人所得税。

北京市海淀区人民法院判决:确认苗某 1 与北京 B 咨询公司于 2011 年 3 月至 2015 年 11 月 21 日存在劳动关系。

北京 A 信息咨询公司提起上诉,请求撤销一审判决,主张其公司与北京 B 信息咨询公司之间存在劳务派遣关系,苗某 1 与其公司不存在劳动关系。

【裁判结论】

北京市第一中级人民法院判决:驳回上诉,维持原判。

【裁判观点】

北京市第一中级人民法院认为:北京 A 信息咨询公司主张苗某 1 系由北京 B 信息咨询公司派遣至其公司工作,但北京 A 信息咨询公司未能举证证明将相关劳务派遣协议的内容告知苗某 1,其与北京 B 信息咨询公司之间的劳务派遣协议与职工花名册以及劳务费明细均系两家公司自行制作,无法证明苗某 1 知晓上述派遣情况。另,苗某 1 与北京 B 信息咨询公司均否认苗某 1 系由北京 B 信息咨询公司派遣至北京 A 信息咨询公司工作,亦无证据表明北京 B 信息咨询公司与苗某1曾签订过劳动合同或缴纳过社会保险。鉴于各方均认可苗某1生前系在北京A信息咨询公司工作，由北京A信息咨询公司向苗某1支付工资，一审认定苗某1与北京A信息咨询公司之间存在劳动关系并无不当。

法官评析

劳务派遣，是指劳务派遣机构与被派遣劳动者签订劳动合同，把劳动者派向其他用工单位，再由用工单位向派遣机构支付服务费的一种用工形式。劳动力给付的事实发生于被派遣劳动者与被派遣单位之间。由此可见，劳务派遣法律关系是在劳务派遣单位、用工单位和被派遣劳动者三方之间形成三个双边法律关系，即劳务派遣单位与被派遣劳动者之间的法定劳动合同关系、被派遣单位和被派遣劳动者之间的用工关系、劳务派遣单位与被派遣单位之间的民事合同关系。在长期缺乏立法和行业规范的背景下，实践中劳务派遣行业乱象横生，司法领域出现了大量与劳务派遣相关的劳动争议案件。

本案的争议焦点就在于苗某1生前与北京B信息咨询公司、北京A信息咨询公司之间构成劳务派遣关系，还是仅与北京A信息咨询公司之间构成劳动关系。劳务派遣关系成立的条件，法律并没有明确的规定，根据《劳动合同法》及《劳务派遣暂行规定》的相关规定，劳务派遣关系成立的基本条件包括：第一，劳务派遣单位、被派遣单位、劳动者均是符合法律规定的具有合法资质的主体；第二，劳务派遣的用工范围和用工比例符合法律规定；第三，派遣单位和被派遣单位之间签订劳务派遣协议，被派遣单位向派遣单位支付服务费用；第四，劳动者系由派遣单位派至被派遣单位工作。从形式上看，本案证据指向大致符合劳务派遣关系的形式特征，北京A信息咨询公司与北京B信息咨询公司之间签订了《劳务派遣协议书》，加盖北京B信息咨询公司公章的劳务派遣职工花名册上亦载有苗某1的名字，北京A信息咨询公司定期向北京B信息咨询公司支付服务费用。因此，苗某1是否由北京B信息咨询公司派遣至北京A信息咨询公司工作成为核心焦点。庭审中，苗某与北京B信息咨询公司均否认苗某1系由北京B信息咨询公司派遣至北京A信息咨询公司工作，苗某主张至劳动仲裁才知晓北京B信息咨询公司的存在，苗某1生前一直在北京A信息咨询公司工作。该焦点直接涉及的法律问题是被派遣劳动者的知情权和派遣单位、被派遣单位的告知义务。

根据《劳动合同法》及《劳务派遣暂行规定》，劳务派遣单位和被派遣单位均附有告知义务，劳务派遣单位应当将劳务派遣协议内容告知被派遣劳动者，如实告知劳动者工作内容、工作条件、工作地点等，被派遣单位即用工单位应当告知被派遣劳动者的工作要求和劳动报酬。由于劳务派遣关系下，劳务派遣单位系用人单位，应当承担《劳动合同法》上的用人单位的全部义务，法律对劳务派遣单位的告知义务规定比较明确。但对于用工单位的告知义务则要求比较原则，这也给实施“虚假派遣”的一些单位以可乘之机。

笔者认为，虽然法律规定较为原则，但由于“派遣”事实的存在，劳务派遣单位和用工单位都应当履行法定的告知义务，该义务的核心是要求劳务派遣单位和用工单位要告知被派遣劳动者的“派遣身份”或“被派遣劳动者的地位”，告知的信息范围包括与被派遣劳动者“派遣身份”或“被派遣地位”有关的所有信息，如派遣单位和用工单位各自的单位信息、派遣期限、被派遣劳动者从事的劳动内容，劳动的地点，工资报酬的领取时间、地点，社会保险的缴纳情况等，以充分保障劳动者的知情权，维护三方法律关系的正常合法运转。本案中，苗某1对劳务派遣的事实并不知情，北京B信息咨询公司亦否认派遣事实的存在，而苗某1提供劳动的内容系北京A信息咨询公司业务的组成部分，苗某1实际工作接受北京A信息咨询公司的管理，劳动报酬亦由北京A信息咨询公司支付，而且并无证据表明北京B信息咨询公司与苗某1曾签订过劳动合同或缴纳过社会保险，北京B信息咨询公司亦未向苗某1支付过工资。因此，苗某1与北京A信息咨询公司之间符合劳动关系成立的基本条件，故最终判决苗某1与北京A信息咨询公司之间系劳动关系，而非三方间构成劳务派遣关系。

【裁判依据】

1.《劳动合同法》第58条、第60条、第62条

2.《劳务派遣暂行规定》第8条

3.《劳动和社会保障部关于确立劳动关系有关事项的通知》

（撰稿人　刘佳洁）

02

签订非全日制劳动合同实际履行超时的，应认定双方之间为全日制用工关系

——李某与B石油机械厂劳动争议案

裁判规则

全日制用工和非全日制用工的劳动者在工资、社会保险、合同解除或终止方面存在很大的差异，因用工性质的认定关系到劳动者实际权利的保障。尤其非全日制用工因其不必给劳动者缴纳社会保险，并解除随意等特点而成为一种灵活就业的重要形式。近年来，在餐饮、超市等领域，用人单位使用的非全日制用工越来越多。有的企业为了更少地支出人工成本，与劳动者签订非全日制用工合同，用书面形式约定非全日制用工关系的办法来规避法律规定，而行全日制用工之实。因此司法实务中，在判断用工性质时，不能仅看双方签订的劳动合同名称，还应综合从用工时间、考勤管理、工资发放等多个角度认定双方法律关系的性质。如本案中，双方虽签订非全日制劳动合同，但用工关系符合全日制用工实质，故仍应认定双方成立全日制用工关系，从而更好地保护劳动者的合法权益。

案　情[1]

李某系外埠农业户口，2007年4月28日入职B石油机械厂。李某入职之初是搬运工，自2010年5月担任库管员。B石油机械厂与李某于2008年12月18日签署《非全日制工作登记表》（以下简称《登记表》），《登记表》显示：劳动者

〔1〕 (2016)京01民终4431号。

李某,工作时间每天4小时,每周不超过6天,开始日期2008年12月18日,工资标准每小时10元;2007年5月开始在B石油机械厂工作;工作岗位为搬运工。李某在该《登记表》上签名。李某2008年工资是每小时10元,2015年4月开始李某工资涨至每小时18.7元;李某的考勤由B石油机械厂供应科的办事员段某手工记录,无须李某签字确认。李某正常工作至2015年4月15日,B石油机械厂支付李某工资至当日。B石油机械厂未给李某缴纳社会保险。李某未休过年休假。

李某于2015年年初向北京市海淀区劳动人事争议仲裁委员会(以下简称海淀仲裁委)提出申请,要求确认与B石油机械厂存在全日制劳动关系,并由B石油机械厂向其支付未缴纳养老保险赔偿金、解除劳动关系经济补偿金、工资差额、未签劳动合同二倍工资差额、加班工资、未缴纳失业保险一次性生活补助费、未休年假工资等仲裁请求,海淀仲裁委裁决:确认李某与B石油机械厂存在全日制劳动关系,并驳回李某的其他仲裁请求。李某不服海淀仲裁委的裁决,向一审法院提起诉讼。

李某诉称,虽然B石油机械厂与其约定每天工作4小时,按照小时计薪,但其实际工作时间是上午8点到12点,下午1点半到5点半,并未按照非全日制合同约定的时间履行,法院应当认定其与B石油机械厂是全日制用工关系,并判决由B石油机械厂向其支付未签订劳动合同二倍工资差额、解除劳动关系经济补偿金、未缴纳三险一金的补偿、未休年假工资、未缴纳失业保险补偿、工资差额、延时加班费等。B石油机械厂辩称:双方签订的《登记表》的性质相当于劳动合同,根据合同约定双方为非全日制劳动关系。不同意李某的诉讼请求。

针对B石油机械厂向法院提供的、双方签署的《登记表》,B石油机械厂称是为了执行《劳动合同法》于2008年填写的;《登记表》具有劳动合同性质;能够证实双方之间是非全日制用工关系。李某虽然认可《登记表》的真实性,但称该表是因2011年下半年上级要来检查,B石油机械厂才让其填写,此前并没有书面的劳动合同,且双方并未按照非全日制用工关系履行。李某不认可B石油机械厂的证明目的。

北京市海淀区人民法院判决认定:B石油机械厂诉讼主张与李某签署了《登记表》,且该《登记表》的性质为劳动合同,故可以证明双方约定的用工关系为非全日制用工,但仅依据《登记表》并不能证实李某的实际工作时间是否符合非全日制用工。B 石油机械厂作为用人单位，应当提交相关证据证明李某的实际工作时间及工资支付情况符合非全日制用工时间的规定。而 B 石油机械厂未就其所主张的李某的实际工作时间是非全日制工作时间一节提供证据。李某主张每天工作 8 小时，周末双休，工资是按照小时数发放，通过对 B 石油机械厂提供的工资结算单进行审查，可以证实，李某对工作时间及工资数额计算方法的陈述与 B 石油机械厂提供的工资计算单上记载的实发工资数额一致，故法院采信李某对其工作时间的陈述，认定双方之间为全日制用工关系。

一审法院判决：(1)确认李某与 B 石油机械厂在 2007 年 5 月至 2015 年 4 月 15 日存在全日制劳动关系；(2)B 石油机械厂于本判决生效后十日内支付李某解除劳动关系经济补偿金 31,467 元；(3)B 石油机械厂于本判决生效后十日内支付李某 2008 年 4 月 29 日至 2015 年 4 月 17 日未休年假工资 14,345 元；(4)B 石油机械厂于本判决生效后十日内支付李某未缴纳失业保险一次性生活补助费 7664 元；(5)驳回李某的其他诉讼请求。

一审法院判决后，李某不服一审判决，以 B 石油机械厂一直以双方为非全日制用工关系为由，拒绝给李某缴纳保险为由提起上诉，要求法院判决 B 石油机械厂向其支付未缴纳保险的补偿及延时加班费、未签订劳动合同的二倍工资差额。

B 石油机械厂亦不同意一审法院判决，但未提出上诉，并且不同意李某的上诉请求。

【裁判结论】

北京市第一中级人民法院判决：驳回上诉，维持原判。

【裁判观点】

李某与 B 石油机械厂用工关系为何种性质是本案双方当事人争议的焦点。B 石油机械厂上诉主张与李某签署的《登记表》具有劳动合同的性质，故依据双方劳动合同的约定可以证明双方的用工关系为非全日制用工关系。但对于用工关系性质的认定，应当依据李某的实际用工时间和工资发放等事实来认定，仅依据《登记表》并不能证实李某的实际工作时间和用工性质。李某主张每天工作 8 小时，周末双休，工资是按照小时数发放，而通过审查 B 石油机械厂提供的李某的工资结算单,可以确认,李某工资数额的计算方法和李某对工作时间的陈述能够相互印证,并与B石油机械厂所提供的工资单所记载的内容相一致,可以证明李某的实际工作时间确系每日8小时,故法院对于B石油机械厂所陈述的与李某之间为非全日制用工关系的主张不予采信;进而采信李某的主张,认定李某与B石油机械厂之间是全日制用工关系。在双方形成全日制用工劳动关系的前提下,B石油机械厂未依法给李某缴纳社会保险,应支付李某未缴纳失业保险一次性生活补助费;并按照全日制用工,向李某支付解除劳动关系的经济补偿金与未休年假工资。因《登记表》的性质相当于劳动合同,故对李某主张的未签订劳动合同的二倍工资差额,法院不予支持。

法官评析

一、全日制用工与非全日制用工的甄别

(一)非全日制用工的概念

根据《劳动合同法》和《劳动和社会保障部关于非全日制用工若干问题的意见》(劳社部发〔2003〕12号)的规定,非全日制用工是指以小时计酬、劳动者在同一用人单位平均每日工作时间不超过4小时,累计每周工作时间不超过24小时的用工形式。从事非全日制工作的劳动者,可以与一个或一个以上用人单位建立劳动关系。非全日制用工与全日制用工相比,其最大优势是用工的自由性。非全日制用工可以不签订书面劳动合同,劳动者可以建立多重劳动关系,无须试用期,双方随时口头解除劳动关系且无须支付补偿金等,但工资的支付周期为15天,要短于全日制用工的支付周期。我国劳动法规最早对非全日制用工作出规定的,是劳社部发〔2003〕12号文件,该文件对非全日制用工的定义是:非全日制用工是指以小时计酬、劳动者在同一用人单位平均每日工作时间不超过5小时累计每周工作时间不超过30小时的用工形式。后《劳动合同法》对非全日制用工作出了更加严格的规定,而根据法律的位阶,非全日制用工应当以《劳动合同法》第68条的规定为准,即在时间上应当是每天不超过4小时,每周不超过24小时。

(二)非全日制用工与全日制用工的区别

1. 工作时间约定不同。全日制用工每日工作8小时,每周不得超过44小时。非全日制用工以小时计酬为主,劳动者在同一用人单位一般平均每日工作时间不超过 4 小时，每周工作时间累计不超过 24 小时的用工形式。

2. 合同订立形式不同。全日制用工用人单位与劳动者必须以书面形式订立劳动合同。非全日制用工可以订立口头协议。非全日制用工不存在工龄计算问题，非全日制用工劳动合同不计入订立固定期限劳动合同的次数，即用人单位无须与签订了两次非全日制用工劳动合同的劳动者签订无固定期限劳动合同。

3. 工资支付时间不同。全日制用工，按月计薪，每月至少支付一次工资。非全日制用工，受其自身特征的限制，以小时计酬为主，且工资的结算支付周期最长不得超过 15 天。

4. 试用期约定不同。全日制用工，除了以三个月的劳动合同和以完成一定任务为期限的劳动合同两种情形外，用人单位都可以与劳动者约定试用期，而在非全日制用工中，当事人双方不得约定试用期。

5. 购买社保缴纳的承担者不同。在全日制用工中，无论劳动合同期限长短，用人单位都必须依法为劳动者缴纳至少是“五险”，有特殊规定的除外；在非全日制用工中，除了企业应当依法为劳动者缴纳工伤保险外，对其他各项保险费，都由劳动者以个人身份缴纳。

6. 解除、终止劳动合同不同。全日制用工，劳动者或者用人单位解除、终止劳动合同，必须按《劳动合同法》规定办理离职手续的；单位单方解除劳动合同，那么劳动者可以获得经济补偿。与此相反的是，非全日制用工双方当事人任何一方都可以随时通知对方终止用工关系，并且用人单位可以不向劳动者支付经济补偿。也就是说，企业可以随时通知员工解除劳动合同，却无须支付任何经济补偿金，使得用工更灵活，成本更低。

7. 劳动关系的排他性。全日制用工具有排他性，根据《劳动合同法》的规定，用人单位不能与两个以上的用人单位签订劳动合同。非全日制用工，劳动关系不具有排他性，员工可以与两个及两个以上的用人单位同时建立非全日制用工关系，但是后一个劳动关系不得影响前一个劳动关系。

非全日制用工劳动者工资以小时计算方式为主，工资支付周期不超过 15 天；劳动者在同一用工单位的日工作时间不超过 4 小时，周工作时间累计不超过 24 小时。故对于非全日制劳动关系的认定，可以从劳动者的每日工作时间、每周工作时间、计酬方式、工资发放周期等几方面分别进行考量。

但非全日制用工与全日制用工的首要区别是工作时间的差异。

二、非全日制用工的举证责任

非全日制用工这种具有较大随意性的用工方式往往很受用人单位青睐，故现实中以非全日制用工之名行全日制之实的情形并不鲜见。双方就是全日制用工还是非全日制用工容易发生争议，用人单位主张双方是非全日制，劳动者则主张双方为全日制用工。对于用人单位主张双方之间为非全日制用工的，举证责任应当由用人单位来承担。理由如下：

1. 用人单位应当对双方建立劳动关系的性质承担举证责任。

由于非全日制用工在现实中不具有普遍性，所以如果用人单位主张双方之间是非全日制用工的，应当由用人单位向法院提交相关证据证明其与劳动者所建立的劳动关系的性质。

2. 提举考勤与工资发放记录的举证责任在用人单位一方。

决定是否为非全日制用工劳动关系的标准之一是劳动者的工作时间是否符合非全日制用工的工作时间；标准之二是工资是否按小时计薪，工资发放周期是否为十五日发放一次。根据《劳动争议调解仲裁法》第 39 条之规定，以及原劳动部《工资支付暂行规定》第 6 条第 3 款的规定，用人单位必须书面记录支付劳动者工资的数额、时间、领取者的姓名以及签字，并保存两年以上备查。故向法院提举工资支付记录与考勤记录是用人单位的法定责任。这些证据的掌握者是用人单位，故用人单位应围绕工作时间、工资计算及发放等主要问题进行举证。如用人单位无法举证证明，或通过相关证据可显示双方不符合非全日制用工特点的，将被认定为全日制用工，届时如果双方未按标准工时履行且未签订劳动合同，用人单位还可能被判令承担双倍工资的赔偿责任。

3. 对于双方约定了非全日制用工形式的，劳动者应承担其实际工作时间的部分举证责任。

对于双方签订了非全日制用工合同的，劳动者主张双方之间是全日制用工关系的，劳动者应当承担适当的举证责任，向法院提供其劳动时间超过非全日制用工法定时间的相关证据或证据线索。对于全日制用工来说，超出 8 小时的工作时间用人单位应当支付加班费。如本案中，李某主张加班费，其在证明了实际工作时间是标准工时 8 小时之后，还应当向法院提交相关证据证明存在加班的事实，此前8小时内的工作时间所得月工资的标准折算小时工资计算其加班费。

三、签订非全日制劳动合同，实际按全日制履行的，劳动关系如何认定的问题

根据《劳动合同法》第68条的规定：非全日制用工，是指以小时计酬为主，劳动者在同一用人单位平均每日的工作时间不超过四小时，每周工作时间累计不超过二十四小时的用工形式。

全日制用工与非全日制用工的主要区别是工作时间。如本案中，双方争议的焦点就在于双方之间是否构成非全日制用工关系的性质。名为非全日制用工合同，实为全日制劳动关系，双方之间完全符合全日制用工的构成要件，应当认定双方的劳动关系性质为全日制用工关系。全日制用工和非全日制用工的劳动者在工资、社会保险、合同解除或终止方面的权利存在很大的差异，用工性质的认定关系到劳动者实际权利的保障。在判断用工性质时，不能仅看双方所签订的劳动合同名称，还应综合从用工时间、考勤管理、工资发放等多个角度认定双方法律关系的性质，如本案中双方虽然订立非全日制劳动合同，但用工关系符合全日制用工关系的实质，故仍认定双方成立全日制用工关系，不成立非全日制用工关系。

对于是否应当认定为全日制用工关系，除根据《劳动合同法》第68条的规定外，主要从劳动者的身份、工作性质、受管理的程度，是否实行标准的八小时工作制度等来判断，在具体案件的审查时，主要还可以从双方之间是否有试用期、双方签订的非全日制劳动合同是否到劳动行政管理部门办理了备案手续等方面来审查，但劳动者的实际工作时间，以及工资发放周期等实际履行状态，是认定双方劳动关系性质最重要的考量要素。

四、签署非全日制用工合同按照全日制用工履行的，用人单位是否应当向劳动者支付二倍工资的问题

二倍工资的性质并非劳动者劳动所得，而是对用人单位违反法律规定的惩罚措施，其立法目的在于提高书面劳动合同的签订率，明晰劳动管理中的权利义务。当双方发生劳动争议时，书面劳动合同可以直接证实双方劳动关系的存在及权利义务关系，而非劳动者可以从中谋取超出劳动报酬的额外利益。本案中，李某签署的《登记表》，记载了劳动者姓名、工作时间、

工作内容与地点、劳动报酬等，符合非全日制用工合同的要件，应当认定，《登记表》是双方签订的非全日制用工合同，只不过双方并未按照劳动合同约定的工作时间执行。双方签订的《登记表》具有劳动合同性质，虽然实际履行与劳动合同约定不符，属于用人单位单方对工作时间约定的变更，但此并不能否认其符合《劳动合同法》规定的形式与内在性质，已然达到《劳动合同》要达到的目的，故对李某主张的二倍工资不应得到支持。《北京市高级人民法院、北京市劳动人事争议仲裁委员会关于审理劳动争议案件法律适用问题的解答》第 15 条规定：劳动者与用人单位实际建立了全日制劳动关系，但双方订立的是非全日制劳动合同，为用人单位已经与劳动者订立合同的情况，劳动者主张未订立劳动合同二倍工资差额的不予支持。此案判决符合这一规定。

【裁判依据】

1.《劳动合同法》第 26 条、第 68 条

2.《劳动法》第 26 条、第 27 条、第 36 条

3.《劳动争议调解仲裁法》第 39 条

（撰稿人　王　磊）

03

用人单位不能以女职工入职前隐瞒怀孕事实为由解除劳动关系

——吴某诉北京某管理公司劳动争议案

裁判规则

依法禁止招聘环节中的就业歧视，用人单位在劳动者入职时不得向劳动者询问婚育等涉及个人隐私的情况，不得将限制生育作为录用条件。故用人单位以劳动者隐瞒怀孕事实为由，与其解除劳动关系的，应属违法解除。

案　情[1]

吴某于2017年2月13日入职北京某管理公司(以下简称某公司)，双方于2017年3月9日签署书面劳动合同，合同约定吴某的岗位为在线客服，合同期限为2017年2月13日至2020年2月12日，其中试用期至2017年5月12日。根据《员工薪酬确认表》显示，试用期月固定工资为2800元加提成，转正后月固定工资为3000元加绩效工资。吴某称其于2017年2月25日到医院检查发现怀孕，某公司未为吴某缴纳2017年2月至2017年5月的生育保险，在2017年6月至8月，某公司为吴某缴纳了生育保险。吴某称其于2017年9月12日向公司请假，但某公司要求其填写《员工停薪留职申请表》，根据某公司提交的《员工停薪留职申请表》显示，停薪留职理由和时限为"因个人情况需停薪留职三个月，返回日期为2017年12月12日"。

---

〔1〕(2018)京01民终7601号。

2017年10月28日，吴某分娩生育一子。2017年12月7日，吴某向北京市昌平区劳动人事争议仲裁委员会申请仲裁，请求裁决某公司：(1)支付2017年2月至12月未缴纳的社会保险损失9025.04元；(2)支付2017年10月13日至2018年2月17日产假工资19,729元；(3)支付2017年2月13日至2017年10月28日医疗费用19,236.23元。该委于2018年4月9日作出裁决：(1)某公司支付吴某2017年10月13日至2018年2月17日的产假工资19,729元；(2)某公司支付吴某医事服务费200元；(3)某公司支付吴某报销生育住院费用3700元；(4)驳回吴某的其他申请请求。某公司不服该裁决，在法定期限内诉至法院。

2017年12月22日，某公司向吴某发出《解聘函》，内容为"……兹你与2017年2月13日被我公司录用为客服一职，于2017年9月13日向公司提出停薪留职三个月，并约定于2017年12月12日回公司报道并正式工作，现已超出报到时间10日，按照《长青基石—劳动纪律手册》第三章第三十三条第3项(无故旷工3日，视为自动离职，将解除与员工的雇聘关系)，现您已旷工10日视为自愿放弃本职位，经本公司研究决定，自2017年12月22日起，本公司解除与您的聘雇关系……"根据微信聊天记录显示，吴某生育后就请假问题、报销生育医疗费、补缴社保等问题曾与公司人事和公司负责人进行过沟通。

北京市昌平区人民法院判决：(1)某公司于判决生效后七日内支付吴某2017年10月13日至2018年2月17日的产假工资19,729元；(2)某公司于判决生效后七日内支付吴某报销医事服务费200元；(3)某公司于判决生效后七日内支付吴某报销生育住院费用3700元。

某公司不服提起上诉，请求撤销一审判决，请求撤销原判，依法改判无需支付吴某上述款项。上诉理由是吴某入职时隐瞒怀孕事实，入职后因为怀孕影响工作，导致公司损失大量客户；2017年9月13日，吴某提出停薪留职申请，并承诺同年12月12日返岗，但其至今未返岗，某公司向其发出解聘函是合法的。

【裁判结论】

北京市第一中级人民法院判决：驳回上诉，维持原判。

【裁判观点】

北京市第一中级人民法院认为：吴某于2017年2月13日入职某公司，但某公司未依法及时为吴某缴纳社会保险,某公司仅为吴某缴纳了2017年6月至8月的社会保险且在吴某分娩月未给吴某缴纳生育保险。根据《北京市企业职工生育保险规定》,吴某应享受的生育保险待遇应当由某公司支付。吴某依法应享受产假128天,故一审法院判定某公司应当支付吴某产假工资19,729.06元符合法律规定,本院予以确认。

虽然某公司提交《员工停薪留职申请表》,但根据相关规定,吴某的情况明显不属于相关规章所规定的"停薪留职"的情形。吴某于2017年10月28日分娩,2017年12月22日处于法定产假期间,某公司当日向吴某发出《解聘函》解除双方劳动关系的行为显然属于违法解除劳动关系。因某公司未按照规定为吴某缴纳生育保险,因此一审法院判定吴某主张的符合生育保险范围内金额的医疗费用应当由某公司支付是正确的。

法官评析

婚育情况本身并非是直接影响劳动者履行劳动合同能力的因素,且婚育情况既是劳动者享有的基本权利,又是涉及劳动者个人隐私的重要信息,用人单位不能以婚育情况作为考虑是否录用女职工的条件,否则将构成就业性别歧视。故劳动者的婚育情况不应当被认定为《合同法》第8条规定的劳动者应履行的如实告知义务的范畴。同时,2019年2月,人力资源社会保障部、教育部等九部门联合发布了《关于进一步规范招聘行为促进妇女就业的通知》中第2条明确规定:依法禁止招聘环节中的就业歧视。各类用人单位、人力资源服务机构在拟定招聘计划、发布招聘信息、招用人员的过程中,不得以限定性别或性别优先,不得以性别为由限制妇女求职就业、拒绝录用妇女,不能询问妇女的生育情况,不得将妊娠测试作为入职体检项目,不得将限制生育作为录用条件,不得差别化的提高妇女的录用标准。国有企事业单位、公共就业人才服务机构及各部门所属人力资源服务机构要带头遵法守法,坚决禁止就业性别歧视行为。根据前述规定,用人单位在招录女职工时再询问女职工的生育状况即构成违法,更加不能在录用后以女职工隐瞒婚育状况为由与其解除劳动关系。

就现在存在的就业歧视的诸多问题,提出几点建议:一是细化现有原则性法规条文,为女性就业维权提供依据。目前,我国对女性就业平等权进行保护的法律条文主要分布于宪法、劳动法、部门规章等法律法规中，对具体违反该条文的行为未作细化规定，缺乏可操作性，且无相应法律后果的规定。对于女性遭受的一系列就业性别歧视的问题，应当从细化原则性法条开始，明确就业性别歧视的类型及判断标准，在实践中收集用人单位的做法，归纳总结，对于用人单位的一些如主张男性优先、以各种方式询问婚育情况与计划等行为，需由用人单位对其合理性进行证明，否则归入就业性别歧视的范畴；二是可以倒置就业性别歧视的举证责任，由于就业性别歧视的特殊性和隐蔽性，劳动者在这方面的举证能力非常有限，故可以借鉴《劳动法》及相关司法解释中用人单位作出的开除、除名、减少报酬等不利于劳动者的决定而产生争议的举证规则，由用人单位对其不存在就业性别歧视的主张进行举证，证明其行为的正当性，否则将承担举证不能的不利后果，以此达到对用人单位的约束作用。三是增加赔偿机制。为规范用人单位的用工行为，加强对用人单位的威慑力，可以类比《劳动法》中的惩罚性赔偿机制，在用人单位做出违反就业性别歧视的行为时，给予劳动者一定的民事赔偿，既弥补了劳动者的实际损失又使用人单位因其违法行为付出了相应代价。

劳动权是生存权的基础，生存权亦归属于人权中核心的权利。我国《劳动法》规定了劳动者有平等的就业和选择职业的权利。由于生理方面和社会方面的种种原因，不可避免地存在一些特殊劳动者群体。为使他们真正与其他劳动者处于平等的法律地位，法律给予其特殊的保护。根据《劳动合同法》第 42 条第 4 项规定，女职工在孕期、产期、哺乳期的，用人单位不得对其进行无过失性辞退和经济性裁员，此为女性劳动者群体实现劳动权提供了法律保障。本案中某公司在吴某孕期违法解除与其的劳动合同关系，侵犯了孕期女性劳动者的劳动权，应当对此承担相应的法律责任。

【裁判依据】

1.《劳动法》第 12 条

2.《关于进一步规范招聘行为促进妇女就业的通知》第 2 条

（撰稿人　王力群）

5

CHAPTER

第五章

社会保险

01

医疗期届满的认定

——郝某诉某文化传媒公司劳动争议案

裁判规则

医疗期自第一次病休开始起算,并在一定期间内实行累计计算,在法定的累计计算期间届满时,即使医疗期未休满,也视为医疗期届满,用人单位在此之后可与劳动者解除劳动合同。

案　情[1]

郝某于2016年1月11日入职某文化传媒公司,担任灯光音响师,工作地点为中国金融博物馆。双方曾签订期限为2016年1月11日至2018年1月10日的劳动合同。

某文化传媒公司主张2017年12月曾与郝某当面沟通双方劳动合同到期后不再续签,2017年12月22日该公司通过电子邮件方式向郝某送达《终止劳动合同通知书》,双方劳动关系于2018年1月10日终止。某文化传媒公司提交的电子邮件显示收件邮箱为haojh@ mocf. org. cn,内容载明:“郝某……您与公司于2016年1月11日签订的劳动合同,因具有下列第一项情形,公司决定从2018年1月11日起终止与您的劳动合同,请您于2018年1月10日前办理交接手续。一、劳动合同期满……”

郝某主张2017年7月曾因抑郁症等于首都医科大学附属北京安定医院就诊,第一次就诊时间为2017年7月10日。依据某文化传媒公司提交的病假证

〔1〕 (2019)京01民终2055号。

明书显示郝某被诊断为抑郁状态，失眠，焦虑状态，建议休假 30 天，出具时间为 2017 年 7 月 10 日。2017 年 8 月至 11 月曾因其他病症休病假 6 天，2017 年 12 月 31 日首都医科大学附属北京安定医院出具的病假证明书显示郝某被诊断为抑郁状态，焦虑，失眠，建议休假 30 天。

北京市海淀区人民法院认为：郝某主张于 2017 年 7 月 10 日第一次因抑郁就诊，依据郝某自述的工作年限及郝某于某文化传媒公司实际工作年限，郝某依法可享受医疗期三个月，依据《企业职工患病或非因工负伤医疗期规定》之规定，医疗期三个月的按六个月内累计病休时间计算。郝某与某文化传媒公司签署的劳动合同于 2018 年 1 月 11 日到期，已超出上述六个月期限，某文化传媒公司以双方劳动合同到期为由终止劳动关系并无不当。某文化传媒公司提交的电子邮件显示该公司通过电子邮件方式通知郝某终止劳动合同，郝某亦认可收件邮箱系工作中曾经使用的电子邮箱，故法院有理由相信某文化传媒公司已将终止劳动合同的意思表示有效送达郝某。鉴于此，对于郝某要求某文化传媒公司继续履行劳动合同的诉讼请求，法院不予支持。对于郝某要求某文化传媒公司支付 2018 年 1 月 11 日至 2 月 28 日的工资的诉讼请求，不予支持。

北京市海淀区人民法院判决：(1) 某文化传媒公司于判决生效后七日内支付郝某 2017 年 7 月 26 日至 8 月 25 日工资差额 146.35 元；(2) 驳回郝某的其他诉讼请求。

郝某不服提起上诉，请求撤销一审判决第 2 项，依法改判确认郝某与某文化传媒公司自 2018 年 1 月 11 日至 8 月 23 日存在劳动关系。上诉理由是某文化传媒公司在郝某医疗期内与其解除劳动合同。自其第一次就诊时间 2017 年 7 月 10 日起，截至 2018 年 1 月 10 日某文化传媒公司单方面解除劳动合同时止，郝某休病假天数总计为 47 天，远未达到《企业职工患病或非因工负伤医疗期规定》中所规定的三个月医疗期。《企业职工患病或非因工负伤医疗期规定》为保护职工基本医疗权利不被剥夺，设定的是最低医疗保护期限。一审法院在查明郝某累计病休不足三个月的情况下，以“已超出六个月期限”为由，认定某文化传媒公司以劳动合同到期为由终止双方劳动关系并无不当，属于主观推断，没有法律依据。

【裁判结论】

北京市第一中级人民法院判决:驳回上诉,维持原判。

【裁判观点】

北京市第一中级人民法院认为:本案争议焦点为2018年1月10日后双方劳动关系是否存续。根据《企业职工患病或非因工负伤医疗期规定》及《劳动部关于贯彻〈企业职工患病或非因工负伤医疗期规定〉的通知》(劳部发〔1995〕236号)的规定,医疗期是指企业职工因患病或非因工负伤停止工作治病休息不得解除劳动合同的时限。医疗期三个月的按六个月内累计病休时间计算。医疗期计算应从病休第一天开始,累计计算。六个月期间累计病休三个月即视为医疗期满。根据上述规定,郝某依法可享受三个月医疗期,2017年7月10日郝某因抑郁第一次病休,故其医疗期应在2017年7月10日至2018年1月10日确定。在此期间,郝某虽累计病休时间不足三个月,但截至2018年1月10日,其医疗期计算期间届满。某文化传媒公司于2018年1月11日与郝某终止劳动合同,已超过计算郝某医疗期的法定期间,且已对郝某因患病需停止工作治病休息的权益给予充分保障,符合法律法规等规定,不存在医疗期内违法终止劳动合同的情形。如前所述,2018年1月10日双方劳动合同到期,且不存在法定续延、续签情形,某文化传媒公司以劳动合同期满为由与郝某终止劳动合同,具有事实和法律依据,系合法终止。郝某要求确认双方自2018年1月11日至8月23日存在劳动关系的上诉请求,缺乏事实和法律依据,法院不予支持。

法官评析

作为企业用工过程中经常遇到的法定期间制度之一,医疗期在员工保护与企业管理层面均发挥着重要作用。由于法律对医疗期的规定散见于《劳动法》《劳动合同法》以及个别地方政府、原劳动部颁布的种种规章、条例之中,不少企业及员工对医疗期概念、医疗期标准及医疗期如何计算等规则或不甚了解,或存在误区,由此产生的劳动争议和纠纷也日渐增多。本案便是其中一个较为典型的案例。

本案争议的主要问题是应如何认识医疗期以及医疗期届满的认定。对于医疗期的概念,目前关于医疗期的规定主要见于《企业职工患病或非因工负伤医疗期规定》及《劳动部关于贯彻〈企业职工患病或非因工负伤医疗期规定〉的通知》。其中《企业职工患病或非因工负伤医疗期规定》第 2 条对医疗期的概念进行了界定,将其定义为:“是指企业职工因患病或非因工负伤停止工作治病休息不得解除劳动合同的时限。”由此可知,医疗期的概念并不是如本案当事人理解的所谓职工治疗所需要的时间期限,其给予职工的实际是一段时间的解雇保护期,对应的法律后果是医疗期内用人单位不得解除劳动合同。《劳动法》第 29 条及《劳动合同法》第 42 条对此也予以明确。

基于上述定义,也就不难理解为何法律、法规规定医疗期期限的长短并不取决于职工治疗时间的长短,而是要参考职工本人实际参加工作的年限以及在本用人单位的工作年限进行确定,且医疗期期限长短均有法定标准。

那么在依照相关规定确定职工可享有的医疗期期限之后,如何计算医疗期是需要进一步解决的问题。依据《企业职工患病或非因工负伤医疗期规定》第 4 条,医疗期的计算实行累计计算,长短不同的医疗期所依据的累计计算期间也不同,最低六个月,最长三十个月。对于具体计算方法,《劳动部关于贯彻〈企业职工患病或非因工负伤医疗期规定〉的通知》第 1 条作出了具体说明,即“医疗期计算从病休第一天开始,累计计算。如应享受三个月医疗期的职工,如果从 1995 年 3 月 5 日起第一次病休,那么,该职工的医疗期应在 3 月 5 日至 9 月 5 日确定,在此期间累计病休三个月即视为医疗期满。其他依此类推。”如此可知,医疗期的计算,需在法定的累计计算期间内确定;累计计算期间以第一次病休时间开始起算;累计计算期间内,若病休天数已达应享受的医疗期天数,则医疗期届满。但对于病休天数未达应享受的医疗期天数时应如何解决,该通知并未明确。本案认为根据医疗期实行一定期间内累计计算的制度可以推知,医疗期是否休满的认定,最长仅可延至累计计算期间届满之日确定,累计计算期间届满之后,即不存在医疗期问题,故累计计算期间届满时,即使职工累计病休时间尚不足应享受的医疗期天数,也应视为医疗期已满。而且,这样认定从职工角度考虑,亦对其因患病需停止工作治病休息的权益给予了充分保障,因此从最终的结果来看,当累计计算期间届满而员工实际医疗期未休满时,职工实际享有的保护期已达到法定的最长期限,已最大限度地保障了其权益。

【裁判依据】

1.《企业职工患病或非因工负伤医疗期规定》第 3 条、第 4 条

2.《劳动部关于贯彻〈企业职工患病或非因工负伤医疗期规定〉的通知》第 2 条

(撰稿人　李　湉)

02

工伤一次性赔偿协议显失公平的，劳动者可要求用人单位补足差额

——北京某商贸公司诉李某劳动争议案

裁判规则

用人单位与劳动者达成的工伤一次性赔偿协议，若给付数额远低于工伤保险待遇法定标准，造成双方权利义务明显失衡的，劳动者诉请要求用人单位按法定标准补足差额的，应予支持。

案　情[1]

北京某商贸有限责任公司于2018年6月15日更名为某商贸公司。李某称其2015年5月4日入职为某商贸公司，工作地点为山东青岛黄岛开发区，岗位电焊工，每日工资300元。某商贸公司认可李某入职时间、工作地点。双方之间的劳动关系已经仲裁、一审、二审诉讼程序，并有生效民事判决予以确认。

李某于2015年8月20日在工作中受伤。2015年8月31日，双方签订《协议书》，甲方为某商贸公司法定代表人房某某，乙方为李某，载明："乙方李某于2015年8月发生伤害事故，为妥善解决乙方受伤事宜，甲乙双方本着公正、平等、自愿、互谅互让的原则，经友好协商达成如下协议：1. 自乙方受伤之日起截止李某治疗出院（青岛经济技术开发区第一人民医院）之日所实际发生的医疗费由甲方全部付清，协议签订之后乙方不得再以任何理由向甲方主张前述期间发

[1] (2019)京01民终893号。

生的任何费用。2. 经甲乙双方协商同意，李某手术完毕出院（青岛经济技术开发区第一人民医院）后。甲方再向乙方支付一次合计人民币30,000元（大写：叁万元整）作为本次伤害事故最终了结款项。款项给付现金，乙方收到现金签署收到条。3. 甲乙双方签署本协议签字后，双方关系即刻终止。乙方自愿放弃基于双方关系发生及解除所产生的各项权利，待乙方收到一次性补偿金后不得再以任何形式、任何理由就与劳动有关的事宜向甲方或其他第三方要求其他任何费用或任何责任。同时放弃就双方解除关系后所享有仲裁、诉讼的权利。甲方放弃追究乙方造成损失的仲裁诉讼的权利。4. 本协议为一次性终结处理协议，双方当事人以此为断签署后为完全无法律关系法律个体，双方全面切实履行，不得以任何理由纠缠，乙方今后身体或精神出现任何问题均与甲方无关，本协议为双方平等、自愿的协商结果，是双方真实意思的表达。5. 本协议一式四份，甲方持三份，乙方一份”。李某认可房某某为其支付了住院医疗费用。2015年8月31日，房某某给付李某15,000元。2015年11月24日，房某某给付李某16,000元。

后李某于2018年1月8日向北京市昌平区人力资源和社会保险局申请工伤认定，该局于2018年1月31日作出《认定工伤决定书》，对李某受到的事故伤害认定为工伤。2018年3月15日北京市昌平区劳动能力鉴定委员会出具《劳动能力鉴定、确认结论通知书》［北京市昌平区（2018年）劳鉴第00118号］，确认李某已达到职工工伤与职业病致残等级标准八级。双方未签订劳动合同，未缴纳社会保险。劳动关系于2015年8月31日解除。

李某于2018年3月28日向北京市昌平区劳动人事争议仲裁委员会提起劳动仲裁，申请某商贸公司支付一次性伤残补助金、一次性伤残就业补助金、一次性工伤医疗补助金、2015年12月25日至2018年3月28日误工费、2015年12月25日至2018年3月28日精神补偿费。该委作出京昌劳人仲字〔2018〕第1818号裁决书，裁决某商贸公司支付李某一次性伤残补助金71,775元、一次性工伤医疗补助金52,140.75元、一次性伤残就业补助金52,140.75元，驳回李某要求支付误工费、精神补偿费的仲裁申请，驳回李某的其他仲裁请求。某商贸公司对该仲裁裁决不服，诉至法院，请求无须支付李某一次性伤残补助金71,775元、一次性工伤医疗补助金52,140.75元、一次性伤残就业补助金52,140.75元。

某商贸公司称该协议已经写了一次性解决纠纷，不应再支付赔偿，该协议不是被迫签的，也没有显失公平。李某称该协议是被迫签的，实际签订日期为2015年8月27日，不签协议公司不支付医疗费，自己手里的协议没有日期，公司协议日期是后加上的，且该协议明显显失公平。李某提交北京市第一中级人民法院民事二审开庭笔录，其中北京某商贸有限责任公司证人梁某某表述李某“也是电焊工”；在涉及工资标准时，房某某表述“干电焊是300元每日，不干电焊是200元每日”。某商贸公司对该证据真实性认可。

北京市昌平区人民法院认为：关于双方签订的《协议书》，某商贸公司称该协议书已明确一次性解决纠纷，不应再支付李某赔偿金，李某称该协议书是被迫签订，明显显失公平，且某商贸公司未及时支付李某住院费用导致李某因欠费被迫出院，未完全履行协议。法院认为，双方签订的协议中，权利义务明显失衡，某商贸公司虽然按照协议支付李某31,000元，但该标准远低于李某应享有的工伤保险待遇，应补足相应差额，故法院对某商贸公司的主张不予采信。

关于一次性伤残补助金，法院对李某的日工资300元予以采信，某商贸公司应支付李某一次性伤残补助金71,775元。某商贸公司已支付李某31,000元，故应再支付李某40,775元。

关于一次性工伤医疗补助金、一次性伤残就业补助金，某商贸公司称李某为农民，有土地收益，应按照河北省农村居民年人均收入的标准计算，该项主张无法律依据，法院不予采信，应按2014年北京市职工月平均工资为计算标准支付该两项补助金。仲裁裁决某商贸公司支付李某一次性工伤医疗补助金、一次性伤残就业补助金52,140.75元，该数额不高于法定标准，李某认可，法院予以确认。

北京市昌平区人民法院对于某商贸有限公司要求无须支付李某一次性伤残补助金71,775元、一次性工伤医疗补助金52,140.75元、一次性伤残就业补助金52,140.75元的请求未予支持。

北京市昌平区人民法院判决：(1)某商贸公司于判决生效后10日内，支付李某一次性伤残补助金40,775元；(2)某商贸公司于判决生效后10日内，支付李某一次性工伤医疗补助金52,140.75元；(3)某商贸公司于判决生效后10日内，支付李某一次性伤残就业补助金52,140.75元。

某商贸有限公司不服提起上诉，请求撤销一审判决，依法改判某商贸公司无须向李某支付一次性伤残补助金40,775元、一次性工伤医疗补助金52,140.75元、一次性伤残就业补助金52,140.75元。上诉理由是:(1)某商贸公司至今仍然不认可与李某存在劳动关系,原法定代表人房某某是代表第三人签订的《协议书》,该《协议书》是一次性终结处理协议,某商贸公司已支付李某31,000元,《协议书》已履行完毕,李某再行要求相应赔偿的请求不应得到支持,否则严重违背诚实信用原则;(2)一审法院认定《协议书》中双方权利义务明显失衡,某商贸公司应为李某补足工伤保险待遇差额是错误的。李某受伤主要是其自身过错造成的,且即使《协议书》约定的赔偿数额过低,根据《合同法》的规定,某商贸公司最多仅需补足李某工伤保险待遇70%即可;3. 李某是河北省邢台市的农村户籍,经常居住地在农村,有农村土地承包收益,不是必须到城市就业,某商贸公司不应支付李某一次性伤残就业补助金;即使认定某商贸公司需支付李某相应补助金,亦应参照李某户籍所在地河北省2014年度农村居民年人均收入标准计算。

【裁判结论】

北京市第一中级人民法院判决:驳回上诉,维持原判。

【裁判观点】

北京市第一中级人民法院认为:生效判决已经认定某商贸公司与李某存在劳动关系。李某所受伤害已认定为工伤,某商贸公司未为李某缴纳社会保险,双方虽签订《协议书》,某商贸公司按照协议支付李某31,000元,但该标准远低于李某应享受的工伤保险待遇,双方权利义务明显失衡,某商贸公司应向李某补足相应差额。工伤职工依照法定标准享受工伤保险待遇,某商贸公司主张按李某应享受工伤保险待遇的70%补足相应差额,缺乏法律依据,法院不予采信。

某商贸公司与李某之间劳动关系已经解除,李某依法应享受一次性伤残就业补助金。某商贸公司主张无须支付该项补助金的请求,缺乏法律依据,法院不予支持。

根据《工伤保险条例》第17条第2款的规定,职工发生工伤,用人单位未按规定提出工伤认定申请的,工伤职工可以直接向用人单位所在地统筹地区社会保险行政部门提出工伤认定申请。李某所受伤害已经北京市昌平区人力资源和社会保险局认定为工伤，故应按照2014年北京市职工月平均工资核算李某一次性工伤医疗补助金、一次性伤残就业补助金。某商贸公司主张以河北省2014年度农村居民年人均收入核算上述补助金数额，缺乏法律依据，法院不予采信。经核算，一审法院认定的李某上述两项补助金数额未高于法定标准，法院依法予以确认。

法官评析

本案争议焦点为劳动者与用人单位私下达成工伤赔偿协议后，因赔偿标准较低，劳动者反悔要求按照工伤保险待遇标准补足差额的请求应否支持，其所要解决的核心问题为工伤赔偿协议的效力问题以及应否按工伤保险待遇标准进行补足。

对于工伤赔偿协议的效力问题。从现有法律规定看，法律并不禁止用人单位与劳动者就工伤赔偿事宜进行协商解决。《劳动法》第7条、《劳动争议调解仲裁法》第4条都规定了，劳动争议发生后，劳动者可以选择与用人单位协商，通过达成和解协议来解决双方的劳动纠纷。工伤赔偿待遇纠纷作为劳动争议的一种，也可通过双方平等协商的方式得以解决。从当事人权利处分看，部分劳动者内心也愿意以协商的方式与用人单位进行和解解决赔偿事宜，主要原因在于诉讼解决等解决方式往往耗时较久，劳动者有时愿意通过签订一次性赔偿协议的方式尽快获得治疗费，况且劳动者作为具有完全民事行为能力的人，其进行自身权利处分亦有合理依据。因此，目前的司法尺度为只要工伤赔偿协议是双方当事人真实意思表示，未违反法律、行政法规的强制性规定，亦不存在欺诈、胁迫、乘人之危等情形的，应当认定该协议有效。

但赔偿协议有效且已履行，并不必然意味用人单位便无须按照工伤保险待遇的标准补足差额。《劳动争议司法解释（三）》第10条第2款规定，对于协议存在重大误解或者显失公平情形，当事人请求撤销的，人民法院应予支持。《劳动争议司法解释（一）》第20条第2款也规定，对于追索劳动报酬、养老金、医疗费以及工伤保险待遇、经济补偿金、培训费及其他相关费用等案件，给付数额不当的，人民法院可以予以变更。因此，对于即使已经履行完毕的工伤赔偿协议，若存在上述法律规定的"重大误解或显失公平"

或“给付数额不当”的情形，那么劳动者便可以请求撤销该协议或请求用人单位补足相应差额。那么如何认定工伤赔偿协议是否存在可予变更或撤销的情形呢？有学者主张，可依劳动者在达成赔偿协议前是否已进行工伤认定及劳动能力鉴定为判断依据。若劳动者已就所受伤害的伤残等级和丧失劳动能力情况有所认知，则其再行与用人单位签订的一次性赔偿协议，即便出现低于应享受的法定工伤保险待遇的情况，也不属于重大误解或显失公平的情况，劳动者之后反悔要求差额的请求不应支持。也有学者补充称，上述标准在认定是否存在重大误解情形时具有可行性，但在判断是否存在显失公平时，仍应坚持显失公平作为客观性标准的特性，即类推适用《合同法司法解释二》第19条第2款的规定，若协议约定的赔偿标准低于工伤保险待遇法定标准的70%即属于显失公平的情形。

上述认定方法虽然具有可借鉴性，但其主要是从一般民事合同理论角度考虑，并未充分考虑到工伤赔偿协议所涉及的劳动法律关系、国家社会保险制度等社会公共秩序属性的特殊性。我国法律规定用人单位为劳动者缴纳工伤保险是其法定义务，工伤职工依照法定标准享受工伤保险待遇。对于用人单位未为职工办理工伤保险的，应当由用人单位依法定标准向职工支付工伤保险待遇的费用。对于我国的工伤保险待遇，法律规定的工伤保险待遇标准系最低额度，其主要目的就是保障工伤职工应获得的最低数额，因此，从这一角度考虑，对于显失公平的评断标准不能仅依照《合同法司法解释二》第19条第2款的标准，而是应考虑社会保险制度的强制性及法定性，认定一旦用人单位支付的数额远低于法定最低标准，即属于显失公平，以保证劳动者社会保险待遇合法权益的实现。因此当劳动者诉请补足工伤保险待遇差额时，法院亦应予以支持。

【裁判依据】

1.《劳动争议司法解释(二)》第19条
2.《劳动争议司法解释(一)》第20条
3.《劳动争议司法解释(三)》第10条

(撰稿人 李 湉)

03

工伤职工停工留薪期内护理费的支付标准

——北京某节能制品公司诉李某劳动争议案

裁判规则

工伤职工在停工留薪期内生活不能自理需要护理的,法院可以参照当地护工从事同等级别护理的劳务报酬标准酌情判定用人单位向工伤职工支付住院期间的生活护理费。工伤职工未能提供相关护理依据的,可以根据伤情酌情确定是否需要护理。

案　情[1]

李某于2013年8月1日入职北京某节能制品公司,在北京某节能制品公司位于重庆市的南山郡项目工地工作。2013年10月11日李某在工作中受伤,2015年10月8日北京市海淀区人力资源和社会保障局认定李某受到的事故伤害为工伤,2015年11月20日北京市海淀区劳动能力鉴定委员会鉴定李某目前已达到职工工伤与职业病致残等级标准八级。工伤鉴定结论显示李某所受伤害为双跟骨粉碎性骨折。

李某治疗工伤的情况如下:2013年10月11日被送到重庆市南岸区南山街道社区卫生服务中心住院治疗,2013年10月24日转到解放军第三军医大学新桥医院继续住院治疗,并于2013年11月13日出院。2014年7月30日李某到解放军第三军医大学第三附属医院住院治疗,并于2014年8月26日出院。2016年3月23日李某再次到解放军第三军医大学第三附属医院住院治疗,并于

〔1〕 (2016)京01民终5776号。

2016 年 3 月 29 日出院,住院医疗费为 12,311.91 元;该笔住院医疗费在仲裁期间经北京市海淀区医疗保险事务管理中心审核,其中符合工伤保险报销范围的为 9254.81 元。此外,2014 年 7 月 10 日、9 月 11 日及 11 月 14 日李某分别到医院进行门诊治疗,三笔门诊医疗费共计 2638.72 元;该三笔门诊医疗费在仲裁期间经北京市海淀区医疗保险事务管理中心审核,其中符合工伤保险报销范围的为 2117.72 元。双方均认可李某受伤后未再为北京某节能制品公司提供劳动,李某的停工留薪期为 12 个月,工资支付至 2013 年 10 月 11 日,双方劳动关系于 2016 年 3 月 1 日解除。北京某节能制品公司未为李某缴纳过工伤保险。

2016 年 3 月 1 日李某以要求北京某节能制品公司向其支付停工留薪期工资、工资、一次性伤残补助金、一次性工伤医疗补助金、一次性伤残就业补助金、医疗费、护理费、住院伙食补助费为由向北京市海淀区劳动人事争议仲裁委员会申请仲裁。仲裁裁决作出后,北京某节能制品公司与李某均不服裁决结果,于法定期限内向法院提起诉讼,北京某节能制品公司起诉在先。

北京市海淀区人民法院判决:(1)北京某节能制品公司于本判决生效后七日内向李某支付一次性伤残补助金 46,200 元;(2)北京某节能制品公司于本判决生效后七日内向李某支付 2013 年 10 月 12 日至 2014 年 10 月 11 日停工留薪期工资 50,400 元、2014 年 10 月 12 日至 2016 年 2 月 29 日生活费 19,432 元;(3)北京某节能制品公司于本判决生效后七日内向李某支付 2013 年 10 月 11 日至 11 月 13 日及 2014 年 7 月 30 日至 8 月 26 日住院伙食补助费 1800 元、护理费 6000 元;(4)北京某节能制品公司于本判决生效后七日内向李某支付 2014 年 7 月 10 日至 2016 年 3 月 29 日医疗费 11,372.53 元;(5)北京某节能制品公司于本判决生效后七日内向李某支付一次性工伤医疗补助金 63,774 元、一次性伤残就业补助金 63,774 元;(6)驳回李某的其他诉讼请求。

北京某节能制品公司提起上诉,请求改判无须支付李某生活费、护理费及医疗费。

【裁判结论】

北京市第一中级人民法院判决:驳回上诉,维持原判。

【裁判观点】

北京市第一中级人民法院认为:李某被认定为工伤八级,北京某节能制品公司未为李某缴纳工伤保险,故北京某节能制品公司应按照《工伤保险条例》规定的工伤保险待遇项目和标准向李某支付费用。李某为治疗工伤,两次住院共计60天,李某虽未提交医院及劳动能力鉴定机构出具的确认其需要生活护理的证据,但工伤鉴定结论显示李某所受伤害为双跟骨粉碎性骨折,结合日常生活经验及李某所受伤害情况,生活需要护理当属必然。鉴于停工留薪期期间的护理费由用人单位负担,故一审法院按护工的一般市场价格酌定北京某节能制品公司支付上述两段期间护理费6000元并无不当。

法官评析

关于工伤职工的护理费问题,《工伤保险条例》规定了两种情形:一种规定于第33条第3款,即生活不能自理的工伤职工在停工留薪期需要护理的,由所在单位负责。另一种规定于第34条第1款,即工伤职工已经评定伤残等级并经劳动能力鉴定委员会确认需要生活护理的,从工伤保险基金按月支付生活护理费。对于评残后的生活护理费问题,《工伤保险条例》明确了支付条件及支付标准,支付条件为经劳动能力鉴定后确认需要护理,支付标准则根据生活完全不能自理、生活大部分不能自理或者生活部分不能自理3个不同等级,按照统筹地区上年度职工月平均工资的50%、40%、30%计算。但对于工伤职工停工留薪期内的护理费支付条件及计算标准却没有明确规定,实践中如何认定、计算工伤职工停工留薪期内的护理费存在争议,本案的一个争议焦点就在于此。

对于停工留薪期内护理费的支付条件,原则上应当以医疗机构或者鉴定机构的意见为准,当事人主张停工留薪期护理费应当提交诊断证明、出院小结、护理证明等,法院根据医疗机构或鉴定机构出具的护理依赖程度、护理期限判决用人单位向工伤职工支付护理费。但如本案情形,当事人无法提交医疗机构或鉴定机构的证明时,笔者认为可以根据工伤鉴定载明的伤情情况、工伤职工的生活自理障碍程度,结合日常生活经验,判定用人单位向工伤职工支付住院期间的护理费。是否需要护理的条件可以参照《人身损害受伤人员误工期、营养期、护理期评定准则(试行)》(京司鉴协发

〔2011〕4 号)确定,如本案中李某所受双跟骨骨折之伤害,根据上述规定,护理期为 60 日至 90 日,李某主张住院期间 60 日的护理费当属合理。值得强调的是,对于当事人不能提交生活需要护理证据的情况下,应当慎重酌定护理条件及期限,一般不宜超过住院期间,如住院时间较长超过上述 4 号文件规定的护理期时,应当以较短的期限确定护理期限。

关于停工留薪期内的护理费计算标准,原则上应当以实际发生的费用为准,但在当事人不能提交护理费用凭证的情况下,如何计算护理费实践中存在两种分歧观点。一种观点认为在劳动法律法规领域没有明确规定的情况下,可以参照一般人身损害赔偿处理。根据《最高人民法院关于审理人身损害赔偿案件适用法律若干问题的解释》第 21 条的规定,护理人员有收入的,参照误工费的规定计算;护理人员没有收入或者雇佣护工的,参照当地护工从事同等级别护理的劳务报酬标准计算。另一种观点认为应当参照工伤职工劳动能力鉴定后的护理费标准计算,即根据生活不能自理的程度按照统筹地区上年度职工月平均工资的 50%、40%、30% 计算。笔者认为从公平合理的角度考虑应当按照第一种观点计算工伤职工停工留薪期的护理费。首先,与一般人身损害赔偿相比,按照第二种观点计算的工伤护理费数额远远低于一般人身损害赔偿。北京地区一般人身损害赔偿的护理费用在每日 100 元至 150 元酌情考虑认定,一个月的护理费平均为 3600 元左右;而按照《工伤保险条例》第 34 条计算,本案中李某一个月的护理费仅为 1738 元。当事人所受同等伤害需要护理的情况下,护理费相去甚远,有失公平。其次,与其他地区赔付标准相比,第二种观点计算的工伤护理费亦低于经济水平相当的其他地区。如上海市、[1] 广东省[2] 均规定,生活不能自理的工伤职工停工留薪期护理费按照护工标准支付生活护理费。实质上,上述地区的规定亦是参照一般人身损害赔偿确定的护理费标准。

---

〔1〕《上海市人力资源和社会保障局关于实施〈上海市工伤保险实施办法〉若干问题处理意见的通知》(沪人社福发〔2014〕36 号)第 9 条第 1 款:生活不能自理的工伤人员在停工留薪期内,经治疗工伤的定点医疗机构确认需要护理的,由用人单位负责派人护理或者按该定点医疗机构的护工标准支付护理费。

〔2〕《广东省工伤保险条例》第 25 条第 4 款:工伤职工在停工留薪期间生活不能自理需要护理的,由所在单位负责。所在单位未派人护理的,应当参照当地护工从事同等级别护理的劳务报酬标准向工伤职工支付护理费。

综上，从护理费的必要性、合理性角度出发，生活不能自理的工伤职工停工留薪期内生活护理费的计算可以参照一般人身损害赔偿，以当地护工从事同等级别护理的劳务报酬标准酌情确定。工伤职工未能提交护理依据的，可以根据病情及日常生活经验酌情判定用人单位向工伤职工支付合理期间的护理费。

【裁判依据】

1.《工伤保险条例》第 33 条、第 34 条

2.《最高人民法院关于审理人身损害赔偿案件适用法律若干问题的解释》第 21 条

（撰稿人　刘佳洁）

04

公司未经依法清算注销后股东工伤保险责任的承担

——刘某诉寇某劳动争议案

裁判规则

用人单位未依法为劳动者缴纳工伤保险，用人单位未经合法清算注销后，股东应当承担相应的未缴工伤保险的责任，向工伤职工支付工伤保险待遇。双方就工伤赔偿达成的协议，如存在显失公平的情形，人民法院可以撤销。

案　情[1]

北京某商贸公司为自然人独资公司，股东为刘某。2014 年 1 月 1 日刘某与安某签订《股权转让协议》，转让北京某商贸公司 49% 的股权给安某；同日刘某与王某签订《股权转让协议》，转让北京某商贸公司 49% 的股权给王某。上述股权转让一直未办理工商变更登记。2015 年 11 月 11 日北京某商贸公司向工商行政部门申请办理注销登记，提交了股东决定、郑重承诺等材料，其中股东决定显示股东"刘某"签字决定成立清算组注销公司，公司注销后的未尽事宜由全体股东承担，全体股东一致确认清算报告内容；郑重承诺显示清算组负责人"刘某"签字承诺提交的注销登记材料真实。当天工商行政部门核准北京某商贸公司注销。

寇某曾向北京市丰台区人民法院起诉要求北京某商贸公司支付停工留薪期

[1] (2017)京 01 民终 1680 号。

工资、一次性伤残补助金、2014 年 4 月起的伤残津贴和生活护理费,并要求北京某建工公司承担连带责任。两家公司均出庭应诉。2015 年 6 月 3 日北京市丰台区人民法院作出(2015)丰民初字第 01094 号民事判决书,查明:2011 年 11 月 20 日寇某入职北京某商贸公司,月工资标准为 6000 元。2012 年 5 月 1 日寇某因工受伤,后经北京市丰台区人力资源和社会保障局认定为工伤。2014 年 3 月 27 日北京市丰台区劳动能力鉴定委员会作出《劳动能力鉴定、确认结论通知书》,认定寇某目前已达到职工工伤与职业病致残等级标准四级,护理依赖程度为部分护理依赖。北京某商贸公司自 2014 年 7 月起为寇某缴纳工伤保险,缴费期限为 2014 年 4 月至 11 月。该判决认定:寇某 2014 年 8 月起的伤残津贴和护理费属于工伤保险基金支付范围,故法院不予处理;2014 年 4 月至 7 月的伤残津贴和护理费,北京某商贸公司系补缴工伤保险,工伤保险基金无法支付,故由北京某商贸公司支付。判决:北京某商贸公司向寇某支付 2012 年 5 月 1 日至 2013 年 4 月 30 日停工留薪期工资 72,000 元、一次性伤残补助金 126,000 元、2014 年 4 月至 7 月伤残津贴 18,000 元和生活护理费 6951.60 元,并驳回寇某的其他诉讼请求。各方均未就该判决提起上诉,该判决已生效。之后,寇某向北京市丰台区人民法院申请强制执行,因北京某商贸公司在执行过程中注销,执行程序终结。另查,除缴纳了 2014 年 4 月至 11 月工伤保险外,北京某商贸公司未再为寇某缴纳在职期间其余月份的工伤保险。

2016 年 7 月 14 日寇某(甲方)与刘某(乙方)签订《协议书》,其中第 4 条约定:"鉴于北京某商贸公司现已注销,无力继续履行赔偿责任,现甲乙双方就甲方 2012 年 5 月 1 日工伤事故赔偿一事达成以下协议:1. 乙方一次性支付甲方 2012 年 5 月 1 日工伤事故赔偿款人民币壹拾捌万元整(人民币 180,000 元整)。乙方支付该款项后,有权向北京某商贸公司受让股东安某追偿该款项。2. 该赔偿款包括:(2015)丰民初字第 01094 号判决,以及甲方因此次工伤的后续治疗费、生活护理费、伤残津贴等一切费用。从此双方互不负权利义务,甲方不能再以此工伤事故为由追究乙方的赔偿责任。3. 甲方若对此协议反悔,并再以 2012 年 5 月 1 日工伤事故为由起诉乙方请求赔偿的,则应先退还此次乙方已支付的人民币 180,000 元整和同期人民银行贷款利息。"之后,刘某向寇某支付了上述 180,000 元。2016 年 11 月 28 日本案庭审中,刘某主张上述《协议书》是双方真实意思表示,其已按约履行,寇某不能再就工伤主张赔偿。寇某则主张上述《协议书》是在其生活危难之际被迫签订的，并非其真实意思表示，故上述《协议书》应属无效；同时主张其以为领取上述《协议书》的一次性赔偿后，仍可从工伤保险基金按月领取伤残津贴和生活护理费，但鉴于目前其社会保险缴费情况，其无法从工伤保险基金按月领取伤残津贴和生活护理费，存在重大误解，且上述《协议书》的一次性赔偿金额相对于其死亡时按月享受的伤残津贴和生活护理费金额，显失公平，故上述《协议书》应予撤销。

寇某提起本案诉讼，要求刘某向其支付2014年8月至2017年2月的伤残津贴135,000元、2014年8月至2017年2月的生活护理费78,450元。

北京市海淀区人民法院判决：(1)刘某于判决生效后七日内向寇某支付2014年8月1日至2016年11月28日伤残津贴125,637.93元和生活护理费55,198.38元；(2)驳回寇某的其他诉讼请求。

刘某提起上诉，请求驳回寇某的诉讼请求。

【裁判结论】

北京市第一中级人民法院判决：驳回上诉，维持原判。

【裁判观点】

北京市第一中级人民法院认为：北京某商贸公司并未为寇某补缴劳动关系存续期间的全部工伤保险，且北京某商贸公司已注销，导致寇某的工伤保险属于欠缴状态。因北京某商贸公司未能为寇某按时缴纳及补缴工伤保险，寇某无法从工伤保险基金领取2014年8月起的伤残津贴和生活护理费，北京某商贸公司需承担工伤保险待遇的赔偿责任，向寇某支付相应的伤残津贴和生活护理费。

关于工伤保险责任的承担主体。虽然刘某与安某、王某签订了《股权转让协议》，但未办理股权转让的工商变更登记，并不产生对抗第三人的法律效力，故寇某向刘某主张权利并无不当。鉴于北京某商贸公司在办理工商注销登记时提交的股东决定显示该公司注销后的未尽事宜由全体股东承担，且刘某未能提交证据证明将北京某商贸公司清算事宜书面通知寇某，北京某商贸公司未经合法清算即进行了注销。因此，刘某作为北京某商贸公司的股东应当对北京某商贸公司的债务承担清偿责任。

关于双方签订《协议书》的效力问题。(2015)丰民初字第01094号民事判决书判决北京某商贸公司应向寇某支付停工留薪期工资、一次性伤残补助金、伤残津贴和生活护理费等共计222,951.6元,而双方签订的《协议书》约定刘某一次性向寇某支付包括该判决款项及后续赔偿共计180,000元,该协议约定的数额明显低于生效判决确定的数额,且根据寇某的年龄及每月享有的伤残津贴和生活护理费标准,计算2014年8月起至死亡时,寇某可能获得的伤残津贴和生活护理费总额,将远远超过180,000元。若按照《协议书》约定,寇某不能再就工伤主张赔偿,势必会侵害寇某作为工伤职工的合法权益,造成双方权利义务的严重失衡,属于显失公平的情形,故一审法院对该协议予以撤销,应属正确。

法官评析

公司未经依法清算进行注销后,原工伤职工的权利如何继续得到保护,公司股东是否应当承担相应的责任?这就涉及《劳动法》与《公司法》的交叉适用问题。本案的争议焦点在于北京某商贸公司注销后,该公司原股东刘某是否应向寇某支付相关工伤待遇,双方签订的《协议书》的效力如何认定。

一、公司注销与工伤职工工伤待遇赔偿之间的矛盾解决

1. 公司未经依法清算,股东承担民事责任的法律基础。根据《公司法》的规定,公司解散后必须进行清算,清算结束后,清算组应当制作清算报告,报股东会、股东大会或人民法院确认,并报送公司登记机关,申请注销公司登记,公告公司终止。《公司登记管理条例》亦明确规定,公司解散后必须进行清算,公司清算组应当自公司清算结束之日起30日内向原公司登记机关申请注销登记,经公司登记机关注销登记,公司终止。根据上述法律规定可知,清算是公司终止的前置程序,未经清算公司不得办理注销登记。但实践中,公司股东或第三人向登记机关承诺负责清理债权债务,但公司未经清算即办理注销登记的情形大量存在,基于该种情形,《最高人民法院关于适用〈中华人民共和国公司法〉若干问题的规定(二)》第20条第2款明确规定:“公司未经依法清算即办理注销登记,股东或者第三人在公司登记机关办理注销登记时承诺对公司债务承担责任,债权人主张其对公司债务承担相应民事责任的,人民法院应依法予以支持。”

另外,《公司法》第185条第1款规定:“清算组应当自成立之日起十日

内通知债权人,并于六十日内在报纸上公告。”可见,通知、公告债权人是公司清算的法定必经程序。本案中,北京市丰台区人民法院作出判决,确认北京某商贸公司应向寇某支付停工留薪期工资、一次性伤残补助金、伤残津贴及生活护理费。该判决生效并进入执行程序后,北京某商贸公司申请了注销登记,该公司明知该债权的存在,但在进行注销登记前并未通知债权人寇某,也没有履行公告其他债权人的法定程序,上述行为明显没有依法履行公司清算的法定义务,构成未经依法清算即办理注销登记的情形,且根据工商资料显示,刘某签字决定成立清算组并承诺公司注销后的未尽事宜由全体股东承担。据此,根据《最高人民法院关于适用〈中华人民共和国公司法〉若干问题的规定(二)》的规定,北京某商贸公司未经依法清算即办理了注销登记,该公司股东亦进行了对公承诺,应当由股东对公司的债务承担相应的民事责任。

2. 工伤职工作为债权人主张权利的法律依据。为劳动者缴纳社会保险是用人单位的法定义务,但规避该项义务的用人单位实践中也是屡见不鲜,劳动者的相关社会保障权益无法得到实现。为惩戒用人单位的上述违法行为,《社会保险法》《工伤保险条例》等法律均作出明确规定,除需要接受罚款等行政处罚外,职工所在用人单位未依法缴纳工伤保险费,发生工伤事故的,由用人单位支付工伤保险待遇。本案中,北京某商贸公司未为寇某缴纳工伤保险,寇某发生工伤后,依照上述规定,北京某商贸公司应向寇某支付相应的工伤保险待遇。上述规定也就成为北京某商贸公司未依法清算,股东应承担相应责任的债权依据的法律渊源。

本案的特殊性在于寇某所受工伤构成伤残四级,护理依赖程度为部分护理依赖。根据《工伤保险条例》的规定,职工因工致残被鉴定为一级至四级伤残的,保留劳动关系,退出工作岗位,享受一次性伤残补助金、伤残津贴等工伤待遇,经鉴定需要生活护理的,从工伤保险基金按月支付生活护理费。按照该规定,寇某达到工伤四级,北京某商贸公司未为寇某缴纳工伤保险,应当由北京某商贸公司向寇某按月支付伤残津贴及生活护理费,但北京某商贸公司登记注销后,该公司主体资格灭失,与工伤职工的劳动关系无法维系,类似寇某工伤职工的后续生活保障如何满足就成为一道难题。对于该种情况,《北京市实施〈工伤保险条例〉若干规定》第 23 条规定,参加工伤保险的用人单位破产、解散的，其一级至四级伤残职工、享受供养亲属抚恤金待遇的人员、退休的工伤人员享受的由工伤保险基金支付的工伤待遇，由街道办事处或者乡、镇人民政府设立的社会保障事务机构发放。根据上述规定，只要用人单位依法为劳动者缴纳了工伤保险，即使用人单位解散、破产，仍然可以通过社会保障继续保障一级至四级伤残职工的合法权益。但本案中，北京某商贸公司未履行缴纳工伤保险的法定义务，该公司注销后，寇某的工伤保险待遇支付无法实现社会化，而北京某商贸公司在办理注销登记前又没有依法进行清算，根据前述《公司法》及劳动法律法规的规定，应当由股东承担向寇某支付工伤保险待遇的义务。

二、未经工商变更登记的股权转让效力问题

我国《公司法》对工商登记是否为股权转让合同和股权转让发生效力的要件并未作出规定，通说认为办理工商变更登记是股权转让的法定程序，而非股权转让合同的生效要件。实际上，工商登记仅是公司股权发生变化后的对外公示程序，属于形式要件。而商法的一项重要基本原则为维护交易安全，公示主义和外观主义就是维护交易安全的基本表现形式，公示主义主要体现为公司登记、信息公开等。也正因如此，对于第三人或者公司的相对人而言，考虑到形式要件的对外功能，根据上述公示主义和外观主义的原则，股东变更未经工商登记的，不得对抗第三人。

本案中，刘某抗辩其已将股权转让给案外人，与北京某商贸公司已经没有任何关联，并提交了股权转让协议等证据。但刘某所述之股权转让并未进行工商变更登记，因此寇某向其主张权利时，上述股权转让协议无法对抗第三人寇某，且在工商注销登记时，亦应当以登记的股东刘某作为唯一的股东办理相关清算、注销手续。也正是考虑到未经变更登记的股权转让协议无法对抗第三人，法院最终判决由刘某承担赔偿寇某工伤保险待遇的责任。

三、关于双方就工伤赔偿达成协议的效力认定

用人单位和劳动者签订的和解协议效力的认定，2009 年《北京市高级人民法院、北京市劳动争议仲裁委员会关于劳动争议案件法律适用问题研讨会会议纪要》曾作出规定，“用人单位与劳动者解除或者终止劳动合同时，自愿签订的和解协议，不违反法律和行政法规的强制性规定，在履行完毕后，一方当事人反悔，主张双方约定无效的，一般不予支持。但协议中双

方的权利义务明显失衡，仲裁委或人民法院可予以适当调整。用人单位与劳动者就工伤保险待遇达成的协议在履行完毕后，劳动者以双方约定的给付标准低于法定标准为由，在仲裁时效内要求用人单位按照法定标准补足差额部分的，应与支持”。2010 年出台的《劳动争议司法解释（三）》第 10 条规定：“劳动者与用人单位就解除或终止劳动合同办理相关手续、支付工资报酬、加班费、经济补偿或者赔偿金等达成的协议，不违反法律、行政法规的强制性规定，且不存在欺诈、胁迫或者乘人之危情形的，应当认定有效。前款协议存在重大误解或者显示公平情形，当事人请求撤销的，人民法院应予支持。”上述司法解释从程序、适用情形、法律后果等方面较会议纪要作出了更完善的规定。总体而言，在处理双方签订的和解协议效力案件中，目前的司法尺度为充分尊重并维护双方协议约定的效力，除法定情形外不宜撤销双方的和解协议。值得注意的是，前述会议纪要单独将工伤赔偿案件作为一种特殊情形，专门规定了对工伤赔偿协议效力的认定条款，这是充分考虑工伤职工权利保护的特殊性决定的，而从司法解释的规定来看，也提出了显失公平情形下协议的撤销权。而对于显失公平的理解，是指双方当事人的权利义务明显不对等，使一方遭受重大不利。其构成要件为：双方当事人的权利义务明显不对等；这种不对等违反公平原则，超过了法律允许的限度。

本案中，北京市丰台区人民法院作出判决后，北京某商贸公司注销，北京某商贸公司股东刘某与寇某达成了关于工伤赔偿的和解协议。该和解协议约定刘某一次性向寇某赔偿工伤全部损失 18 万元，寇某不得就工伤再次主张赔偿。但仅北京市丰台区人民法院判决书确定的截至 2014 年 7 月的工伤赔偿总金额已经达到 22 万余元，根据寇某的年龄及其每月享有的伤残津贴和护理费标准，2014 年 8 月起至其死亡，其可能获得的工伤待遇将远远超过 18 万元。在双方约定的赔偿金额尚不足以覆盖生效判决数额，且与寇某可能获得的工伤待遇总额之间存在巨大差额的情况下，若按照双方和解协议的约定，寇某不能再就工伤待遇主张赔偿，势必侵害了寇某作为工伤职工的合法权益，构成双方权利义务的严重失衡，且远远超过了法律允许的限度，该和解协议明显属于显失公平的情形，人民法院可以撤销。而对于撤销的程序要求，笔者认为从诉讼便利的角度出发，不必要求当事人必须首先提出一个撤销之诉再主张后续的权利，只要在诉讼请求中包含了协议应撤销的主张即可。本案中，寇某要求刘某支付相关工伤赔偿待遇，主张双方签订的协议存在欺诈及显失公平的情形，故法院最终判决撤销双方签订的和解协议，刘某应当按照法律规定向寇某支付相应工伤保险待遇。

【裁判依据】

1.《工伤保险条例》第 62 条

2.《北京市实施〈工伤保险条例〉若干规定》第 23 条

3.《最高人民法院关于适用〈中华人民共和国公司法〉若干问题的规定（二）》第 20 条

（撰稿人　刘佳洁）

05

建设单位、施工单位未趸交工伤保险的责任

——胡某诉江苏某劳务公司、某建设公司及某置业公司劳动争议案

裁判规则

按照建设项目参保的职工,未参加工伤保险,在建设项目中发生工伤事故,施工总承包单位、建设单位因违反保护他人为目的之法律,应承担侵权责任,赔偿职工的损失。

案　情[1]

2016 年 10 月 5 日,江苏某劳务公司(甲方)与胡某(乙方)签订《劳动合同书》,约定甲方招用乙方担任木工,工作地点为北京市八大处远洋天著春秋项目二期,期限为自 2016 年 10 月 5 日起至八大处工作任务完成即行终止。甲方安排乙方实行标准工时制度,工资标准为 150 元/天,工资计算方式为 150 元/天 × 出勤工日。合同签订后,胡某至工地工作。

2016 年 12 月 13 日,胡某在工作中受伤,当日被送至首钢医院治疗,诊断为"左眼继发性青光眼(外伤后)、左眼钝挫伤后、左眼结膜裂伤术后",相关费用由江苏某劳务公司垫付。

2017 年 5 月 12 日,胡某经石景山区人力资源和社会保障局认定为工伤,后鉴定为七级伤残。

[1] (2019)京 01 民终 1129 号。

2017年12月22日，胡某以江苏某劳务公司未缴纳社保、拖欠工资为由，向江苏某劳务公司邮寄送达解除劳动关系通知书，江苏某劳务公司认可收到上述通知书。

2015年北京市职工月平均工资为7087元，2016年北京市职工月平均工资为7706元。

庭审中，胡某主张其日工资标准为250元，江苏某劳务公司否认，主张其日工资标准为150元，有劳动合同书为证。

另查，某建设公司系石景山区八大处金顶山路远洋天著春秋项目二期的施工总承包单位，某置业公司系建设单位，工程已于2017年12月30日竣工。

再查，胡某于2017年12月22日提起劳动仲裁。

一审法院认为，关于某建设公司与某置业公司是否应当对未参加工伤保险的建设项目的工伤保险待遇承担连带责任。人社部发〔2014〕103号文《关于进一步做好建筑业工伤保险工作的意见》第8条的规定落实工伤保险先行支付政策。未参加工伤保险的建设项目，职工发生工伤事故，依法由职工所在用人单位支付工伤保险待遇，施工总承包单位、建设单位承担连带责任……胡某要求按照上述规定，由某建设公司与某置业公司对其应享受的保险待遇承担连带责任，某建设公司与某置业公司认可胡某所在工程在项目开工前未缴纳工伤保险费，但主张胡某所依据的系规范性文件，不能作为承担连带责任的法律裁判标准。对此，法院认为，(1)人社部发〔2014〕103号文《关于进一步做好建筑业工伤保险工作的意见》的出台依据的是《社会保险法》、《建筑法》、《安全生产法》、《职业病防治法》和《工伤保险条例》等法律法规的规定，上述意见的出台有相关行业的法律法规作为法律基础。(2)人社部发〔2014〕103号文《关于进一步做好建筑业工伤保险工作的意见》出台的主要目的是维护建筑职业特别是农民工的工伤保障权益，大力推进建筑施工企业依法参加工伤保险，使建筑业职工工伤权益保障工作不断得到加强。解决当前存在的部分建筑施工企业安全管理制度不落实、工伤保险参保覆盖率低、一线建筑工人特别是农民工工伤维权能力弱、工伤待遇落实难等问题。若以人社部发〔2014〕103号文《关于进一步做好建筑业工伤保险工作的意见》效力层级不够，免除施工总承包单位、建设单位承担连带责任，那么与我国相关法律、法规的立法目的违背。结合以上两点，对胡某要求某建设公司与某置业公司对其工伤在工伤保险待遇范围内承担连带责任的主张，法院予以支持。

就工伤保险待遇一项,北京市石景山区人民法院判决:江苏某劳务公司、某建设公司及某置业公司于判决生效之日起15日内支付胡某一次性伤残补助金92,124.5元、一次性工伤医疗补助金92,472元、住院伙食补助费1440元、劳动能力鉴定费200元、工伤医疗费6404.04元。

【裁判结论】

北京市第一中级人民法院判决:驳回上诉,维持原判。

【裁判观点】

北京市第一中级人民法院认为:本案的争议焦点在于某建设公司、某置业公司是否应支付胡某不能享受的工伤保险待遇,该争议焦点涉及两个问题:一是未参加工伤保险的建设项目,建设项目职工发生工伤事故的,某置业公司、某建设公司是否应承担相应的责任。二是某置业公司、某建设公司承担责任的范围。针对第一个问题,某置业公司作为建设单位,应有保证工程质量和安全的具体措施。某建设公司作为施工总承包单位,必须依法对建筑安全生产进行管理,采取施工安全的措施。而建筑业按项目参加工伤保险属于保证工程安全施工的具体措施之一。本案中的项目是应按照建筑项目为单位参加工伤保险的项目,某建设公司、某置业公司并未就涉案项目向社保经办机构办理工伤保险,在建设项目职工发生工伤事故情况下,某建设公司、某置业公司应承担相应的责任。某建设公司主张胡某并非不能按用人单位参保的职工,属于相对固定的职工,应按用人单位参加工伤保险,但是胡某并非管理人员或专业技术人员等相对固定的职工,某建设公司并未就其主张提供证据加以证明,故本院对其该项主张不予采信。针对第二个问题,因某建设公司、某置业公司的原因导致胡某不能享受工伤保险待遇,其应赔偿损失。根据人社部发〔2014〕103号文的相关规定,未参加工伤保险的建设项目,职工发生工伤事故,依法由职工所在用人单位支付工伤保险待遇,施工总承包单位、建设单位承担连带责任,本院应予以参照。故本院认为某建设公司、某置业公司应支付胡某不能享受的工伤保险待遇,即支付胡某一次性伤残补助金、一次性工伤医疗补助金、住院伙食补助费、劳动能力鉴定费、工伤医疗费。

法官评析

该案涉及的争议焦点是未参加工伤保险的职工，在建设项目中发生工伤事故，施工总承包单位、建设单位是否应当承担相应的责任。虽然人社部发〔2014〕103号文《关于进一步做好建筑业工伤保险工作的意见》针对这种情况有明确规定，但是诚如某建设公司、某置业公司所主张，依据《民法总则》的规定，连带责任由法律规定或者当事人约定。该文件的效力层级不够，所以不能直接作为裁判依据。

二审法院坚持人社部发〔2014〕103号文不能作为某建设公司、某置业公司承担连带责任的依据，但是并不意味着其不用承担相应的责任。因为根据《侵权法》的相关规定行为人违背保护他人为目的之法律，应当承担侵权责任。根据《建筑法》的相关规定，建设单位有保证工程质量和安全的具体措施；建设施工单位必须依法加强对建筑安全生产的管理，采取有效的施工安全措施。根据人社部发〔2014〕103号文的规定，建筑业按项目参加工伤保险属于保证工程安全施工的具体措施之一。所以建设单位，施工单位具有为参加项目建筑的职工提供安全施工的义务，现其违背保护他人为目的之法律，应当承担责任，赔偿损失。关于承担损失的范围，因建设单位、施工单位的行为导致个人不能享有工伤保险待遇，应在该责任范围内承担赔偿责任。

（撰稿人　王　飞）

06

劳动者达到法定退休年龄而终止劳动合同，是否享有一次性工伤医疗补助金及一次性伤残就业补助金

——时某某诉北京某工程管理有限公司劳动争议案

裁判规则

《工伤保险条例》规定的一次性工伤医疗补助金及一次性伤残就业补助金的支付条件为“劳动、聘用合同期满终止”或者“职工本人提出解除劳动、聘用合同”，并未将达到法定退休年龄规定为支付的法定条件。从文义及体系解释出发，劳动关系因达到法定退休年龄而终止并非劳动合同期满终止的一种。故本案劳动者在双方劳动合同期满前，因达到法定退休年龄而双方劳动关系终止，不应享有一次性工伤医疗补助金及一次性伤残就业补助金。

案　情[1]

2012 年 8 月 1 日，时某某入职北京某工程管理有限公司（以下简称某公司），任公路维修养护工人。时某某系农业户口，某公司为其缴纳了工伤保险，双方签订的最后一份劳动合同期限为 2014 年 8 月 1 日至 2016 年 7 月 31 日。2014 年 8 月 15 日，时某某在上班途中发生交通事故，时某某与该事故的另一当事方负事故的同等责任。2015 年 3 月 8 日，时某某达到法定退休年龄，双方劳动关系终止。2015 年 9 月 21 日，时某某工伤等级被鉴定为八级。2015 年 10 月 22

〔1〕 (2016)京 01 民终 3573 号。

日,北京市通州区社会保险事业管理中心出具工伤待遇核准表,载明时某某享受的一次性伤残补助金为38,236元。该款项已汇入某公司账户。

2015年11月4日,时某某将某公司申请至延庆县劳动人事争议仲裁委员会(现北京市延庆区劳动人事争议仲裁委员会,以下简称延庆仲裁委),要求某公司支付:加班费、医疗费、一次性伤残补助金、一次性工伤医疗补助金、一次性伤残就业补助金。2015年12月17日,延庆仲裁委作出延劳人仲字〔2016〕26号裁决书,裁决某公司支付时某某一次性伤残补助金38,236元、医药费66,917.5元,并驳回时某某的其他仲裁请求。时某某不服该裁决,于法定期限内诉至法院。

一审法院认为,关于一次性工伤医疗补助金一节,时某某于2015年3月8日达到法定退休年龄,不符合享受一次性工伤医疗补助金的情形,法院不予支持。时某某不服一审判决,上诉至北京市第一中级人民法院,上诉理由为一次性工伤医疗补助金应当由某公司支付,法律未规定达到退休年龄将不支付。

【裁判结论】

北京市第一中级人民法院判决:驳回上诉,维持原判。

【裁判观点】

北京市第一中级人民法院认为:时某某与某公司之间的劳动关系存续期间,某公司为时某某缴纳了工伤保险,双方的劳动合同期满前,因时某某达到法定退休年龄,双方劳动关系终止,故时某某不符合享受一次性工伤医疗补助金的情形。其要求某公司向其支付一次性工伤医疗补助金,于法无据,一审法院对此不予支持是正确的,本院予以确认。

法官评析

《工伤保险条例》(以下简称《条例》)规定,职工因工致残被鉴定为七级至十级伤残的,劳动、聘用合同期满终止,或者职工本人提出解除劳动、聘用合同的,由工伤保险基金支付一次性工伤医疗补助金,由用人单位支付一次性伤残就业补助金。具体标准由省、自治区、直辖市人民政府规定。但《条例》未规定达到法定退休年龄时,劳动者是否有权享受一次性工伤医疗补助金及一次性伤残就业补助金,对此问题实践中处理并不一致。

有些省份如江苏省,在《江苏省实施〈工伤保险条例〉办法》第28条中明确规定达到法定退休年龄或者按照规定办理退休手续的,不支付一次性工伤医疗补助金和一次性伤残就业补助金。就北京市而言,在已废止的《北京市实施〈工伤保险条例〉办法》第36条第3款中有规定"工伤职工距法定退休年龄超过五年(含五年)的,应当支付全额的一次性工伤医疗补助金和伤残就业补助金;不足五年的,每减少一年扣除全额的20%,但最高扣除额不得超过全额的90%。"同时也明确规定工伤职工达到退休年龄或者办理退休手续的,不享受一次性工伤医疗补助金和伤残就业补助金。而取代该办法的《北京市实施〈工伤保险条例〉若干规定》中却将上述规定删除,对此仅在第24条第1款中规定工伤职工与用人单位的劳动关系依法解除或者终止的,该用人单位应当按照《条例》的规定向该工伤职工支付一次性伤残就业补助金。因此,2011年《北京市实施〈工伤保险条例〉若干规定》实施后,北京市各法院对劳动者达到法定退休年龄而终止劳动合同,是否享有一次性工伤医疗补助金及一次性伤残就业补助金出现了两种不同处理方式:持支持观点认为,劳动者达到法定退休年龄劳动合同终止,属于终止情形之一,劳动者有权享受一次性工伤医疗补助金及一次性伤残就业补助金;持否定观点则认为,《工伤保险条例》中仅规定劳动合同期满终止时劳动者享受上述补助金,而劳动者达到法定退休年龄时劳动合同终止并不等同于劳动合同期满终止。本案中,北京市第一中级人民法院认为双方的劳动合同期满前,因时某某达到法定退休年龄,双方劳动关系终止,故时某某不符合享受一次性工伤医疗补助金的情形。可见本案持否定观点,具体从以下几方面分析其合理性:

首先,从文义解释看,《条例》明确的是劳动合同期满终止,并未规定劳动者达到法定退休年龄为一次性工伤医疗补助金及一次性伤残就业补助金的支付条件。虽《北京市实施〈工伤保险条例〉若干规定》中以"劳动关系依法解除或者终止的"作为支付条件,但该规定系《条例》的下位法,不宜根据该规定而对《条例》中规定的劳动合同期满终止进行扩大解释。

其次,从体系解释看,根据《劳动合同法》第44条及《劳动合同法实施条例》第21条的规定,立法上显然将达到法定退休年龄与劳动合同期满作为并列的劳动合同终止情形，因此，劳动关系因达到法定退休年龄而终止并非劳动合同期满终止的一种。

最后，从目的解释看，一次性工伤医疗补助金及一次性伤残就业补助金的立法目的是考虑到工伤职工有可能伤病发生变化需要治疗，而且可能会在今后的求职就业中与非工伤人员相比存在一定的困难，因此为了使工伤职工在寻找到新的工作以前，基本生活开支有必要的保障，并有能力医治伤病而设立上述补助金。基于此，对于劳动者达到法定退休年龄，并享受基本养老保险待遇，或者领取退休金的，不存在再就业的需要，基本生活也具有一定保障，故无须支付一次性工伤医疗补助金及一次性伤残就业补助金。

综上所述，由于《条例》未将达到法定退休年龄规定为支付一次性工伤医疗补助金及一次性伤残就业补助金的法定条件，在立法未作修改前，司法裁判不宜突破《条例》规定。本案劳动者在双方劳动合同期满前，因达到法定退休年龄而双方劳动关系终止，不应享有一次性工伤医疗补助金及一次性伤残就业补助金。

【裁判依据】

1.《工伤保险条例》第 35 条

2.《北京市实施〈工伤保险条例〉若干规定》第 24 条

（撰稿人　高天琪）

07

商业保险不能抵扣工伤赔偿

——某公司诉张某等五人劳动争议案

裁判规则

商业保险和社会保险的性质不一致,社会保险是社会稳定的基本条件,而商业保险应视为用人单位给予员工的福利待遇,二者并不能相互取代。

案　情[1]

张某等5人系劳动者张某1的近亲属,劳动者张某1于2013年3月4日与某公司签订了书面劳动合同,约定张某1岗位为司机,用人单位某公司未为张某1缴纳工伤保险费。2013年11月25日,张某1驾驶中型厢式货车发生交通事故死亡。2014年3月31日,张某1被认定为因工死亡。某公司为张某1缴纳了意外伤害险,要求该部分商业保险待遇应予扣除。

张某等5人以要求某公司支付工伤保险待遇为由向北京市门头沟区劳动人事争议仲裁委员会(以下简称门头沟仲裁委)提出申请,海淀仲裁委裁决:某公司一次性支付张某等5人丧葬补助金31,338元、一次性工亡补助金491,300元,按月支付张某等4人供养亲属抚恤金3134元。某公司不服上述裁决,在法定期限内向法院提起了诉讼。

北京市门头沟区人民法院认为:依照《工伤保险条例》规定,应当参加工伤保险而未参加工伤保险的用人单位职工发生工伤的,由该用人单位按照本条例规定的工伤保险待遇项目和标准支付费用。本案中,张某1系某公司职工,其被

[1] (2015)一中民终字第730号。

认定为因工死亡，某公司未为张某1缴纳工伤保险，故某公司应当按照法律规定支付张某1的相关工伤保险待遇。

《工伤保险条例》第39条第1款规定："职工因工死亡，其近亲属按照下列规定从工伤保险基金领取丧葬补助金、供养亲属抚恤金和一次性工亡补助金：(一)丧葬补助金为6个月的统筹地区上年度职工月平均工资；(二)供养亲属抚恤金按照职工本人工资的一定比例发给由因工死亡职工生前提供主要生活来源、无劳动能力的亲属。标准为：配偶每月40%，其他亲属每人每月30%，孤寡老人或者孤儿每人每月在上述标准的基础上增加10%。核定的各供养亲属的抚恤金之和不应高于因工死亡职工生前的工资。供养亲属的具体范围由国务院社会保险行政部门规定；(三)一次性工亡补助金标准为上一年度全国城镇居民人均可支配收入的20倍。"据此，某公司应向张某等5人支付一次性工亡补助金491,300元(24,565元/年×20年)、丧葬补助金31,338元(5223元/月×6个月)。鉴于某公司已支付丧葬费2万元，应予扣除，故某公司还应支付张某等5人丧葬补助金11,338元。根据《因工死亡职工供养亲属范围规定》第3条之规定，依靠因工死亡职工生前提供主要生活来源，并且工亡职工父母男年满60周岁、女年满55周岁，工亡职工子女未满18周岁的，可按规定申请供养亲属抚恤金。本案中，张某1于2013年11月25日死亡，当时其父母均已年满60周岁，其子女均未满18周岁，且河北省某乡人民政府和河北省某乡某村村委会出具的《证明》能够证明上述4人无经济来源，故某公司应当自2013年12月起每月向上述4人支付供养亲属抚恤金。关于抚恤金的标准，《工伤保险条例》第60条第2款规定："本条例所称本人工资，是指工伤职工因工作遭受事故伤害或者患职业病前12个月平均月缴费工资。本人工资高于统筹地区职工平均工资300%的，按照统筹地区职工平均工资的300%计算；本人工资低于统筹地区职工平均工资60%的，按照统筹地区职工平均工资的60%计算。"因张某1在某公司工作不满12个月，门头沟仲裁委按张某1死亡时上一年度(2012年)北京市职工平均工资的60%即每月3134元的标准计算其本人工资，张某等5人同意仲裁裁决结果，法院不持异议。因张某1有4位供养亲属，4位供养亲属的抚恤金之和不应高于张某1生前工资，故法院确认张某等4人的供养亲属抚恤金总额为每月3134元，每人每月783.5元。上述抚恤金支付至张某等4人丧失领取供养亲属抚恤金条件时止。在履行过程中，某公司应根据北京市劳动行政部门有关调整工亡人员供养亲属工伤保险定期待遇的通知即时调整每月支付数额。

北京市门头沟区人民法院判决:(1)某公司自判决生效之日起七日内支付张某等5人丧葬补助金11,338元。(2)某公司自判决生效之日起七日内支付张某等5人一次性工亡补助金491,300元。(3)某公司自2013年12月起,于每月20日之前按照每人783.5元的标准,按月支付张某等4人供养亲属抚恤金,至张某等4人丧失领取供养亲属抚恤金条件时止;在履行过程中,某公司应根据北京市劳动行政部门有关调整工亡人员供养亲属工伤保险定期待遇的通知即时调整每月支付数额。(4)驳回某公司的诉讼请求。

某公司不服提起上诉,请求撤销原判、发回重审,或者改判支持其在一审期间提出的全部诉讼请求;上诉理由:(1)张某1是否为工伤尚在行政诉讼,没有最终结论;(2)张某1未安全驾驶,对交通事故负全部责任,不应该被认定为工伤;(3)按照《侵权责任法》的规定,张某1应该承担全部的过错责任;(4)某公司为张某1交纳了意外伤害险,该部分商业保险待遇应予扣除;(5)张某1因交通事故死亡,交强险赔付的数额应予扣除。

【裁判结论】

北京市第一中级人民法院判决:驳回上诉,维持原判。

【裁判观点】

北京市第一中级人民法院认为:应当参加工伤保险而未参加工伤保险的用人单位职工发生工伤的,由该用人单位按照规定的工伤保险待遇项目和标准支付费用。根据查明的事实,张某1系某公司职工,其被认定为因工死亡,某公司未为张某1缴纳工伤保险,故某公司应当按照法律规定支付张某1的相关工伤保险待遇。原审法院核定的各工伤保险待遇项目和标准并无不当,本院予以确认。本案系工伤保险待遇纠纷,对张某1不应适用过错责任的规定。某公司要求在本案中扣除张某1的意外伤害险、交强险待遇,缺乏法律依据,本院亦不予支持。

法官评析

对于商业保险能否抵扣工伤赔偿目前法律规定不明确,在审判实践中存在一定的争议。

一种观点认为，商业保险不应抵扣工伤赔偿。即本案例所述情况，某公司为张某1缴纳了意外伤害险，要求该部分商业保险待遇应予扣除。法院生效判决认为，某公司要求在本案中扣除张某1的意外伤害险、交强险待遇，缺乏法律依据，不予支持。

但实践中也有一种观点认为，商业保险应当抵扣工伤赔偿。用人单位出资为员工购买人身意外保险等商业保险，其目的是在出现工伤事故时转嫁赔偿风险，应视为用人单位对所应当承担的赔偿责任的一种自我救济，且有利于劳动者在受到伤害时获得赔偿，如果不允许抵扣工伤赔偿，那么用人单位就不会再去购买商业保险，尤其是一些中小企业，在无法赔偿巨额工伤赔偿时，往往会选择人去楼空，反而不利于保护工伤职工的合法权益。

从性质上看工伤保险属于社会保险的一种，商业保险是否应抵扣工伤保险赔偿，实质上应当分析社会保险与商业保险的关系。

首先，强制性不同。社会保险具有强制性。《劳动法》第72条规定，用人单位和劳动者必须依法参加社会保险，缴纳社会保险费。《社会保险法》第33条规定，职工应当参加工伤保险，由用人单位缴纳工伤保险费，职工不缴纳工伤保险费。可见，缴纳社会保险义务为法定义务，无法定事由，不能减轻或者免除。商业保险则不具强制性，系投保人自愿选择是否参加商业保险。

其次，筹资办法不同。社会保险按照大数法则，在全社会范围内统一筹集资金，筹资来源于国家、单位、职工个人等多方面，体现社会共济。而商业保险的保险资金来源于投保人的保费。

最后，待遇水平不同。社会保险一般适用于全体公民，待遇较统一，强调社会的公平性。而商业保险待遇与投保费用的多少以及保险资金的运营状况直接挂钩。

综上可见，商业保险和社会保险的性质不一致，社会保险是社会稳定的基本条件，而商业保险应视为用人单位给予员工的福利待遇，二者并不能相互取代。

从实践层面看，用人单位不给劳动者缴纳社会保险，只是为劳动者购买个人意外险或团体意外险，本质上还是为了减少经营成本，规避法律强制性规定。如果允许商业保险抵扣工伤赔偿,实质上是对用人单位规避行为的纵容。故商业保险不应抵扣工伤赔偿。

【裁判依据】

1.《劳动法》第 72 条

2.《社会保险法》第 33 条

(撰稿人　范楷强)

08

用人单位未依法缴纳工伤保险的责任认定

——北京某电气安装工程公司诉李某瑶等劳动争议案

裁判规则

用人单位未依法缴纳工伤保险费,发生工伤事故的,由用人单位支付工伤保险待遇。用人单位以其未违反《社会保险法》第58条第1款关于“用人单位应当自用工之日起三十日内为其职工向社会保险经办机构申请办理社会保险登记”时限要求为由,主张免除其因未依法缴纳工伤保险费所应承担的支付工伤保险待遇责任的,不予支持。

案 情[1]

李某某系李某光、李某瑶之父,于2015年11月25日入职北京某电气安装工程公司(以下简称某电气公司),担任货车司机,双方未签订劳动合同,某电气公司为李某某缴纳了2015年12月至2016年1月的社会保险。李某某工作至2015年11月30日,当日发生交通事故,后于2015年12月7日经抢救无效死亡。某电气公司曾向李某光、李某瑶支付丧葬补助金9910元。

2016年10月31日北京市海淀区人力资源和社会保障局作出工伤决定书,内容载明:“2015年11月30日,某电气公司职工李某某,被该单位派往真顺村工地拉料物。工作结束后,当日15时45分许,其驾驶车辆返回单位途中,行至昌平区棉辛路与棉山村路交叉路口处,发生交通事故。事故发生后,李某某晕倒,由“999”急救车送往北京市红十字会急诊抢救中心救治,后经医院抢救无

[1] (2018)京01民终3259号。

效,李某某于2015年12月7日凌晨4时12分临床死亡。另经北京市红十字会急诊抢救中心司法鉴定意见书认为,李某某符合因车祸造成头部外伤,致颅脑损伤而死亡;车祸伤与李某某死亡原因之间已构成直接因果关系。李某某同志受到的事故伤害,符合《工伤保险条例》第十四条第(五)项之规定,属于工伤认定范围,现予以认定为工伤。"某电气公司不服上述工伤认定书向北京市海淀区人民政府申请行政复议,后向海淀区法院提起行政诉讼,海淀区法院经审理后作出行政判决书,判决驳回某电气公司的诉讼请求。某电气公司不服上述行政判决书向北京市第一中级人民法院提起上诉,该院作出行政判决书,驳回上诉,维持一审判决。

就李某某工资标准一节,某电气公司主张李某某月工资标准为2500元,李某光、李某瑶主张李某某月工资标准为3500元。双方均未就此提交相应证据予以证明。另查,李某瑶、李某光与某电气公司均认可某电气公司未向李某某支付过工资。

就供养亲属抚恤金一节,李某瑶主张某电气公司应每月按照1050元标准向其支付供养亲属抚恤金至2019年4月7日。经法院组织双方当事人向北京市社会保险基金管理中心核实,某电气公司需补缴李某某2015年社会保险后方可自补缴次月由社保基金列支供养亲属抚恤金,但某电气公司以已经依法缴纳李某某社会保险不存在过错及补缴问题为由未予同意。

另查,李某某系离异后未再婚,其与前妻郭某某在婚姻关系存续期间曾生育两子女,分别为李某光、李某瑶。李某某父亲、母亲均已去世。

李某光、李某瑶曾以要求某电气公司支付一次性工亡补助金、丧葬补助金、供养亲属抚恤金等为由向北京市海淀区劳动人事争议仲裁委员会提出申诉,仲裁委裁决:(1)某电气公司于本裁决书生效之日起十日内,支付李某光、李某瑶丧葬补助金差额28,868元;(2)某电气公司于本裁决书生效之日起十日内,支付李某光、李某瑶一次性工亡补助金576,880元;(3)某电气公司于本裁决书生效之日起十日内,支付李某瑶2016年1月至2017年1月供养亲属抚恤金15,123.42元;(4)驳回李某光、李某瑶的其他仲裁请求。双方均不服仲裁裁决,于法定期限内提起诉讼。

某电气公司诉称:李某某于2015年12月7日脑干出血死亡,属突发疾病,抢救7天无效后死亡,不构成工伤。李某某于2015年11月30日下午发生交通事故,在交警处理事故过程中倒地昏迷,住院治疗7天后死亡。李某某死亡前有高血压病史2年,系疾病导致的脑出血死亡,并非因工死亡。公司在法定时间内为李某某缴纳了工伤保险,其工亡待遇应当由社保基金列支。李某某死亡时间为2015年12月7日,公司于2015年12月3日为其缴纳了养老保险、工伤保险在内的社会保险,其遗属可以从社保基金领取丧葬费和抚恤金。李某瑶系李某某与郭某某婚生子女,但李某某生前已与郭某某离婚,李某瑶由郭某某抚养,虽李某瑶属于未成年人,但不符合依靠李某某生前提供主要生活来源的条件,李某瑶要求我公司支付抚恤金没有事实和法律依据。故请求法院判令某电气公司无须支付李某光、李某瑶:(1)丧葬补助金差额28,868元;(2)一次性工亡补助金576,880元;(3)2016年1月至2017年1月供养亲属抚恤金15,123.42元。

李某光、李某瑶不同意仲裁裁决结果,请求法院判令某电气公司:(1)支付李某光、李某瑶一次性工亡补助金623,900元;(2)支付李某光、李某瑶丧葬补助金42,516元;(3)支付李某瑶自2015年12月7日至2019年4月7日供养亲属抚恤金42,000元。

北京市海淀区人民法院判决:(1)某电气公司于本判决书生效后七日内支付李某瑶、李某光丧葬补助金差额28,868元;(2)某电气公司于本判决书生效后七日内支付李某瑶、李某光一次性工亡补助金576,880元;(3)某电气公司于本判决书生效后七日内支付李某瑶2016年1月至2018年1月的供养亲属抚恤金26,250元;(4)驳回李某瑶的其他诉讼请求。

某电气公司不服提起上诉,请求撤销一审判决,改判支持其全部一审诉讼请求。

【裁判结论】

北京市第一中级人民法院判决:驳回上诉,维持原判。

【裁判观点】

北京市第一中级人民法院经审理认为:根据《民事诉讼法司法解释》第323条的规定,第二审人民法院应当围绕当事人的上诉请求进行审理。当事人没有提出请求的,不予审理。故本院围绕上诉人某电气公司上诉请求的范围进行审理。

应当参加工伤保险而未参加工伤保险的用人单位职工发生工伤的，由该用人单位按照《工伤保险条例》规定的工伤保险待遇项目和标准支付费用。根据查明事实，李某某2015年11月25日入职某电气公司，并于同年11月30日发生交通事故，经法院的生效判决认定李某某系受工伤。某电气公司于2015年12月即工伤事故发生后方为李某某缴纳社会保险，由于某电气公司未为李某某缴纳2015年11月社会保险，由此导致工伤保险基金没有列支的相应工伤保险待遇应当由某电气公司负担。李某光、李某瑶作为李某某的第一顺位继承人有权向某电气公司主张上述工伤保险待遇。因此，某电气公司关于李某某属于伤残职工在停工留薪期内因工伤导致死亡的情形，其近亲属应从社保基金领取丧葬补助费、供养亲属抚恤金和一次性工亡补助金，以及本案不属于劳动争议的上诉意见不能成立。

一审审理期间，某电气公司明确表示不同意补缴李某某2015年11月社会保险，由此导致李某瑶不能享受供养亲属抚恤金，故一审法院判定某电气公司支付上述费用亦无不当。

北京市第一中级人民法院依照《民事诉讼法》第170条第1款第1项的规定，作出如下判决：驳回上诉，维持原判。

法官评析

本案中，李某某2015年11月25日入职某电气公司，同年11月30日发生交通事故，于同年12月7日死亡。某电气公司对于李某某的死亡，认为不属于工伤，但经法院的生效判决认定李某某系受工伤，因此李某某系受工伤身亡的事实可以认定。在此基础上，当事人主要争议焦点是，某电气公司作为用人单位是否应当承担工伤保险基金没有列支的相应工伤保险待遇。

某电气公司认为其公司不应当承担工伤保险基金没有列支的相应工伤保险待遇，主要依据是《社会保险法》第58条，该条规定：用人单位应当自用工之日起三十日内为其职工向社会保险经办机构申请办理社会保险登记。未办理社会保险登记的，由社会保险经办机构核定其应缴纳的社会保险费……

某电气公司认为，根据该规定，李某某2015年11月25日入职，其公司于2015年12月起为李某某缴纳社会保险，符合法律规定，因此相应工伤待遇应当由社保基金列支，其公司不应承担任何责任。而依据《工伤保险条例》第62条第2款之规定：依照本条例规定应当参加工伤保险而未参加工伤保险的用人单位职工发生工伤的，由该用人单位按照本条例规定的工伤保险待遇项目和标准支付费用。

本案的处理，涉及上述两个条文规定的理解和适用问题。

某电气公司能否以《社会保险法》第58条的规定，免除自身的责任？我们认为不能。主要理由如下：

首先，依法为职工缴纳社会保险是用人单位的法定义务。《社会保险法》第33条规定："职工应当参加工伤保险，由用人单位缴纳工伤保险费，职工不缴纳工伤保险费。"因此，缴纳工伤保险是用人单位的法定义务。职工入职后，用人单位应当积极为职工办理社会保险登记、缴纳工伤保险，而何时办理上述事宜，用人单位处于主导地位。

其次，工伤保险制度的价值就在于预防工伤事故、保障职工权益、分散用人单位风险。工伤保险制度的价值在于事故的预防，其首要作用应是将事故防患于未然，其次才是工伤事故的处理、支付工伤保险待遇以及职业恢复。根据《工伤保险条例》第1条的规定，工伤保险制度，其价值在于为保障因工作遭受事故伤害或者患职业病的职工获得医疗救治和经济补偿，促进工伤预防和职业康复，分散用人单位的工伤风险。因此，用人单位在职工入职后，应当及时依法为其缴纳工伤保险，才能真正实现工伤保险制度的价值。

最后，《社会保险法》第58条规定，系对于用人单位为职工办理社会保险登记的最低时限要求，不能作为用人单位以此免除自身责任的依据。该条第1款关于"用人单位应当自用工之日起三十日内为其职工向社会保险经办机构申请办理社会保险登记"的规定，系从行政管理的角度，敦促用人单位为新入职职工缴纳工伤保险而设定的最低办理时限。而用人单位为预防工伤事故的发生、分散自身风险，应当尽快为新入职职工缴纳工伤保险。用人单位在用工后没有立即为职工缴纳工伤保险，职工发生工伤事故的，用人单位不能以《社会保险法》第58条规定的三十日时限作为免责依据。

本案中,职工入职五天后即发生工伤事故,尽管事故发生在职工入职的三十天内,但某电气公司于 2015 年 12 月即工伤事故发生后方为李某某缴纳社会保险,未为李某某缴纳 2015 年 11 月社会保险,由此导致工伤保险基金没有列支的相应工伤保险待遇应当由某电气公司负担。对此,《工伤保险条例》第 62 条及《社会保险法》第 41 条均规定,用人单位未依法缴纳工伤保险费,发生工伤事故的,由用人单位支付工伤保险待遇。《社会保险法》第 41 条亦规定,上述情况下,用人单位不支付工伤保险待遇的,从工伤保险基金中先行支付。从工伤保险基金中先行支付的工伤保险待遇应当由用人单位偿还。用人单位不偿还的,社会保险经办机构可以依照本法第 63 条的规定追偿。因此,本案的处理是正确的。

【裁判依据】

1.《劳动法》第 73 条

2.《社会保险法》第 41 条、第 58 条

3.《工伤保险条例》第 14 条、第 62 条

(撰稿人　李　军)

09

在家加班期间突发疾病死亡应当视同工伤

——某市人力资源和社会保障局诉俞某工伤认定行政确认纠纷再审案

裁判规则

职工回家后利用休息时间完成单位工作任务的，应视为工作时间和工作地点的延伸。于此期间突发疾病死亡的，应属于《工伤保险条例》第15条第1款第1项规定的视同工伤的情形。

案　情[1]

俞某的丈夫冯某，系某中学教师，担任该校高中部数学课教学和高中班主任工作。2011年11月15日晚，冯某任教的366班、367班两个班级进行测验考试。考试结束后，冯某回到家中。次日早上七点左右，同校老师在冯某家中发现其身体异常状况，立刻拨打海口市“120”急救中心电话，琼山人民医院到场进行抢救。2011年12月20日，琼山人民医院出具《居民死亡医学证明书》，证明冯某因突发心肌梗塞，于2011年11月16日在家中死亡，发病到死亡的大概时间间隔为“不详”。《抢救记录》上记载：“抢救时间段2011年11月16日8时31分至9时32分”，“到达现场时患者已无心跳、呼吸”。

2011年12月15日，某中学以冯某因长期工作劳累过度，在工作时间、工作岗位中突发心肌梗塞死亡为由，向某市人社局提出申请，要求认定冯某为工伤死

〔1〕(2017)最高法行申6467号。

亡。某市人社局在受理某中学认定冯某为工伤的申请中,曾于 2012 年 5 月 23 日作出海人社工伤认字(2012)第 223 号《工伤认定决定书》(以下简称 223 号工伤决定),对冯某因病死亡不认定为工伤。2015 年 1 月 17 日,某市人社局重新作出海人社工伤认定字(2012)223 –1 号《不予认定工伤决定书》(以下简称 223 –1 号工伤决定)认为,晚上进行考试不是学校安排的活动,学校也没有要求老师当天必须批改完作业或试卷的规定,冯某发病不是工作时间,也不在工作岗位上,不符合《工伤保险条例》第 14 条、第 15 条认定工伤或视为工伤的情形,决定不认定为工伤或视为工伤。俞某不服申请复议,某省人社厅于 2016 年 4 月 15 日作出琼人社复决(2016)1 号行政复议决定(以下简称 1 号复议决定),维持 223 –1 号工伤决定。俞某仍不服,于 2016 年 5 月 16 日向海口市中级人民法院提起本案行政诉讼,请求撤销 223 –1 号工伤决定和 1 号复议决定,认定冯某属于工伤。

海口市中级人民法院(2016)琼 01 行初 180 号行政判决认为:223 –1 号工伤决定认定"冯某发病时已上床休息"。但琼山人民医院《院前急救记录交接单》上记载抢救情况是,到达时死亡,《居民死亡医学证明书》上对冯某发病到死亡的大概时间间隔一栏上记载为"不详",某市人社局仅凭冯某同事到家中看见冯某卧于床上,认定冯某发病时已上床休息,明显证据不足。依照《行政诉讼法》第 70 条第 1 项、第 79 条之规定,判决:撤销 223 –1 号工伤决定和 1 号复议决定,责令某市人社局重新作出工伤认定。某市人社局不服,提起上诉。

海南省高级人民法院(2017)琼行终 82 号行政判决认为:冯某在琼山人民医院医护人员到达时已无心跳和呼吸,其属于突发疾病死亡的情况,而不是《工伤保险条例》第 15 条第 1 款第 1 项中"突发疾病死亡或者在 48 小时之内经抢救无效死亡的"情况。依照《行政诉讼法》第 89 条第 1 款第 1 项的规定,判决:驳回上诉,维持原判。某市人社局不服判决申请再审,主要理由是:冯某在家中死亡,并非死于工作岗位,一审、二审扩大工作时间、工作岗位的范围不当。

【裁判结论】

最高人民法院裁定:驳回某市人社局的再审申请。

【裁判观点】

最高人民法院认为:本案中虽然冯某在家中死亡,但从本案查明的事实可以看出，冯某在被发现死亡的前一天晚10时许，连夜评完两个班学生的数学试卷，显然是为学校的利益，在回家后利用个人休息时间，加班从事教学岗位职责工作，属于“在家加班工作”的情形。是否能够认定冯某属于工伤，关键是看其发病、死亡是否发生在“在家加班工作期间”。在职工发病和死亡是否发生在工作时间、工作岗位上缺乏相关证据证明、难以确定的情况下，根据工伤认定倾向性保护职工合法权益的原则，应当作出有利于职工的肯定性事实推定，而非否定性的事实认定。因此，一审、二审判决以事实不清、主要证据不足为由，撤销223－1号工伤决定，判决理由和结果均无不当。某市人社局申请再审的理由，均是建立在不认可在家加班工作期间应当认定为“工作时间、工作岗位”这一前提之下，其主张与工伤认定的立法精神不符，缺乏事实根据，法院不予支持。

法官评析

对于职工在家利用休息时间加班突发疾病死亡的，能否适用《工伤保险条例》第15条第1款第1项关于“视同工伤”的规定，司法实践中的意见并不统一。主要有如下两种代表观点：第一种观点倾向不认为属于“视同工伤”的情形。理由在于视同工伤的情形本就是法律规范对工伤认定的扩大保护，不宜将其范围再进一步做扩大理解。第二种观点与之截然相反，认为应认定为“视同工伤”。笔者亦赞同后一种观点，理由如下：

首先，重新梳理《工伤保险条例》第15条第1款第1项的规定，不难发现，突发疾病死亡和经抢救无效死亡被视同工伤的前提为“在工作时间和工作岗位”。所以，解决前述疑问的关键在于“职工在家利用休息时间加班”是否能归属于“在工作时间和工作岗位”。笔者认为，工作时间和工作岗位在立法中均无明确概念，对“工作时间”和“工作岗位”的内涵和外延进行界定，应为正确处理前述问题的前提。就工作时间而言，通常理解为用人单位依据规章制度规定的日常上下班时间。但实际中，用人单位往往出于生产经营的需要会临时指派职工加班或者安排紧急任务。此时，职工为完成单位的工作任务需在正常工作时间之外继续工作。换言之，也即职工为单位的利益选择将工作时间延伸。笔者认为，职工选择在休息时间完成工作任务的做法与正常工作期间并无质的区别。对何种期间为“工作时间”的判定标准不应僵化，而应把握实质问题，即是否为单位的利益而工作。就工作岗位的范畴，笔者认为，不应仅仅将之视为物理意义的地域。《工伤保险条例》第 14 条第 1 项、第 2 项、第 3 项认定工伤时的法定条件中立法表述为“工作场所”，而第 15 条视为工伤时则使用“工作岗位”，此二者含义理应不同。工作场所强调的是工作所涉及的区域，而工作岗位范围应更为宽泛，并不关注工作时所处的具体场所和位置，而是强调岗位职责和工作任务。这种理解也与立法设定“视同工伤”的目的——更大范围地保障职工权益相一致。

其次，如果对工作时间和工作岗位作狭义理解，可能会出现如下明显有悖常理的情况：在单位规定的工作时间和地点突发疾病死亡的视为工伤，可享受相应待遇；而为了单位的利益将工作带回家，占用个人时间继续工作，期间突发疾病死亡的职工，却不能被认定为工伤。从《工伤保险条例》第 1 条规定的内容可知，制定实施该条例的目的在于对“因工作遭受事故伤害或者患职业病的职工获得医疗救治和经济补偿”，倾斜保护职工的工伤认定权利正是题中之义。基于此，对于工作时间和工作岗位的界定，应作有利于劳动者的理解，方符合立法的目的。

综上，对于职工在家占用休息时间加班的情形，将其归属于“在工作时间和工作岗位”的范畴是合理且必要的。

本案中，冯某在被发现死亡的前一天晚 10 时左右，连夜评完两个班学生的数学试卷，显系为学校之利益，在回家后利用休息时间，加班从事教学岗位职责工作。据前述，冯某在家加班的事实当可满足“工作时间”和“工作岗位”的要件要求。在此前提下，判断冯某突发疾病死亡的时间是否在其加班工作期间，即可得出最后结论。本案中，因冯某死亡时间难以确定，最高人民法院根据工伤认定倾向性保护职工合法权益的原则，作出有利于职工的肯定性事实，对于保护职工权益具有重要意义。

【裁判依据】

1.《行政诉讼法》第 91 条

2.《工伤保险条例》第 1 条、第 14 条、第 15 条

（撰稿人　张江南）

6

CHAPTER

第六章

裁诉程序

01

劳动争议诉讼时效从劳动关系终止起算

——赵某诉北京某餐饮公司劳动争议案

裁判规则

劳动关系存续期间因拖欠劳动报酬发生争议的，劳动者申请仲裁不受一年仲裁时效期间的限制。若双方之间法律关系从劳动关系转化为劳务关系，但劳动者提供劳动一直属于延续且无间断状态，就拖欠劳动报酬发生争议的，劳动者申请仲裁依然不受一年仲裁时效期间的限制。

案　情[1]

赵某于1962年8月7日出生，为农业户口，于2005年11月3日入职北京某餐饮公司，工作至今，北京某餐饮公司从未为赵某缴纳社会保险。北京某餐饮公司主张赵某入职时双方曾达成合意，公司无须为赵某缴纳社会保险，而以每月发放200元的方式用于社保补偿，赵某对此予以否认，北京某餐饮公司亦未就此提交证据予以证明。

赵某于2017年7月17日以要求北京某餐饮公司支付2015年11月3日至2017年6月30日未缴纳养老保险赔偿金为由向北京市海淀区劳动人事争议仲裁委员会提起仲裁申请，该委作出不予受理案件决定，赵某不服该决定向北京市海淀区人民法院起诉。

北京市海淀区人民法院认为，赵某要求北京某餐饮公司补缴社会保险不属于人民法院劳动争议案件受理范围，对赵某该项请求，法院不予支持。赵某于

[1] (2017)京01民终7523号。

2012年8月7日达到法定退休年龄，双方此后形成劳务关系，赵某要求北京某餐饮公司继续保留劳动合同关系，并继续缴纳相关社会保险，不得以任何理由侵害其合法权益的请求于法无据，法院不予支持。赵某主张如北京某餐饮公司无法交纳社会保险，则按照农业户口标准赔偿未缴纳养老保险赔偿金，北京某餐饮公司并无证据证明曾按月向赵某发放社会补偿款项，且赵某向北京某餐饮公司提供有偿劳动状态一直属于延续且无间断状态，故法院对北京某餐饮公司提出时效抗辩意见不予采纳，鉴此北京某餐饮公司应向赵某支付2005年11月3日至2011年6月30日未缴纳养老保险赔偿金9395.4元，赵某主张2011年6月30日后的未缴纳养老保险赔偿金于法无据，法院不予支持。

北京市海淀区人民法院判决：(1)北京某餐饮公司于判决生效之日起十日内向赵某支付2005年11月3日至2011年6月30日未缴纳养老保险赔偿金9395.4元；(2)驳回赵某其他诉讼请求。

【裁判结论】

北京市第一中级人民法院判决：驳回上诉，维持原判。

【裁判观点】

北京市第一中级人民法院认为：赵某于2005年11月3日入职北京某餐饮公司，其于2012年8月7日达到法定退休年龄，在此期间双方存在劳动关系。因北京某餐饮公司在双方劳动关系存续期间，未为赵某缴纳养老保险，且赵某系农业户籍，北京某餐饮公司应向赵某支付未缴纳养老保险的赔偿金。2012年8月7日之后，赵某仍在北京某餐饮公司工作，双方之间形成劳务关系。双方之间法律关系的性质虽存在变化，但赵某向北京某餐饮公司提供有偿劳动一直属于延续且无间断状态，故一审法院对北京某餐饮公司提出的时效抗辩意见不予采纳并无不当，本院予以确认。北京某餐饮公司所述其他法院判决并非本案判决依据，其该项上诉意见，本案不予采纳。

法官评析

本案中争议焦点是：赵某的诉讼请求是否超过诉讼时效。有观点认为：被上诉人于2012年8月7日达到法定退休年龄，双方劳动关系于该日终止，之后，双方形成劳务关系。根据《劳动争议调解仲裁法》第 27 条第 4 款的规定，被上诉人应当在劳动关系终止之日起一年内主张劳动报酬，而被上诉人于 2017 年 7 月 17 日主张，明显超过一年时效，不能因被上诉人与上诉人形成劳务关系并继续在上诉人处工作而暂停时效的进行与计算，被上诉人并未举证证明时效存在中止、中断的法定情形，被上诉人要求赔偿，应当自劳动合同解除或终止之日起一年内提出，故上诉人无须支付养老保险赔偿金。

本文认为，问题的关键在于如何理解《劳动争议调解仲裁法》第 27 条第 4 款但书中“劳动关系终止”。

从文义上看，“劳动关系终止”可能产生的一种解读是：劳动关系终止的逻辑前提是劳动关系存在，劳动关系存在需要满足《劳动合同法》中一些要件。但是，若做这样推断，使得不存在劳动关系的个人，他们的报酬请求权受诉讼时效期间限制，这既与实践相违背，又违背《劳动争议调解仲裁法》第 27 条第 4 款的立法宗旨。

实践中，存在个人受单位胁迫与其签订劳动合同情形，以合同期限 5 年为例，根据《劳动合同法》第 26 条第 1 款第 1 项，该劳动合同无效。当单位不向个人支付劳动报酬时，按照上述逻辑，由于双方不存在劳动关系，前 4 年的劳动报酬请求权都不能取得胜诉支持，实在有违正义。又如，单位聘用童工，双方亦不存在劳动关系，在童工上班期间，报酬请求权理应不应受仲裁时效期间的限制。

从立法目的上看，仲裁时效期间不受权利人知道或者应当知道其权利被侵害之日起算的正当性基础是：(1) 在劳动关系期间不能期待劳动者积极行使自己权利。劳动者从属于用人单位，在用人单位的指挥监督下劳动，劳动者的收入、职位甚至工作尊严都受到用人单位的掌控。所以，劳动者为了维持劳动关系以及顺利的完成工作，往往对于用人单位侵害自己权利的行为，不敢诉至仲裁委。(2) 劳动关系期间，双方不仅存在从属性，亦存在信任关系；在双方互相信任时，争议之解决，往往是私下协商，亦即很难期待诉于仲裁委。劳动者在用人单位工作年限，常常是几年甚至是几十年，双方不仅是一种管理与被管理的关系，亦是一种长期友好合作关系或比较熟悉的关系，双方互相信任。劳动者没有及时主张权利是出于与用人单位之间的信赖关系,这种信赖关系能够产生经济利益。因此,法律应尽量维持当事人之间的信任关系,促进双方的友好合作。但仅仅就这两点,尚不足以论证劳动报酬请求权不受仲裁时效期间的限制。因为劳动者对用人单位主张其他的合法权益,也会面临上述困境,但是依然受仲裁时效期间的限制。

(3)劳动报酬请求权相比一般债权具有特殊性。一方面,劳动报酬请求权具有人权属性。如《世界人权宣言》第 23 条第 2 项和第 3 项规定人人有同工同酬的权利,不受任何歧视;每一个工作的人,有权享受公正和合适的报酬,保证使他本人和家属有一个符合人的生活条件,必要时并辅以其他方式的社会保障;我国《宪法》亦规定男女同工同酬。可见劳动报酬权是公民生存的基础;保障了公民的人格尊严。相比其他债权,其更值得保护。另一方面,劳动报酬请求权是继续性债。继续性债是指债的内容,非一次给付可完结,而是继续的实现,其基本特色系时间因素在债的履行上居于重要的地位,总给付内容与给付时间的长度相关。如果对每笔劳动报酬分别计算仲裁时效,劳动者会因担心债权"过期"而频繁主张权利,当事人为频繁主张权利不仅可能激化矛盾,不利于维持当事人之间劳动关系稳定,损害信任;还会因频繁起诉,造成诉累,浪费司法资源。这一点才是在个人与单位分道扬镳之前,报酬请求权不受仲裁时效期间的限制的根本所在。

劳动报酬请求权的产生不仅因双方存在劳动关系而产生,当双方存在劳务关系时,亦可产生。所以,从立法目的上看,劳务关系存续期间,拖欠的劳动报酬发生争议的,诉讼时效期间可适用《劳动争议调解仲裁法》第 27 条第 4 款的规定。

因此,从实践情况和立法目的角度看,"劳动关系终止"不能解读出双方必然存在劳动关系。在这里,逻辑必须让位于生活。笔者认为,这里"劳动关系终止"指的是个人与单位之间的劳动报酬关系终止,是一种法律效果,即个人与单位之间不再产生劳动报酬,引发事由不仅包括《劳动合同法》第 44 条规定的劳动合同期满的、用人单位被依法宣告破产等情形,亦包括劳动合同解除、被撤销、无效等事由。此时,才开始计算诉讼时效。

本案中,虽然赵某 2012 年 8 月 7 日之后,其与北京某餐饮公司存在劳务关系,但双方之间的主要权利义务从入职至今,一直没有改变,即一方提供劳动,另一方给付报酬,这种法律关系一直没有终止;且双方的地位也没有改变，即个人接受公司的指挥监督；另外，赵某在单位已经工作十几年，对单位具有很大的信赖利益。很难期待赵某依然在北京某餐饮公司上班期间，向仲裁委主张自己的合法权益。除此之外，公司拖欠赵某的是未缴纳养老保险的赔偿金，是赵某向公司提供劳动所应得的对价，属于劳动报酬，公司承担的仅是代缴义务。其相比于一般债权，具有特殊保护的必要性，满足《劳动争议调解仲裁法》第 27 条第 4 款规定的立法目的，可适用之。

所以，赵某从 2005 年入职工作至今，双方之间法律关系的性质虽存在变化，但赵某向公司提供有偿劳动一直属于延续且无间断状态，主张养老保险的赔偿金的请求权不受时效期间的限制。

另外，本案中，还要注意的一点是《社会保险法》于 2011 年 7 月 1 日起施行，在该法实施前，用人单位未为农民工缴纳养老保险的，因社会保险经办机构实际无法办理补交手续，仲裁委、法院可以判令用人单位以金钱方式赔偿农民工未缴养老保险损失。2011 年 7 月 1 日起农民工的养老保险问题原则上由社会保险经办机构和劳动行政部门依法处理，仲裁委、法院不再判决赔偿损失。

【裁判依据】

《劳动争议调解仲裁法》第 27 条

（撰稿人　王　飞）

02

追索劳动报酬纠纷中的裁审衔接问题

——郑某诉北京某信息技术公司追索劳动报酬纠纷案

裁判规则

追索劳动报酬纠纷中,法律赋予了劳动者提起劳动仲裁和直接起诉两种救济选择权。劳动者选择提起劳动仲裁并在仲裁裁决生效后,再次通过持欠条直接向法院起诉的方式索要劳动报酬,虽然法无明文规定,但从民事诉讼法司法解释的立法目的、“一事不再理”原则的功能价值上来讲,也构成重复起诉的标准,法院应当裁定驳回起诉。

案　情[1]

郑某2009年5月3日入职北京某信息技术公司,岗位为销售经理,2011年11月1日,郑某因个人原因提出辞职,2011年11月16日公司批准。

郑某离职时与北京某信息技术公司结算。在郑某提成结算清单中载明销售任务为80、30、3,000,000。完成情况为129、37、4,243,800。奖金总额为94,293.54元,已支取总计为42,978.02,未支取总计为51,315.52元。北京某信息技术公司法人在郑某提成结算清单上签字。

2013年,郑某提起劳动仲裁,要求北京某信息技术公司支付提成款,仲裁委员会以超过仲裁时效为由,驳回郑某的仲裁请求。该仲裁裁决作出后,双方均未起诉。

后郑某起诉要求北京某信息技术公司支付拖欠提成款51,315.52元。

---

〔1〕（2015）一中民终字第3165号。

【裁判结论】

北京市第一中级人民法院作出调解书:北京某信息技术公司支付郑某提成款 26,000 元。

【裁判观点】

二审过程中双方当事人自愿达成调解协议,北京市第一中级人民法院出具调解书。

法官评析

二审期间,双方当事人自愿达成调解协议,本案以调解方式结案。但本案中凸显出的法律问题——劳动争议案件中"一事不再理"的特殊性——却不容忽视,值得深思。

劳动争议出现"一事不再理"的裁审衔接问题,主要体现在追索劳动报酬纠纷中,一定意义上来说是法律规定的"竞合"引发的。《劳动争议调解仲裁法》第 5 条明确了劳动争议案件仲裁前置的程序要求,而《劳动争议司法解释(二)》第 3 条规定,拖欠劳动报酬争议却是可以不经仲裁前置由法院直接受理,由此在实务中会引发裁审衔接问题。

《劳动争议司法解释(二)》的上述规定,从解释订立的本意上来讲,并非否定该类追索劳动报酬纠纷属于劳动争议范畴,而是将这一类争议从"仲裁前置"的程序中剥离出来,以更便捷经济的方式最大限度保护劳动者的合法权益,可以说是赋予了劳动者诉讼便利和更多的选择权。持欠条追索劳动报酬的劳动者可以选择按照普通劳动争议案件申请劳动仲裁,也可以直接提起诉讼。那么,如本案当事人选择劳动仲裁程序、又未在法定期间内对仲裁裁决提起诉讼,而是在仲裁裁决生效后依据《劳动争议司法解释(二)》第 3 条的规定直接向法院起诉,是否构成重复起诉,法院可否依据"一事不再理"的规定处理呢?

其一,从法律规定层面来看,《民事诉讼法司法解释》第 247 条规定,当事人就已经提起诉讼的事项在诉讼过程中或者裁判生效后再次起诉,构成重复起诉的,裁定不予受理,已经受理的,裁定驳回起诉。该司法解释可以说是首次将“一事不再理”原则从理论研究层面落实到法律条文中直接应用到司法实践中，从法律规定层面解决了“一事不再理”原则无法可依的困境。其二，从制度渊源内涵来看，“一事不再理”原则起源于罗马法的“诉权消耗”理论，经过漫长的历史演进，已经成为各国民事诉讼中的一项重要原则和制度。无论是大陆法系还是普通法系国家，一事不再理原则都包括两方面内容：一是在诉讼系属中，阻止相同当事人再行提起后诉；二是在判决确定后，禁止相同当事人对相同诉讼对象的再次讼争。其三，从功能价值角度来讲，“一事不再理”原则具有避免同一事项反复诉讼、促进诉讼经济和避免矛盾判决的功能，在制度价值上反映出追求程序安定、维护司法权威和保障判决既判力的价值理念。综上，虽然司法解释仅规定了法院受理范围内的“一事不再理”原则，但从立法本意及“一事不再理”原则的内涵和价值追求来看，对生效仲裁裁决已经处理过的事项同样应当适用。

本案中，郑某在仲裁和诉讼中提出的请求不论从主观方面还是从客观方面均符合“重复起诉”的标准。郑某选择了通过劳动仲裁的方式解决争议，也就意味着选择了仲裁前置的程序方式，仲裁裁决作出后可以依法在法定期限内提起诉讼，但郑某放弃了提起诉讼的权利，仲裁裁决生效。笔者认为，郑某其后再依据《劳动争议司法解释（二）》的规定直接向法院提起诉讼，法院应当按照“一事不再理”原则，裁定驳回郑某的起诉，本案一审法院进行实体处理不当。

还需说明的是，劳动者先申请仲裁，但在仲裁过程中撤回申请，或者被仲裁机构通知不予受理或按撤回申请处理，则劳动者此后按照《劳动争议司法解释（二）》第 3 条规定直接起诉，法院应当受理。因为这种情况下劳动者的仲裁申请实际未经仲裁实体处理，等同于其未申请仲裁的状态，因此可以适用《劳动争议司法解释（二）》第 3 条。

【裁判依据】

1.《劳动争议调解仲裁法》第 5 条

2.《劳动争议司法解释（二）》第 3 条

（撰稿人　刘佳洁）